# 核軍縮と世界平和

黒澤 満

# 核軍縮と世界平和

学術選書
68
国際法

信山社

## 第五章

## 冷戦と世界平和

# はしがき

　2009年1月に米国においてオバマ政権が発足して以来，核軍縮が国際政治の中心に位置付けられ，オバマ大統領の積極的なイニシアティブとリーダーシップにより，核軍縮のさまざまな側面で新たな進展が見られるようになった。

　2009年4月5日にオバマ大統領がチェコのプラハで行った演説は，彼の核軍縮外交を象徴するものである。まず，「米国は，核兵器国として，また核兵器を使用した唯一の国として行動する道義的責任がある」と述べ，「今日私は，核兵器のない世界における平和と安全保障を追求するという米国のコミットメントを，明確にかつ確信をもって述べる」とし，さらに「米国は核兵器のない世界に向けて具体的措置をとる。冷戦思考を終わらせるため，我々は国家安全保障戦略における核兵器の役割を低減させ，他の国もそうするよう要請する」と述べた。

　核兵器削減の努力としては，米国とロシアの間の交渉がすぐに開始され，1年後の2010年4月8日には，新START条約(新戦略兵器削減条約)が署名され，戦略核弾頭を約3分の1削減することが合意された。また同年4月6日には米国の「核態勢見直し(NPR)」報告書が提出されたが，それはブッシュ政権とは大きく異なり，核軍縮への指向を強調するものであった。すなわち核兵器の数と役割を低減させ，核兵器の使用の可能性を減少させ，新たな核兵器の開発は行わず，核実験も行わないという内容であった。

　また2010年5月には，5年ごとに開催されるNPT(核不拡散条約)再検討会議がニューヨークの国連本部で開催され，核軍縮への前向きな動きがある雰囲気の中で議論が行われ，核軍縮に関する22の行動計画を含む最終文書の採択に成功している。

　このように核軍縮の側面ではいくつかの進展が見られるが，CTBT(包括的核実験禁止条約)は署名から10年以上経過したにもかかわらず発効に至らないし，FMCT(兵器用核分裂性物質生産禁止条約)も交渉がなかなか開始されない状況が続いている。さらに，北朝鮮およびイランの核問題は悪化している現状である。

## はしがき

　本書は，最近の核軍縮の進展を背景に，核軍縮を巡る諸問題を総合的に検討することを目的としている。本書の内容は，過去8年間にさまざま書いてきたものを基礎に，それらに新たな進展を付け加え，さらにいくつかの新たな論文を書き下ろしてまとめたものである。本書は3つの章で構成されており，第1章は「核兵器のない世界の展望」を，第2章は「NPT再検討プロセスの展開」を，第3章は「軍縮の基本的問題」を検討するものである。

　第1章はオバマ大統領の唱える「核兵器のない世界」を巡る諸問題を検討するもので，この概念の形成から，オバマ大統領の政策の中での位置付け，さらに具体的な政策の実現の側面を検討する。

　第1章第1節「核兵器のない世界のビジョン」は，2007年1月にジョージ・シュルツ，ヘンリー・キッシンジャーなど米国の元高官が発表した「核兵器のない世界」の提案を詳細に分析し，それに継続する積極的な反応や米国大統領選挙候補者の見解を紹介しつつ，核兵器廃絶の理論的根拠および反対論を検討するものである。このあとに掲げる論文リストにある論文⑲とほぼ同じである。

　第1章第2節「オバマ政権の核政策」は，2009年1月に発足したオバマ政権の政権発足後100日における核政策を検討するもので，まずプラハ演説を詳細に検討し，次にオバマ大統領の核政策形成の背景を分析し，さらに核軍縮・核不拡散・核テロ対応政策の内容，新たな傾向および意義を検討する。論文㉑を基礎とし，英文論文⑮を組み合わせたものである。

　第1章第3節「米国の核態勢見直し」は，2010年4月6日に米国防総省が発表した「核態勢見直し（NPR）」報告書を分析し，評価するもので，核拡散と核テロの防止，核兵器の役割の低減，低減した核戦力レベルでの戦略抑止と安定の維持など報告書の内容を紹介しつつ，個々の問題を検討する。これは新たな書き下ろしである。

　第1章第4節「新START（戦略兵器削減）条約」は，2010年4月8日に米国とロシアの間で署名された新START条約を分析し，評価するもので，条約の交渉過程を追跡し，戦略攻撃兵器の削減に関する基本的義務を詳細に検討し，さらに義務の履行確保に関する検証・査察を考察し，条約の意義および今後のとるべき方向を検討する。これは新たな書き下ろしである。

　第2章は2003年以降のNPT再検討プロセスを詳細に検討するものである。現在において，5年ごとに開催されるNPT再検討会議は，その前の3年間開

はしがき

催される準備委員会と共に継続的なプロセスとなっており，核軍縮を全般的に議論する場であり，非核兵器国が核兵器国に核軍縮をせまる絶好の機会となっている。

　第2章第1節「2000年NPT最終文書の履行」は，2000年NPT再検討会議において合意された最終文書に含まれる核軍縮の約束が，2003年の段階でどのように履行されているかを検討するものである。まず核不拡散体制の下でどのように核軍縮を追求するかを明らかにし，2000年合意の核軍縮に関する個々の措置の履行が，実際にはほとんど履行されていない状況およびその理由を明らかにする。論文④とほぼ同じである。

　第2章第2節「2005年NPT再検討会議」は，2005年NPT再検討会議の背景，会議の進行状況，核軍縮に関するさまざまな措置に関する各国の見解および会議での議論，および会議の成果を詳細に検討するものである。会議は米国と非同盟諸国の鋭い対立で失敗であったと一般的に考えられているが，その原因も検討する。論文⑫とほぼ同じである。

　第2章第3節「2007年NPT準備委員会」は，2010年NPT再検討会議のため2007年に開催された第1回準備委員会の状況および核軍縮に関する議論の内容を紹介し，検討するものである。また2005年の失敗を繰り返さないためにとられた各国の態度の変化や議長の努力なども分析する。論文⑰とほぼ同じである。

　第2章第4節「2010年NPT再検討会議」は，2010年に開催されたNPT再検討会議の背景，会議の進展，各国の見解を紹介した後，核軍縮に関する重要課題がどういう経過を経て合意へと導かれたかを詳細に検討するものであり，また今回の会議が成功した理由をも考察するものである。論文㉓を基礎として，大幅な加筆をしたものである。

　第3章は核軍縮が中心であるが軍縮一般に議論を広げ，軍縮と国際法の関係，軍縮交渉の特徴，軍縮と国際機関の関係を検討し，最後に日本核武装論を批判的に検討する。

　第3章第1節「軍縮国際法――国際法学からの分析」は，国際法という学問体系の中において軍縮がどう位置づけられるかを検討するもので，軍縮問題の歴史的発展を概観し，国際法上の軍縮の概念と内容を明らかにし，国際法全体の中でどのように位置付けるべきかを検討する。論文⑮とほぼ同じである。

　第3章第2節「軍縮条約の交渉・起草過程の特徴」は，軍縮条約の交渉・起草

*vii*

過程を概観し，ジュネーブ軍縮委員会・軍縮会議における CTBT と NPT の交渉を詳細に検討し，両者を比較しつつ，軍縮会議の問題点を検討するとともに，軍縮交渉機関としての軍縮会議の限界を指摘する。論文③を基礎とし，その後の動きを取り入れ大幅に加筆したものである。

　第3章第3節「軍縮における国際機構の役割」は，国連などの厳格な意味での国際機構のほかに，継続的な国際会議および国際 NGO が，軍縮条約の研究・議題設定，審議・非拘束的合意，条約の交渉・作成，条約の履行，条約義務の検証，条約違反への対応といった6つの側面でどのような役割を果たしているかを検討するものである。論文⑱を基礎とし，新たな進展を加筆したものである。

　第3章第4節「日本の非核政策と核武装論」は，日本の非核政策の形成過程を歴史的に考察し，ときどき主張される日本も核武装すべきだという意見を紹介し，それに対して日米関係，国際社会での地位，政治的側面，経済的側面，人道的側面などさまざまな側面から反論を行うものである。論文⑦とほぼ同じである。

　なお冷戦終結後から2003年までの21の論文を集めたものとしては，著書①を参照していただきたい。


　本書の刊行に際しては，軍縮研究の遂行に有益な国際会議への出席，さまざまなシンポジウムや研究会への出席などを可能にしていただいた方々，また軍縮に関する議論のフォーラムを設定していただいている方々にお礼を申し上げたい。また核軍縮・核不拡散の研究の大幅な進展に関しては，私の退職記念論文集として刊行された浅田正彦・戸﨑洋史編『核軍縮不拡散の法と政治』(信山社，2008年)に執筆いただいた24名の研究者の方々には改めて感謝の意を表したい。さらに2009年4月には日本軍縮学会を設立することができ，恒常的に軍縮問題を議論する学会が活動を始めることができたことにつき，会員の皆さんにお礼を申し上げたい。著者のきわめてマイペースな研究生活を支えてくれている妻久仁子にも感謝の意を表したい。

　本書の刊行につき，信山社の袖山貴さんと稲葉文子さんに大変お世話になった。心よりのお礼を申し上げたい。

　　2011年3月

　　　　　　　　　　　　　　　　　　　　　　　　　　　　黒澤　満

## 軍縮関連主要著作一覧

以下は軍縮に関して 2003 年以降に書いた，著書と主要な論文および英語論文である．

### 【著書】
① 『軍縮国際法』信山社，2003 年 5 月
② 『大量破壊兵器の軍縮論』(編)信山社，2005 年 7 月
③ 『軍縮問題入門(新版)』(編)東信堂，2005 年 9 月

### 【論文】
① 「米国の新核政策『核態勢見直し』の批判的検討」『国際政治に関連する諸問題』『政経研究』第 39 巻第 4 号，2003 年 3 月
② 「ブッシュ政権の核政策」『戦争と平和』Vol.12，大阪国際平和センター，2003 年 3 月
③ 「軍縮条約の交渉・起草過程の特徴」山手治之・香西茂編集代表『現代国際法における人権と平和の保障』東信堂，2003 年 3 月
④ 「核不拡散体制と核軍縮— 2000 年最終文書の履行」阪大法学第 53 巻第 3・4 号，2003 年 11 月
⑤ 「北朝鮮の核兵器問題」国際公共政策研究第 8 巻第 2 号，2004 年 3 月
⑥ 「冷戦後の軍縮問題」吉川元・加藤普章編『国際政治の行方—グローバル化とウェストファリア体制の変容』ナカニシア出版，2004 年 5 月
⑦ 「日本の非核政策と核武装論」阪大法学第 54 巻第 1 号，2004 年 5 月
⑧ 「大量破壊兵器の軍縮と不拡散」磯村早苗・山田康博編『いま戦争を問う：平和学の安全保障論』グローバル時代の平和学 2，法律文化社，2004 年 7 月
⑨ 「日本核武装論を超えた安全保障環境の構築」黒澤満編『大量破壊兵器の軍縮論』信山社，2005 年 7 月
⑩ 「21 世紀の軍縮と国際安全保障の課題」黒澤満編『大量破壊兵器の軍縮論』信山社，2005 年 7 月
⑪ 「NPT 第 4 条の成立過程と 1970 年代の制限的解釈・適用」日本国際問題研究所軍縮・不拡散促進センター『核兵器不拡散条約(NPT)第 4 条に関する調査』2005 年 3 月
⑫ 「2005 年 NPT 再検討会議と核軍縮」阪大法学第 55 巻第 2 号，2005 年 8 月
⑬ 「核不拡散体制の新たな展開とその意義」阪大法学第 56 巻第 3 号，2006 年 9 月
⑭ 「米印原子力協力合意と核不拡散」海外事情第 54 巻第 10 号，2006 年 10 月
⑮ 「軍縮国際法－国際法学からの軍縮の分析」阪大法学第 56 巻第 6 号，2007 年 3 月

軍縮関連主要著作一覧

⑯ 「核不拡散条約とその三本柱―2007 年 NPT 準備委員会の議論を中心に」『オンライン版　軍縮・不拡散問題シリーズ』No.13，2007 年 7 月
⑰ 「2007 年 NPT 準備委員会」阪大法学第 57 巻第 2 号，2007 年 12 月
⑱ 「軍縮における国際機構の役割」日本平和学会編『国際機構と平和：平和研究』第 33 号，2008 年 11 月
⑲ 「核兵器のない世界のビジョン」阪大法学第 58 巻第 3・4 号，2008 年 11 月
⑳ 「核兵器の廃絶と通常兵器の軍縮」深瀬忠一・上田勝美・稲正樹・水島朝穂編『平和憲法の確生と新生』北海道大学出版会，2008 年 11 月
㉑ 「オバマ大統領の核軍縮・核不拡散政策」阪大法学第 59 巻第 2 号，2009 年 7 月
㉒ 「プラハ演説から NPT 再検討会議へ」Plutonium Winter 2010, No.68，2010 年 2 月
㉓ 「2010 年 NPT 再検討会議と核軍縮」阪大法学第 60 巻第 3 号，2010 年 9 月

【英語論文】

① "Nuclear Policy of the Bush Administration," *Osaka University Law Review*, No.50, February 2003.
② "Challenges to the International Nuclear Non-Proliferation Regime," 国際公共政策研究第 8 巻第 1 号，2003 年 10 月
③ "Nuclear Non-Proliferation Regime and Nuclear Disarmament: Implementation of the 2000 Final Document," *Osaka University Law Review*, No.51, February 2004.
④ "Moving Beyond the Debate on a Nuclear Japan," *The Nonproliferation Review*, Vol.11, No.3, Fall-Winter 2004, December 2004.
⑤ "Verification and International Atomic Energy Agency," *Osaka University Law Review*, No.52, February 2005.
⑥ "How to Tackle the Nuclear Disarmament," 国際公共政策研究第 10 巻第 1 号，2005 年 9 月
⑦ "East Asia Regional Security and Arguments for a Nuclear Japan," 広島平和研究所報告書『東アジアの核軍縮の展望』2005 年 10 月
⑧ "The 2005 NPT Review Conference and Nuclear Disarmament," *Osaka University Law Review*, No.53, February 2006.
⑨ "Japan's View on Nuclear Weapons," 国際公共政策研究第 11 巻第 1 号，2006 年 9 月
⑩ "Full Compliance with the NPT: Effective Verification and Nuclear Fuel Cycle," *Osaka University Law Review*, No.54, February 2007.
⑪ "North Korea's Nuclear Weapons and Japan's Nuclearization," 国際公共政策研究第 11 巻第 2 号，2007 年 3 月
⑫ "New Vision towards A World Free of Nuclear Weapons," *Osaka University Law Re-*

⑬ "NPT Review Process and Nuclear Disarmament," 大阪女学院大学紀要第 5 号, 2009 年 3 月
⑭ "A Golden Opportunity for Nuclear Disarmament," Japan-US International Workshop, *Reducing Threats posed by Nuclear Weapons: Possible Cooperation between Japan and the United States*, June 2009.
⑮ "Background for President Obama's Nuclear Policy," 大阪女学院大学紀要第 6 号, 2010 年 3 月
⑯ "From Prague Speech to the NPT Review Conference," *Plutonium*, Winter 2010, No.68, March 2010.
⑰ "The US-India Civil Nuclear Cooperation Agreement: A Japanese Point of View," Subrata Ghoshroy and Götz Neuneck (eds.), *South Asia at a Crossroads*, Nomos, Germany, 2010, May 2010.
⑱ "Global Nuclear Disarmament: A Japanese Perspective," Subrata Ghoshroy and Götz Neuneck (eds.), *South Asia at a Crossroads*, Nomos, Germany, 2010, May 2010.
⑲ "New Trend and Future Direction of Nuclear Disarmament," *Osaka University Law Review*, No.58, February 2011.
⑳ "2010 NPT Review Conference and Nuclear Disarmament," 大阪女学院大学紀要第 7 号, 2011 年 3 月

# 目　次

はしがき
　　軍縮関連主要著作一覧／関連略語表

## 第1章　核兵器のない世界の展望 …………………………………… 3

### 第1節　核兵器のない世界のビジョン ……………………………… 3
　Ⅰ　「核兵器のない世界」の提案 …………………………………… 3
　Ⅱ　米大統領候補者の見解 ………………………………………… 10
　Ⅲ　核兵器廃絶の理論的根拠 ……………………………………… 13
　Ⅳ　核兵器廃絶への反対論 ………………………………………… 16
　　む　す　び ………………………………………………………… 19

### 第2節　オバマ政権の核政策 ……………………………………… 21
　Ⅰ　プラハにおけるオバマ大統領の演説 ………………………… 21
　Ⅱ　オバマの核政策形成の背景 …………………………………… 23
　Ⅲ　核軍縮政策 ……………………………………………………… 35
　Ⅳ　核不拡散政策 …………………………………………………… 42
　Ⅴ　核テロ対応政策 ………………………………………………… 44
　　む　す　び ………………………………………………………… 45

### 第3節　米国の核態勢見直し ……………………………………… 46
　Ⅰ　国際安全保障環境 ……………………………………………… 47
　Ⅱ　核拡散および核テロの防止 …………………………………… 48
　Ⅲ　米国の核兵器の役割の低減 …………………………………… 51
　Ⅳ　低減した核戦力レベルでの戦略抑止と安定性の維持 ……… 54
　Ⅴ　地域的抑止の強化と米国の同盟国・パートナーの再保証 … 57
　Ⅵ　安全で確実で効果的な核兵器の維持 ………………………… 58
　　む　す　び ………………………………………………………… 60

### 第4節　新START（戦略兵器削減）条約 ………………………… 63
　Ⅰ　条約の交渉過程 ………………………………………………… 63
　Ⅱ　条約義務の内容 ………………………………………………… 69
　Ⅲ　条約義務の検証と査察 ………………………………………… 74

# 目　次

　　Ⅳ　条約の意義と課題 …………………………………………………… 77
　　むすび …………………………………………………………………… 81

## 第2章　NPT再検討プロセスの展開 ……………………………………… 83

### 第1節　2000年NPT最終文書の履行 …………………………………… 83
　　Ⅰ　核不拡散体制下での核軍縮の追求 ………………………………… 83
　　Ⅱ　核軍縮実施状況の検討 ……………………………………………… 87
　　Ⅲ　全体的評価 …………………………………………………………… 99
　　むすび ………………………………………………………………… 100

### 第2節　2005年NPT再検討会議 ………………………………………… 101
　　Ⅰ　会議以前の状況 …………………………………………………… 101
　　Ⅱ　再検討会議での議論 ……………………………………………… 104
　　Ⅲ　核軍縮に関する各国の見解と議論点 …………………………… 110
　　Ⅳ　会議の評価と今後の見直し ……………………………………… 128
　　むすび ………………………………………………………………… 134

### 第3節　2007年NPT準備委員会 ………………………………………… 135
　　Ⅰ　準備委員会以前の状況 …………………………………………… 135
　　Ⅱ　準備委員会での議論 ……………………………………………… 138
　　Ⅲ　核軍縮問題の検討 ………………………………………………… 149
　　Ⅳ　準備委員会の評価 ………………………………………………… 166
　　むすび ………………………………………………………………… 168

### 第4節　2010年NPT再検討会議 ………………………………………… 170
　　Ⅰ　会議の進展と一般演説における議論 …………………………… 171
　　Ⅱ　主要委員会・補助機関における議論 …………………………… 176
　　Ⅲ　核軍縮のための行動計画 ………………………………………… 180
　　Ⅳ　核軍縮をめぐる重要課題の検討 ………………………………… 184
　　むすび ………………………………………………………………… 198

## 第3章　軍縮の基本的問題 ………………………………………………… 201

### 第1節　軍縮国際法――国際法学からの分析 …………………………… 201
　　Ⅰ　軍縮問題の歴史的発展 …………………………………………… 201
　　Ⅱ　国際法上の軍縮の概念と内容 …………………………………… 208

目　次

　　Ⅲ　軍縮国際法の国際法体系内での位置づけ……………………………215
　　Ⅳ　軍縮国際法と国際安全保障………………………………………………221
　　お わ り に………………………………………………………………………227
第 2 節　軍縮条約の交渉・起草過程の特徴……………………………………228
　　Ⅰ　軍縮条約交渉・起草過程の概観…………………………………………228
　　Ⅱ　ジュネーブ軍縮委員会・軍縮会議………………………………………233
　　Ⅲ　NPT と CTBT の交渉・起草過程………………………………………236
　　Ⅳ　軍縮会議の存在意義と将来………………………………………………242
　　む　す　び………………………………………………………………………247
第 3 節　軍縮における国際機構の役割…………………………………………248
　　Ⅰ　国 際 機 構……………………………………………………………………248
　　Ⅱ　継続的国際会議………………………………………………………………253
　　Ⅲ　国際非政府機関（NGO）…………………………………………………256
　　Ⅳ　今後の課題……………………………………………………………………259
　　む　す　び………………………………………………………………………261
第 4 節　日本の非核政策と核武装論……………………………………………262
　　Ⅰ　非核政策の歴史的進展………………………………………………………262
　　Ⅱ　1990 年代の核武装疑惑……………………………………………………267
　　Ⅲ　21 世紀の新たな議論………………………………………………………271
　　Ⅳ　日本における核武装論顕在化の背景……………………………………275
　　Ⅴ　日本における核武装の議論………………………………………………282
　　Ⅵ　新たな安全保障環境の構築………………………………………………292
　　む　す　び………………………………………………………………………299

事項索引　（301）

## 関連略語表

| | | |
|---|---|---|
| ABM | Anti-Ballistic Missile | 対弾道ミサイル |
| ASEAN | Association of Southeast Asian Nations | 東南アジア諸国連合 |
| BCC | Bilateral Consultative Commission | 2国間協議委員会 |
| BWC | Biological Weapons Convention | 生物兵器禁止条約 |
| CBM | Confidence-Building Measures | 信頼醸成措置 |
| CCD | Conference of the Committee on Disarmament | 軍縮委員会会議 |
| CD | Conference on Disarmament | 軍縮会議 |
| CFE | Conventional Armed Forces in Europe | 欧州通常戦力 |
| CPGS | Conventional Prompt Global Strike | 通常迅速世界の攻撃 |
| CSCE | Conference on Security and Cooperation in Europe | 欧州安保協力会議 |
| CTBT | Comprehensive Nuclear Test Ban Treaty | 包括的核実験禁止条約 |
| CTBTO | Comprehensive Nuclear Test Ban Treaty Organization | 包括的核実験禁止条約機構 |
| CTR | Cooperative Threat Reduction | 協力的脅威削減 |
| CWC | Chemical Weapons Convention | 化学兵器禁止条約 |
| ENDC | Eighteen-Nation Committee on Disarmament | 18カ国軍縮委員会 |
| EU | European Union | 欧州連合 |
| EURATOM | European Atomic Energy Community | 欧州原子力共同体 |
| FMCT | Fissile Material Cut-Off Treaty | 兵器用核分裂性物質生産禁止条約 |
| G8 | Group of Eight | 先進8カ国グループ |
| GTRI | Global Threat Reduction Initiative | 地球的脅威削減イニシアティブ |
| HEU | Highly Enriched Uranium | 高濃縮ウラン |
| IAEA | International Atomic Energy Agency | 国際原子力機関 |
| IALANA | International Association of Lawyers Against Nuclear Arms | 反核国際法律家協会 |
| ICBL | International Campaign to Ban Landmines | 地雷廃絶国際キャンペーン |
| ICBM | Intercontinental Ballistic Missile | 大陸間弾道ミサイル |
| ICJ | International Court of Justice | 国際司法裁判所 |
| ICNND | International Commission on Nuclear Non-Proliferation and Disarmament | 核不拡散・核軍縮国際委員会 |
| IMS | International Monitoring System | 国際監視システム |
| INF | Intermediate-Range Nuclear Forces | 中距離核戦力 |
| IPB | International Peace Bureau | 国際平和ビューロー |

## 関連略語表

| | | |
|---|---|---|
| IPPNW | International Physicians for the Prevention of Nuclear | 核戦争防止国際医師会議 |
| MAD | Mutual Assured Destruction | 相互確証破壊 |
| MIRV | Multiple Independently Targetable Reentry Vehicle | 複数目標個別誘導再突入体 |
| MLF | Multilateral Nuclear Force | 多角的核戦力 |
| MPI | Middle Power Initiative | 中堅国家イニシアティブ |
| NAC | New Agenda Coalition | 新アジェンダ連合 |
| NAM | Non-Aligned Movement (Countries) | 非同盟諸国 |
| NATO | North Atlantic Treaty Organization | 北大西洋条約機構 |
| NGO | Non-Governmental Organization | 非政府組織 |
| NPR | Nuclear Posture Review | 核態勢見直し |
| NPT | Nuclear Non-Proliferation Treaty | 核不拡散条約 |
| NRRC | Nuclear Risk Reduction Center | 核危機低減センター |
| NSA | Negative Security Assurances | 消極的安全保証 |
| NSG | Nuclear Suppliers Group | 原子力供給国グループ |
| NSNW | Non-Strategic Nuclear Weapons | 非戦略核兵器 |
| NTM | National Technical Means (of Verification) | 自国の(検証)技術手段 |
| NWFZ | Nuclear-Weapon-Free Zone | 非核兵器地帯 |
| OAS | Organization of American States | 米州機構 |
| OAU | Organization of African Unity | アフリカ統一機構 |
| OPANAL | Agency of the Prohibition of Nuclear Weapons in Latin America | ラテンアメリカ核兵器禁止機構 |
| OPCW | Organization for the Prohibition of Chemical Weapons | 化学兵器禁止機構 |
| P5 | Five Permanent Members of UN Security Council | 国連安保理常任理事国 |
| PAROS | Prevention of Arms Race in Outer Space | 宇宙における軍備競争の防止 |
| PNI | Presidents' Nuclear Initiative | 大統領核イニシアティブ |
| PSI | Proliferation Security Initiative | 拡散防止構想 |
| SALT | Strategic Arms Limitation Talks/Treaty | 戦略兵器制限交渉／条約 |
| SLBM | Submarine-Launched Ballistic Missile | 潜水艦発射弾道ミサイル |
| SORT | Strategic Offensive Reductions Treaty | 戦略攻撃力削減条約 |
| SSBN | Nuclear-Powered Ballistic Missile Submarine | 弾道ミサイル装備原子力潜水艦 |
| START | Strategic Arms Reduction Talks/Treaty | 戦略兵器削減交渉／条約 |
| TLAM-N | Tomahawk Land Attack Cruise Missile-Nuclear | 核弾頭搭載トマホーク |
| TNDC | Ten-Nations Disarmament Committee | 10カ国軍縮委員会 |
| TNW | Tactical Nuclear Weapons | 戦術核兵器 |

*xvii*

## 関連略語表

| | | |
|---|---|---|
| UN | United Nations | 国際連合 |
| UNDC | United Nations Disarmament Commission | 国連軍縮委員会 |
| WCP | World Court Project | 世界法廷プロジェクト |
| WHO | World Health Organization | 国際保健機関 |
| WMD | Weapons of Mass Destruction | 大量破壊兵器 |

核軍縮と世界平和

# 第1章　核兵器のない世界の展望

## 第1節　核兵器のない世界のビジョン

　2007年1月に「核兵器のない世界」と題する論文が，ウォール・ストリート・ジャーナルに掲載され，それを契機として核兵器廃絶の主張が行われるようになった。本節では，まず出発点としてこの論文の内容を明らかにし，それに継続する核兵器廃絶論を詳細に検討し，次に米国の大統領候補者がこの問題をどう取り扱っているかを考察し，第3に，核廃絶論の理論的根拠を探り，第4に，これらの核廃絶論に対する反対論を紹介し，最後に今後の進むべき道を考える。

### I 「核兵器のない世界」の提案

#### 1　2007年1月の「核兵器のない世界」提案

　2007年1月4日に「核兵器のない世界(A World Free of Nuclear Weapons)」と題する論文が，ウォール・ストリート・ジャーナルに掲載された[1]。その著者は，ジョージ・シュルツ(George P. Shultz)元国務長官，ウィリアム・ペリー(William J. Perry)元国防長官，ヘンリー・キッシンジャー(Henry A. Kissinger)元国務長官およびサム・ナン(Sam Nun)元上院軍事委員会委員長である。その主要な内容は以下の通りである。

(1)　核兵器は今日途方もない危険となっているが，歴史的な好機ともなっている。米国の指導者は，核兵器への依存を逆転させるため行動すべきである。

(2)　冷戦期には核兵器は国際安全保障を維持するため不可欠であった。しかし抑止は，現在ではますます有害になっており，効果も減少している。

(3)　北朝鮮やイランに示されるように，新しい危険な核時代に入りつつある。またテロリストの手に核兵器が入る危険があり，彼らには抑止はきかない。

(4)　核兵器国の指導者が核兵器のない世界という目標を共同の事業とするよ

---

[1] George P. Schultz, William J. Perry, Henry A. Kissinger and Sam Nun, "A World Free of Nuclear Weapons," *The Wall Street Journal*, January 4, 2007. <http://www.fcnl.org/issues/item.php?item_id=2252&issue_id=54>

う，米国は働きかけるべきである。
(5) 核の脅威のない世界のための基盤として，以下の一連の緊急の措置に合意すべきである。
① 冷戦態勢の核配備を変更し，警戒時間を長くし，事故による核使用の危険を減少させる。
② すべての核兵器国の核戦力の大幅削減を継続する。
③ 前進配備の短距離核兵器を廃棄する。
④ 包括的核実験禁止条約（CTBT）の批准に向けて上院での超党派協議を開始する。
⑤ 世界中の核兵器および兵器級プルトニウム・高濃縮ウランを保管する。
⑥ 燃料供給保証を伴うウラン濃縮プロセスを管理する。
⑦ 世界的に，兵器用核分裂性物質の生産を停止する。
⑧ 新たな核兵器国の出現につながる地域的対立や紛争の解決に努力する。

この4人は，冷戦期に米国の核戦略・核政策を作成し実施してきた人物であり，米国の核抑止論を主張してきた人々である。しかし現在では，テロリストに対しては核抑止はまったく効かず，新たな核兵器国の核の管理は不十分であるので，核廃絶に進むべきであるという主張である。この4人のうち2人は民主党で他の2人は共和党で，超党派の主張となっている。この提案は，歴代の政府の中心にいて，核抑止論を強く主張していた元高官から出されたものであるという点から，多くの注目を集めるものとなった。

## 2　2007年10月の「レイキャビク再訪」会議[2]

2007年10月24-25日にスタンフォード大学フーバー研究所で開催された会議は，「レイキャビク再訪：核兵器のない世界に向けての諸措置」と題され，多くの元政府高官および専門家が参加し，緊急に取るべき具体的措置として以下のような軍縮関連措置が議論された。

(1) 核兵器の削減と配置転換
　　・核兵器の一層の削減
　　・戦略戦力の警戒解除
　　・前方配備の短距離核兵器の全廃

---

[2] *Reykjavik Revisited: Steps Towards A World Free of Nuclear Weapons,* October 2007. <http://www.hoover.org/publications/books/online/15766737.html>

第1節　核兵器のない世界のビジョン

(2) 核兵器および核燃料の管理
　　・濃縮および再処理の拡散防止
　　・核分裂性物質の世界的な管理：兵器用核分裂性物質生産禁止条約（FMCT）およびその後
　　・核ストックパイルの世界的な安全管理
(3) 核実験の規制と検証
　　・CTBTと米国の安全保障
　　・検証および遵守の重要課題
(4) 地域的な対立と核兵器の拡散
(5) 核兵器のない世界という目標を共同の事業にさせること

以上のプログラムに従い，この会議では特に，それぞれの問題の報告者の発表を基に，核廃絶に達するための具体的な軍縮措置は何であり，それをどのように実行していくかという側面に焦点があてられ，議論が行われた。

## 3　2008年1月の「非核世界に向けて」提案

2008年1月15日のウォール・ストリート・ジャーナルに，シュルツ，ペリー，キッシンジャー，ナンの4人が再び論文を投稿し[3]，このプロジェクトの継続性をアピールするとともに，国際的な幅広い支持が広がっていることを強調した。

まず米ロが2008年からとるべき措置として以下のものを列挙している。
(1) 2009年に失効する戦略兵器削減条約（START）の重要事項（検証など）を延長すること
(2) 核弾道ミサイル発射の警戒および決定時間を長くする措置を取ること
(3) 冷戦期からの大量攻撃作戦計画を破棄すること
(4) 協調的ミサイル防衛および早期警戒システムの開発に向けての交渉を行うこと
(5) 核兵器と核物質の保安基準を世界的にできるだけ高いものにする作業を加速させること
(6) NATO内およびロシアと話し合い，前進配備核兵器の統合を行うこと
(7) 先端技術の世界的拡散に対抗するため，核不拡散条約（NPT）遵守の監視

---

[3] George P. Schulz, William J. Perry, Henry A. Kissinger and Sam Nun, "Toward A Nuclear-Free World," *The Wall Street Journal*, January 15, 2008. <http://www.nti.org/c_press/TOWARD_A_NUCLEAR_FREE_WORLD_OPED_011508.pdf>

を強化すること
(8) CTBTを発効させるプロセスを採択すること
　その他の措置として，核燃料サイクルの危険を管理する国際システムを開発すること，米ロ間においてモスクワ条約を超える一層の大幅削減に合意すること，条約違反を企てる国を抑止し，必要なら対応する手段に合意することなどが述べられている。
　この論文は1年前の主張を基本的には継続しつつ，1年間の議論の結果として若干の修正を加えたものであり，特に2008年からとるべき措置が明記されている。またその中でこのプロジェクトを支持する元高官の名前が具体的に列挙されており，広範な支持が存在することが立証されている。

## 4　2008年2月の「核兵器のない世界のビジョンの達成」会議

　2008年2月26-27日に，ノルウェー政府の主催により，オスロにおいて「核兵器のない世界のビジョンの達成」と題する会議が開催された。
　この会議は，「核兵器のない世界」というプロジェクトを継続的に議論することにより，この問題を一層広く深く浸透させることを目的としており，その基本的な主張を繰り返しながらも，この会議では，世界中の専門家からプロジェクトに対する見解を述べてもらいそれに基づいて議論を展開するという方法がとられている。各セッションのタイトルは以下のとおりである[4]。
(1) 国家安全保障政策における核兵器の役割を低減させるために核兵器国はどのような一層の措置をとることができるか。
(2) 核不拡散体制を強化し，核兵器のない世界を促進するために，非核兵器国はどのような一層の措置をとることができるか。
(3) 地域的紛争は，核兵器を削減する努力にどのようなインパクトを与えるか。
(4) 核分裂性物質の生産禁止と管理および核実験禁止条約に向けて〜モラトリアムに加えてどう強化すべきか。
(5) 原子力への増加する需要を核軍縮の目的とどのように調和できるか。

　この会議の議論の内容は外務大臣サマリーで以下の6点にまとめられてい

---

[4] *Achieving the Vision of a World Free of Nuclear Weapons: International Conference on Nuclear Disarmament,* February 26-27, Oslo, Norway. <http://disarmament.nrpa.no/?page_id=6>

## 第1節　核兵器のない世界のビジョン

る[5]。
  (1) 核兵器のない世界というビジョンを進展させるとはどういう意味かについての議論では，協力的アプローチには合意はあるが，どの組織が強制に責任をもつかなどは見解が分かれている。また核軍縮への成功の4つの基準として，拘束力ある約束，不可逆性，透明性，検証が何度も述べられた。
  (2) 核兵器国としては，核兵器の量およびその役割を低減させるべきことに合意があり，先行不使用，核兵器の警戒態勢解除，戦術核兵器の削減と統合が議論された。
  (3) 非核兵器国としては，IAEA追加議定書の促進，市民社会の役割，非核兵器地帯，原子力問題，特に核燃料サイクルのガバナンスが議論された。
  (4) 地域紛争に関しては，核兵器の存在が危険を増大し解決を複雑にすると考えられ，核兵器の取得へと導くような脅威に国際社会が対応すべきであると議論された。
  (5) CTBTの発効およびFMCT交渉開始の重要性に合意がみられた。
  (6) 燃料供給保証に関するさまざまな提案が出され，供給国と受領国との間のまじめなダイアローグの重要性が強調された。

また外務大臣は，①最高位でのリーダーシップ，②具体的軍縮措置の開始，③すべての国による共同事業，④無差別，⑤透明性という5つの原則を示し，この原則から以下の結論を引き出している。
  (1) すべての国家の指導者が，核兵器のない世界というビジョンに個人的に関与すべきである。
  (2) 米国とロシアは核兵器の大幅削減を，検証を伴う拘束力ある条約で実施すべきである。
  (3) 非核兵器国は，軍縮を検証するために必要な技術の開発に協力すべきである。
  (4) すべての核兵器保有国は，核兵器への依存を低下させるべきである。
  (5) CTBTの発効は新たな核軍備競争の防止にきわめて重要である。
  (6) FMCTは，軍縮を促進し新たな核軍備競争を防止するのに不可欠である。
  (7) 核兵器を廃絶するためには，強固で信頼できる不拡散体制が必要である。

---

[5] Jonas Gahr Støre, *Minister's Summary and Preliminary Recommendations: A Global Effort to Achieve a World Free of Nuclear Weapons.* <http://disarmament.nrpa.no/data/docs/chairs_written_summary.pdf>

(8) 核テロを防ぐため，核兵器国は核兵器がテロリストにわたらないよう措置をとるべきである。
(9) IAEAと協力して，無差別の核燃料供給システムを作るべきである。
(10) 広範な基礎でハイレベルの核軍縮政府間パネルを開催すべきである。

## 5 提案に対する反応

まず，最初の提案の直後である2007年1月31日に，ゴルバチョフ元ロシア大統領の「核の脅威」と題する以下のような内容の論文がウォール・ストリート・ジャーナルに掲載された[6]。

(1) 1月4日の「核兵器のない世界」は，きわめて重要な国際問題を提起している。私はこの緊急行動の要請を支持する責務を感じている。
(2) 1985年に「核戦争に勝利はないし，決して戦われてはならない」と米国と合意し，新たな考えを示し，中距離核戦力(INF)，STARTで進展した。そのまま続いていたら，世界の核兵器は大部分廃棄されていただろう。
(3) 米国，さらにロシアも核兵器を再び強調し，先行使用から先制使用まで進んでいる。
(4) NPTは困窮しており，インド，パキスタン，北朝鮮，イラン，テロの問題が生じているが，この問題は核兵器の廃絶を通じてのみ解決できる。
(5) 核兵器廃絶を，遠い将来ではなく出来るだけ早期の議題に戻すべきである。
(6) 私は，NPTの枠内で，核兵器廃絶に関するあらゆる問題をカバーする議論が開始されるよう呼びかける。目標は，核兵器のない世界へ向けての共通の概念を作り出すことである。
(7) 核兵器国は核兵器を削減し究極的に廃絶する約束を正式に再確認し，具体的措置として，CTBTを批准し，軍事ドクトリンを変更し冷戦時の高い警戒態勢を解除すべきである。

1月4日の提案の背景には1986年のレイキャビク会談があり，その当事者であるゴルバチョフが全面的な支持を即時に表明したことはきわめて重要である。

次に，2007年6月にカーネギー国際不拡散会議が開催され，そこでもこの

---

[6] Mikhail Gorbachev, "The Nuclear Threat," *The Wall Street Journal*, January 31, 2007. <http://www.wagingpeace.org/articles/2007/01/31_gorbachev_nuclearthreat.htm>

第1節　核兵器のない世界のビジョン

提案が大きく取り上げられ，そのためのセッションが設けられ，英国外相の特別講演が行われている。「核兵器のない世界」というセッションで，司会のマシューズは，「新しい提案のインパクトに関して，ひとつは内容であり，もう1つは，もっと重要なことであるが，誰が言っているかという点である」と述べ，提案者である4人の重要性を強調している[7]。

このプロジェクトを背後で支えているカンペルマンは，「米国は以下のように一方的に行動できる。米国の大統領が国連総会において，核兵器の保有および開発は人道に対する犯罪であり，国際社会全体に対する犯罪であるという概念を世界が受容するような決議を提案すべきである」と述べ，大胆なビジョンを具体化する方法を示唆している[8]。

英国外相ベケットは，「ウォール・ストリート・ジャーナルの論文がまったく正しいのは，核兵器国が核軍縮への約束を放棄したと他の諸国が考えるならば，不拡散の努力は大いに傷つけられるということである。……必要なのは，ビジョン——核兵器のない世界のためのシナリオ——と行動——核弾頭の数を削減し安全保障政策における核兵器の役割を制限するための漸進的措置——の両方である。これらの2つの基準は別個のものであるが，相互に補強するものである。両方が必要であるが，現在では両方とも余りにも弱すぎる」と述べ，基本的にこの提案への支持を表明した[9]。

第3に，この提案に対しては米国の元高官の多くが支持を表明しており，過去9代の政権における国務長官，国防長官，国家安全保障担当補佐官24名のうち17名が支持を表明している。そこには，M. オルブライト，R. アレン，J. ベイカーⅢ，S. バーガー，Z. ブレジゼンスキー，F. カールチ，W. クリストファー，W. コーエン，L. イーグルバーガー，M. レアード，A. レイク，R. マクファーレン，R. マクナマラ，C. パウエルなどが含まれている。

第4に，元大統領候補のジョン・ケリーは，大統領候補の演説を聞いていて

---

[7] Chair: Jessica Mathews, "A World Free of Nuclear Weapons," Carnegie International Nonproliferation Conference, June 25, 2007. <http://www.carnegieendowment.org/files/welcome1.pdf>

[8] Max Kampelman, "A World Free of Nuclear Weapons," Carnegie International Nonproliferation Conference, June 25, 2007. <http://www.carnegieendowment.org/files/welcome1.pdf>

[9] Margaret Becket, Secretary of State for Foreign and Commonwealth Affairs, United Kingdom, Keynote Address, "A World Free of Nuclear Weapons?" Carnegie International Nonproliferation Conference, June 25, 2007. <http://www.carnegieendowment.org/files/keynote.pdf>

も米国において「核兵器のない世界」への超党派のコンセンサスができつつあるとし，次期大統領に対して以下の4点を提案している。
(1) 次期大統領は，就任100日以内に核兵器のない世界に対する彼のコミットメントを示す政策演説を行うべきである。
(2) 核テロを防止するという唯一の任務をもつ大統領への国家安全保障副補佐官のポストを創設すべきである。
(3) 彼に「逆のマンハッタン計画」を推進する権限を与え，次期大統領の1期目の終わりまでに世界中のルース・ニュークを保管し，世界的な安全保管基準を設置させるべきである。
(4) 1991年の戦略兵器削減条約を延長し，配備核弾頭を1000以下に削減し，発射前の警戒時間を長くする条約を締結すべきである[10]。

第5に英国のR.ハード，M.リフキンド，D.オーエンの元外相およびG・ロバートソン元NATO事務局長の4人が，シュルツらの提案を支持し，「世界の核兵器の劇的な削減に向けての実質的な進展は可能である。究極の熱望は核兵器のない世界をもつことである。それは時間がかかるが，政治的意思と監視の改善があれば，目標は達成可能である。我々は遅すぎることになる前に行動しなければならない。我々は核兵器のない世界という米国のキャンペーンを支持することにより開始することができる」と述べている[11]。

## Ⅱ　米大統領候補者の見解

### 1　バラク・オバマ

フォーリン・アフェアーズ2007年7・8月号の「アメリカのリーダーシップを回復する」という論文[12]で，オバマは，米国および世界に対する最も緊急の脅威として，核兵器，核物質，核技術の拡散，ならびに核装置がテロリストの手に入る危険であると認め，この4人の提案に言及しつつ，「彼らが警告しているように，われわれの現在の措置は核の脅威に対応するのに不十分である」

---

[10] John Kerry, "America Looks to a Nuclear-Free World," *The Financial Times*, June 24, 2008. <http://www.ft.com/cms/s/0/6bf6c51e-41fd-11dd-a5e8-0000779fd2ac.html?nclick_check=1>

[11] Douglas Hurd, Malcolm Rifkind, David Owen and George Robertson, "Start Worrying and Learn to Ditch the Bomb. It won't Easy, but a World Free of Nuclear Weapons is Possible." *The Times*, June 30, 2008. <http://www.timesonline.co.uk/tol/comment/columnists/guests_contributors/article4237387.ece>

[12] Barack Obama, "Renewing American Leadership," *Foreign Affairs*, Vol.86, No.4, July/August 2007, pp.8-9.

## 第1節　核兵器のない世界のビジョン

と述べ，大統領に選ばれたら核兵器を保管し，破壊し，拡散防止するために，以下の措置をとると述べている。

(1) 我々は，脆弱な場所にあるすべての核兵器と物質を4年以内に保管するための世界的努力を指導しなければならない。
(2) 我々はロシアと協力し，危険で時代遅れの冷戦時代の核態勢を更新し縮小し，核兵器の役割を低減させなければならない。
(3) 我々は最近の技術の発展を利用し，CTBT批准の超党派の合意を形成しなければならない。
(4) 私は，新たな核兵器用物質の生産を禁止する世界的な条約交渉のため努力する。
(5) 我々は，核兵器技術の拡散を停止し，各国が平和的原子力の保護の下で兵器計画を始めることができないよう確保しなければならない。

この論文ではオバマは核兵器のない世界を直接支持するものではなかったが，2007年10月2日のシカゴでの演説で，以下のように述べ，4人の提案を明確に支持する立場を表明した[13]。

　大統領として以下のように言うだろう。米国は核兵器の存在しない世界を追求する。我々は一方的な軍縮を追求するのではない。核兵器が存在するかぎり，我々は強力な核抑止を維持する。しかし，我々は，核不拡散条約の下での，核兵器の廃絶に向けた長い道への約束を守る。我々はロシアと協力して，両国の弾道ミサイルを即時発射警戒態勢から解除し，核兵器と核物質のストックを大幅に削減する。我々は，兵器用核分裂性物質の世界的な生産禁止を求めることから始める。さらに中距離ミサイルの米ロによる禁止を広げて，協定を世界的なものにするという目標を設定する。

さらに2008年7月24日に20万人の聴衆を集めたベルリンでの演説[14]でも，「今や，核兵器のない世界という目標を新たに追求すべき時期である」と述べている。

---

[13] "Remarks of Senator Barack Obama: A New Beginning," Speech given in Chicago, Il., on October 02, 2007. <http://www.clw.org/elecions/2008/presidential/obama_remarks_a_new_beginning/>
[14] Obama Press Release: Remarks of Senator Obama（Berlin, Germany），July 24, 2008. <http://2008Central.net/2008/07/24/obama-press-release-remarks-of-senator-barack-obama-berlingermany>

## 2　ヒラリー・クリントン

クリントンは，フォーリン・アフェアーズ 2007 年 11・12 月号の「21 世紀のための安全保障と機会」と題する論文において，シュルツらの新しい提案に言及しつつ，大幅な核兵器の削減などいくつかの措置を主張し，以下のように述べている[15]。

　我々の不拡散のリーダーシップを主張するため，私は米ロの核兵器を大幅にかつ検証可能な形で削減する協定の交渉を求める。私はまた 2009 年までに上院が CTBT を承認するよう求める。大統領として，NPT を補完する努力として，核燃料へのアクセスを保証する国際燃料バンクの設置を支持する。

クリントンはこの時期には 4 人の提案への明確な支持を表明していなかったが，2008 年 1 月のシカゴ・トリビューンとのインタビューでは，「米国は核兵器のおそろしい危険を削減するための世界的な努力をリードすべきであり，いつか核兵器をなくすという，トルーマンからクリントンまですべての大統領により共有されてきた目標に向かって進むべきである。ヘンリー・キッシンジャー，サム・ナン，ビル・ペリー，ジョージ・シュルツにより提案された核兵器のない世界というビジョン，ならびにそのビジョンに向けて実際的な措置をとるというアイディアを支持する」と答えている[16]。

## 3　ジョン・マケイン

フォーリン・アフェアーズ 2007 年 11・12 月号掲載の「自由に基づく永続的平和～米国の将来を守る」においては，核不拡散体制は，核技術の拡散は核兵器へと繋がらないという NPT の間違った前提により崩壊しており，次期大統領は先進国サミットを開き以下の 3 点――非核兵器国は核技術に対する権利をもつという考えの再検討，NPT の違反疑惑の挙証責任の転換，IAEA 予算の大幅な増加――を議題とすべきだと述べている[17]。民主党の複数の候補者と異なり，この時点ではマケインは核軍縮についてはまったく触れていない。

---

[15] Hillary Rodham Clinton, "Security and Opportunity for the Twenty-First Century," *Foreign Affairs*, Vol.86, No.6, November/December 2007, p.12.
[16] Hillary Clinton, Nuclear Proliferation Statement, *Chicago Tribune*, January 18, 2008. <http://www.chicagotribune.com/news/chi-080118clinton-story,0,3601074.story>
[17] John McCain, "An Enduring Peace Build on Freedom: Securing America's Future," *Foreign Affairs*, Vol.86, No.6, November/December 2007, p.31

第 1 節　核兵器のない世界のビジョン

2008年3月26日にジョン・マケインはロサンジェルス世界問題評議会で講演し，以下のように述べた[18]。

　　我々はまた，核兵器の拡散を防止し逆行させるという義務を他の大国とともに負っている。米国および国際社会は協力し，北朝鮮の核兵器プログラムを封じ込め逆行させ，イランが核兵器を取得するのを防止するため努力すべきである。我々は，米国から始めて，世界中の核兵器を削減するため努力すべきである。40年前に5核兵器国はNPTを支持し，軍備競争を停止し，核軍縮に進むことを誓約した。今はこの約束を新たに確認する時である。我々は現在ある核兵器のすべてを必要としているわけではない。米国は，死活的利益および平和の大義と一致しつつ，核軍縮に向けての世界的な努力をリードすべきである。

2008年5月27日にマケインは，デンバー大学において核セキュリティに関する演説を行い，以下のように述べた[19]。

　　4半世紀前，ロナルド・レーガン大統領は，「我々の夢は核兵器が地球上から消滅する日を見ることである」と宣言した。これは私の夢でもある。それは遠くて困難な目標である。我々はそれに向けて慎重に現実的に進まなければならない。我々の安全および我々に依存している同盟国の安全に関心を集中しながら。しかし冷戦はほとんど20年前に終結しており，世界中の兵器庫の核兵器の数を劇的に削減するための一層の措置をとる時期が来ている。人類に対する核の脅威を削減するために働いてきた米国大統領の伝統に従い，世界中が米国に期待しているリーダーシップを米国が示す時である。

## Ⅲ　核兵器廃絶の理論的根拠

　この提案の根底には，核に関する脅威は根本的に変化し，我々は新たな核の脅威の下にあるという意識がある。したがって，冷戦時代に有効であった核抑止は今では有効ではなく，かえって危険であると考えられている。ナンは以下の点から核兵器が使用される危険が高まったと分析している。

---

[18] Remarks by John McCain to the Los Angeles World Affairs Council, March 26, 2008. <http://www.johnmccain.com/Informing/News/Speeches/872473dd-9ccb-4ab4-9d0d-ec54f0-7a497.htm>

[19] Remarks By John McCain on Nuclear Security, May 27, 2008. <http://www.johnmccain.com/Informing/News/Speeches/Read.aspx?guid=e9c72a28-c05c-4928-ae29-51f54de08df3>

第1章　核兵器のない世界の展望

(1)　テロリストが核兵器を求めている。
(2)　40カ国以上に核兵器の材料が存在する。
(3)　核兵器製造のノウハウおよび専門知識が容易に入手できる。
(4)　核兵器保有国が増加している。
(5)　ウラン濃縮を含む原子力への関心が高まっている。
(6)　米ロは即発射の状態で多くの核兵器を配備している[20]。

またドゥレルは,「技術の拡散が核兵器および核分裂性物質をもつ国家の増加という危険を作り出している。特に心配なのは民生用エネルギーのためのウラン濃縮とプルトニウム分離の技術である。このような技術は,合意された行動規範に拘束されないテロリスト集団などが盗んだり買ったりする機会を与えており,核兵器が使用される危険をさらに高めている」と新たな危険な状況を述べている[21]。

## 1　テロリストによる核使用

現在の大きな脅威の1つはテロリストによる核兵器使用の危険であり,テロリストは核兵器の保有をねらっており,核兵器を保有すれば使用をためらわないと一般に考えられている。テロリストがまったく最初から核兵器を製造することは困難かもしれないが,核兵器そのものあるいは核分裂性物質を奪い取ったり盗み取ったりすることは起こりえることである。そのためには,核兵器および核分裂性物質の保管を厳重にする必要があり,国連安全保障理事会決議1540は各国にそのことを義務づけている。

しかし,ここで最も重要なことは,テロリストには核抑止はまったく効果がないということである。2007年1月の4人の元高官の提案では,「核兵器を保有する非国家テロリストは概念的に抑止戦略の枠外にあり,今日の困難な新しい安全保障上の重要課題である」と述べられている。

## 2　新たな核兵器国による核使用

次に問題とされているのは,冷戦時に米国およびソ連が相互確証破壊に依存していた状況とは大きくことなり,新たな核兵器保有国では,事故や誤判断な

---

[20] Sam Nunn, "The Mountaintop: A World Free of Nuclear Weapons," *Vital Speech of the Day*, April 2008, p.148.
[21] Sidney D. Drell, "The Challenge of Nuclear Weapons," *Physics Today*, Vol.60, No.6, June 2007, p.54.

ど許可のない核兵器の使用を防止するための安全保障措置が十分ではないという点である。したがって，冷戦中に米ソ間で可能であったことが，現在多くの新たな核兵器保有国が存在する状況では，非常に疑わしくなっていることが指摘され，ここでも核抑止論が十分な効果をもたないとされている。

現在配備されている米ロの核兵器のうち，約2500は警戒即発射の状況で配備されており，米ロといえども事故や誤判断による発射がありえないわけではないので，この提案では警戒態勢の解除および発射時間を長くすることが最初に提案されている。

この第2点でも強調されていることは，新たな核兵器保有国が存在する現状においては，冷戦期のような核抑止は有効に働くとは考えられず，ここにおいても核抑止の破綻が生じているということである。

### 3　核不拡散条約による約束

この提案では，「核不拡散条約はすべての核兵器の終了を構想しており，1967年現在で核兵器を保有していない国はそれを取得せず，保有している国は長期的にそれを放棄することを約束している。ニクソン以来両党のすべての大統領はこの条約義務を再確認してきたが，非核兵器国は核兵器国の誠実さに対してますます懐疑的になってきている」と述べられ，核兵器のない世界は，NPT上の約束であると解釈している。

NPTの基本的目的は新たな核兵器保有国の出現を防止することであり，核不拡散が条約の中心目的であることには間違いないが，この体制は本質的に差別的なものであり，その差別性を緩和し最終的には消滅させるために挿入されたのが，第6条の核軍縮に向けた誠実な交渉を行う義務である。

核不拡散のためにさまざまな措置が検討され実施されているが，それらのいくつかは非核兵器国に一層の義務を課すものとなっており，核軍縮義務が実施されない状況では，非核兵器国をさらに差別的に取り扱うことにもなり，一般的な支持が得られない状況が生じている。したがって，新たな不拡散措置を導入するにしても，一定の核軍縮の進展がみられない限り，その実施がきわめて困難な状況にある。

### 4　現状核不拡散体制の不十分性

強力な不拡散努力が実施されており，協力的脅威削減(CTR)計画，地球的脅威削減イニシアティブ(GTRI)，拡散防止構想(PSI)，追加議定書は，NPTに違

反し世界の安全保障を危険にさらす活動を探知するために強力な新しい道具を提供する革新的なアプローチであり，これらを完全に履行することは重要であり，また北朝鮮およびイランとの交渉もきわめて重要であるが，これらだけでは，現在の危険に対処するには不十分であるというのが，この提案者の考えである。

核不拡散条約が規制しようとしたのは，新たな核兵器国の出現を防止することで，条約作成当初は，日本や西ドイツなど西側先進諸国が中心的なターゲットであり，それには成功した。しかし最近の不拡散問題は，イラク，イラン，北朝鮮，リビアなどNPTの締約国となりながらも，原子力平和利用を隠れ蓑としつつ秘密裏に核兵器の開発を進める問題と，テロリストの手に核兵器が渡る危険という問題であり，NPT自体ではうまく対処できない問題であった[22]。

それに対して米国を中心にさまざまな措置が実施されていくが，米国の国家安全保障上の利益が優先したものが多く，それらの措置の合法性あるいは正当性に疑いが生じることもあり，それらによってさらに核不拡散体制が弱体化することにもなった。

## Ⅳ 核兵器廃絶への反対論

これらの核兵器のない世界への提案に対してはさまざまな反対意見が表明されているが，コルビーは，「核兵器，特に米国の核兵器のない世界は好ましくもないし，現実的で効果的な核廃絶は不可能である。……そうではなく，米国は核抑止を維持しながら核兵器の拡散を防止し遅らせるという価値ある目標を追求すべきである」と主張している[23]。

### 1 核兵器廃絶は好ましくない

コルビーはさらにこの点に関して，力による平和論を展開し，以下のように述べている。

> 核兵器廃絶という考えは間違っている。核兵器のない世界は好ましくない。米国および世界のその他の諸国にとって，我々が核兵器を維持する方が好ましい。明らかに核兵器が抑止を通じて米国に安全を提供している。さらに米

---

[22] Y. Sienlej, "Bushification of the Nuclear Non-Proliferation Regime," *Peace Review: A Journal of Social Justice*, Vol.19, No.2, April-June 2007, pp.261-268.

[23] Elbridge Colby, "Nuclear Abolition: A Dangerous Illusion," *Orbis*, Vol.53, No.3, Summer 2008, p.424.

国の核兵器は，我々の拡大抑止の傘により世界の重要な地域の平和に貢献している。……米国の核の傘はある種の核拡散を防止するという追加的利益を提供している。……我々は核抑止の廃棄を求めるべきでもないし提案すべきでもない。平和は，我々の強さと我々の脅威の信憑性を構築し維持するという絶え間ない積極的な努力の結果である。……核廃絶は好ましくもなく可能でもない。そうではなく，平和は，強さを通じて来るのである。平和を欲するならば戦争に備えよ[24]。

他方，ブラウンとドイチュは，大幅削減には同意しつつも廃絶には否定的であり，「抑止のために必要とされるレベルを比べて，コストの理由から米国の核兵器を大幅に削減することは正当化されるであろうが，ゼロ核兵器というビジョンは必要でもないし政治的に有益でもない。……最も重要で困難な仕事は，諸国が核兵器を求めるようになる安全保障環境を変えることである。核兵器は空虚なシンボルではない。それは重要な抑止の役割を演じており廃絶することはできない。外交政策はこの現実に基づくべきである。米国は，核兵器能力の拡散の危険および核兵器使用の可能性を低下させるための達成可能な目的のため他国とともに努力すべきである」と述べる[25]。

これらの見解の中核にあるのは，核廃絶は核抑止を否定することになるので好ましくないという考えである。

## 2 核兵器廃絶は不可能である

この点につきコルビーは，「主権的国民国家における核廃絶の基本的な障害は，第1は核廃絶をどう検証するかであり，第2に敵が再軍備しないことをどう保証できるかということである。……我々は核兵器を放棄するが他国が保有することがあるという深刻な危険があるので，核抑止を放棄するのは無責任である」と述べ[26]，検証の不可能性を強調する。

他方ブラウンは，「平和で秩序ある世界が，核兵器廃絶の前提である。……平和は，核兵器の廃絶と同じように，地域的あるいは世界的国際社会の安全保障環境の原因というよりも結果である。核兵器のない世界を可能とするために

---

[24] Elbridge Colby, (note 23), pp.427, 428 and 433.
[25] Harold Brown and John Deutch, "The Nuclear Disarmament Fantasy," *The Wall Street Journal,* November 19, 2007. <http://www.wagingpeace.org/articles/2007/11/26_brown_article_responses.php>
[26] Elbridge Colby (note 23), p.429.

は，今日の状況とはまったく異なる政治的社会的な世界秩序が必要である」と述べ[27]，核廃絶と安全保障の優先順位をめぐる以前からの問題を提起している。

ルイスも，核兵器廃絶はユートピアであり，そのためには，世界政府の創設，秘密の再軍備を防止する絶対確実な方法の確立，戦争が不要なものになったという人々の意識の革命が必要であると述べている[28]。

これらの見解は，現在の主権国家が併存するような国際社会においては，その社会の構造からして核兵器廃絶は不可能であるという考えである。

## 3 核兵器廃絶は核不拡散を強化しない

ブラウンは，「米国が核兵器の配備およびストックパイルを削減し，米国の核戦力を即時発射態勢から後退させ，核実験禁止を支持し，新たな核兵器を考案しないとしても，これらは潜在的核兵器国の行動にほとんどあるいはまったく影響しないであろう」と述べ[29]，ブラウンとドイチュが，「すべての核兵器を廃棄するという目標は逆効果である。それは不拡散に実体的な進展をもたらさないだろうし，核兵器は抑止によって米国の安全保障および国際的な安定に貢献しているという価値を損なう危険を伴う。……米国の核態勢の変更は，核兵器を持とうとする国の計算にまったく影響しないであろう」と述べ[30]，核兵器の削減さらに廃絶が核不拡散の強化には影響しないことを主張している。

これらの主張は正しいが，それらに対しては以下のクリントンの主張が有益であろう。

> 我々の核兵器に関して我々が行うことの結果として，北朝鮮もイランもそのコースを変えることはないだろう。しかし，核兵器を削減するための劇的な措置をとることは，核拡散の脅威に対応するために必要な国家集団の支持を作り出すだろうし，米国が道義的に高い地位を再び得るのに有益であろう[31]。

このように，核軍縮は潜在的核兵器国の行動に直接には影響を与えないが，

---

[27] Harold Brown, "New Nuclear Realities," *Washington Quarterly,* Vol.31, No.1, Winter 2007-2008, p.18.
[28] Julian Lewis, "Nuclear Disarmament versus Peace in the Twenty-First Century," *International Affairs*, Vol.82, No.4, July 2006, p.673.
[29] Harold Brown, (note 27), p.11.
[30] Harold Brown and John Deutch, (note 25).
[31] Hillary Rodham Clinton, (note 15), p.12.

多くのその他の国々が米国の提案を支持し，結果的に核不拡散の勢力を強化することにより，間接的に核不拡散に影響を及ぼすことができると考えられる。

## むすび

2007年1月の提案以来，このプロジェクトはその支持を拡大しつつ，議論を継続しており，特に2008年11月の大統領選挙を視野に入れつつ，米国の次期大統領に対する大きな訴えとなっている。現在のブッシュ政権は米国の短期的な国益を考慮し，それを軍事力や政治力を中心とした手段で遂行するもので，国際法や国連など多国間主義に基づく国際協調を拒否するものであり，歴代の大統領の中でもきわめて異例のものであった。このプロジェクトの背景にはブッシュ政権の政策に対する異議申し立てが存在する。

バンとラインランダーも，「この計画は，いかなる長期的なビジョンももたず，義務の相互性を避けるブッシュ政権の限定的な軍備管理・削減努力への重要な黙示的な批判である」と分析している[32]。

この提案の大きな特徴は，核兵器廃絶という大胆なビジョンと具合的な核軍縮措置を統合させているところにあり，「大胆なビジョンなしには行動が公平であり緊急であると認識されないし，行動がなければ大胆なビジョンが現実的であり可能であると認識されない」[33]という考えに基づいている。

この提案で示されている考えは以下のように要約されている。

> 究極の目標を明確に表明することにより進展が促進されることになる。これが，今日の脅威に効果的に対応するために必要な国際的信頼と広範な協力を打ち立てる唯一の方法である。ゼロに向かうというビジョンなしには，下方への悪循環を止めるのに必要な協力を見出すことはできない。ある点では，核兵器のない世界という目標は非常に高い山の頂のようなものである。今日の混乱した世界からは，山の頂を見ることさえできないし，そこに到達することはできないと言いそうになる。しかし，山を下り続けることまたは立ち止まることの危険は，現実からして無視できない。我々はより高い場所へのコースを描かなければならないし，それにより山頂がもっと見えるようになるだろう[34]。

---

[32] George Bunn and John B. Rhinelander, "Reykjavik Revisited: Toward a World Free of Nuclear Weapons," World Security Institute, *Policy Brief*, September 2007, p.5

[33] George P. Schulz et al., (note 1).

[34] George P. Schulz et al., (note 3).

## 第 1 章 核兵器のない世界の展望

　ここで提案されているのは，核兵器のない世界という大胆なビジョンに合意し，具体的措置を緊急に取り始めることである。最終目標として核兵器のない世界が描かれているが，それは一定の時間的枠組み内に到達することを主張しているものではない。

　クレポンは，他の選択肢はどうかを検討し，「管理された」拡散と軍備管理は納得できる解答を提供しないし，核アナーキーは最悪の結末だし，米国の核支配の主張は世界的な核不拡散と軍縮規範の終焉となるので，合意された目的としての核廃絶が新たな核の危険を漸進的に削減するための最善の枠組みを国家指導者たちに提供すると述べる[35]。

　この問題は，ドゥレルとグッドビーが「重要なのは，世界が核抑止というわなから脱却できないし，拡散は，世界を2種類の国家すなわち核兵器国と非核兵器国に分断している法的構造により阻止できるという結論を信じるか拒否するかである」と結論しているように[36]，現状維持を続けるか，新たな挑戦に取り組むかという問題である。

---

[35] Michael Krepon, "Ban the Bomb. Really." *The American Interest,* Vol.III, No.3, Winter (Jan./Feb.) 2008, p.93.

[36] Sidney Drell and James Goodby, "The Reality: A Goal of a World Without Nuclear Weapons," *Washington Quarterly*, Vol.31, No.3, Summer 2008, p.28.

## 第2節　オバマ政権の核政策

　2009年1月に誕生した米国のオバマ政権は，それまでのブッシュ政権による安全保障政策を大きく転換し，核政策においても大幅な変更を実施している。政権の発足後100日以内に政策の輪郭が提示され，核軍縮・核不拡散政策についても，4月5日のプラハでの演説において，核兵器のない世界に向けて具体的な核軍縮措置をとり，核不拡散体制を強化し，核テロリズムに対応する諸措置をとることが明確にされた。

　本節の目的は，オバマ政権の政権発足後100日の時点での核軍縮・核不拡散政策を明らかにすることである。第1に，4月5日のプラハにおけるオバマ大統領の演説を紹介し，次に，オバマ大統領の核政策形成の背景について考える。第3に，オバマ政権の核軍縮政策を，第4に核不拡散政策を，第5に核テロ対応政策を詳細に検討し，その内容と新たな傾向，それらの意義などを考察する。

### I　プラハにおけるオバマ大統領の演説[1]

　オバマ政権の核軍縮・核不拡散政策については，1月13日に上院外交委員会で開かれたクリントン国務長官指名承認に関する公聴会で，クリントンがそのうちのいくつかの問題について語っている。また3月6日のジュネーブでの米ロ外相会談において，クリントン国務長官とロシアのラブロフ外相は，新たな核軍縮条約を年内に締結することに合意した。それを基礎に，4月1日にロンドンで，オバマ大統領とロシアのメドベージェフ大統領の初めての首脳会談が行われ，戦略兵器の削減に関する新たな包括的で拘束力ある条約を今年12月までに締結すること，それはモスクワ条約をさらに下回るものであることなどが合意された。

　このように，部分的に核軍縮・核不拡散に関して一定の方向が示されることはあったが，核軍縮・核不拡散政策の全体的な形が明らかにされたのは，4月5日のプラハでの演説が初めてのものである。

　大統領は，米国の安全保障と世界の平和にとって基本的な問題である「21世紀における核兵器の将来」に焦点を当てて話すとし，「冷戦は終結したが多

---

[1] The White House, Office of the Press Secretary, "Remarks by President Barak Obama, Prague, Czech Republic, April 5, 2009. <http://www.whitehous.gov/the_press_office/Remarks-By-President-Barack-Obama-In-Prague-As-Delivered/>

くの核兵器が残っており,世界的な核戦争の脅威は消えたが,核攻撃の危険は高まっている」と最初に現状を分析している。

続いて,「米国は,核兵器国として,また核兵器を使用した唯一の国として,行動する道義的責任がある。米国だけではこの努力は成功しないだろうが,我々は指導的役割を果たし,それを開始することができる」と述べたが,米国大統領が核使用に対する道義的責任に言及したのは初めてのことであり,これまでの歴代政権とは大きく異なる態度がうかがえる。さらに「今日私は,核兵器のない世界における平和と安全保障を追求するという米国のコミットメントを,明確にかつ確信をもって述べる」とし,大統領として「核兵器のない世界」を追求する意図を明確に表明した。

## 1 核軍縮の具体的措置

まず核軍縮について,大統領は「米国は核兵器のない世界に向けて具体的措置をとる。冷戦思考を終わらせるため,我々は国家安全保障戦略における核兵器の役割を低減させ,他の国にもそうするよう要請する。ただし核兵器が存在する限り,米国のあらゆる敵を抑止するために安全で,確かで,効果的な核戦力を維持する」と述べ,核兵器の役割の低減を追求する意思を表明し,しかし核兵器が存在する限り核抑止を維持するとし,具体的措置として,以下の3つの措置を挙げている。

(1) ロシアと新たな戦略兵器削減条約を交渉し,新条約を今年の終わりまでに追求する。
(2) 包括的核実験禁止条約(CTBT)の米国による批准を即時にかつ積極的に追求する。
(3) 検証可能な兵器用核分裂性物質生産禁止条約(FMCT)を追求する。

## 2 核不拡散条約の強化

次に大統領は「基本的なバーゲンは当然のものであり,核兵器国は核軍縮に向い,核兵器を持たない国はそれを取得せず,すべての国は平和的核エネルギーにアクセスできる。この条約を強化するためいくつかの原則を包含すべきである」と述べ,以下のような提案を行っている。

(1) 国際査察を強化するため,もっと多くの資源および権限が必要である。
(2) ルール違反国あるいは条約脱退国に対して,現実のかつ即時の結果が必要である。

(3) 国際燃料バンクを含む，民生用原子力協力のための新たな枠組みを作るべきである。
(4) すべての国は北朝鮮に方向を変えさせるよう圧力をかけるために協力すべきである。
(5) 相互利益と相互尊重に基づきイランとの関与政策を追求し，明らかな選択肢を示す。

### 3 核テロリズムへの対応

第3に大統領は，「テロリストが決して核兵器を取得しないよう確保する必要がある。これは，世界の安全保障に対する最も差し迫った最大の脅威である」と述べ，以下の提案を行っている。
(1) 世界中のすべての脆弱な核物質を4年以内に安全で厳重な管理の下に置く。
(2) 闇市場を崩壊させ，核物質の移送を阻止し，危険な貿易を途絶させる。
(3) 拡散防止構想(PSI)などを，恒久的な国際制度に変える。

## II オバマの核政策形成の背景

オバマ大統領の核政策はこのプラハ演説においてその内容が明確に示されており，それに従って政策が実施されていくものと考えられるが，このプラハ演説に凝集されたオバマ大統領の核政策はどのような背景をもって形成されてきたのであろうか。ここではこれらの背景として，ブッシュ前政権の核政策への批判，核兵器を巡る国際環境，「核兵器のない世界」に向けた提案，およびオバマ自身の個人的関心の4点を取り上げる。

### 1 ブッシュ大統領の核政策への批判
#### (1) ブッシュ政権の政策の一般的特徴

ジョージ・W. ブッシュ前大統領の初期の外交政策は単独主義という特徴をもち，国際社会全体の利益に関心を払うことなく，狭義の近視眼的な米国の国益に基づくものであった。この傾向は特に以下の2つの領域において顕著に表れている。

第1に，ブッシュ政権はその行動の自由およびその行動の柔軟性の維持を要求し，国際法や国連といった国際制度を無視する傾向があった。ブッシュ政権は京都議定書からの離脱を宣言し，国際刑事裁判所のローマ規程への反対を表

明した。軍縮の分野においては，米国は生物兵器禁止条約の検証議定書作成努力を妨害し，包括的核実験禁止条約(CTBT)に反対し，対弾道ミサイル(ABM)条約からの脱退を宣言した[2]。ブッシュ大統領は，国連の決定に基づく真の多国間主義よりも，米国に追従する有志連合を好んだ。

第2に，ブッシュ政権は対テロ戦争の手段として，国際的な協力よりも軍事力を強調した。ブッシュ政権は，ロシアや中国といった他の諸国に比べて米国が圧倒的な軍事力を保有しているので，不拡散および対抗拡散(counter-proliferation)を強調した。2009年9月の「米国の国家安全保障戦略」に関する報告書[3]は，「脅威が大きくなればなるほど，行動しないことの危険は高くなる。たとえ敵の攻撃の時刻と場所に不確実性が残っていても，自らを防衛するため先制的行動をとることがより必要になってくる」と述べつつ，予防的攻撃を支持している。このいわゆるブッシュ・ドクトリンは，たとえ将来の攻撃の時刻と場所が不明であろうと，その国が将来米国を攻撃する可能性があれば，米国はその国を先に攻撃するというものである。

このドクトリンは，現実のあるいは急迫の脅威の場合に自衛権として武力の行使を限定している国連憲章の下で許される武力行使をはるかに超えるものを容認するものである。2003年，米国はこのドクトリンに基づいてイラクを攻撃した。

### (2) 核軍縮の無視および排除

ブッシュ政権の最も顕著な特徴の1つは，核軍縮あるいは軍縮一般の無視および排除であった。まず，G8サミット会合において，1990年代初期から，政治声明あるいは議長声明の中において，核兵器削減，CTBT，兵器用核分裂性物質生産禁止条約(FMCT)，戦略兵器削減条約(START)への言及が含まれていたが，ブッシュ政権が誕生して以来，米国が声明の中からこれらの用語を削除することを要求したため，核軍縮に関する用語は全く含まれていない。

次に，NPT再検討プロセスにおいて，1995年会議は「核不拡散および核軍縮の原則と目標」に関する決定を採択し，2000年会議も核軍縮に関する13項

---

[2] Nicole Deller, Arjun Makhijani, and John Burroughs (eds.), *Rule of Power or Rule of Law?* Institute for Energy and Environmental Research, Lawyers' Committee on Nuclear Policy, 2003.

[3] The White House, *The National Security Strategy of the United States of America*, September 2002. <http://www.whitehouse.gov/nsc/nss.pdf>

目を含む最終文書に合意した。しかし，ブッシュ政権はこれらのすべての文書の内容を無視し，さらに否定し，2005年の会議は核不拡散のみを議論するよう主張した。これが2005年会議の失敗の最大の理由であり，米国と非同盟諸国の対立を激しくするものであった。

確かにブッシュ政権はロシアとの間で，2002年5月に戦略攻撃力削減条約(SORT)を締結し，2012年12月31日までにそれぞれの実戦配備戦略核弾頭の数を1700-2200に削減することに合意している。しかし条約の内容は，ブッシュ大統領が一方的に実施するとすでに発表していたものとまったく同じである。さらに，この条約は軍縮条約に不可欠の要素である検証可能性，透明性，不可逆性，予見可能性，恒久性をすべて欠くものであり，きわめて弱いものであった。

### (3) 核不拡散と対抗拡散

ブッシュ政権にとって米国に対する最大の脅威はテロリストおよびならずもの国家が大量破壊兵器を保有することであり，北朝鮮，イラン，イラクを「悪の枢軸」と呼んだ。その結果，彼の核政策は主として核不拡散と対抗拡散に集中したものであった。

ブッシュ大統領の推進した不拡散政策の一部は一般に受け入れられ，効果的に作用した。1つは旧ソ連の核兵器および核物質の厳重な管理に関するグローバル・パートナーシップであり，次は，すべての国に対してテロリストが大量破壊兵器関連物質を取得しないように法を定め執行することを要求する国連安保理決議1540であり，第3は，大量破壊兵器関連物質の違法な取引を臨検し阻止しようとする拡散防止構想(PSI)である。

しかしブッシュ政権が強調したのは，攻撃的および防御的な軍事的手段を用いた対抗拡散の措置であり，それを推進した。攻撃的措置として，ブッシュ大統領は地中深くにある指導部あるいは兵器を破壊するために，地中貫通核兵器の開発を試みた。防御的なものとして，彼は，国家ミサイル防衛システムの展開を制限しているABM条約から脱退し，カルフォルニアとアラスカにミサイル防衛を配備していった。

### (4) 批　判

シリンシオーネは，「ジョージ・W. ブッシュ大統領が引き継いだ拡散問題のほとんどすべては彼のおかげで悪くなっている」と述べ，イラクにおける大失

敗以外に，拡散に対するブッシュ政権の政策の失敗として以下の10の事例を列挙している[4]。
① 核テロリズムの危険は増加した。
② イランの核計画は加速した。
③ 北朝鮮は核実験を実施し，核兵器プログラムを拡大した。
④ 兵器プログラムに使用可能な核技術が世界中に拡散した。
⑤ 何千という冷戦期の核兵器がまだ攻撃のため残っている。
⑥ 核兵器を持つことの価値が上がっている。
⑦ 不拡散体制は壊滅的崩壊に近づいている。
⑧ 米印協定は，核兵器拡散の障害物に穴をあけた。
⑨ 核密輸のネットワークがまだまだ活発である。
⑩ 対ミサイル計画はその約束を履行できなかった。

オバマが大統領に就任した直後のニューヨーク・タイムズの社説[5]において，ブッシュ政権の政策が以下のように批判されている。彼らは1972年の対弾道ミサイル条約を廃棄し，包括的核実験禁止条約に反対し，核分裂性物質の生産禁止を勝ち取るために真面目な努力をしなかった。さらにブッシュ氏とそのチームは条約や軍備管理交渉を「古い考え」であると嘲笑しているうちに，北朝鮮は核装置を実験し，イランは核燃料生産のため活発に活動し，他の多くの国も核ゲームに参加する必要があるかを考えるようになった。この社説は，オバマ大統領に対して，条約およびルールに基づくシステムを通じてゲームのルールを再構築することから始めて，もっとうまくやらなければならないと結論している。

このように，逆説的ではあるが，ブッシュ政権は核不拡散体制の強化に熱心であったにも関わらず成功しなかったのは，核不拡散体制を間接的に強化する道具としての核軍縮の重要性を無視したため，大多数の国家の支持を得ることができなかったからである。このことが，2005年のNPT再検討会議が核不拡散体制の強化のために何の合意も達成できなかった主要な理由である。

オバマの核政策は，ブッシュ政権における単独主義や核不拡散のみを強調する考えが国際社会の多くの国家からの反発を買っていたこと，および国内的に

---

[4] Joseph Cirincione, "Strategic Collapse: The Failure of the Bush Nuclear Doctrine," *Arms Control Today*, Vol.39, No.9, November 2008, pp.20-26.
[5] "Rules of the Game," Editorial, *New York Times*, January 29,2009. <http://nytimes.com/2009/02/30/opinion/30fri1.htmo?_r=l>

第2節　オバマ政権の核政策

もブッシュの核政策へのさまざまな批判がでていたことからも，ブッシュ政権の核政策への批判がその背景の1つとなっている。

## 2　核兵器を取り巻く国際環境

現在の国際社会においては，冷戦の終結により2超大国間の核戦争の危険は大幅に低下したが，核兵器が使用される可能性が増大していると多くの政治家，政府高官あるいは専門家は考えている。

### (1)　核テロリズム

米国本土に対する9.11のテロ攻撃以来，特に米国において核テロの脅威が増大している。米国の安全保障にとっての最大の脅威は，テロリストが核兵器その他の大量破壊兵器を保有することであると政府の声明で明記されている。テロリストは一層暴力的になっており，また核兵器のための物質が一層容易に入手できるようになっているので，この脅威はさらに増大している。

テロに関する最も深刻な問題は，テロリストはもし核兵器を入手したならばそれを使用することを躊躇しないという恐れである。それはどこから飛んできたのか明白ではないので，被害国が報復的に核攻撃を行う相手が不明である。さらに彼らは自爆をまったく恐れていない。核兵器国の間での核兵器の使用を防止してきたと考えられている核抑止は，テロリストに対してはまったく効果がない。したがって，テロの場合には，核兵器の保有の最大の理由であった核抑止がまったく効かないという状況が生じているのである。

### (2)　非核兵器国

非核兵器国は核兵器の生産および取得を行わないことを約束しているが，環境保護の時代において，エネルギー安全保障のために，広範な原子力の利用を進めるという一般的な傾向が生じつつある。またこれらが，ウラン濃縮やプルトニウム再処理を含むこともある。これらの技術は核兵器の製造に直接関連しているので，核兵器の拡散の危険は増大している。

さらに，ウラン濃縮やプルトニウム再処理が広がることは，テロリストが核分裂性物質を入手できる機会が大幅に拡大することを意味している。

### (3)　新たな核保有国

インドとパキスタンの情勢においていくつかの懸念が生じている。両国の間

で相互抑止が機能するのか。計算違いや通信のミスで核兵器が誤って使用されることはありえないのか。パキスタンにおける核兵器の管理は十分なのか。パキスタンの核兵器がテロリストに与えられたり，盗まれたりする可能性はないのか。

　イスラエルの核兵器は，その存在は正式にはイスラエルによって認められていないものであるが，近隣イスラム諸国に不安を生じさせており，イランが現在試みているように，いつかは核兵器を取得したいという意欲を湧き起こさせるものである。また北朝鮮における核問題も，近隣諸国に悪影響を与えている。

(4) 核兵器国

　現在においても米ロの核兵器の半分以上は警戒即発射態勢で維持されているので，計算違いや誤解や誤った判断によって核兵器が使用される可能性が残されている。すでに冷戦が終結して20年以上経つのにこのような状況が維持されていることは，さまざまな場で批判されているが，米ロはそのような状態を維持している。

　特に戦術核兵器の場合，その管理は戦略兵器ほど厳重でないためテロリストに盗まれたり強奪されたりする可能性が高い。またブッシュ政権においては核兵器の予防的使用も検討されていたため，核兵器の使用の可能性を大きくするものであった。

(5) 評　価

　冷戦期において核兵器が使用されなかったのは，2超大国の間において相互確証破壊の理論が働いたからであると説明されることがあり，また冷戦期の長い平和は核兵器が存在したからであると説明されることがあるが，これらのことを証明するのは不可能である。

　冷戦終結後，米国への主要な脅威は，イラク，北朝鮮，イランその他のならずもの国家が大量破壊兵器を取得することであると考えられていたが，9.11の後は脅威の対象はテロリストに移行している。

　オバマ大統領がプラハ演説で強調したように，「今日，冷戦は消滅したが，何千という核兵器は消滅していない。歴史の奇妙な変化により，世界的な核戦争という脅威は低下したが，核攻撃という危険は増大している。核兵器を取得した国家が増大している。」このような核兵器使用の可能性の増大という懸念がオバマ大統領の核政策の要因の1つとなっている。

## 3 「核兵器のない世界」の提案

オバマ大統領の登場に先だって，「核兵器のない世界」を追求すべきであるという提案が示され，それへの広範な支持が発生し，それはオバマ大統領の選挙運動にも大きく影響した。

### (1) 2007年1月の「核兵器のない世界」提案

ジョージ・シュルツら米国の4人の元高官により発表された「核兵器のない世界」の提案[6]は，北朝鮮やイランに示されるように，今や新しい危険な核時代に入りつつあり，またテロリストの手に核兵器が入る危険があるが，彼らには抑止はきかないので，新たな政策が必要であるとして，核兵器国の指導者が核兵器のない世界という目標を共同の事業とするよう，米国は働きかけるべきことを主張している。

これが「核兵器のない世界」を追求すべきだとする彼らの主張の中心であるが，さらに核の脅威のない世界のための基盤として，警戒態勢の解除，核兵器の大幅削減，CTBTの批准，FMCTの交渉など8項目にわたる具体的措置を提言している。

この提案の背景には，核テロの脅威が現実のものとなり，従来の核不拡散措置では対応できない状況になっているという認識があるが，さらにブッシュ政権における核政策が不十分であったという認識がある。ブッシュ政権は核軍縮には関心をもたず，核不拡散措置に力を注ぎ，それも軍事的措置を含む一方的措置や米国を中心とする少数国の政策として実施していく傾向があり，多国間外交や国際法，国連を軽視する政策をとっていたからである。

この提案が従来の同種の提案と異なるのは，主張している4人が民主・共和両党からなり，歴代の政権で特に核兵器政策に関して重要なポストを占めてきた人物であることで，この提案は高い関心をもって議論されるようになった。またブッシュ政権の核政策への厳しい批判としても全体に好意的に受け入れられ，大統領選挙運動とからんで広く議論されることになった。

### (2) オバマの初期の考え

2007年中頃の論文[7]で，オバマは，米国および世界に対する最も緊急の脅

---

[6] George Shultz, William J. Perry, Henry A. Kissinger and Sam Nun, "A World Free of Nuclear Weapons," *The Wall Street Journal*, January 4, 2007. <http://www.fcnl.org/issues/item.php?item_id=2252&issue_id=54>

威は，核兵器，核物質，核技術の拡散，ならびに核装置がテロリストの手に入る危険であると認め，この4人の提案に言及しつつ，「彼らが警告しているように，われわれの現在の措置は核の脅威に対応するのに不十分である」と述べ，大統領に選ばれたら核兵器を厳重に管理し，破壊し，拡散を防止するために，以下の措置をとると述べている。
　① 脆弱な場所にあるすべての核兵器と物質を4年以内に厳重に管理する。
　② ロシアと協力し，核態勢を改め，核兵器を縮小し，核兵器の役割を低減させる。
　③ CTBT批准の超党派の合意を形成する。
　④ 新たな核兵器用物質の生産を禁止する世界的な条約交渉を行う。
　⑤ 核兵器技術の拡散を停止し，平和的原子力が悪用されないようにする。
　オバマはこの段階においてすでに，核テロなど新たな脅威を十分に認識し，さまざまな核軍縮措置をとり，原子力平和利用が核拡散に悪用されない対策を考えており，ブッシュ政権の核政策とは大きく異なる路線を主張していたが，シュルツらが提案が主張する「核兵器のない世界」にはまだ言及していなかった。

### (3) オバマのその後の考え

　オバマは2007年10月2日のシカゴでの演説で，4人の提案を明確に支持する立場を表明した[8]。彼は，「大統領として以下のように言うだろう。米国は核兵器の存在しない世界を追求する。我々は一方的な軍縮を追求するのではない。核兵器が存在するかぎり，我々は強力な核抑止を維持する。しかし，我々は，核不拡散条約の下での，核兵器の廃絶に向けた長い道への約束を守る」と述べ，ミサイルの即時発射警戒態勢からの解除，核兵器と核物質のストックの大幅削減に言及した。

### (4) 2008年1月の「非核世界に向けて」提案

　シュルツら同じ4人のメンバーが1年後に出した提案[9]は，まず米ロが

---

[7] Barack Obama, "Renewing American Leadership," *Foreign Affairs*, Vol.86, No.4, July/August 2007, pp.8-9.

[8] "Remarks of Senator Barack Obama: A New Beginning," Speech given in Chicago, Il., on October 02, 2007. <http://www.clw.org/elections/2008/presidential/obama_remarks_a_new_beginning/>

2008年からとるべき措置として、2009年に失効する戦略兵器削減条約(START)の重要事項(検証など)を延長すること、核弾道ミサイル発射の警戒および決定時間を長くする措置を取ること、核不拡散条約(NPT)遵守の監視を強化すること、CTBTを発効させるプロセスを採択することなどを主張したものであった。この提案は、「核兵器のない世界」講想を引き続き主張するとともに、それに向けてのより具体的な措置を勧告し、またこの提案が米国内においても世界的にも広く支持を集めていることを強調するものであった。

(5) 民主党の政策綱領

2008年8月25日に民主党は、その全国大会で政策綱領[10]を採択したが、そこにおいて、「米国は核兵器のない世界を追求し、その方向に進むための具体的行動をとる」と述べ、現行の諸措置は現在の危険に対応するのに十分ではなく、「核兵器が存在する限り強力で信頼できる抑止力を維持するが、核兵器への依存を低下させ、究極的にはすべての核兵器を廃棄する世界における方が、米国にとってより安全である」と分析し、「核兵器を廃絶するという目標を、米国の核兵器政策の中心的要素とする」と結論している。これはオバマ個人の考えであるだけではなく、民主党としての考えであり、一層の広がりを見せているものである。

このように、オバマ政権の核軍縮・不拡散政策は、オバマ個人の最初からの考えにおいても、ブッシュ政権とは異なり、核軍縮を大幅に進めることを主張し、核不拡散も多国間で協調的に推進しようとするものであった。しかし、シュルツらの提案の出現により、核軍縮に関する議論が活発に行われるようになり、特に「核兵器のない世界」という大きな目標が次第にオバマの政策に取り入れられ、また「核兵器のない世界」の提案の具体的軍縮措置も多くが取り入れられ、大統領選挙運動中に、大きな進展がみられることとなった。

---

[9] George P. Schultz, William J. Perry, Henry A. Kissinger and Sam Nun, "Toward A Nuclear-Free World," *The Wall Street Journal*, January 15, 2008. <http://www.nti.org/c_press/TOWARD_A_NUCLEAR_FREE_WORLD_OPED_010508.pdf>

[10] Report of the Platform Committee, Renewing America's Promise: Presented to the 2008 Democratic National Convention, August 13, 2008. <http://www.politicalfact.com/media/files/demplatform2008.pdf>

## 4 オバマ自身の個人的関心
### (1) コロンビア大学学生

冷戦のピークであった1983年には学生たちは「核凍結」をスローガンに運動をすすめていたが，コロンビア大学4年であったバラク・オバマは，大学の雑誌である「サンダイアル」に「戦争メンタリティを打破する(Breaking the War Mentality)」と題する論文を掲載した[11]。彼は，「一般に，凍結運動に狭く焦点を当てることや，第1撃能力対第2撃能力を学問的に議論することは，軍事や産業の利益になるだけである」と批判的に書き，その結論において，「今日我々が関わっているねじれた論理」を非難し，「まともな(decent)世界の可能性」を実現しようとしている学生たちの努力を賞賛している。

同じころオバマは，核兵器を削減するためにソ連とどのように交渉すべきかについてゼミ論文を書いており，その中心的課題は，「米国とソ連はいかにして核兵器を効果的に管理できるだろうか，人類が直面している危険をなくす方法はあるのか」というものであった[12]。

### (2) 上院議員時代

オバマは2005年1月に上院議員となり，当時上院外交委員会の議長であったリチャード・ルーガーの指導を仰いだ。その年の後半に，彼はルーガーがロシアへ行くのに帯同することを申し出た。それはロシアが核兵器を解体し，核物質が盗まれたり転用されたりしないようにするロシアの努力を監視するものであった[13]。

彼は，ルーガーとともに，世界中の大量破壊兵器の密輸を探知し停止させるため，米国およびその同盟国が支援できるための法律を通過させた。彼の核兵器に関する主要な関心は，当時においては核セキュリティにあったように思われる。

---

[11] Barak Obama, "Breaking the War Mentality," *Sundial*, March 10, 1983, pp.2-4. in Obama's 1983 College Magazine Article —— the New York Times. <http://document.nytimes.com/obama-s-1983-college-magazine-article?scp=4&sq=college%20article%20Obama&st=cse#p=1>

[12] William J. Broad and David Sanger, "Obama's Youth Shaped His Nuclear-Free Vision," *New York Times*, July 4, 2009. <http://www.nytimes.com/2009/07/05/world/05nuclear.html?_r2&bl&ex=1246939200&en=9c6e7530c1a524cf&ei=5087%0A>

[13] Ibid.

## (3) 大統領選挙キャンペーン

　大統領選挙キャンペーンのためのオバマの最初の政策声明は，フォーリン・アフェアーズの 2007 年 7・8 月号に表れた[14]。そこで彼は，「我々は米国および世界の安全保障にとって最も緊急の脅威，すなわち核兵器，核物質，核技術の拡散，および核装置がテロリストの手に陥る危険に立ち向かわなければならない」と述べている。

　この政策声明によれば，彼は第 1 に，これらの兵器を厳重に管理し，破壊し，拡散を防止すること，およびすべての核兵器と核物質を厳重に管理する世界的な努力をリードすることに努力する，第 2 に，危険なほど時代遅れの冷戦期の核態勢を新しくし，規模を縮小するために，また核兵器の役割を低減させるためにロシアと努力する，さらに，CTBT の批准，FMCT の交渉，および原子力平和利用への一定の管理について語った。

　この政策声明の特徴的なことは，「核兵器のない世界」に一切言及していないことである。その中で，2007 年 1 月の 4 人の論文に言及しているが，「ジョージ・シュルツ，ウィリアム・ペリー，ヘンリー・キッシンジャー，サム・ナンが警告しているように，我々の現在の努力は核の脅威に対応するのに十分ではない」という部分を引用しているだけである。この当時のオバマの関心は核セキュリティであり，「米国は，脆弱な場所にあるすべての核兵器と核物質を 4 年以内に厳重に管理する世界的な努力をリードしなければならない」と述べている。

　オバマが「核兵器のない世界」の概念への支持を明確に表明するのは，2007 年 10 月 2 日である[15]。彼はそこで，「大統領として以下のように述べる。米国は核兵器のない世界を追求する」と述べた。しかし，それは夢想家とか理想主義者として言ったのではなく，現実的に，「我々は一方的な軍縮を追求するのではない。核兵器が存在する限り，強力な核抑止を維持するだろう」と述べている。スピーチにおいて彼は，核セキュリティのために最大の努力をすること以上のことをする必要を認めている。このスピーチには，4 人の「核兵器のない世界」の提言が大きな影響を与えている。2008 年 6 月のドイツのベルリン

---

[14] Barak Obama, "Renewing American Leadership," *Foreign Affairs*, Vol.86, No.4, July/August 2007, pp.2-16.

[15] "Remarks of Senator Obama: A New Beginning," Speech given in Chicago, Il., on October 02, 2007. <http://www.clw.org/elections/2008/presidential/obama_remarks_a_new_beginning/>

での演説において，オバマは20万人の聴衆の前で，「今や，我々は核兵器のない世界という目標を新たに追求する時である」と述べた[16]。

## 5 まとめ

オバマの核政策の背景として，ブッシュ前大統領の核政策への批判，核兵器を巡る国際情勢，「核兵器のない世界」の提案，オバマ自身の個人的関心の4つの側面から検討した。これらの4つの分野における進展が相乗的に影響しあってオバマの核政策が生まれてきたのである。

ウォーカーは，これとは若干異なる観点から，米国において核軍縮が主要課題として戻ってきた理由として以下の4点を挙げている[17]。

(1) 核兵器に基づく将来の混沌や大災害についての危惧の気持ちが戻ってきたこと
(2) ならずもの国家から核兵器を取り去ることの戦略的利益についての見解が変更したこと
(3) 核不拡散条約および他の軍備管理の制度を再強化すべしという願望
(4) 米国の政治的理想主義という伝統

パーコビッチとアクトンは，核軍縮が以前よりももっと真面目に取り上げられるべき理由として以下の5点を挙げている[18]。

(1) NPTを発効させることによって，核兵器国は最終的に核兵器を廃絶することを約束している。
(2) 原子力の拡大は，より厳格な検証・査察議定書や他の文書の普遍的な採択と同時に進められるのでなければ，安全保障を脅かすものになる。
(3) 核テロリズムを防止することが，核兵器を確実に検証可能な方法で廃絶し，拡散を強制的に防止するために必要な措置を追求するもう1つの主要な理由である。
(4) 核兵器国がその核兵器の廃絶に失敗すれば，他の国々が次の10年に自

---

[16] Obama Press Release: Remarks of Senator Obama (Berlin, Germany), July 24, 2008. <http://2008Central.net/2008/07/24/obama-press-release-remarks-of-senator-barack-obama berlingermany>
[17] William Walker, "President-elect Obama and Nuclear Disarmament: Between Elimination and Restraint," IFRI Security Studies Center, Proliferation Paper, Winter 2000, pp.1-31. <http://www.ifri.org/securite_defense_walker_obama_nuclear_disarmament/pdf>
[18] George Perkovic and James M. Acton, *Abolishing Nuclear Weapons*, Adelphi Paper 396, 2008, pp.100-110.

らの核兵器を求めることになるだろう。
(5) 核兵器の廃絶を試みる究極の理由は，核兵器のみが作り出しうる突然の大量殺戮という危険を減少することである。

　これらの分析は，本稿の分析と一部分重なるところがあるとしても，その目的は核兵器廃絶に向けての動きの理由を示すことであって背景を分析するものではない。

## Ⅲ　核軍縮政策

### 1　核兵器のない世界の追求

　オバマは2007年中頃の論文では，核兵器のない世界への支持を表明していなかったが，10月のシカゴ演説で明確に核兵器のない世界を追求すると表明した。核兵器のない世界の提案は，2007年1月の「核兵器のない世界」の提案が最初であり，それは，核兵器国の指導者が核兵器のない世界という目標を共同の事業とするよう，米国は働きかけるべきであると主張していた。この提案が広く好意的に議論され，オバマ大統領もその影響を大きく受けている。プラハ演説でも，「今日私は，核兵器のない世界における平和と安全保障を追求するという米国のコミットメントを，明確かつ確信をもって述べる」とし，大統領として「核兵器のない世界」を追求する意思を明確に表明した。

　大統領選挙直前の2008年8月に採択された民主党政策綱領でも，「我々は，核兵器を廃絶するという目標を，米国の核兵器政策の中心的要素とする」と述べられており，民主党自体の政策となっている。

　この「核兵器のない世界の追求」については，多くの非核兵器国は好意的な反応を示しており，ブッシュ政権の場合とは大きく異なり，核不拡散条約（NPT）再検討プロセスにも有益な影響を与えると考えられた。他方，ロシア，中国，フランスからは，彼らは核兵器にその国家安全保障を依存し続けるという意味で，慎重かつ消極的な反応が見られる。また短期的かつ現実的に，北朝鮮，イラン，インド，パキスタン，イスラエルの状況の分析から不可能であるとの反論も存在している。

　しかし，オバマ大統領自身が，プラハ演説において，「この目標はすぐには達成できないだろう。たぶん私の生きているうちには達成できないだろう」と述べているように，この目標は一定の時間的枠組みの中で主張されているものではなく，長期的目標として掲げられているものである。これまでの主張と異なるのは，この目標が明確に前面に押し出され，この目標に向けて核軍縮の具

体的措置をとっていくという考えであり，目標と具体的軍縮措置が機能的に結合されており，目標がきわめて強いレベルで強調されている点である。

オバマ大統領の核兵器のない世界の追求に関して，注意すべきもう１つの側面は，「核兵器が存在する限り，米国のあらゆる敵を抑止するために，安全で，確かで，効果的な核戦力を維持する」と述べ，核抑止を最後まで維持するという方針である。さらに，「米国が一方的に核廃絶するのではない」として，他の核兵器国と同時進行的に核削減を続ける意思を表明しており，米国が単独で核廃絶するという考えを否定している。その意味で，理想主義的な観点からの追求ではなく，現実的な観点からの追求であると考えられる。

ブッシュ政権は，2000年NPT再検討会議で合意した「核兵器を廃絶するという核兵器国による明確な約束」をも否定する発言を繰り返しており，核兵器のない世界という構想はまったく持っていなかった。

## 2　核兵器の役割の低減

オバマ大統領は，プラハ演説において，「冷戦思考を終わらせるために，我々は国家安全保障戦略における核兵器の役割を低減させ，他の国もそうするよう要請する」と，核兵器の役割の低減に明確に言及している。オバマは2007年の論文においても，危険で時代遅れの核態勢を改めることにより核兵器の役割を低減させるべきだと主張しており，民主党の政策綱領でも核兵器への依存を低減させることが謳われており，核兵器の役割の低減という政策はオバマ政権で確固とした地位を確保している。

「核兵器のない世界」の提案は，米国の指導者は核兵器への依存を逆転するため行動すべきであると主張し，具体的には，冷戦態勢の核配備を変更し，警戒時間を長くし，事故による核使用の危険を減少させること，冷戦期からの大量攻撃計画を破棄することを提案していた。

「米国政権の外交政策」[19]において，オバマとバイデンは新たな核兵器の開発を停止し，米国とロシアの弾道ミサイルを警戒態勢から解除するためロシアと協力すると述べられている。また「米国政権の本土安全保障政策」[20]でも，警戒および決定時間を増やすためロシアと協力し，核兵器を瞬時の通告で発射で

---

[19] White House, The Agenda: Foreign Policy. <http://www.whitehouse.gov/agenda/foreign_policy/>
[20] White House, The Agenda: Homeland Security. <http://www.whitehouse.gov/agenda/homeland_security>

きる準備状態に維持するという冷戦の危険な政策を，相互的にかつ検証可能な方法で，停止するためロシアと取り組むと述べられている。

　核兵器の役割を低減させるもう1つの方法は，核抑止の対象を核兵器の使用に限定すること，すなわち先行不使用(no first use)政策の採択である。イボ・ダルダーらは，「次期大統領は，米国の核兵器の唯一の目的は，他の者による核兵器の使用を防止することであると公表すべきである」[21]と主張しており，多くのNGOも米国が先行不使用政策を採択することを期待している。

　しかし，これまでのところオバマ政権は先行不使用については明確に言及することはなかった。しかしオバマの選挙運動をサポートしてきた民主党系の「国家安全保障諮問グループ」は，「通常兵器，生物兵器，化学兵器の攻撃を抑止するのに核兵器はほとんど信頼性がない。これらの非核攻撃を抑止し防衛するもっと有効な方法は，強力な通常兵器攻撃能力と強力な宣言政策である」[22]と述べ，先行不使用政策を主張している。

　ブッシュ政権も，核兵器の役割を低減させていると主張し，その根拠として，戦略3本柱の1つを核および非核攻撃力と規定し，通常兵器の役割を高めることで，核兵器の役割を低減させていると説明してきた。しかし，ブッシュ政権は高い警戒態勢を維持してきたし，核兵器の使用に関しては，いかなる攻撃またはその脅威がない場合にも予防的に使用する政策を採用し，イラン，イラク，北朝鮮など核兵器を保有しない国に対して核兵器を使用する可能性に言及し，地下貫通核爆弾や小型核兵器の開発を意図していたし，核実験再開の準備期間を短縮した。このように，ブッシュ政権は核兵器の役割を一層高めるさまざまな措置を追求していた。

## 3　核兵器の削減

　2009年4月5日のプラハ演説で，オバマ大統領は，「弾頭とストックを削減するため，ロシアと新たな戦略兵器削減条約を交渉し，法的拘束力があり十分

---

[21] Ivo Daarder and Jan Lodal, "The Logic of Zero," *Foreign Affairs*, Vol.87, No.6, November/December 2008, pp.80-95.

[22] The National Security Advisory Group, *Reducing Nuclear Threats and Preventing Nuclear Terrorism*, October 19, 2007. <http://belfercenter.ksg.harvard.edu/files/Reducing%20Nuclear%20Threats-FINAL.pdf> この諮問委員会の作業グループには，以下の人々が含まれている。
　Graham T. Allison, Ashton B. Carter, Joseph Cirincione, Thomas E. Donilon, Robert J. Einhorn, Michaele A. Flournoy, Leon Fuerth, Robert Gallucci, Ernst Moniz, George Perkovich, Wendy R. Sherman.

に大胆な新たな条約を今年の終わりまでに追求する」と述べた。その4日前の4月1日に，初めての米ロ首脳会議を行ったメドベージェフ・ロシア大統領との間で新たな条約交渉で合意していた。

　オバマは2007年半ばの論文でも核兵器の削減の必要性を述べ，シカゴ演説でも核兵器の大幅削減を主張していた。米国の軍備管理協会からの質問に対する2008年9月の回答において，「米国とロシアはすべての核兵器――配備および非配備，戦略および非戦略――の真の，検証可能な削減を求めるべきである。私は第1期の終わりまでに，世界的な貯蔵の大幅な削減を実施するため，ロシアおよび他の核兵器国と協力することを約束する。このプロセスは，2009年12月に期限切れとなるSTART I条約の基本的な監視および検証の規定を延長することにロシアの合意を得ることから始めるべきである」[23]と述べていた。

　「核兵器のない世界」の提案では，すべての核兵器国の核戦力の大幅削減を継続すること，2009年に失効する戦略兵器削減条約(START)の重要事項を延長すること，米ロ間においてモスクワ条約を超える一層の大幅削減に合意することが勧告されていた。

　クリントンは国務長官指名承認公聴会での演説で，「米国は核兵器削減に他国とともに取り組むことに戻り，START Iが消滅する前に基本的な監視と検証の規定を延長するための合意を得るためロシアと協力し，核兵器の一層の削減のための協定に向けて努力する」[24]と述べている。

　オバマ政権が発足し，3月6日にクリントン米国務長官とラブロフ・ロシア外相がジュネーブで会談し，12月に失効する第1次戦略兵器削減条約(START I)に代わる新たな核軍縮条約について，年内の締結を目指す方針で合意が達成された。ここでは，START Iの検証規定の延長という考えは放棄され，新たな条約を今年中に追求することが合意された。

　4月1日の米ロ首脳会議において，オバマ大統領とメドベージェフ大統領は米ロ関係全体に関する共同声明とともに，戦略攻撃兵器の一層の削減に関する交渉についての共同声明[25]にも合意した。それによると，両大統領は，START条約を代替するため，戦略攻撃兵器の削減と制限に関する新たな，包

---

[23] "Arms Control Today 2008 Presidential Q&A: President-Elect Barak Obama," *Arms Control Today*, Vol.38, No.10, December 2008, p.33.
[24] Statement of Senator Hillary Rodham Clinton, Nominee for Secretary of State, Senate Foreign Relations Committee, January 13, 2009. <http://foreign.senate.gov/testimoty/2009/ClintonTestimony20090113a.pdf>

第 2 節　オバマ政権の核政策

括的な，法的拘束力ある協定を作成するための 2 国政府間交渉を始めることを決定した。米国とロシアは 12 月に条約が失効する前にこの協定を締結することを意図している。この関連で，交渉の代表者に対し，以下に基づいて交渉を進めるよう指示した。
① 新しい協定の主題は戦略攻撃兵器の削減と制限である。
② 将来の協定において，当事国は，現在有効な 2002 年の戦略攻撃力削減に関するモスクワ条約よりも低い戦略攻撃兵器の削減レベルを追求する。
③ 新しい協定は，当事国の安全保障ならびに戦略攻撃兵器の予見可能性と安定性を相互に促進し，START 条約の履行における当事国の経験から得られた効果的な検証措置を含む。

彼らはまた交渉者に対し，2009 年 7 月までに新しい協定作成で達成された進展を報告するよう指示した。

戦略攻撃兵器の削減については，正式の交渉が開始され，検証規定を含む正式の条約が今年の 12 月までに作成されることが予定されていたが，少し遅れて 2010 年 4 月に両国は新 START 条約に署名した。

核兵器の削減に関するもう 1 つの課題は，戦術核兵器に関するもので，「核兵器のない世界」の提案は，前進配備の短距離核兵器を廃棄すること，NATO 内でおよびロシアと話し合い，前進配備核兵器の統合を行うことを提案している。また，国家安全保障諮問グループも，欧州の米核兵器の撤去と，ロシアの戦術核兵器の削減と少数のサイトへの統合を含む取り決めを探究すべきであると勧告している。

しかし，オバマ政権はこれまでのところ，この問題については明確な態度を表明していない。2010 年は NATO 結成 60 周年であり，新たな NATO の核戦略が検討されることになっており，それとの関連で議論されるものと考えられる。冷戦期にはその存在の合理的な意義もあったが，今では戦略的にも不必要なものとなっており，この側面も核兵器削減および廃絶のプロセスに含めるべきであろう。

核軍縮に関する第 3 の問題として，オバマはシカゴでの演説において，中距

---

[25] The White House, Office of the Press Secretary, "Joint Statement by Dmitriy A. Medvedev, President of the Russian Federation, and Barack Obama, President of the United States of America, Regarding Negotiations on Further Reduction in Strategic Offensive Arm," April 1, 2009. <http://www.whitehouse.gov/the_press_office/Joint-Statement-by-Dmitriy-A-Medvedev-and-Barack-Obama/>

離ミサイルの米ロによる禁止を広げて，協定を世界的なものにするという目標を設定すると述べており，「米国政権の外交政策」も，中距離ミサイル禁止の米ロ協定を拡大して協定を世界的なものするという目標を設定すると規定している。

1987年に米ソ間で締結され，すでにすべて実行に移された「中距離核戦力(INF)条約」は，射程 500-5500 キロメートルの地上配備のすべてのミサイルを廃棄するものであり，オバマ提案はこの射程距離のミサイルを世界的に禁止しようとするものである。この範疇のミサイルを保有する国として，中国，北朝鮮，イラン，インド，パキスタンなどがあり，それぞれが固有の問題を抱えているため，早期に世界的に禁止することにはさまざまな困難が予想される。

ブッシュ政権は，2002年にロシアとの間で，「戦略攻撃力削減条約」を締結し，2012年末に，実戦配備の核弾頭を 1700-2200 に削減することに合意した。しかし，この削減は米国が一方的に実施する予定であったものを，ロシアが条約にすることを強く要求したため，条約としたもので，全文5条からなる極めて簡潔な条約である。そのため検証に関する規定がまったくないこと，実戦配備以外の核弾頭は条約対象外で，弾頭の廃棄あるいは運搬手段の廃棄も規定されていないこと，条約は削減が完全に実施される日の翌日に失効するものであることからして，検証可能性，不可逆性，透明性，予測可能性など軍縮条約の基本的な条件をまったく満たしていないものであった。

## 4 包括的核実験禁止条約(CTBT)の批准

オバマ大統領は，プラハでの演説において，「核実験の世界的禁止を達成するため，我が政権は包括的核実験禁止条約の米国による批准を即時にかつ積極的に追求する」と述べており，2007年中頃の論文においても，「我々は最近の技術の発展を利用し，CTBT 批准の超党派の合意を形成しなければならない」ことを強調している。

ブッシュ政権は新たな核兵器の開発をも目指しており，核実験再開の可能性を残し，さらに核実験再開の際の準備期間の短縮を実行するなど，CTBT の批准には否定的であり，上院で多数を占めていた共和党が1999年に CTBT の批准を拒否した路線を継続し，さらに反対を強化していった。オバマ政権はそれとは根本的に異なり，CTBT の批准に当初から積極的な姿勢を示してきた。

「核兵器のない世界」の提案も，包括的核実験禁止条約(CTBT)の批准に向けて上院での超党派協議を開始すること，CTBT を発効させるプロセスを採択す

ることを勧告していた。クリントンもその指名承認公聴会で，包括的核実験禁止条約の批准に向け，上院外交委員会および上院とともに取り組む意思を明確にしている。国家安全保障諮問グループも，「核実験モラトリアムの国際的支持を強化し，上院での CTBT 批准の手続きを開始し，その後発効のための努力をすべきである」と述べている。

このように，オバマ政権は CTBT の批准に向けて積極的な行動を取っていく意思を鮮明にしているが，これまでのところ具体的な動きは見られない。上院での批准の承認を得るためには，100 人中 67 人の賛成が必要であり，そのため共和党員の数名の賛成を獲得しなければならない。

## 5 兵器用核分裂性物質生産禁止条約(FMCT)の交渉

オバマ大統領は，プラハ演説において，「兵器に必要な材料を遮断するため，米国は核兵器に使用される核分裂性物質の生産を検証可能な方法で停止させる新たな条約を追求する」と述べている。オバマは 2007 年中頃の論文においても，「私は，新たな核兵器用物質の生産を禁止する世界的な条約交渉のため努力する」と述べており，シカゴの演説でも，「兵器用核分裂性物質の世界的な生産禁止を求めることから始める」と積極的な意向を当初から示していた。「核兵器のない世界」の提案も，世界的に，兵器用核分裂性物質の生産を停止することを勧告している。クリントンも，指名承認演説で，検証可能な核分裂性物質生産停止条約の交渉を生き返らせるため努力すると述べている。

「米国政権の外交政策」においても，新たな核兵器物質の生産を検証可能な方法で世界的に禁止する交渉を始めることが規定され，「米国政権の本土安全保障政策」でも，兵器目的の核分裂性物質の生産を終結させる検証可能な条約を交渉する世界的な努力をリードすることが規定されている。

核軍備競争の量的側面を停止させるこの措置は，CTBT が成立した時にはその後すぐに交渉されることが期待されていたが，今日まで実質的交渉は行われていない。その 1 つの理由は，軍縮会議(CD)において，この交渉だけでなく，核軍縮，宇宙の軍備競争の防止，消極的安全保証の交渉も同時に行うべきであるという主として非同盟諸国やロシア・中国の主張があったからである。もう 1 つは，米国は 2006 年に，FMCT の交渉を開始すべきであると主張するとともに，FMCT の検証は不可能であるので，検証のない条約を交渉すべきであると主張し，条約案を示したが，多くの国はその主張を受け入れなかったことである。ブッシュ政権は条約によって規制されることを好まない傾向があった

ので，この米国提案は，検証なしという従来のコンセンサスに反する条件を持ち出すことにより，交渉そのものを不可能にするものであった。

オバマ政権の下で交渉が提案されている FMCT は，検証可能なものであり，国際社会のコンセンサスに従うものであり，早期の交渉の開始および条約の成立が期待される。

## Ⅳ　核不拡散政策

### 1　国際原子力機関(IAEA)の強化

オバマ大統領は，プラハ演説において，「国際査察を強化するため，もっと多くの資源と権威が必要である」と述べ，「米国政権の本土安全保障政策」でも，国際原子力機関がその任務に必要な権威，情報，人的資源，技術を取得することができるようにして，国際原子力機関を強化することを規定している。

この点に関して，国家安全保障諮問グループは，「米国と有志国は，IAEA保障措置権限の強化に努力し，追加議定書への支持を供給の条件とすべきで，IAEAが増加する需要に見合う予算，資源，技術能力をもつよう確保すべきである」と勧告している。米国のイニシアティブにより IAEA の強化が図られると考えられるが，追加議定書の批准を供給の条件とすることに合意するのは困難が伴うであろう。

### 2　違反国への確実な対応

オバマ大統領は，プラハ演説において，「ルールに違反した国あるいは理由なくして条約から脱退しようとする国に対して，現実のかつ即時の結果が必要である」と述べ，北朝鮮が数時間前に弾道ミサイルを発射したこととの関連においても，ルールは守られなければならず，違反は処罰されなければならない，今や強力な国際的対応をとる時期であると述べている。「米国政権の外交政策」でも，ルールに違反している北朝鮮やイランが自動的に強力な国際的制裁に直面するようにして核不拡散条約を強化し，核拡散を厳重に取り締まる意思を表明している。

「核兵器のない世界」の提案も，NPT遵守の監視を強化することとともに，条約違反を企てる国を抑止し，必要なら対応する手段に合意することが勧告されている。

## 3 原子力平和利用の制度化

プラハ演説では、「国際燃料バンクを含む、民生用原子力協力のための新たな枠組みを作るべきであり、各国は拡散の危険を増大することなく平和利用にアクセスできるようにすべきである」と述べ、2007年の論文でも、「核兵器技術の拡散を停止し、各国が平和的原子力の保護のもとで兵器計画を始めることができないよう確保しなければならない」という認識を示していた。「米国の本土安全保障政策」では、核燃料が核爆弾になることを防止するため、他の関係国と協力して、拡散に導くことなく原子力の増大する需要に応えるため、新たな国際原子力構造——そこには国際燃料バンク、国際核燃料サイクルおよび信頼しうる燃料供給保証が含まれる——を設立すると規定している。

「核兵器のない世界」の提案も、燃料供給保証を伴うウラン濃縮プロセスの管理を行うこと、核燃料サイクルの危険を管理する国際システムを開発することを勧告している。


## 4 北朝鮮

プラハ演説では、「北朝鮮は、威嚇や違法な兵器の取得によっては、安全保障と尊敬への道は決して実現しないことを悟るべきである。すべての国はより強力な世界的レジームを構築するために協力すべきである。北朝鮮に方向を変えさせるよう圧力をかけるため協力すべきである」と述べ、また軍備管理協会への回答では、「北朝鮮に対しては、成果を生み出すことのできる直接かつ積極的な外交を追求しつづけること、他方、北朝鮮がその義務を遵守することが明らかにならない限り、交渉における影響力を譲り渡さない」と述べている。


## 5 イラン

プラハ演説では、「我が政権は相互利益および相互尊重に基づきイランとの関与政策を追求する。我々は明らかな選択肢を示す。国際社会においてイランが正しい地位を取ることを希望する。そうでなければ、イランは一層の孤立や国際的圧力と潜在的核軍備競争を選ぶことになる」と述べた。

クリントン国務長官は、2009年4月の下院外交委員会公聴会において、イランは関与政策で成功するだろうとし、関与政策として米国は完全に5+1プロセスに参加しており、それを超えてイランをアフガニスタンに関する会議に招待し、米国の国際社会における立場を強化していると述べ、しかし我々は二重路線で行動しており、我々の努力が拒否されたり、プロセスが成功しない場合

には強硬な制裁が必要になると述べている[26]。

### 6　ミサイル防衛

オバマ大統領がプラハで行った演説では，イランの核および弾道ミサイルは真の脅威であるとし，チェコとポーランドは勇敢にもミサイル防衛の受け入れに合意したと述べた後，「イランからの脅威が継続する限り，我々は，費用対効果が良くかつ証明されたミサイル防衛システムを進める」と述べている。これはプラハでの演説であり，そこでも「費用対効果が良くかつ証明されたミサイル防衛」と言われているように，オバマはミサイル防衛については，きわめて慎重な態度をこれまで表明してきている。

軍備管理協会への回答では，欧州で提案されているものも含めていかなるミサイル防衛も，配備する前に，機能すると証明される必要があること，21世紀の真の脅威は弾道ミサイルで殴りかかるならずもの国家ではなく，国境を越えて粗野な核装置を密輸するテロリストであるので，ミサイル防衛ではなく，こちらの方に費用をもっと回すべきであることを強調している。「核兵器のない世界」の提案は，協調的なミサイル防衛および早期警戒システムの開発に向けての交渉を行うことを勧告している。

## V　核テロ対応政策

### 1　核物質の厳重な管理

プラハ演説では，「世界中のすべての脆弱な核物質を4年以内に安全で厳重な管理の下に置くため，新たな国際的努力を始める」とオバマは述べたが，2007年の論文でもこの問題を重視し，第1の課題として，「脆弱な場所にあるすべての核兵器と核物質を4年以内に厳重に保管するための世界的な努力を指導しなければならない」と述べていた。この問題は，「米国政権の外交政策」でも，「米国政権の本土安全保障政策」でも規定されており，政権の中心的課題となっている。

民主党の政策綱領においてもこの問題の重要性が認識され，「より多くの国が核兵器を求めており，あまりにも多くの場所で核物質が厳重に管理されていないままなので，テロリストが核兵器またはそれを製造する物質を取得すると

---

[26] Hearing of the House Committee on Foreign Affairs, Subject: "New Beginning: Foreign Policy Priorities in the Obama Administration," Chaired by Representative Howard Berman (D-CA), Witness: Secretary of State Hillary Clinton, April 22, 2009.

いう増大する脅威に我々は直面している」と述べられている。
　「核兵器のない世界」の提案においても，世界中の核兵器および兵器級プルトニウム・高濃縮ウランを厳重に管理すること，核兵器と核物質の保安基準を世界的にできるだけ高いものにする作業を加速させることが勧告されていた。

## 2　違法な核輸送の停止と国際制度の強化

　プラハ演説では，「闇市場を崩壊させ，移送中の核物質を探知して阻止し，財政的手段を用いてこの危険な貿易を途絶えさせるための努力を強化しなければならない」と述べ，「拡散防止構想（PSI）や核テロと戦う地球的イニシアティブといった努力を，恒久的な国際制度に変えるべきである」と述べている。「米国政権の本土安全保障政策」でも，警察および阻止の努力を強化するため，大量破壊兵器，それらの運搬手段および関連物質の輸送を世界的に停止させることを目的とする世界的イニシアティブであるPSIを制度化すると規定している。

## 3　核セキュリティ国際会議

　プラハ演説では，「これらの努力を開始するものとして，米国は1年以内に核セキュリティに関する地球的サミットを開催する」と述べ，「米国政権の本土安全保障政策」では，核テロを防止するサミットの開催として，核テロ防止について合意するため，国連安全保障理事会常任理事国および他の重要国の指導者のサミットを2009年（およびその後定期的に）開催することが規定されていた。実際には2010年4月に核セキュリティ世界サミットが開催された。

## む す び

　オバマ政権の政策は，ブッシュ政権の一方主義から多国間主義へ，武力を含む力の政治から外交へ，米国の利益のみから国際社会の利益をも含むものへ，対立や競争から協力へと大きくその軸を変更しており，核軍縮・核不拡散においても，その傾向が顕著である。またブッシュ政権には存在しなかった「核兵器のない世界」の主張をも受け入れつつ，米国は指導的役割を果たすが米国1国では実現不可能であるとして，各国の協力を求めつつ進めるものである。核軍縮の進展および核不拡散体制の強化に向けて，個別的にはさまざまな困難も予想されるが，全体的には一定の成果が期待される。

## 第3節 米国の核態勢見直し

　米国防総省は2010年4月6日に「核態勢見直し報告書(Nuclear Posture Review Report)」[1]を発表した。核態勢見直し(NPR)報告書は1994年にクリントン政権により，2001年にブッシュ政権により公表された[2]のに続く3番目のものであるが，前二者は原則非公開であったのに対し，今回は全文が公表された。この報告書はオバマ政権の今後5年から10年の核政策，核戦略，核能力と戦力態勢などを設定するもので，きわめて重要な文書である。

　本節においては，この核態勢見直し報告書の内容を詳細に検討することを主たる目的とするとともに，それぞれの政策についての議論を紹介しつつ，それらの評価を行う。

　オバマ大統領はこの報告書の公表に際して，1年前のプラハで語った約束，すなわち「国家安全保障戦略における核兵器の役割を低減させ，21世紀の核兵器の危険の減少に焦点を当て，同時に核兵器が存在する限り，米国と我が同盟国・パートナーのための安全で確実で効果的な核抑止力を維持する」ことを実現するために米国行政府は今日重要な前進をなし，そのために特別な具体的措置をとりつつあるとして，以下の3点を強調した。

(1) 核拡散および核テロを防止することは今や米国の核アジェンダのトップにある。

(2) 我々は，NPTおよび核不拡散義務に国家が従うことの重要性を強調している。米国は，核不拡散条約の当事国であり，核不拡散義務を遵守している非核兵器国に対して核兵器の使用または使用の威嚇を行わない。

(3) 我々は，NPTにコミットする核兵器国としての責任を履行している。米国は，核実験を実施せず，包括的核実験禁止条約の批准を求める。米国は，新たな核弾頭を開発せず，核兵器のための新たな軍事ミッションや新たな能力を追求しない[3]。

　核態勢見直し報告書は，このようにオバマ大統領がプラハ演説で述べた約束

---

[1] The U.S. Department of Defense, *Nuclear Posture Review Report*, April 2010. <http://www.defense.gov/npr/docs/2010%20Nuclear%20Posture%20Review%20Report.pdf>

[2] ブッシュ政権の報告書は2001年12月31日に議会に提出され，1月9日に国防総省によるブリーフィングが行われたため，2002年の報告書とされることがあるが，国防総省の記述では2001年である。この文書に関しては，黒澤満『軍縮国際法』信山社，2003年，123-143頁参照。

を実際の政策として実行していくためのものであり，一方において核の危険を減少させ，核兵器のない世界で平和と安全保障を追求するとともに，他方で米国の安全保障上の利益を促進させるものである。オバマ大統領は，NPRにおいて以下の諸目的を目指した議論のための選択肢を示すよう命令した。すなわち，①米国の核兵器の役割と数の低減，②敵に対する抑止力の強化，③米国の拡大抑止の約束に依存する同盟国・パートナーへの再保証，④戦略的安定性の促進，⑤核兵器の廃絶という究極の目標に向かって明白に動くことである。

このNPRの作成にあたって米国の内部において多くの対立する議論が存在したことが報道されており，そのことは当初2009年12月に提出されることになっていた報告書が，何度も発表の時期がずらされ，最終的に翌年の4月に公表されたことからも明らかである[4]。

## I 国際安全保障環境

国際安全保障環境は冷戦の終結以来劇的に変化し，世界的核戦争の脅威は遠のいたが，核攻撃の危険は増大したという基本的認識に基づき，第1に，今日の最も急迫の極度の脅威は核テロであり，今日のもう1つの脅威は核拡散である，第2に，米国はロシアおよび中国という現存の核兵器国との戦略的安定性を確保するというこれまでと同じ重要課題に対応しなければならない，第3にこれらの変化した安全保障環境に適合するように，冷戦思考を終止させなければならない，第4に我々の核政策および態勢を最も緊急の優先度である核テロおよび核拡散を防止するという目的により適合させていかなければならないと述べ，そのための具体的方法として以下の6点を挙げる。

(1) 米国の核兵器の役割と数を低減することにより，他のNPT当事国が米国の政策に参加するよう説得するより強い立場を獲得できる。
(2) 信頼し得る核抑止を維持し，ミサイル防衛と他の通常兵器能力で地域的

---

[3] The White House, Office of the Press Secretary, Statement by President Barack Obama on the Release of Nuclear Posture Review, April 06, 2010.<http://www.whitehouse.gov/the-press-office/statement-president-barack-obama-release-nuclear-posture-review>
[4] ニューヨークタイムズによると，公表が数カ月遅れたのは，オバマ大統領が，米国政策を十分変更していないと考える助言者とあまりにもせっかちなのは潜在敵国を勇気づけるだけだと考える助言者の仲介をしなければならなかったからであり，この報告書は150回の会合，そのうち30回はホワイトハウスの国家安全保障会議の成果であり，それでもオバマは書き直しのため介入しなければならなかった。David Sanger and Peter Baker, "Obama Limits When U.S. Would Use Nuclear Arms," *New York Times*, April 5, 2010. <http://www.nytimes.com/2010/04/06/world/06arms.html>

安全保障構造を強化することにより，我々は非核の同盟国・パートナーを再保証できる。
(3) 米国の核兵器の寿命延長のためのストックパイル管理プログラムを追求することにより，新たな核兵器の開発や一層の核実験なしに，安全で確かで効果的な抑止を確保できる。
(4) 古い核兵器支援施設を近代化し，人的資本に投資することにより，我々は核兵器ストックパイルの数を大幅に削減することができる。
(5) ロシアおよび中国との戦略的安定性を促進し，透明性と相互信頼を改善することにより，核兵器のない世界に向けた動きの条件を作り出すのを支援できる。
(6) 国際関係における核兵器の重要性を低減するため努力し，それらの全廃に向けて一歩ずつ進むことにより，我々は多くの核兵器が存在する世界に住むよう運命づけられているという考えを逆転することができる。

これらは，米国がこれからの政策で実施していこうとしている具体的措置と，それらがどのような目的をもって実施されるのかを明確にしたものである。以下のそれぞれ5つの分野における米国の政策および態勢が述べられている。

## Ⅱ　核拡散および核テロの防止

第1の課題は，核拡散および核テロの防止であり，ここでは核兵器不拡散体制の再建と強化，核テロ防止のための国際協力および核軍縮措置が議論されている。

### 1　核不拡散体制の再建と強化

核不拡散体制の強化のために米国は，以下の2つの措置を追求するとしている。
(1) 北朝鮮およびイランの核の野望を逆転させる。我々は多国的または2国間の関与政策を追求するが，挑戦的態度が続く場合には，一層の孤立と国際的圧力の増加となる。
(2) 国際原子力機関(IAEA)保障措置を強化する。保障措置の違反を抑止し探知するため，IAEAは追加的な財政資源および検証権限を与えられなければならないし，すべての国はIAEA追加議定書を支持すべきである。

## 2　核テロ防止のための国際努力の強化と加速

核テロ防止のために以下の措置がとられることになっている。
(1) 世界中のすべての脆弱な核物質を厳重に管理するという大統領のプラハ・イニシアティブを積極的に追求する。
(2) 2010年4月に核セキュリティ・サミットを主催する。
(3) 国家核安全保障局の核不拡散プログラムの2011年予算を増加する。
(4) グローバル脅威削減イニシアティブを加速する。
(5) 国際核物質防護・協力プログラムを加速する。
(6) 協力的脅威削減プログラムにより大量破壊兵器とその運搬手段を管理し廃棄する。
(7) 不遵守に対して結果を生じさせる。
(8) 機微な核貿易を阻止する。
(9) 拡散の危険を増大することなく原子力の平和利用を促進する。
(10) 密輸核物質を探知し阻止する米国のおよび国際的能力を促進する。
(11) 我々の核鑑識努力の強化を続ける。
(12) テロリストを支援する行為体に完全に責任をとらせる。

## 3　核軍備管理・軍縮と核兵器の役割の低減

核軍縮の問題が核拡散および核テロ防止の文脈でとりあげられていることは新たな発想であり、核軍縮が核拡散・核テロ防止に有益であるという観点から、さまざまな核軍縮措置が規定されている。

核軍備管理・軍縮の努力、その他の核兵器の役割を低減させる手段、核兵器のない世界へ動くことは、核拡散および核テロを防止するという我々の目標に大いに貢献しうるという認識、および我々が核軍縮を追求するというNPTの義務を真面目に引き受けていることを示すことにより、不拡散を強化し世界中の核物質を厳重に管理するのに必要な措置に対する広範な国際的支持を動員する我々の能力を強化するという認識に基づいて、以下のような措置が規定されている。
(1) 1991年のSTART条約および2002年のモスクワ条約よりも一層低いレベルに米国とロシアの核戦力を制限する検証可能な新戦略兵器削減条約（新START）を締結する。
(2) 包括的核実験禁止条約（CTBT）の批准および早期発効を追求する。
(3) 核兵器に使用される核分裂性物質の生産を停止する検証可能な核分裂性

物質カットオフ条約（FMCT）の交渉の開始を求める。
(4) もはや防衛目的に必要とされない 68 トンの兵器級プルトニウムを共同で廃棄するためロシア連邦と協力する。
(5) 核のない世界に向けての継続的前進を支援するため包括的国家研究開発プログラムを開始する。

## 4 評　価

　今回の報告書において，核拡散および核テロの防止が第 1 の課題として取り上げられたことは，オバマ政権がこれらの問題を最重要視していることを表しており，特に核テロ防止のためのさまざまな措置が詳細に論じられていることがきわめて特徴的である。オバマ大統領はその選挙運動中から「脆弱な核物質を 4 年以内に厳重に管理する」と述べていたように，核セキュリティの問題が最重要視されている。

　バイデン副大統領もこれらの問題を重視しつつ，「これからは，我が国の核兵器の数および核兵器がどのように配備されるかについての決定は，安定した抑止という目的のみに基づくのではなく，不拡散および核テロへの対抗を考慮してなされるだろう」と述べている[5]。

　しかし，オバマ政権の政策がブッシュ政権と異なる最大の点は，これらの危険にどう対応するかという点に存在する。核拡散と核テロという脅威認識においては両者は共通しているが，ブッシュ政権は，単独主義的に直接的に，かつ武力あるいは政治力を用いて対応しようとした。そこでは拡散対抗（counter-proliferation）政策を前面に押し出し，たとえば新たな地下貫通核兵器の開発を追求していたし，イラクに対しては軍事進攻によりその脅威に対抗しようとした。

　それに反してオバマ政権は，国際協調を基調とし，核不拡散や核テロ対応を各国と協力して推進すると同時に，核軍縮を進めることによりこれらの脅威に対応しようとしている。これまで非核兵器国は，米国は新たな核不拡散措置を導入するだけで核軍縮措置を実施しないので不公平であり，核不拡散に協力できないと主張してきた。これに対応するように，米国の政策は，核軍縮の努力が核拡散や核テロ防止に貢献するという認識，および米国が核軍縮を追求し

---

[5] Joe Biden, "A Comprehensive Nuclear Arms Strategy," *Los Angeles Times*, April 7, 2010. <http://www.whitehouse.gov/the-press-office/op-ed-vice-president-joe-biden-a-comprehensive-nuclear-arms-strategy.>

NPT第6条の義務を履行することにより，核拡散や核テロ防止のための国際的支援を拡大できるという認識に基づいている。具体的には新START条約の締結，CTBTの批准と早期発効，FMCTの交渉開始，余剰プルトニウムの廃棄，核兵器のない世界に向けての努力が列挙されている。

## Ⅲ 米国の核兵器の役割の低減

第2の課題である核兵器の役割の低減は，オバマ大統領が選挙期間中から政策の中心的課題として強調してきたものであり，核兵器の使用に関する宣言政策が明らかにされている。

### 1 米国の核兵器の基本的役割

米国の核兵器の基本的(fundamental)な役割は，核兵器が存在する限り継続するであろうが，米国，同盟国・パートナーに対する核攻撃を抑止することである。その第1の理由は，冷戦中には米国は，ソ連およびワルシャワ条約同盟国による大規模な通常兵器による攻撃への反撃として核兵器を使用する権利を留保していたし，米国は化学兵器と生物兵器を放棄したので，生物・化学兵器による攻撃にも核兵器を使用する権利を留保していたが，冷戦が終結し，ロシアはもはや敵ではないし，ソ連以外のワルシャワ条約加盟国は今やNATOの加盟国であることである。

もう1つの理由は，米国，同盟国・パートナーの通常兵器の能力が通常兵器の脅威を抑止し敗北させるのに十分であり，ミサイル防衛および対大量破壊兵器能力の改善が生物・化学兵器攻撃に対する抑止および防衛を強化したことである。

非核攻撃―通常，生物，化学兵器―を抑止し対応する米国の核兵器の役割は大幅に低減した。米国は非核攻撃を抑止する核兵器の役割を低減し続ける。

### 2 消極的安全保証(Negative Security Assurances=NSA)

核兵器の役割を低減させるための具体的措置として，まず消極的安全保証の強化が挙げられ，「米国は，核不拡散条約(NPT)の当事国でありかつその核不拡散義務を遵守している非核兵器国に対しては，核兵器を使用せず，使用の威嚇を行わない」と宣言した。

この宣言に関して，これらの国が米国，同盟国・パートナーに対して生物・化学兵器を使用した場合には，壊滅的な通常兵器による軍事的反撃に直面するだ

ろうと述べながらも，生物兵器についてはその進展や拡散により正当化される調整を行う権利を留保している。

### 3 核兵器保有国および違反国への対応

　上述の消極的安全保証でカバーされない諸国，すなわち核兵器保有国およびNPT違反国に対しては，米国，同盟国・パートナーに対する通常兵器または生物・化学兵器の攻撃を抑止するために米国の核兵器が役割を演じる狭い範囲の事態が残っている。

　核兵器による抑止を核兵器による攻撃に限定しようとする核兵器の「先行不使用 (no first use)」あるいは「唯一の目的 (the sole purpose)」に関しては，「米国は，米国の核兵器の『唯一の目的』は米国，同盟国・パートナーへの核攻撃を抑止することであるという普遍的政策を現在のところ採用する準備はできていない，しかしそのような政策が安全に採用できる条件を確立するため努力する」と述べている。これは結論部分では，「米国は，米国または同盟国・パートナーへの核攻撃の抑止を米国の核兵器の唯一の目的とするという目標をもちつつ，通常兵器能力を強化し，非核攻撃を抑止する核兵器の役割を低減することを継続する」と述べている。

　しかしそれは核兵器の使用の意思を拡大したのではなく，米国は，米国，同盟国・パートナーの死活的利益を防衛するために極限的な状況においてのみ核兵器の使用を考えるとしている。

### 4　評　　価

　この部分は核兵器の役割を低減させるための核兵器の使用に関する宣言政策を表明しているきわめて重要な部分である。オバマ大統領は「核兵器のない世界」を提唱しつつ，安全保障政策における核兵器の役割を低減させることを選挙運動中も，2009年4月のプラハ演説でも強調していたので，「核兵器先行不使用」あるいは，核兵器の役割を核攻撃の抑止という「唯一の目的」に限定することが期待されていたが，結果的にはそれは「基本的役割」であると規定された。

　核兵器を保有しない国家に対して核兵器を使用しないという「消極的安全保証」については，米国は従来から「非核兵器国が核兵器国と連携または同盟して攻撃を行う場合を除いて，核兵器を使用しない」という政治的宣言を行っていたが，実際にはそれと異なる高官の発言があり，「計算されたあいまい

第3節　米国の核態勢見直し

さ」を含むものであった。またブッシュ政権のNPRでは，当時まだ核兵器を開発していなかった北朝鮮のほか，イラン，イラク，リビア，シリアも核兵器の使用の対象国として列挙されていた。

今回のNPRでは，NPTの締約国でありそれを遵守している非核兵器国には核兵器を使用しないというもので，以前よりは格段に明確になっている。その意味で強化された消極的安全保証であると一般に言われている。ゲーツ国防長官自身も，「NPRは米国の核態勢への大幅な変化を含んでいる。新たな宣言政策は以前の米国の宣言政策にあった計算されたあいまいさのいくらかを取り除いている」と説明している[6]。

この強化された消極的安全保証の対象から北朝鮮およびイランを排除している点から，オバマの新たな核戦略の中心にあるのは，イランと北朝鮮に対して彼らの核プログラムの価値を再考するよう強制する努力であり，新たなドクトリンやホワイトハウスの声明が北朝鮮やイランの計算を変更させるのに懐疑的であるが，この新しい戦略はそのことのために核兵器を使用することを目的としていると分析されている[7]。また北朝鮮およびイランをその定義から排除すると述べられているが，NPT当事国であるかどうか，またNPTに違反しているかどうかを誰が判断するのかという問題が指摘されている。

この報告書では，「唯一の目的」は採用されず，将来の目的として設定されたことに対しては，一般的には現実の国際関係および米国内部における意見の対立からして[8]，これでも一定の進歩であると考える専門家が多数であるが，キンボールらは，「米国は将来ではなく今，唯一の目的という政策を採択すべきである。非核攻撃の場合に核兵器の選択を保留することは，高いコストを払いながら，抑止の価値はまったくまたはほとんどない。それは通常兵器による抑止を損ない，米国の不拡散外交を複雑にし，他国が核兵器を追求あるいは改善するための正当化に利用される」と批判している[9]。

---

[6]　U.S. Department of Defense, "DOD News Briefing with Secretary Gates, Navy Adm. Mullen, Secretary Clinton, and Secretary Chue from the Pentagon," April 6, 2010. <http://www.defense.gov/transcripts/tramscro@t.aspx?transcriptid=4599>

[7]　David Sanger and Thom Shanker, "Obama's Nuclear Strategy Intended as a Message," *New York Times*, April 6, 2010. <http://www.nytimes.com/2010/04/07/world/07arms.html

[8]　バイデン副大統領とその助言者は，核兵器はロシアや中国のような確立した核兵器国による攻撃を抑止する唯一の目的を宣言するように主張したが，ゲーツ国防長官は過去の核政策のほとんどを維持するよう主張したと言われている。Bill Gertz and Eli Lake, "Obama Strategy Frustrate Nuke Foes," *Washington Times*, April 7, 2010. <http://www.washintontimes.com/2010/apr/07/obama-strategy-frustrate-nuke-foes/>

また核兵器の使用に関しては，米国，同盟国・パートナーの「死活的利益」を防衛するための「極限的な状況」においてのみその使用を考えると述べ，ブッシュ政権の政策と比較するときわめて限定的な方向に変化していると考えられる。

## Ⅳ 低減した核戦力レベルでの戦略抑止と安定性の維持

第3の課題は，新START条約による核兵器の低減とその後の核戦力の構成に関するもので，核兵器を削減しつつ戦略的安定性を維持する方向が示されている。

### 1 新START条約と核戦力の構成

NPRの作成過程において新START条約の立場を決定する作業が行われ，①確実な第2撃能力による戦略的安定性を支持すること，②効果的に対応できる能力をもつようにそれぞれの柱において十分な戦力構造を維持すること，③最小限必要な核戦力構造の上に余裕を維持すること，④将来の数十年以上にわたり必要な能力を維持すること，という4つの条件に合致するよう分析が行われ，以下のように決定された。

(1) 戦略弾頭に1550の制限
(2) 配備されたICBM，SLBM，核搭載可能重爆撃機に700という個別の制限
(3) 配備されたものと配備されていないICBM，SLBM，核搭載可能重爆撃機の合計に800という制限

新START条約に基づく将来の核戦力に関しては以下のように結論された。

(1) 計算される米国の戦略運搬手段をSTARTレベルから約50％削減し，計算される戦略弾頭をモスクワ条約のレベルから約30％削減するが，安定した抑止は維持されうる。
(2) 新START条約の10年の期間，ICBM，SLBM，重爆撃機の核の3本柱は維持される。
(3) 安定性を増加させるため，米国のすべてのICBMはMIRVから単弾頭に変更される。

---

[9] Daryl G. Kimball and Greg Thielmann, "Obama's NPR: Transnational, Not Transformational," *Arms Control Today*, Vol.40, No.4, May 2010, p.21.

(4) 現在の運搬手段に非配備の核兵器をアップロードする能力は維持されるべきである。
(5) 新START条約でのミサイル防衛への制限を避け，それが重爆撃機または長距離ミサイルシステムを通常兵器用に使用する選択肢を除外しないよう確保することにより，米国の地域的抑止と再保証の目的への非核システムの貢献を保持する。

## 2 大統領の決定時間の最大化

現在の米国の重爆撃機は警戒態勢から解除されているが，ほとんどすべてのICBMは警戒態勢にあり，SSBNの大部分はいつも海中にいる。NPRは，ICBMの警戒レートの低減およびSSBNの海中にいるレートを低減する可能性を検討したが，そのような措置は敵に「再警戒」が完了する前に攻撃する動機を与えるので，危機における安定性を減少させうると結論し，全体として以下のように結論した。
(1) 米国の戦略戦力の現在の警戒態勢を維持する。
(2) すべてのICBMとSLBMの「外洋照準」の慣行を継続し，無許可の発射の場合にミサイルは外洋に着弾する。
(3) 核危機における大統領の決定時間を最大化するため，米国の指揮・統制システムに新たな投資を行う。
(4) 生存可能性を促進し，迅速発射の動機を一層低下させうるような，ICBMの新たな配備様式を探求する。

## 3 非戦略核兵器

米国は冷戦終結後きわめて多くの非戦略(戦術)核兵器を削減し，現在欧州に前進配備されている少数の核兵器と米国に貯蔵されている少数の核兵器を維持している。ロシアはそれよりも大幅に多くの非戦略核兵器を維持しており，その多くはNATO諸国の領域の近くに配備されている。NPRは以下の措置を取ることを決定した。
(1) 空軍は，核・非核両用の戦闘機を維持する。
(2) 米国は，核兵器搭載海洋配備巡航ミサイル(TLAM-N)を退役させる。この抑止と再保証の役割は他の手段によって十分に代替できる。

## 4　戦略的安定性の強化

ロシアと中国は現在核兵器能力を近代化しており，米国のミサイル防衛および通常兵器ミサイルプログラムが不安定化させると主張しているので，米国は，もっと安定した強靭な透明性のある戦略関係を促進するために，ロシアおよび中国とのハイレベルでの2国間対話を追求する。ロシアとの間では，非戦略核兵器に関する協議を行い，ミサイル防衛での広範な協力を検討する。中国とは信頼を高め，透明性を改善し，不信を減少させるための対話が必要である。

## 5　将来の核削減

新START条約の批准および発効に引き続き，米国は一層の削減と透明性についてロシアと協議を続ける。それは正式の合意であるかもしれないし，並行した自主的措置であるかもしれない。引き続き行われる削減は以前の2国間協定より範囲が広いものであるべきで，配備された戦略核兵器だけでなく，両国のすべての核兵器を取り扱うものである。

## 6　評　価

米国の核戦力の構成および規模については，基本的には大きな変化を求めておらず，構成については戦略三本柱を維持し，規模については新START条約で一定の削減を規定しているがそれほど大幅な削減にはなっていない。ハルペリンは，「NPRの最も失望させる部分は，配備される戦力の規模に関する決定であり，戦力の規模と態勢を決定する基礎として相互確証破壊に引き続き依存していることである」と批判している[10]。

核兵器の運用状況に関しては，米国は現状を維持するとして，警戒態勢の低下であるとか解除などはまったく予定されていない。この点はNPT再検討会議でも広く議論され，無許可あるいは事故による核兵器の使用の危険を低下させ排除するために警戒態勢の解除が多くの国により主張されたが，米国の政策は変更されなかった。ハルペリンは，平時には警戒態勢の維持に依存させないで，危機の特に警戒態勢に移行するような戦力をデザインするよう求めている[11]。ニューヨークタイムズの社説も，NPR発表以前に，「見直しは米国ができるだけ多くの戦力を即時発射警戒態勢から解除するようにすべきであり，ロ

---

[10] Morton H. Halperin, "A New Nuclear Posture," *Arms Control Today*, Vol.40, No.4, May 2010, p.18.
[11] ibid., p.18.

シアにも同様にするよう奨励すべきである」と主張していた[12]。

クリステンセンは,「全体的にみると, NPT は 3 本柱の運搬手段に配備された核兵器の冷戦時代の戦力構造を維持し,米国の戦略戦力の現在の警戒態勢が今のところ維持されるべきであると結論している。米国とロシアの弾道ミサイルを即時発射警戒態勢からはずすためロシアと努力するとしていたオバマの選挙キャンペーンの誓約は延期されたように思える」とこれらの点を批判的に述べている[13]。

戦術核兵器については, NATO 配備の核兵器は今年 11 月の NATO での決定待ちという形になったが,海洋配備巡航ミサイル(TLAM-N)は退役させることが決定された。この措置は核兵器の役割の低減の側面から一定の評価が与えられる[14]。

## V 地域的抑止の強化と米国の同盟国・パートナーの再保証

第 4 の課題は地域的安全保障に関するもので,地域的安全保障構造(regional security architecture)として,地域的な抑止をどのように強化していくか,また米国の同盟国・パートナーに対する安全保障のコミットメントをどう再保証してくかの政策が議論されている。

### 1 地域的安全保障構造

欧州においては,冷戦終結後前進配備の核兵器は劇的に減少したが,米国の核兵器のプレゼンスは同盟の団結に貢献し,同盟国・パートナーに再保証を与えている。アジアおよび中東においては,米国は 2 国間の同盟・安全保障関係と前進軍事プレゼンスと安全の保証により拡大抑止を提供してきた。

地域的安全保障構造を促進することは,核兵器の役割と数を低減しながら地域的抑止を強化するための米国の戦略の中心部分である。これらの地域的安全

---

[12] Editorial "New Think and Old Weapons," *New York Times*, February 28, 2010. <http://www.nytimes.com/2010/02/28/opinion/28sun1.html>

[13] Hans Kristensen, "The Nuclear Posture Review," *FAS Strategic Security Blog*, April 8, 2010. <http://www.fas.org/blog/ssp/2010/04/npr2010.php>

[14] この点は日本でもさまざま議論されたが,高橋杉雄は TLAM-N の退役に関し,間隙のないエスカレーションラダーの構築の観点,政治的シグナルとしての役割の観点,アジア太平洋地域におけるエリア拒否・アクセス拒否能力の向上への対応の観点からして,その退役は戦域レベルにおいて抑止力をまったく損なわないとは言い切れないと主張している。高橋杉雄「核兵器をめぐる諸問題と日本の安全保障」『海外事情』第 58 巻 7・8 号, 2010 年 7・8 月, 44-47 頁。

保障構造には，効果的なミサイル防衛，WMD 対抗能力，通常戦力投射能力，統合された指揮・統制が含まれる。

## 2 主要なイニシアティブ

(1) 高度の地域的安全保障構造を構築するため同盟国・パートナーとの広範な努力を継続する。
(2) 地域的安定性促進の効果的方法につき2国間・多国間協議を継続する。
(3) 効果的なミサイル防衛を配備することにより地域的脅威に対応するため同盟国・パートナーと協力する。
(4) WMD 対抗能力を強化する。
(5) 非核迅速グローバル打撃能力を開発する。
(6) リアルタイム情報収集のより効果的な能力，監視・偵察能力を開発し展開する。
(7) 拡散防止と攻撃抑止のため同盟国・パートナーとの協議を拡大・深化させる。
(8) 戦術戦闘機と重爆撃機搭載の前進配備米国核兵器能力を維持する。

## 3 評　価

　この報告書では地域主義が強調されており，「地域安全保障構造」という新たな用語が導入され，地域の安全保障を総合的に確保する方針が示されている。ここではミサイル防衛と通常兵器が強調されている。通常兵器の強調は核兵器の役割の低減という方針に沿った当然のものと考えられる。ミサイル防衛については，オバマ大統領自身は当初はそれほど積極的には見えなかったが，地域的なミサイル防衛，すなわち戦域ミサイル防衛についてはきわめて積極的な方向に変化してきている。もっともポーランドとチェコに配備が予定されていたミサイル防衛システムはロシアにも影響があるもので，オバマ大統領により撤回されている。

## Ⅵ　安全で確実で効果的な核兵器の維持

　第5の課題は，核兵器のない世界を目指しながらも，現実および将来の脅威に対して安全で確実で効果的な核兵器をどのように維持するかという問題，およびその際に核兵器の新たな開発をどう制約するかが議論されている。

第3節　米国の核態勢見直し

## 1　米国の核ストックパイルの管理

　米国の現行の核ストックパイルは，配備されている弾頭，配備されていない弾頭，解体を待っている弾頭から成り立っており，NPRは将来の米国の核ストックパイルの管理をガイドするものとして，以下のような結論に達した。

(1) 米国は核実験を実施しない。包括的核実験禁止条約の批准および発効を追求する。
(2) 米国は新しい核弾頭を開発しない。寿命延長プログラムは以前に実験されたデザインに基づく核構成物のみを用い，新たな軍事ミッションを支持せず，新たな軍事能力も提供しない。
(3) 米国は核弾頭の安全性，確実性，信頼性を確保する選択肢をケースバイケースで研究する。
(4) 弾頭の寿命延長プログラムの工学的開発を進める場合，米国は改装(refurbishment)および再使用(reuse)を強く選択し，代替(replacement)は大統領が許可し議会が承認した場合にのみ行う。
(5) 米国は必要に応じた可能な最小限の核ストックパイルを維持する。
(6) 米国は，新START条約に従った新たなストックパイル管理計画を履行するに際して，非配備核弾頭の削減および核弾頭解体ペースの加速を検討する。

## 2　重要なインフラおよび人的資本

　核兵器の長期的な安全性，確実性，有効性を確保するために，また核セキュリティの全範囲の行動を支援するために，核インフラへおよび高度の技術をもつ労働力への投資の増加が必要であるとして，以下の主要な投資が要求されている。

(1) 科学・技術・工学(ST&E)基盤を強化すること。
(2) ロスアラモス研究所の化学・冶金研究代替プロジェクトに資金提供すること。
(3) オークリッジのY-12工場のウラン処理工場を開発すること。

## 3　評　価

　米国の核抑止を維持するために一定の核兵器を保持し続ける必要がある中で，米国は，核実験をしない，CTBTの批准および発効を追求する，新しい核弾頭を開発しない，新たな軍事ミッションを維持しない，新たな軍事能力を提供し

ないことを規定しており，この側面は，核兵器のない世界に向けて，核兵器の開発に資するような行動をとらないことを決定しており，きわめて重要な決定となっている。

ブッシュ政権においては，新たな核兵器の開発が目指され，そのために核実験の再開準備期間の短縮が行われ，CTBTには絶対反対であったことを想起すれば，これらの措置が核軍縮に向けていかに有効な措置であるかが理解できる。弾頭の寿命延長プログラムの工学的開発を進める場合にも，改装と再使用が優先され，代替は大統領が許可し議会が承認した場合に限定されている[15]。キンボールらも，「ブッシュ大統領のNPR2001からの最も劇的な転換は，オバマのNPRがCTBTの批准と発効を支持していることである。もう1つは，新たな核兵器の開発を禁止し，核弾頭のための新たな軍事的ミッションや新たな軍事能力を禁止していることである」と述べ，全面的に賞賛している[16]。

## むすび

このようにオバマ政権における核態勢見直しは，ブッシュ政権のものとは大きく異なり核軍縮を進展させる方向を明確に示しつつ，また同時に戦略的安定性や核抑止の強化も謳っている。オハンロンは，新たな核政策の大きな特徴は，そのバランス，一方で慎重さと注意深さ，他方で核の危険を最小限にする方向への有意義だが控え目な措置との結合にあるとし，この新たな政策は一方に極端に偏っていないので，実際すべての観点からみて強固であり，明らかに控え目だが前進であり，これは良いことであると評価している[17]。

金子は，「総じて言えば，特に宣言政策や不拡散政策について踏み込んだ姿勢を見せつつ，抑止力の維持についても相当程度配慮されており，変革的だが臆病という形容が妥当するところであろう。核政策については保守とリベラルの間，また組織間に鋭い対立がある中，何とか，核軍縮と軍備管理，不拡散

---

[15] 戸﨑洋史は，ブッシュ政権期に提唱された「信頼性ある代替核弾頭（RRW）」はオバマ政権では行わないとされているが，当初ゲーツ国防長官が必要性を訴えたこと，CTBT批准にそれが必要だという主張があることなどから，NPRで「代替」に言及されているのはそのような主張に配慮したものとも考えられると述べている。戸﨑洋史「オバマ大統領の『核態勢見直し』―概要と若干の考察―」『軍縮・不拡散ダイジェスト』Vol.1, No.10, 2010年4月7日，4頁。

[16] Daryl G. Kimball and Greg Theilmann, op. cit., p.21.

[17] Michael E. O'Hanlon, "Obama's New Nuclear Policy: A Step in the Right Direction," Brookings, April 7, 2010. <http://www.brookings.edu/opinions/2010/0407_nuclear_arms_ohanlon.aspx?p=1>

と抑止を統合するアプローチを支持する新しい国家的コンセンサスの基礎を形成しようとした苦心のほどがうかがえる内容である」と総括しており[18]、川上も、「NPR2010の特徴は、核軍縮を重視するリベラリストの見解と、核抑止を重視するリアリストの見解のハイブリッド（折衷）である。……実質的にはオバマ大統領の『核のない世界』へ向けての核政策が発表された宣言政策としての意味合いが強い」と分析している[19]。

同じような観点から、レビはNPRの3つの主要な新しい点として、第1に、核兵器保有国、NPT非署名国、NPT違反国に対してのみ米国は核兵器を使用するというふうに米国の宣言政策が変化したこと、第2に核テロの防止および拡散の防止に優先度が与えられていること、第3に米国は核複合体を再強化するが、新たな核兵器の生産に近づくような措置は追求しないことを挙げている[20]。

他方でパーコビッチは、「オバマ氏は、現在核兵器を保有しているか拡大核抑止に依存しているすべての国が、これらの兵器が必要だとの考えを除去するための諸措置をとることの必要を提案している。この態勢見直しは、核兵器のない世界への米国の関心を再確認し、米国の安全保障政策における核兵器の役割を低減している。それは、核兵器の世界的な削減へと導く安定と協力および地域的安全保障の構築における協力を促進するためにロシアおよび中国とのハイレベルの会合を要請している。これは本質的に多国間の挑戦である。オバマ氏は『より強力な国際秩序を構築するためにすべての国は協力しなければならない』と述べている」と述べ、NPRが核兵器廃絶に向けてのすべての国家の協力を主張するものであると分析している[21]。

オバマの核態勢見直しは、核抑止の維持、戦略核三本柱の保持などで従来の立場を継承しながらも、核兵器の数と役割の低減をしばしばきわめて大きく主張し、核兵器のない世界を見据えた核政策が示されている。

そこでは、NPT締約国でありNPTを遵守している非核兵器国には核兵器を

---

[18] 金子将史「米国の新しい核戦略と『核の傘』」『PHP Policy Review』Vol.4, No.27, 2010.4.21, 9頁。

[19] 川上高司「米国の核政策の動向〜8年ぶりの『核態勢の見直し（NPR）』を読み解く〜」『立法と調査』第309号，2010年10月，43頁。

[20] Michael A. Levi, "U.S. Nuclear Posture's New Priority," Council on Foreign Relations, April 6, 2010. <http://www.cfr.org/publications/21841/us_nuclear_postures_new_priorities.html>

[21] George Perkovich, "After Prague, What's Next for Arms Control?" *New York Times*, April 8, 2010. <http://www.nytimes.com/2010/04/08/opinion/08iht-edperkovich.html>

使用しないという強化された消極的安全保証が明確に示されており，「唯一の目的」を目標としつつ核兵器の使用は死活的利益を防御するための極限的な状況に限定すること，新たな核兵器を開発しないこと，新たな軍事ミッションを支持せず，新たな軍事能力も提供しないこと，核実験を禁止するためCTBTの上院での批准を追求し，その発効を追求すること，FMCT交渉を開始すること，ロシアとの核兵器削減交渉を継続することなどが示されている。

　これらの点では以前の核態勢見直しと大きく異なり，核抑止の維持など現実主義的な側面をもつものであるが，今回の核態勢見直しは核兵器のない世界における平和と安全保障を求める方向を明確に指し示すものであると考えられる。

## 第4節　新START（戦略兵器削減）条約

　核兵器のない世界をめざすオバマ大統領は，核軍縮に関する最初の具体的措置として，新たな戦略攻撃兵器を削減する条約の締結を追求してきた。そのための交渉は大統領就任後3カ月でロシアとの間で開始され，約1年の交渉で条約の署名に至り，米国およびロシアの議会での批准承認を得て，条約は2011年2月5日に発効した。

　本節では，まずこの新START（戦略兵器削減）条約の交渉過程を追跡し，次に戦略攻撃兵器の削減に関わる条約の基本的義務の内容を詳細に検討し，第3に条約義務の履行を担保する検証・査察に関する諸問題を考察し，最後にこの条約がどのような意義をもつのか，また今後どういう措置を取るべきかについて考える。

### I　条約の交渉過程

#### 1　2009年3月米ロ外相会談

　2009年1月に誕生したオバマ政権は，大統領選挙期間中から核問題に重大な関心を表明し，核兵器のない世界を目指すと演説してきたので，まずロシアとの間で戦略核兵器の削減交渉を開始することが期待されていた。

　また戦略核兵器を規制する条約として，2002年のモスクワ（戦略攻撃力削減＝SORT）条約があり，2012年12月31日までに両国の核弾頭をそれぞれ1700-2200に削減することを規定していたが，この条約は検証規定を含んでいなかったため，実質的な検証は1991年に署名され1994年に発効した第1次戦略兵器削減（START I）条約[1]に依存していた。この条約の有効期限は15年であるため，2009年12月に失効することになっていた[2]。そのためこれに代わる新たな条約を作成する必要が存在していた。

　3月6日にジュネーブで開催された最初の外相会談で，クリントン米国務長官とラブロフ・ロシア外相は，START条約に代わる新たな核軍縮条約の年内締

---

[1] 本条約の交渉過程においても，また本論文での分析においても，START I 条約とSTART条約の両方が使用されているが，両者は同じものであり，1991年に署名され，1994年に発効し，2009年に失効した。歴史的にはSTART I 条約というのが正しいが，START II 条約が発効しなかったので，最近ではSTART I 条約とは言わずに，START条約というのが一般的になっている。

[2] これらの条約については，黒澤満『軍縮国際法』信山社，2003年，39-122頁参照。

結を目指す方針に合意した。

## 2 2009年4月米ロ首脳会談

オバマ米大統領とメドベージェフ・ロシア大統領は，4月1日にロンドンで初めての首脳会談を行い，戦略攻撃兵器の一層の削減の交渉を開始することに合意した。この共同声明[3]において，両大統領は，START条約を代替するために，戦略攻撃兵器の削減および制限に関する新たな包括的な法的拘束力ある協定を作成するために2国政府間の交渉を開始することを決定した。米国およびロシアは，START条約が12月に失効する前にこの協定を締結することを意図していた。交渉の基礎として以下の点が合意され，交渉者が新たな協定の作業で達成された進展を7月までに報告するよう指示していた。

(1) 新たな協定の主題は戦略攻撃兵器の削減および制限である。
(2) 将来の協定において，両当事国は，現在有効である2002年の戦略攻撃力削減に関するモスクワ条約よりも低いもので，戦略攻撃兵器の記録的な削減を追求する。
(3) 新たな協定は，当事国の安全保障ならびに戦略攻撃力の予見可能性と安定性を相互に促進し，START条約の履行における当事国の経験から導かれる効果的な検証措置を含む。

両大統領は，上述の合意は核不拡散条約(NPT)第6条の義務を共同で履行することであり，核兵器の数の削減に関して世界に対してリーダーシップを証明するものであり，核兵器のない世界の達成にコミットしていると述べた。さらに，意見の対立があるミサイル防衛については，「欧州におけるミサイル防衛施設の配備の目的に関して相違があることを認識し，我々は，両国およびその同盟国・パートナーの安全保障を促進するために，ミサイルの挑戦および脅威の共同評価を考慮しつつ，ミサイル防衛の分野における相互国際協力の新たな可能性を協議した」と規定し，「攻撃兵器と防御兵器の関係が両政府により協議されるであろう」と規定している[4]。

また共同声明において，ロシアおよび米国の指導者である我々は，冷戦思考

---

[3] The White House, Office of the Press Secretary, "Joint Statement by Dmitry A. Medvedev, President of the Russian Federation, and Barak Obama, President of the United States of America, Regarding Negotiations on Further Reductions in Strategic Offensive Arms," April 1, 2009. <http://www.whitehouse.gov/the_press_office/Joint-Statement-by-Dmitry-A-Medvedev-and-Barak-Obama/>

第4節 新START（戦略兵器削減）条約

を超えて，2国間関係の新たなスタートを示す用意があると述べており，米ロ関係の「リセット」が行われたことが示されている。

## 3 2009年7月米ロ首脳会談

4月に開始された交渉は一定程度進展し，2回目の首脳会談が7月6日にモスクワで開催され，両大統領は，それぞれの戦略攻撃兵器の一層の削減と制限に関して，および現在のSTART条約に取って代わる新たな法的拘束力ある協定を早期に締結することを決定し，新たな条約が特に以下の要素を含むことを支持した[5]。

(1) 各締約国は，その戦略攻撃兵器を削減し，条約の発効後7年で，制限は戦略運搬手段については500-1100の範囲，関連する核弾頭については1500-1675の範囲になるような規定。これらの制限について条約の中で規定されるべき具体的な数字は，今後の交渉を通じて合意される。
(2) これらの制限を計算するための規定
(3) 定義，データ交換，通告，廃棄，査察・検証手続き，および信頼醸成・透明性に関する規定。これらはSTART条約に比べて，適切に調整され簡素化され低コスト化される。
(4) 各当事国がその戦略攻撃兵器の構成と構造を自ら決定するという規定
(5) 戦略攻撃兵器と戦略防御兵器の相互関係に関する規定
(6) 大陸間弾道ミサイルおよび潜水艦発射弾道ミサイルの非核弾頭配備の戦略的安定性への影響に関する規定
(7) 戦略攻撃兵器をもっぱら各当事国の領土に配備することに関する規定
(8) 条約の履行に関する諸問題を解決するための履行機関の設置
(9) 条約は，一方の当事国と第三国との間の戦略攻撃兵器の分野における現行の協力様式に適用されないという規定
(10) 条約の期限は，戦略攻撃兵器の削減に関する後の条約により代替されない限り，10年

---

[4] The White House, Office of the Press Secretary, "Joint Statement by President Obama and President Medvedev: Leaders discuss global economic crisis, nuclear arms control and reduction," April 1, 2009. <http://www.america.gov/st/texttrans-englich/2009/April/20090401125216xjsnommis0.8078381.html>

[5] The white House, Office of the Press Secretary, "Joint Understanding," July 8, 2008. <http://www.whitehouse.gov/the_press_office/The-Joint-Understanding-for-The-START-Follow-On-Treaty/>

米ロ両国はこの共同了解において条約の基本的枠組みおよび対応すべき基本的諸問題に合意したが，ミサイル防衛の取り扱いをはじめとして，さまざまな対立的がまだ多く残っている状況であった。

### 4　2009年10月米ロ外相会談

ブッシュ前大統領により東欧に配備が予定されていたミサイル防衛につき，オバマ大統領がその配備中止を9月に表明した。それにより条約作成に向けての最大の課題に一応の対応が見られたこともあり，10月13日の両国の外相会談は，米ロが共同でミサイル防衛を検討する意向を表明するなど，前向きの進展もあり，年内に合意を目指して協議を加速させることを確認したが，さまざまな未解決の問題が残されていた。

その第1はミサイル防衛であり，東欧配備の予定は中止されたが，ロシアはミサイル防衛に対する規制を強く求めているのに対し，米国はこの条約は戦略攻撃兵器のみを制限するものであると主張していた。第2は弾頭の数の増加（アップロード）の可能性の問題であり，ロシアは弾頭の制限はICBMおよびSLBMを廃棄することによって実施すべきだと提案したが，米国はICBMとSLBMを大幅に削減することなく，ミサイル搭載の弾頭数を減らすこと（ダウンロード）で制限に達する方法を主張した。第3は通常兵器システムであり，もはや核兵器を搭載していない爆撃機や潜水艦をどう取り扱うのかという問題があり，また将来核兵器ではなく通常兵器を搭載するICBMおよびSLBMをどう取り扱うのかを決定しなければならなかった[6]。

### 5　2009年11月米ロ首脳会談とSTART Iの失効

11月15日の首脳会談において，両大統領は新たな条約の年内署名の方針を再確認したが，核弾頭や運搬手段の数や規制方法などでもまだ見解の相違があり，ミサイル防衛については引き続き問題が残っており，さらにこの時期になって検証の問題が新たに重要な課題として浮き上がってきた。START I条約では，移動式ICBMの生産施設において生産されるICBMの数を確認するため，その出入り口において継続的監視活動を実施する権利が認められていた。米国の施設はすでに閉鎖されたが，ロシアの施設は活動しており，ロシアに対

---

[6] Brookings Institution, "Secretary Clinton in Moscow," October 12, 2009. <http://www.brookings.edu/opinions/2009/1012_clinton_moscow_pifer.aspx>

第4節　新START（戦略兵器削減）条約

する査察は継続されたため，ロシアはこれは一方的であり解消すべきであると主張していた。

　START Ⅰ条約がそのままの形で延長されなかったのは，米ロ対立時代に作成された条約で，あまりにも厳格な検証・査察制度などが含まれていたことが大きな原因であり，また新たな条約を作成することにより新たな関係を構築したいという意図があったものと考えられる。この条約の有効期間は15年であり，条約は2009年12月5日に失効した。

　米国およびロシアの大統領は，START条約の失効に関して，「米国とロシアの間の戦略的安定性を支持するという相互の決意を承認しつつ，我々は，原則として，その失効の後もSTART条約の精神に基づき協力を継続するというコミットメント，およびできるだけ早期に戦略兵器に関する条約の発効を確保するという確固とした決意を表明する」と述べた[7]。条約の失効とともに条約による検証・査察も終了し，ロシアのミサイル生産施設に常駐していた米国の監視員も全員退去した。

## 6　2009年12月米ロ首脳会談

　年内の条約作成という目標を掲げながら両国は努力を続けてきたが，12月までに新たな条約を作成することはできなかった。12月18日の首脳会談で，オバマ大統領は，「新START条約につき我々は素晴らしい進展をなした。我々は協定まで非常に近い。私はそれが頃合いを見計らって完成されると信じている」と述べ，メドベージェフ大統領は，「我々の立場は大変接近しており，ここ1カ月議論してきたほとんどすべての問題はほとんど片付いた。さらに作業を必要とする若干の技術的詳細が残っている。これはほんの短時間で解決できることを希望している」と述べ[8]，両者とも楽観的な見通しを示したが，最初に目標としていたSTART条約の失効以前のみならず，年内の完成も実行できなかった。

---

[7] The White House, Office of the Press Secretary, "Joint Statement by the President of the United States of America and the President of the Russian Federation on the Expiration of the Strategic Arms Reduction Treaty (START)," December 04, 2009. <http://geneva.usmission.gov/2009/12/04/joint-us-russia-statement/>

[8] The White House, Office of Press Secretary, "Remarks by President Obama and Russian President Medvedev after Meeting," December 18, 2009. <http://www.whitehouse.gov/the-press-office/remarks-president-obama-and-russian-president-medvedev-after-meeting-0>

## 7 2010年3月米ロ首脳会議

オバマ大統領とメドベージェフ大統領は3月26日に電話会談を行い，新たな条約に関するすべての側面に最終合意した。オバマ大統領は，最近20年近くの間で最も包括的な軍備管理協定に合意したと述べ，この新START条約は，米ロが配備する核兵器を約3分の1削減し，ミサイルと発射機を大幅に削減し，強力で効果的な検証制度を実施するものであり，また我々の国家安全保障を守り促進するのに必要な柔軟性を備えていると説明している。さらに，この協定により，米ロは我々がリードする意図をもつという明確なシグナルを送っており，NPT上の我々のコミットメントを確認することにより，核兵器の拡散を防止し，他の国々もその責任を果たすことを確保するための世界的な努力を強化していると述べている[9]。

クリントン国務長官は，「この条約は世界に対して，特にイランや北朝鮮に対して，最優先事項の1つは国際不拡散レジームを強化し，核物質が悪者の手に入らないようにすることであることを示している。新START条約は核不拡散条約の下で軍縮を進展させるという我々のコミットメントを証明するものである」と述べ，ゲーツ国防長官は，「この条約は核安定性を強化するものである。米国の核兵器は米国の防衛態勢の重要な柱であるが，その目的はより少ない核兵器で達成できることは明確である」と述べている[10]。

この時点で米国側から発表されたファクトシートによれば，合意の内容は以下のようである[11]。

(1) 条約の構造：新START条約は，条約本体，条約議定書，議定書の技術的付属書から構成される。

(2) 戦略攻撃兵器の削減：発効後7年以内に大幅削減を行う。制限総数の中での戦力の構成は自ら決定する。

- 1550弾頭：配備ICBMと配備SLBMの弾頭数はこの制限に対して数え，核兵器装備の配備重爆撃機はこの制限に対して1弾頭と数える。

---

[9] The Whitehouse, Office of the Press Secretary, "Remarks by the President on the Announcement of New START Treaty," March 26, 2010. <http://www.whitehouse.gov/the-press-office/remarks-president-announcement-new-start-treaty>

[10] U.S. Department of State, "Announcement of the New START Treaty," March 26, 2010. <http://www.state.gov/secretary/rm/2010/03/139147.htm>

[11] The White House, Office of the Press Secretary, "Key Facts about the New START Treaty," March 26, 2010. <http://www.whitehouse.gov/the-press-office/key-facts-about-new-start-treaty>

## 第4節　新START（戦略兵器削減）条約

　　・配備および非配備の ICBM 発射機，SLBM 発射機，核兵器搭載の重爆撃機に対し合計 800 の制限．
　　・配備 ICBM，配備 SLBM，核兵器装備の配備重爆撃機に対し別個の 700 の制限．
　(3)　検証と透明性：条約は 1991 年 START 条約の適切な要素とこの条約の制限に合わせた新たな要素を結合した検証制度をもつ．現地査察と展示，データ交換と通告，自国の技術的手段の使用を容易にする規定を含む．条約はまたテレメトリーの交換を規定する．
　(4)　条約の条件：条約の期間は 10 年で，5 年以内の延長に合意できる．条約は脱退条項を含む．2002 年モスクワ条約は新 START 条約の発効により終了する．条約は批准されなければならない．
　(5)　ミサイル防衛および通常兵器攻撃力への制限なし：条約は，米国のミサイル防衛計画の実験，開発，配備に対し，また米国の長距離通常兵器打撃能力にいかなる規制も課していない．

### 8　条約の署名

　この条約は，ちょうど 1 年前にオバマ大統領が核兵器のない世界に向けての有名な演説を行ったチェコのプラハにおいて，オバマ米大統領とメドベージェフ・ロシア大統領により，2010 年 4 月 8 日に署名された．条約交渉の開始から約 1 年で署名にこぎつけたことはこの種の条約としては極めて短い時間に条約が作成されたことを意味する．しかし当初は START 条約が失効する 2009 年 12 月までに新 START 条約を署名すること，あるいは発効まで至ることが期待されたこともあったが，特に条約交渉の後半に入り，ミサイル防衛などさまざまな課題で意見が対立し，2010 年 5 月に予定されていた NPT 再検討会議の 1 カ月前に署名された．

## II　条約義務の内容

　条約の前文においては，米国とロシアは，世界的な変化と脅威により両国の戦略関係全般にわたる相互作用に新たなアプローチが必要になったと考え，そのため相互信頼，公開性，予見可能性，協力に基づく新たな戦略関係を作り出すために協力し，両国の核態勢をこの新たな関係に一致させることを期待し，核兵器の役割と重要性を一層低減することを努力しつつ，この条約に合意したと謳われている．

第1章 核兵器のない世界の展望

　この条約の基本的義務は，第1条が規定するように，各締約国が，本条約の規定に従って戦略攻撃兵器を削減し制限することであり，本条約およびその議定書に規定されたその他の義務を履行することである。

## 1 条約の対象

　戦略攻撃兵器の削減と制限が条約の基本的目的であり，そのために，ICBMとICBM発射機，SLBMとSLBM発射機，重爆撃機，ICBM弾頭，SLBM弾頭，重爆撃機核兵器を削減し制限することが規定されている。

　それぞれの削減・制限の対象となるものは，議定書第1部ですべて定義されているが，条約署名日において両国が保有している戦略攻撃兵器は第3条によれば以下のものである。

(1) ICBM：米国はミニットマンⅡ，ミニットマンⅢ，ピースキーパー
　　　　　ロシアはRS-12M，RS-12M2，RS-18，RS-20，RS-24
(2) SLBM：米国はトライデントⅡ
　　　　　ロシアはRSM-50，RSM-52，RSM-54，RSM-56
(3) 重爆撃機：米国はB-52G，B-52H，B-1B，B-2A
　　　　　　ロシアはTu-95MS，Tu-160
(4) ＩＣＢＭ発射機：米国はミニットマンⅡ，ミニットマンⅢ，ピースキーパー
　　　　　　　ロシアはRS-12M，RS-12M2，RS-18，RS-20，RS-24
　　SLBM発射機：米国はトライデントⅡ
　　　　　　　ロシアはRSM-50，RSM-52，RSM-54，RSM-56

　条約による規制の対象として，1991年のSTART条約は今回の条約と同じように戦略核運搬手段と弾頭を含んでいたが，2002年のモスクワ条約は運搬手段を規制せず，弾頭のみを規制していた。

## 2 戦略攻撃兵器の削減と制限

　戦略攻撃兵器の削減と制限については第2条が削減の内容を規定し，第3条がそのための計算ルールを詳細に規定している。
条約発効後7年以内に総数が以下のものを超えないよう削減する義務がある。
(1) 700：配備ICBM，配備SLBM，配備重爆撃機
(2) 1550：配備ICBMの弾頭，配備SLBMの弾頭，配備重爆撃機で計算される核弾頭

## 第4節　新START（戦略兵器削減）条約

(3) 800：配備および非配備 ICBM 発射機，配備および非配備 SLBM 発射機，配備および非配備重爆撃機

　このように，条約による削減と制限は，配備された運搬手段が 700，配備・非配備の運搬手段が 800，そして配備された弾頭は 1550 となっている。

　まず運搬手段については，START 条約が 1600 に削減すべきことを規定していたが，これは配備されているものだけであった。新 START 条約は配備された運搬手段が 700，配備・非配備の運搬手段が 800 と非配備運搬手段についても規制しており，これは新たな規制である。START 条約と比較するならば，新 START 条約による削減の結果は 1600 から 700/800 と半数あるいは半数以下になる。これらの運搬手段は実際の数が計算される。

　2009 年 7 月の合意では戦略運搬手段は 500-1100 となっており，多くの運搬手段をもたず，それらのいくつかは退役することになっているロシアの場合はできるだけ少ない数，すなわち 500 を主張し，多くの最新のミサイルを保有する米国はできるだけ大きい数，すなわち 1100 を主張したと考えられる。多くのミサイルと核弾頭を保有する米国によるブレイクアウト（条約の突然の大規模な違反）の可能性をロシアが危惧していたこともあり，最終的には配備運搬手段が 700 という規制に加えて，配備・非配備運搬手段が 800 という規制が規定された。

　戦略攻撃兵器の内訳に関して ICBM，SLBM，重爆撃機の割合をどうするかといった問題について，条約は「各締約国は戦略攻撃兵器の構成および構造を自ら決定する権利を有する」と規定しており，何らの制限も課されていない。モスクワ条約は運搬手段を規制しておらず，実戦配備戦略核弾頭の総数のみを規制していたため，構成や構造には触れていなかった。しかし START 条約の場合は，搭載しているとみなされる弾頭数に関して，全体が 6000，ICBM と SLBM に 4900，移動式 ICBM に 1100，重 ICBM に 1540 と詳細にそれぞれが規定されていた。

　次に弾頭について，条約の計算ルールによれば，まず ICBM と SLBM については，弾頭の数は配備 ICBM および配備 SLBM に備え付けられた再突入体の数であると規定され，実際の弾頭の数が計算される。このように実際に搭載されている実際の弾頭数が，検証を伴いながら規制されるのは初めてのことである。START 条約では，ミサイルなどそれぞれの運搬手段に対して一定の数が割り当てられ，弾頭数の計算はその割り当て数と当該ミサイルの数をかけた数字が用いられていた。その割り当て数は実験時に搭載された最大の弾頭数が

一般に用いられた。したがって，START条約では実際の弾頭数よりも多い弾頭が計算されていた。これはミサイルなどの運搬手段の数を検証することしかできなかったからでもある。したがって新START条約では，実際の弾頭数を検証する手段が規定されている。

またモスクワ条約は，弾頭数のみを規制しており，それは戦略核弾頭数と規定され，実際の数が規制対象であったが，検証手段はまったく存在しておらず，その1700-2200への削減も2012年12月31日に実施されることになっており，条約は次の日には失効することになっているので，実質的には非常にあいまいなものになっている。

次に核配備重爆撃機については1核弾頭を搭載していると計算すると規定され，重爆撃機については仮に20の核弾頭を搭載する能力があったとしても，すべて1個であると計算される。このように重爆撃機搭載の核爆弾の数をきわめて小さく計算するということの根拠は，いくつか挙げられている。現在米国もロシアも日常的に重爆撃機に核弾頭を搭載しておらず，近くの貯蔵所に保管している。その状態では配備していないので，核兵器配備の重爆撃機はゼロと計算されることになる。また重爆撃機は速度が遅く，飛行を開始した後に呼び戻すことが可能であり，一般的には先制攻撃用の兵器とは考えられておらず，安定性を維持するものと考えられている。

またSTART条約でも，重爆撃機の弾頭数ははるかに少なく計算されており，長距離核巡航ミサイルを搭載していない重爆撃機は，弾頭を16以上搭載できたが1個と計算され，長距離核巡航ミサイルを搭載している重爆撃機は，米国の場合弾頭を20まで搭載できたが10と計算され，ソ連の場合弾頭を16まで搭載できたが8と計算されていた。モスクワ条約では，米国は重爆撃機搭載の弾頭を，実際には日常的に配備されていないにもかかわらず総数に入れて計算していたが，ロシアは実戦配備されていないとして，総数に含めていなかった。

しかしこの点に関しては鋭い批判が存在する。クリステンセンは，条約は配備戦略弾頭の法的制限を削減しているが，実際の弾頭の数を削減していないと述べ，実際には米ロの重爆撃機は6-20の弾頭を搭載できるのにそれを1と計算することを批判し，その計算に従えば，現在の米国の実際の弾頭数は2100であるが1650と計算され，ロシアの実際の弾頭数は2600であるが1740と計算されるので，1310もの弾頭を隠してしまうことになると主張している[12]。

これらの弾頭の規制に関してもう1つ重要なのは，重爆撃機の場合は核弾頭と規定されているが，ICBMとSLBMの場合は弾頭とのみ規定され，核弾頭

に限定されないことが示されている。これは，特に，米国が ICBM および SLBM に通常爆弾を搭載する計画をもっており，それらを条約の対象から排除しようとする米国と，条約の対象として制限しようとするロシアの間で議論があったが，最終的にはそれらも条約の規制に従うことになった。条約の前文においても，両国は通常兵器を配備した ICBM および SLBM の戦略的安定性に対するインパクトに留意している。米国は ICBM および SLBM に通常兵器を搭載し世界中のいかなる目標も短時間のうちに攻撃できる「通常迅速世界的攻撃(CPGS)」能力の開発を進めている[13]。

## 3　常駐および配置の制限

条約の規制の対象となる戦略攻撃兵器に対しては厳格な常駐および配置の制限が第4条で規定されており，特に，以下のように制限されている。

まず配備された ICBM 発射機は ICBM 基地にのみ常駐しなければならないし，配備された重爆撃機は空軍基地にのみ常駐しなければならない。配備された SLBM 発射機は弾道ミサイル潜水艦に設置しなければならない。

非配備の ICBM 発射機は，ICBM 基地，生産施設，ICBM 装填施設，修理施設，貯蔵施設，転換・廃棄施設，訓練施設，実験場，宇宙発射施設にのみ配置しなければならない。プロトタイプ ICBM の移動式発射機は ICBM 基地の保守施設に配置してはならない。

非配備 ICBM と非配備 SLBM は，潜水艦基地，ICBM または SLBM 装填施設，保守施設，修理施設，貯蔵施設，転換・廃棄施設，実験場，宇宙発射施設，生産施設にのみ配置しなければならない。プロトタイプ ICBM およびプロトタイプ SLBM は ICBM 基地または潜水艦基地の保守施設に配置してはならない。

## 4　転換と廃棄

第6条で戦略攻撃兵器を削減していくことが規定されているが，それは戦略攻撃兵器および施設の転換，廃棄または他の方法による計算からの除去によって行われる。議定書の第3部において，ICBM および SLBM の廃棄，ICB

---

[12] Hans Kristensen, "New STRAT Treaty Has New Counting," March 29, 2010, FAS Strategic Security Blog. <http://www.fas.org/blog/ssp/2010/03/newstart.php> ; Peter Baker, "Arms Control May Be Different on Paper and on the Ground," *New York Times*, March 30, 2010. <http://www.nytimes.com/2010/03/31/world/europe/31start.html>

[13] U.S. Department of State, Conventional Prompt Global Strike, Fact Sheet, April 8, 2010. <http://www.state.gov/t/avc/rls/139913.html>

発射機の転換または廃棄，SLBM発射機の転換または廃棄，重爆撃機の転換または廃棄，施設の廃棄についてそれぞれの手続きが詳細に規定されており，計算から除去するその他の方法が規定されている。

START条約の規定と比較すると，新START条約の規定は一般に厳格さが緩和され，各国の自由裁量が増加している。

## Ⅲ　条約義務の検証と査察

### 1　データベースと通告

条約義務を履行し，またそれを検証・査察するための出発点として，条約対象となる戦略攻撃兵器のデータベースが不可欠であるし，そのデータの最初の通告や6か月ごとの通告，さらに変更に関する通告が必要となる。第7条は，本条約の下での義務に関係するデータベースが作成されるべきことを規定し，議定書第2部はこのデータベースのためのデータのカテゴリーを73頁にわたり詳細に規定している。

データのカテゴリーは，(1)総数，(2)ICBM，ICBM発射機，配備ICBMの弾頭，(3)SLBM，SLBM発射機，配備SLBMの弾頭，(4)重爆撃機および配備重爆撃機のために計算される核弾頭，(5)宇宙発射設備，(6)ICBMおよびSLBMの技術的データ，(7)重爆撃機の区別の特徴，(8)条約により要求されるその他のデータに分けられ，それぞれの領域においてきわめて詳細なデータが求められている。

各締約国はデータの変更につき他の締約国に通告すべきこと，また他の通告を行うことが規定され，通告の提供および受領のために核危機削減センター(NRRC)を利用することになっている。議定書の第4部において通告の詳細が規定されており，条約発効日のデータを45日以内に提供し，その後は6カ月ごとに更新されたデータを提供すること，データに変更が生じた場合は5日以内に通告すること，ただし弾頭数の変更の通告は6カ月ごとに通告することになっており，戦略兵器の移動に関する通告，ICBMまたはSLBMの発射およびテレメトリー情報の受領に関する通告，転換または廃棄に関する通告，査察活動に関する通告，2国間協議委員会(BBC)および追加メッセージに関する通告が詳細に規定されている。

### 2　検　証

新START条約の検証制度は，過去の実績から得られた知識に基づきながら，

新条約の要求に合わせた効果的な強力なものであり，自国の検証技術手段，包括的なデータベース，短い通告による現地査察および展示の組合せによるものである[14]。

この条約では，条約規定の遵守の検証を確保するために，各締約国は，一般に認められた国際法の諸原則に一致する方法で，利用し得る自国の検証技術手段(NTM)を用いることが規定され，他国の検証技術手段を妨害しないこと，検証を妨げるような秘匿措置を使用しないことを約束している。

この検証手段は主として人工衛星からの偵察によるものであり，1972年の戦略兵器制限交渉(SALT)の時代から，1991年の戦略兵器削減交渉(START)にも採り入れられているものである。特に運搬手段であるICBM，SLBM，重爆撃機の数などはこの手段によって検証が可能であり，核兵器削減の主要な検証手段となっている。

ICBMおよびSLBMの発射実験の際のテレメトリー(遠隔計測)情報に関して，その情報の提供に消極的なロシアと，積極的な米国の間で対立が交渉中に生じたが，最終的には締約国の相互の合意により，ICBMおよびSLBM発射のテレメトリー情報はパリティの基礎で交換されるべきだと規定され，具体的には年間5回以内で交換すべきことが議定書で規定された。この情報の交換は条約義務の検証という側面よりも，公開と透明性の促進という観点から必要と考えられた[15]。

## 3 査　察

上述の外部からの検証だけで核削減の義務の履行を検証することは不可能であり，この条約は戦略攻撃兵器が存在する現地における査察制度を詳細に規定している。

まず現地査察を実施する査察官および彼らを被査察締約国に輸送する航空機乗員につき，条約はこれらの要員の法的地位を定めている。各締約国は300人を超えない査察官のリスト，および任意の数の航空機乗員のリストを作成し相互に交換する。査察官と航空機乗員は査察を実施する締約国の国民でなければならない。

---

[14] Rose Goettemoeller, "New START: Security Through 21st-Century Verification," *Arms Control Today*, Vol.40, No.7, September 2010, pp.8-12.

[15] U.S. Department of State, Telemetry, Fact Sheet, April 8, 2010. <http://www.state.gov/t/avc/rls/139904.htm>

## 第1章 核兵器のない世界の展望

　査察官および航空機乗員は，外交官に類似の特権および免除を享有する。彼らはウィーン外交関係条約第29条に従い不可侵を与えられ，同条約第31条第1, 2, 3項に従い免除が与えられる。彼らの書類および通信は同条約第30条に従い不可侵を享有する。また航空機も不可侵である。

　各締約国には2カ所の入国地点が設定され，査察官および航空機乗員が入国地点に到着すると，非査察締約国の国内護衛官が彼らに会い，入国の便宜をはかる。国内護衛官はその査察の全期間にわたって査察官に随伴し，査察に立会い，査察の終了についても査察団の長との手続きを行う。入国地点において，査察団の長は，国内護衛官を通じて被査察締約国に対し，査察のタイプおよび査察場所を書面で指定する。査察には以下の2つのタイプがある。

### (1) タイプ1査察

　タイプ1査察は，ICBM基地，潜水艦基地，空軍基地で実施されるもので，その目的は，配備および非配備戦略攻撃兵器の数とタイプ，配備ICBMおよび配備SLBMに搭載された弾頭の数，および配備重爆撃機に搭載された核兵器の数に関して申告されたデータの正確さを確認することである。各締約国はタイプ1の査察を年間10回まで実施する権利を有している。

　この条約は，弾頭数の制限に関しては，START条約のように運搬手段に割り当てられた数ではなく，実際の弾頭数を計算するものであるので，現地での査察は以前のものより一層厳格なものとなっている。たとえば，査察団が査察場所となるICBM基地に到着すると，国内護衛官がその基地に常駐する配備ICBMの弾頭の総数，各タイプの配備ICBMの数，各タイプのICBMの配備発射機の数，各配備ICBMに搭載された再突入体の数，各タイプのICBMの非配備発射機の数，各タイプの非配備ICBMの数の情報を提供する。その後査察団の長は，配備ICBMを含む1つの配備ICBM発射機を指定しなければならない。

　査察団は，配備ICBMに搭載された再突入体の数を確認するために，指定した配備ICBM発射機を査察する権利を有する。再突入体の査察に指定された配備ICBMについては，先端部が目視される前に，非査察締約国は再突入体およびその他の装置にカバーをかけることができる。このカバーは，先端部が申告された再突入体の数と同じ数の再突入体を含んでいることを査察団が確認するのを妨げるものであってはならない。このようにして，査察団は1つのICBMの再突入体の数を目視によって査察することにより申告が正確であるこ

とを確認する。
　多く存在するICBMのそれぞれに含まれるすべての弾頭数を確認するのではなく，査察団が自由に選択した1つのICBMの弾頭数を確認するというこの方式は，どのICBMを査察団が選択するかは被査察締約国には不明であるから，すべてのICBMの弾頭数を正確に申告することの動機となる。

(2) タイプ2査察
　タイプ2査察は，さまざまな施設で実施される査察であって，その目的は，非配備戦略攻撃兵器の数，タイプ，技術的特徴に関する申告されたデータの正確性を確認することと，戦略攻撃兵器が転換され廃棄されたことを確認することである。また以前宣言された施設が違法に使用されていないかを確認する査察を実施できる。各締約国はタイプ2査察を年間8回まで実施することができる。
　たとえば，ICBM装填施設，ICBM貯蔵施設，ICBM修理施設，実験場，訓練施設において，非配備ICBMの数とタイプに関して，申告された技術的特徴および申告されたデータの正確性を確認するために，ICBM基地においてICBMサイロ発射機が議定書に従って廃棄されたことを確認するために，ICBM転換または廃棄施設において，固形燃料ICBMが議定書に従い廃棄されたことを確認するために，この種の査察を行う権利を各締約国は有している。
　査察とは異なるがそれに関係するものとして，条約の履行を確保するために展示という方法が規定されている。これは，ICBM，SLBM，核兵器搭載重爆撃機の新しいタイプのそれぞれにつき，区別できる特徴を示し，技術的特徴を確認するために，そして最初の物を転換した結果を示すために実施されるものである。
　さらに，米ロは，この条約の諸規定の目的および履行を促進するために，2国間協議委員会(BBC)を設立することに合意している。

## Ⅳ　条約の意義と課題

### 1　条約の意義
　オバマ大統領の積極的なイニシアティブとメドベージェフ大統領の協力的な態度により，交渉開始から1年で条約が署名され，さらにその後10カ月で戦略攻撃兵器削減に関する条約が発効したことは画期的なことであり，厳格な検証措置を伴う核削減条約が成立するのは1994年以来のことである。

この条約の成立の第1の意義は，核軍縮交渉がこのように再び国際政治の中心に戻ったことである。米ロ関係は1990年代後半から対立の時代に入り，ブッシュ政権下においては米国の単独主義に基づく一方的な軍事的・政治的措置が取られており，協力に基づく国際関係の構築という側面は背後に追いやられていた。オバマ大統領は，国際協力や国際協調を前面に押し出し，核兵器のない世界を目標としつつ，核兵器の数と役割を低減するという方針を推進していった。その方針の第1の成果として結実したのがこの新START条約であり，国際関係において交渉により核軍縮を目指す方向が確認されたのである[16]。

第2の意義は条約の内容であり，戦略核弾頭をモスクワ条約より約30％削減すること，および運搬手段をSTART条約よりも50％以上削減することである。2009年7月の暫定合意の時期には，ロシアは弾頭数として1675を主張しており，米国は運搬手段として1100を主張していたのであるから，1550および700/800という数字には交渉における一層の削減の成果が見られる。また弾頭数はミサイルに関しては実際の数を計算することとなっており，さらに運搬手段については配備数が700，配備および非配備が800と定められたことは，非配備の核兵器への制限が初めて課されたものであり，評価すべきであろう。

第3点として，条約が検証および査察に関して明確な内容を定めていることである。モスクワ条約は2012年末まで有効であるとしても，それは検証措置を備えていないため，START条約の検証措置に依存していたが，START条約は2009年12月に失効したため，その後は検証は実施されていない状況であった。新START条約の成立により検証・査察が再び実施されることは，米ロ関係のみならず，国際関係全般の情勢にきわめて有益な効果を有している。新START条約の検証は，START条約の検証と比較するとかなり緩やかになっているが，それは米ロ関係が大幅に改善されたからであり，さらに公開性と透明性を促進する措置が取られているからである。またこの条約はミサイルに実際に搭載している弾頭の数を削減し制限するものであるため，その現地査察は

---

[16] エールリッチは，「条約が要請する実際の削減がいかなるものであれ——それらは控えめだが——米国とロシアを核兵器の交渉に再び戻させたことがきわめて重要である。……これは重要な条約である。それは我々を軌道に戻したし，歓迎すべきで，批准されるべきである。条約はもっと大胆で，より大きな措置をとり，質的・量的な変化をもたらすことを望むが，しかしこれはまったく正しい方向への動きである」と分析している。Ivan Oelrich, "Hardly a Jump START," FAS Strategic Security Blog, March 29, 2010. <http://www.fas.org/blog/ssp/2010/03/hardly-a-jump-start.php>

START条約より一層侵入的なものになっており，公開性と透明性が促進されている[17]。

核兵器に関する国際社会全体の利益から考えるならば，この条約の第4の意義は，米ロがNPT第6条の核軍縮の義務を履行していることを証明した点である。特に核不拡散体制の文脈において，この条約の成立はきわめて大きな意義をもっている。2005年のNPT再検討会議では米国と非同盟諸国が対立し，会議は決裂しいかなる文書の採択もできなかった。その主たる原因は，米国がこの会議では核軍縮は議論せず，核不拡散のみを議論すると主張したからであり，ブッシュ政権の政策は，新たな核兵器の開発や核実験の再開準備を進めながら，新たな核不拡散措置を一方的に実施していくものであったからである。

2010年5月のNPT再検討会議は，この条約が署名された1カ月後に開催されたので，米ロが核軍縮に真剣に取り組んでいるという姿勢を十分アピールできるものであった。再検討会議の直前にこの条約が署名されたことで，会議開催の雰囲気も非常にいいものになり，すべての国はこの条約の署名を歓迎した。その結果，再検討会議は最終文書の採択に成功し，会議は一般に成功であったと考えられている。

第5の意義は，この条約の成立をきっかけとして，米ロ関係が「リセット」され，対立から協力に移行したことである[18]。核をめぐる国際社会の諸問題に対応するためには米ロの協力は不可欠であり，たとえばイランの核問題にしても米ロの協力がなければ国際的な対応は不可能であろう。また核の分野のみならず，国際社会のその他の問題についても米ロの協力がきわめて重要な要素となる。条約の前文においても，米ロは，相互信頼，公開性，予見可能性および協力に基づく新たな戦略関係を作り出すことに努力すると規定されている[19]。

---

[17] 新しい条約の主要な価値は，世界の核兵器の95％を保有する2国がそれぞれ他国のストックパイルを検証し続けることを可能にしたことであると言われている。Mary Beth Sheridan and Michael D. Shear, "U.S., Russia Agree to Nuclear Arms Control Treaty," *Washington Post*, March 27, 2010. <http://www.washingtonpost.com/wp-dyn/content/artoc;e/2010/03/26/AR2010032601943_pf.html>

[18] ベイカーらは，「この新しい条約は，オバマ氏が14カ月前に政権を取って以来のたぶん最も具体的な外交政策の業績であり，ロシアとの混乱した関係をリセットする彼の努力の最も著しい成果である」と分析している。Peter Baker and Ellen Barry, "Russia and U.S. Report Breakthrough on Arms," *New York Times*, March 24, 2010. <http://www.nytimes.com/2010/03/25/world/europe/25start.html>

## 2 条約とミサイル防衛

　条約の交渉過程での最大の問題はミサイル防衛であり，また米国上院での批准承認を巡る議論においてもミサイル防衛が最も重要な課題であった。ブッシュ政権が予定していたポーランドとチェコへのミサイル防衛の配備計画は，ロシアの強硬な反発を呼んでいたものであり，この計画は2009年9月にオバマ大統領により中止され，米国の計画は特にイランを対象とする地域的なものに変更された。それにもかかわらずロシアは米国のミサイル防衛計画にできるだけ多くの規制をかけようとし，逆に米国はミサイル防衛への規制をできるだけなくするようにした。

　共和党のマコーネルとカイルは2010年3月15日にオバマ大統領に書簡を送り，「米国がミサイル防衛を決定した時に，ロシア連邦が貴殿または後継者に対する交渉材料として利用できるような一方的声明を含む条約を含め，そのようなリンケージを含む条約を上院が批准することは，きわめてありえないことである」と述べた[20]。

　その結果として，条約の前文において，戦略攻撃兵器と戦略防御兵器の間には相関関係が存在すること，この相関関係は戦略兵器が削減されるにつれてより重要になること，現在の戦略防御兵器は締約国の戦略攻撃兵器の生存可能性と有効性を損なわないことを両国は認めている。

　米国の解釈は，この条約は戦略攻撃兵器の削減と制限に関する条約であって，戦略防御兵器を何ら規制するものではなく，米国のミサイル防衛計画に何ら影響するものではないというものである。

　条約の署名に際して，ロシアは以下のような一方的声明を行った。

　　新START条約は，米国のミサイル防衛能力においていかなる質的または量的な増強もないという条件においてのみ有効であり生存可能である。その結果，条約第14条に言及された異常な事態に，ロシアの戦略核戦力に脅威となるような米国のミサイル防衛システム能力も含まれる。

---

[19] パイファーは，新条約は米国の安全保障にとっていいニュースであるとして，①条約は米ロの戦略核戦力を削減し，他方米国は強力な核抑止を維持する，②ロシアの戦略核戦力の透明性と予見可能性を与える，③米ロがNPTの約束を履行していることを示す，④米ロ関係を強化する，⑤戦略核戦力の一層の削減の枠組みを提供する，と分析している。Steven Pifer, "New START: Good News for U.S. Security," *Arms Control Today*, Vol.40, No.4, May 2010, pp.8-14.

[20] Letter from Mitch McConnell and John Kyle to President Barak Obama, March 15, 2010. <http://www.foreignpolicy.com/files/fp_upleaded_documents/20100326_potus_start.pdf>

第 4 節　新 START (戦略兵器削減) 条約

米国は以下のような一方的声明を行っている。

　米国のミサイル防衛システムは，ロシアとの戦略バランスに影響するものではない。米国のミサイル防衛は，限定的ミサイル発射に対して米国を防衛するために，および地域的脅威に対してその配備された戦力，同盟国・パートナーを防衛するために配備されるだろう。米国は，限定的攻撃に対して自国を防衛するために，および重要な地域での安定性を強化するための協力的アプローチの一部として，ミサイル防衛システムを改善し配備する意図を有する[21]。

　これらは一方的声明であり，条約の内容とは異なり，何らの法的効力ももたないもので，合意できなかった問題に関する一方当事国の主張である。したがって法的にはまったく問題は生じないが，今後の政治的な状況に関して一定の影響はあるだろうし，今後ともミサイル防衛に関して両国の間で見解の相違が発生する可能性は残る。

## む　す　び

　この条約により米ロの戦略攻撃兵器が一定数削減されることには大きな意味があるが，それほど大幅な削減でないことからも，これは核兵器のない世界に向けての第一歩に過ぎず，引き続き核削減が交渉され，実施されていく必要がある。2010 年 NPT 再検討会議の最終文書も，米ロが新 START 条約の早期発効と完全履行にコミットし，一層の削減のため協議することが奨励されている。次に採るべき措置は，米ロ 2 国間で戦略攻撃兵器の弾頭を 1000 以下に削減することであろう。

　それとともに重要なのは，米ロの間で非戦略(戦術)核兵器の削減の交渉を始めることであろう。欧州に配備されている米国の核兵器とロシア国内に配備された核兵器が対象となるが，ドイツなど欧州諸国は配備核兵器の撤去を求めている状況であるが，ロシアは通常兵器での劣勢および NATO のミサイル防衛の配備を問題にしている。そのため，この交渉は NATO 諸国の見解を考慮しつつ，またロシアの懸念材料である通常兵器やミサイル防衛なども考慮しながら進める必要があるだろう。

　さらに米ロとも安全保障政策における核兵器の役割を低減させる方向に進む

---

[21] U.S. Department of State, New START Treaty Fact Sheet: Unilateral Statements, May 13, 2010. <http://www.state.gov/t/avc/rls/141837.htm>

べきである。そのためには，核兵器の使用の可能性を小さくする一連の措置，たとえば核兵器の先行不使用を相互に約束すること，核兵器の唯一の目的を核に対する抑止に限定すること，非核兵器国に対する消極的安全保証を拡大し強化することなどが検討されるべきである。さらに役割低減の手段として，現在も警報即発射態勢にある両国のミサイルの警戒態勢解除などの措置が議論されるべきであろう。

新 START 条約への批判として，ブレアらは，新 START 条約は核兵器の『過剰殺戮』の量を削減しなかったし，警報即発射の態勢を変更しなかったと述べ，次の交渉は核兵器の一層大幅な削減を追求し，発射準備状況のレベルの低下が必要であると主張している[22]。

---

[22] Bruce Blair, Victor Esin, Matthew McKinzie, Valery Yarynich, and Pavel Zolotarov, "Smaller and Safer: A New Plan for Nuclear Posture," *Foreign Affairs*, Vol.89, No.5, September/October, 2010, pp.9-16.

# 第2章 NPT再検討プロセスの展開

## 第1節 2000年NPT最終文書の履行

　核兵器の拡散を防止するために核不拡散体制が国際的に形成されてきたが，その関連において核軍縮を推進すべきことが主として非核兵器国により主張されてきた。核不拡散は，新たな核兵器国の出現を防止することによって，核戦争の可能性を増大させず，事態の悪化を前もって防止するという観点からは有意義な措置である。しかし，この体制は5核兵器国に特権的な地位を与えるもので，体制の差別的性格が常に問題とされてきた。この課題を解決しようとするのが，不拡散体制の中において核軍縮を推進する考えであり，核不拡散体制の差別性を緩和し，より公平で平和な世界を目指しつつ追求されてきた。

　本節は，まず，その関連を歴史的に検討する。そこでは条約形成過程における第6条の挿入の過程とその意義を明らかにし，また再検討会議のプロセスを検討する。特に条約の延長問題に関わる1995年の再検討会議での核不拡散と核軍縮の関連をめぐる議論を考察し，さらに2000年再検討会議での議論を経て採択された最終文書の核軍縮に関連する部分を検討する。

　次に，2000年再検討会議の最終文書に含まれる核軍縮の具体的措置が，その後どのように履行されているかという側面に焦点を当て，核軍縮の重要課題である包括的核実験禁止条約，核分裂性物質生産禁止条約，戦略攻撃力削減条約，非戦略核兵器，消極的安全保障，核兵器の役割低下などの具体的措置の2003年現在での実施の状況を，2005年再検討会議準備委員会での議論を中心に詳細に検討する。最後に核不拡散と核軍縮の関連の問題および今後の課題を考える。

### I　核不拡散体制下での核軍縮の追求

#### 1　核不拡散条約第6条

　核不拡散条約（NPT）の交渉は1960年代半ばに開始されるが，交渉推進の中心は米国とソ連であり，それぞれの条約案を基礎に米ソ同一条約案が作成された。そこでは核不拡散に関する第1条，第2条が中心で核軍縮に関しては何ら

規定がなかった。18カ国軍縮委員会において,インド,スウェーデン,イタリアなどが核軍縮との関連を強調し,非同盟8カ国は核軍縮措置は核不拡散措置と結び付けられるか,それに引き続き行われなければならないと主張していた。

その結果,核兵器国と非同盟諸国の主張の妥協として,メキシコ提案を基礎に,第6条が交渉の最終段階で挿入された。そこでは,核軍縮および全面完全軍縮条約について誠実に交渉を行うことが約束されている。第6条の義務は,核軍縮を実施する義務ではなくそのための交渉を行う義務であって,その実施はその後の核兵器国の意思に依存するものであるが,非核兵器国は核兵器国に対し常にその義務に留意するよう要求できる。また再検討会議が5年ごとに開催される可能性が規定されたこともあり,核軍縮の進展状況を検討し,さらに一層の行動を要求できることとなった[1]。

1968年7月1日のNPT署名の日に,ジョンソン大統領は戦略兵器制限交渉(SALT)を始めることにつきソ連と合意が達成されたことを発表した。これはNPT第6条の履行を明確に意識したものである。その後,1975年,80年,85年,90年に再検討会議が開催され,核軍縮の進展に関して議論が交わされたが具体的な成果はなかった。

## 2 1995年NPT再検討・延長会議

NPT交渉過程において,米ソ条約案では条約は無期限と規定されていたが,非核兵器国は差別的性格のある条約を無期限に受け入れることはできないと反論した。その結果,条約は25年間有効とし,その時点でどのように延長するかを決める会議を開催することが規定された。1995年には再検討会議と延長会議が同時に開催されたのである。

無期限延長を強く望んでいた核兵器国は,核軍縮に向けて十分な努力をしていることを示すため,1994年から包括的核実験禁止条約(CTBT)の交渉を開始し,核分裂性物質生産禁止条約(FMCT)の交渉マンデートにも合意し,さらに条約当事国である非核兵器国に対して核兵器を使用しないという消極的安全保証(NSA)に関する宣言を行った。またこの時期は冷戦が終結し米ソ・米口の間において戦略兵器削減条約(START条約)による核削減が合意され,実施されい

---

[1] NPT第6条の成立過程とその意義については,黒澤満『軍縮国際法の新しい視座』有信堂,1986年,165-212頁参照。

第1節 2000年NPT最終文書の履行

た時期でもあった。

　一般演説において，多くの国は無期限延長を支持しつつも，核軍縮に向けての進展を何らかの形で確保する必要を主張していた。その結果，NPTの無期限延長の決定は，「核不拡散と核軍縮の原則と目標」および「条約の再検討プロセスの強化」に関する2つの文書の採択とパッケージで行われた。前者の文書は，条約のあらゆる側面での今後の方向を指示するものであるが，核軍縮に関しては，①CTBT交渉を1996年中に完了すること，②FMCT交渉を即時開始して早期に締結すること，③核兵器廃絶という究極的目標をもって核兵器削減努力を追求すること，が規定された。後者の文書により，5年ごとの再検討会議の間にその準備委員会を3年にわたり開催することなどが決定された[2]。

　第1のCTBTについては，1996年9月に条約が採択され，10月に署名のために開放され，多くの国が署名した。第2のFMCTについては，その後交渉はまったく開始されておらず，この約束は実行されていない。第3の核兵器削減も，米ロ関係の悪化などもあり，この時期以降進展はまったく見られなかった。ここでは核兵器廃絶が「究極的目標」として合意された。

## 3　2000年NPT再検討会議

　2000年再検討会議は，米ロが対立している状況で，その結果核軍縮も進展していない状況で開催されたため，最終文書の採択は不可能だと予想されていたが，各国および議長の積極的対応もあり，会議は最終文書を採択するのに成功した。最終文書は条約のあらゆる側面について，過去5年間の評価と今後取るべき措置を含んでいる。

　第6条の運用検討に関して，最終文書は今後取るべき具体的な核軍縮措置に合意している。将来の核軍縮に関する問題は会議の補助機関Ⅰで集中的に議論され，最終的には具体的な13項目に合意された。将来の核軍縮措置に関しては，1998年に結成された新アジェンダ連合(NAC)が，核軍縮の進展が近年見られないという評価の下に，さまざまな措置を提案した。それに対して核兵器国が反論しつつ議論が進められ，両者の合意を探り出すという作業が続けられ

---

[2]　この会議での議論やその成果については，黒澤満『軍縮国際法』信山社，2003年，161-178頁，Lewis A. Dunn, "High Noon for the NPT," *Arms Control Today*, Vol.25, No.6, July/August 1995, pp.3-9; John Simpson, "The Birth of a New Era? The 1995 NPT Conference and the Politics of Nuclear Disarmament," *Security Dialogue*, Vol.26, No.3, September 1995, pp.247-256. 参照。

た。

　NACは以前より核軍縮の進展に熱心であったブラジル，エジプト，アイルランド，メキシコ，ニュージーランド，南アフリカ，スウェーデンの7カ国で形成され，非同盟の理想主義と西側の現実主義が混合したもので，この会議で中心的な役割を果たした。NACの基本的な要求は，「核兵器の全廃を達成するという核兵器国による明確な約束」であり，当初のNAC提案よりは薄められたが，最後にはすべての核兵器国も受け入れ，最終文書に取り入れられた。1995年の会議では核兵器の廃絶は「究極的目標」であり，遠い将来の課題であったが，2000年会議ではこれは「明確な約束」となり大幅な進展を成し遂げた。

　核軍縮に関する13項目は以下の通りである[3]。

① CTBTの署名と批准の重要性と緊急性
② 核実験のモラトリアム
③ 核分裂性物質生産禁止条約(FMCT)の交渉の必要性
④ 核軍縮を取り扱う補助機関の設置
⑤ 核軍縮措置への不可逆性の原則の適用
⑥ 核兵器の全廃を達成するという核兵器国による明確な約束
⑦ START IIの早期発効，START IIIの締結，ABM条約の維持・強化
⑧ 米ロ・IAEA三者イニシアティブの完成と履行
⑨ すべての核兵器国による核軍縮へと導く措置
　(i) 核兵器の一方的削減
　(ii) 核兵器能力と核軍縮に関する透明性の増大
　(iii) 非戦略核兵器の一層の削減
　(iv) 核兵器システムの運用状況の低下
　(v) 安全保障政策における核兵器の役割の低減
　(vi) 核兵器全廃プロセスへのすべての核兵器国の参加
⑩ 余剰核分裂性物質への検証
⑪ 究極的目標としての全面完全軍縮

---

[3] 2000年最終文書の核軍縮の側面，特に13項目の分析については，黒澤満『軍縮国際法』信山社，2003年，179-214頁，Tariq Rauf, *Towards NPT 2005: An Action Plan For The "13-Steps" Towards Nuclear Disarmament Agreed At NPT 2000*, Center for Nonproliferation Studies, Monterey Institute of International Studies, 2001; Tanya Ogilvie-White, Ben Sanders and John Simpson, *Putting the Final Document into Practice*, PPNN, 2002. 参照。

⑫　第6条の履行に関する定期報告
⑬　検証能力の一層の開発

## II　核軍縮実施状況の検討

　2000年再検討会議の後，国際安全保障環境全般が，また特に核兵器に関する環境が大きく変化している。その主要な理由は，米国のブッシュ政権が新たな安全保障政策および防衛ドクトリンを採用したこと，および2001年9月のテロリストによる攻撃が米国その他の諸国の脅威の認識を変えたことにある。その結果，米国は自国の短期的な国益を優先し，各国間の協力によるよりも単独で決定しかつ行動するという特徴を示し，また国際法を中心とする国際規範に依存するよりも，軍事力に依存して問題の解決を図る方向に進んでいった。その結果，多国間による協力的な枠組みに基づく核軍縮には積極的な取組みは見られず，逆に新たな核兵器の開発の方向に進んでおり，2000年の合意のいくつかが違反され，または無視される傾向にある。

### 1　核軍縮全般

　最終文書の約束がどのように履行されたかを検討するに際して，最終文書に含まれる当初の約束を逆行させる2つの基本的問題がある。
　第1の問題は，米国がもはや13措置のすべてを支持しているわけでないと宣言したことである。2002年の準備委員会において，米国は2000年NPT再検討会議の最終文書の中の第6条に関する結論のいくつかはもはや支持していないと述べ，その顕著な例はABM条約(第7措置)であり，もう1つの例はCTBT(第1措置)であると述べた[4]。
　2003年の準備委員会では米国は，「ある国々は，2000年NPT再検討会議の最終文書の13項目で進展がないと考え，懸念を表明している。……すべての措置を2005年までに履行できると考える国はないだろうし，すべての核兵器国が同一の進展をすると考えるものはいない。……米国はもはや13項目すべてを支持するわけではないが，第6条および核軍縮という目標は明確に支持している。……13措置への厳格な支持が，NPT当事国が第6条の義務を履行できる唯一の方法とするのは誤りであると考える。基本的なテストは，米国その

---

[4] Statement by Ambassador Eric M. Javits, Permanent Representative of the United States of America to the Conference on Disarmament, Geneva, delivered to the NPT PrepCom, Article VI -Special Time, April 11,2002.

他の国が第6条に規定された方向に動いているかどうかである[5]」と述べている。

他方，新アジェンダ連合(NAC)はNPTの履行に懸念を表明し，「核兵器国は条約の義務および2000年再検討会議での約束を履行することにより，強力なリーダーシップを示さなければならない。これはNPTの信頼性と生存可能性を保持するための重要なステップである。13措置の包括的な履行が必要である。それは核軍縮達成のための青写真であり，単なるリップサービスではない[6]」と反論している。

スウェーデン代表は，「諸国が合意した約束に関して選択的に対応し始めるならば，NPT体制全体の完全性が危険にさらされることを」強調し，「核軍縮への13の具体的措置を含む2000年の再検討会議の最終文書は，NPT体制の不可欠の部分である。したがって，締約国がそのいくつかをもはや支持しないならば，それは体制を危険にさらすものである[7]」と述べ，選択的履行の危険を警告している。

第2の問題は，核軍縮と全面完全軍縮(第11措置)の関係に関わる。2000年最終文書においては，「その核兵器の全廃を達成するという核兵器国による明確な約束」(第6措置)が，「軍縮過程における諸国の努力の究極目標は全面完全軍縮であることの再確認」とは区別して規定されたという事実にも拘わらず，フランスは核軍縮を全面完全軍縮の枠内で取り扱うという当初の立場を繰り返している。

2002年の委員会では，2000年最終文書に含まれる実際的措置の積極的取り組みもリアリティーの原則に基づくべきであるが，全面完全軍縮がその原則であり，それは核軍縮と分離不可能なものであると主張し[8]，2003年の委員会でも，「条約が無期限に延長された1995年に，以下の3つの目的をもつ行動計画が採択された。つまり核実験の完全な禁止，兵器用核分裂性物質の生産禁止，

---

[5] Information Paper from the United States Concerning Article VI of the NPT, May 1, 2003.
[6] New Agenda Statement made on behalf of Brazil, Egypt, Ireland, Mexico, South Africa, Sweden and New Zealand by the Honorable Marian Hobbs, Minister of Disarmament of New Zealand, 28 April 2003.
[7] Statement by H.E. Ambassador Henrik Salander, Permanent Representative of Sweden to the Conference on Disarmament, 2 May 2003.
[8] Statement by Ambassador Hubert de la Hortelle, Permanent Representative of France to the Conference on Disarmament, Head of the French Delegation to the First Session of the Preparatory Committee of the 2005 NPT Review Conference, 8 April 2002.

## 第1節　2000年NPT最終文書の履行

全面完全軍縮の枠内で核兵器の量的削減へ早急にかつ体系的に進むという決意[9]」を列挙し，1995年を基準に考えている。欧州連合(EU)の声明も，「世界的な核軍縮および全面完全軍縮というわれわれの共通の目標を達成すること[10]」の重要性を強調している。

この考えは，全面完全軍縮に進展が見られない限り核軍縮も実施しないというきわめて否定的なものであり，核軍縮の領域で独自に進展を模索すべきであるという一般的な考えに対抗し，核軍縮の進展を遅らせるものである。

これらの2点を背景としつつ，NACは状況が悪化していると分析し，「今日まで，2000年NPT再検討会議で合意された13措置の履行にほとんど進展が見られない。ポスト冷戦期の安全保障環境においても，安全保障政策および防衛ドクトリンが引き続き核兵器の保有に基礎を置いていることに懸念をいだいている。安全保障政策および防衛ドクトリンにおいて核兵器の役割を低減させるという約束(第9・5措置)はまだ実現されていない。この進展が見られないことは，その核兵器の全廃を達成するという核兵器国の明確な約束(第6措置)と矛盾している[11]」と主張している。

2002年の第1回準備委員会の議長の事実サマリーは，核軍縮に向けての実際的措置の履行に関してなされた進歩に対し失望が表明されたと記述していたが[12]，2003年の第2回準備委員会の議長の事実サマリーは，議論を要約し，「そのプロセスのゆるやかな性格を承認しながらも，これらの措置の履行の進展につき失望が引き続き表明されている[13]」と結論している。

一般的に言って，5核兵器国は核軍縮に対する彼らの約束と履行を強調するが，非核兵器国はこの点に失望を表明している。米国とロシアはモスクワ条約による核兵器の削減の達成を第6条の履行として賞賛しているが，この意義については後に検討する。英国，フランス，中国は，2000年以降核軍縮の分野においてまったく新しい進展を示していない。

---

[9] Statement by Ambassador Hubert de la Hortelle, Permanent Representative of France to the Conference on Disarmament, Head of the French Delegation, 28 April 2003.

[10] General Statement by Ambassador Tassos Kriekoukis, Permanent Representative of Greece on behalf of the European Union, 28 April 2003.

[11] New Agenda Coalition Paper submitted by New Zealand on behalf of Brazil, Egypt, Ireland, Mexico, South Africa and Sweden as members of NAC, NPT/CONF.2005/PC.Ⅱ/16, 29 April 2003.

[12] Chairman's factual summary, 2002 NPT Preparatory Committee, 18 April 2002.

[13] Annex Ⅱ Chairman's factual summary, in Report of the Preparetory Committee on its Second Session, NPT/CONF.2005/PC.Ⅱ/50, 13 May 2003.

## 2 包括的核実験禁止条約(CTBT)

　第1措置および第2措置は、CTBTの署名と批准の重要性と緊急性、および核兵器の実験的爆発のモラトリアムを規定している。条約は1996年10月に署名されたが、まだ発効していない。それは、米国、中国、インド、パキスタン、イスラエル、北朝鮮を含む指定された12カ国が批准していないからである。特に、ブッシュ政権下におけるCTBTに対する米国の態度はきわめて否定的であり、米国政府はCTBTを支持しないし、上院に批准を求めることもしないと繰り返し述べている。

　中国はまだ批准しておらず、準備委員会では「中国は核実験のモラトリアムを継続するし、立法府によるCTBTの早期の批准にコミットしている[14]」と述べている。しかし、透明性が欠けていることもあり、中国がどれくらい迅速にかつ真面目に条約の批准に進んでいるのかは明白ではない。

　日本はCTBTの最強の支持国の1つであり、条約の早期発効のため大きな努力をしている。猪口大使は、「CTBTは核兵器の拡散を防止するのみならず、核兵器の質的改善を制限するのにも貢献している。CTBTは核兵器のない世界の達成のための現実的な具体的措置であると同時に、NPT体制の主要な柱の1つである。CTBTは1996年に採択されて6年以上も経ってまだ発効しておらず、核軍縮の将来を不確かにしていることはきわめて遺憾なことである。CTBTの早期発効が達成されなければならない[15]」と述べ、CTBTの早期発効を強調している。

　議長サマリーは、「CTBTに対する強い支持が表明された。条約の早期発効の重要性と緊急性が強調された。条約をまだ批准していない諸国、残りの13国、特に残っている2核兵器国は、遅滞なく批准するよう要請された[16]」と記述しており、ここでは、米国と中国が残りの2つの核兵器国として特別に言及されている。

　CTBTの早期発効は核軍縮に向けての最も明確は具体的措置であり、13項目の第1にリストされているという事実にも拘わらず、米国の反対が引き続き最大の障害となっている。

---

[14] Statement by H.M. Ambassador Hu Xiaodi, Head of Chinese Delegation at the 2nd Session of Preparatory Committee for the 2005 NPT Review Conference, April 28,2003.

[15] Statement by H.M.Kuniko Inoguchi, Ambassador, Permanent Representative of Japan to the Conference on Disarmament, 29 April 2003.

[16] Annex Ⅱ Chairman's factual summary, op.cit., (note 13)

米国の新たな核政策の下において核実験の再開が示唆されているので,多くの国は米国の態度について懸念を表明した。米国はそれに対して,「米国はCTBTの批准を追求しないが,現在の核実験モラトリアムは支持し続ける。米国は1992年以来核爆発実験を実施していない。われわれはまた核実験を探知する国際監視システムの設置を支持している。もし必要となれば核実験を再開するのにかかる時間を短縮するという提案は存在する。しかしその事実は,核実験の可能性については何も言っていない。それはまた新たな核兵器の開発には関係しない[17]」と反論しているが,あまり説得力をもつものではない。

### 3 核分裂性物質生産禁止条約(FMCT)と核軍縮

第3措置と第4措置は,軍縮会議(CD)に対して,それぞれFMCT交渉の即時の開始および核軍縮を取り扱う機関の即時の設立を含む作業計画に合意するよう求めている。

しかし,CDはこの作業計画に合意することができなかった。CDはここ数年,交渉マンデートについて合意することができない。それは,加盟国がマンデートを決定する協議において,それぞれの自国の態度を固持し続け,他の問題とのリンケージを要求したりしているからである。また手続き問題として,CDは条約案を採択する最終段階のみならず,交渉マンデートを採択する最初の段階においてもコンセンサス・ルールで作業しており,1国が反対すると交渉マンデートに合意できないからである。早い時期にそれらを矯正する措置がとられないならば,軍縮の唯一の多国間交渉機関としてのCDの存在意義は失われ,その存在自体が疑問視されるようになるであろう。

### 4 戦略攻撃力削減条約(モスクワ条約)

米国とロシアの間の戦略攻撃力削減条約は2002年5月24日に署名され,2003年6月1日に発効した。この条約は2012年末までにそれぞれの核弾頭を1700-2200に削減するものである。米国およびロシアは,NPT第6条の履行の明確な進展としてモスクワ条約に言及している。

第2回準備委員会に提出された両国の共同声明は,「モスクワ条約の締結はNPT第6条の目標に向けての米国とロシアによる重大な進展である。条約により現在のレベルから両国の核兵器を3分の2削減することは,核軍縮に向け

---

[17] Information Paper from the United States, op.cit., (note 5)

ての大きな貢献である[18]」と述べている。
　米国は，モスクワ条約の性質と内容を以下のように詳細に述べている。

　10000 の配備された戦略核弾頭を 6000 に削減するという START 条約による削減が，2001 年に成功裏に完了したのに引き続き，モスクワ条約は NPT 第 6 条の義務を米国が履行しているというもう 1 つの大きなステップを示している。……モスクワ条約は，新たな時代および強化された米ロ戦略関係を反映している。このパートナーシップのゆえに，数百頁にわたる厳格なルールや手続きを条約に入れることは必要ではなかった。……いかなる基準によっても，この条約は意味ある達成である。……実戦配備から撤去される弾頭のいくつは活性状態で貯蔵され，他のものは貯蔵されるが不活性で，迅速な再配備には利用できない。さらにいくつかは引退および解体に指定される。……モスクワ条約は新たな時代のための新たなアプローチである。米国は，モスクワ条約で要請されている核兵器の大幅な削減が，NPT への継続的なコミットメントをさらに表明するものと考えている[19]。

　ロシアも条約を賞賛し，「2002 年 5 月のモスクワ首脳会談においてロシアと米国が戦略攻撃力削減条約を締結したことは，核軍縮における新たな大きな進展となった。……戦略攻撃兵器の分野における新たな条約の締結に際して，ロシアと米国は核不拡散条約第 6 条の約束を考慮しており，それはテキストに反映されている。この条約の重要性を評価しつつ，プーチン大統領は，『その文言と精神において，これはわれわれが核兵器の削減を選択したことを確認するものであり，大量破壊兵器不拡散体制の強化のための共同作業である』ことを強調した[20]」と述べている。

　EU，日本，その他の諸国はモスクワ条約の締結を歓迎した。しかし EU は，「この関連において，不可逆性および透明性の原則は引き続き重要である[21]」と付け加えている。

　他方，NAC，NAM および中国は条約に批判的であり，NAC は条約をさまざまな観点から批判し，以下のように述べている。

---

[18] Joint Statement by the Russian Federation and the United States of America on the Moscow Treaty（SORT），NPT/CONF.2005/PC.Ⅱ/21, 30 April 2003.
[19] Information Paper from the United States, op.cit., (note 5)
[20] Statement by the Delegation of the Russian Federation at the second session of the Preparatory Committee for the 2005 Review Conference of the Parties to the NPT, April 28,2003.
[21] General Statement by Ambassador Tassos Kriekoukis, op.cit., (note 10)

## 第1節 2000年NPT最終文書の履行

　昨年の進展の中でわれわれが注目するのはモスクワ条約である。条約は米国とロシアの間の新たな関係を定める積極的措置であることを認めている。しかし，われわれは，それぞれの核兵器の数がまだ数千になるので，冷戦の遺産が実際には残されているのではないかと疑問に思っている。さらに条約が核軍縮に貢献するかどうかも疑問視している。条約は検証規定を含んでおらず，実戦配備されていない弾頭を無視している。配備された戦略核弾頭の削減は，核兵器の不可逆的な削減および全廃の代わりとはならない。米国およびロシアに対して，モスクワ条約を核軍縮の不可逆で検証可能な文書にすることを要請する[22]。

　NAMも条約に批判的であり，「2002年5月24日ロシアと米国の間の戦略攻撃力削減条約の署名に注目しつつ，配備および運用状態における削減は，核兵器の不可逆的な削減および全廃に取って代わるものになりえないことを強調する[23]」と述べた。中国もまた，「核兵器の削減は，なかんずく，効果的に検証可能であり，不可逆であり，法的に拘束力があるという諸原則に一致して実施されるべきである[24]」と主張している。

　このように，モスクワ条約は注目されているが，不可逆性(第5項目)，透明性(第9・2項目)および検証可能性(第10措置および第13措置)の諸原則の観点から，NAC，NAM，中国，さらにEUにより批判されている。

　モスクワ条約は，第7措置に規定されたSTARTプロセスに取って代わるものである。第7措置はSTART Ⅱの早期発効と完全な履行およびSTART Ⅲの締結を勧告しており，さらにABM条約の維持と強化を要請していた。核軍縮の進展という文脈でモスクワ条約を評価する場合には，すべての要素を考慮すべきであり，モスクワ条約が新たに誕生したが，STARTプロセスは消滅し，かつ米国が脱退したためABM条約がもはや存在しないという現実の結果のメリットとデメリットを考慮すべきである。

---

[22] New Agenda Statement, op cit., (note 6)
[23] Statement by H.E. Ambassador Rastam Mohd Isa, Permanent Representative of Malaysia to the United Nations, New York, on behalf of the Non-Aligned Movement States Parties to the NPT, 28 April 2003.
[24] Working Paper on nuclear disarmament and reducing the danger of nuclear war, submitted by China, NPT/CONF.2005/PC.Ⅱ/WP.3, 28 April 2003.

## 5 非戦略核兵器(NSNW)の削減・規制

第9・3措置は非戦略核兵器の一層の削減を規定している。冷戦期においてはSALT, STARTプロセスに見られたように戦略核兵器に主として焦点が当てられていたが、ポスト冷戦期の安全保障環境の中では、非戦略核兵器(NSNW)あるいは戦術核兵器(TNW)を取り扱う重要性および必要性が強調されるようになった。

2002年の準備委員会では、EUがその一般演説において、最終文書で初めて取り入れられた非戦略核兵器の重要性を強調し、これらの兵器の大幅な削減に関する効果的に検証可能な協定の交渉を始めるよう関係国に奨励している[25]。

ドイツは、非戦略核兵器に関する文書を提出し、これが危険であることは戦略核兵器よりも多くの数が存在すること、その多くは古く耐用年数を過ぎていること、戦略兵器に比べその使用のバリアが低いと考えられていること、貯蔵や配備の形式や輸送の際の危険、小型のゆえの拡散の危険、テロリストによるアクセスの危険を指摘し、それらの削減に向けたゆるやかなアプローチとして以下の措置を提案している[26]。

① 1991/1992年の大統領核イニシアティブの履行に関する米ロの報告
② 大統領核イニシアティブの正式化
③ 準備態勢、安全措置に関する情報の相互交換協定、米ロの非戦略核兵器のデータ交換
④ 非戦略核兵器に関する交渉の開始
⑤ この問題の進展につきNPT再検討会議と準備委員会への情報提供
⑥ 非戦略核兵器の安全予防措置(物理的防護など)をとること

フィンランドとスウェーデンも、ドイツの見解を歓迎しつつ、この問題については、透明性、不可逆性、運用状態の低下、信頼醸成措置が必要な要素であるとし、できるだけ早期に正式の法的拘束力ある検証可能な協定の交渉が始まることを強く願望すると述べている[27]。

2003年の準備委員会では、NACがこの問題を積極的に取り上げ、非戦略核

---

[25] Statement by H.M. Carlos Miranda, Ambassador of Spain to the Conference on Disarmament on Behalf of the European Union at the First Session of the Preparatory Committee of the 2005 Review Conference of the Parties to the NPT, 8 April 2002.
[26] German Delegation, Non-Strategic Nuclear Weapons, 11 April 2002.
[27] Statement by H.M. Mr.Markku Reimaa on behalf of Finland and Sweden on Non-Strategic Nuclear Weapons at the Preparatory Committee for the 2005 Review Conference of the Parties to the NPT, April 11,2002.

第1節　2000年NPT最終文書の履行

兵器が大きな脅威となっている理由として以下を列挙している。それらが運搬しやすいこと，紛争地域の近くにあること，軍事衝突の場合には前もって使用許可が与えられる可能性が高いことから，拡散の危険および早期の先制的な，無許可の，偶発的な使用の危険が増大している。それらは戦略核兵器よりもずっと簡単にまたしばしば輸送されうる。それらは比較的小さいサイズであり，安全や保安装置が厳格ではないので，テロリストが狙いやすいものである[28]。

さらに，ブッシュ政権の新たな核政策のゆえに，非戦略核兵器に対する関心が最近増加してきた。米国の政策は，移動式標的または地下深くの標的を破壊するために，低威力の非戦略核兵器の重要性および有用性を強調している。

第2回準備委員会において，NACは以下のことを達成するために緊急の行動を取るよう提案した。
① 透明で，検証可能で，不可逆な方法での非戦略核兵器の一層の削減
② 非戦略核兵器がもつ脅威を削減するため，非戦略核兵器の保有や地位に関するデータ交換，保安措置などを含む，一層の信頼醸成および透明性措置
③ 核兵器体系の運用状態を一層低下させる具体的な合意される措置
④ 非戦略核兵器に関して存在する非公式の2国間取決め，イニシアティブ，宣言の正式化
⑤ 第一歩として，すでに兵器庫から除去されたタイプの非戦略核兵器の禁止
⑥ 非戦略核兵器の輸送と貯蔵のための保安や物理的防護措置の強化[29]

EUも，すべての関連する国家に対して，これらの兵器の最大限の削減を最も良く達成するために効果的に検証可能な協定に関する交渉を開始するよう勧めている。

米国は非戦略核兵器のための法的拘束力ある文書の作成には批判的であり，「近年，米国は非戦略核兵器に関する正式の軍備管理協定の可能性を探求し，そのようなアプローチは不可能であると結論した。これらの兵器および運搬システムの性質からして，戦略システムの場合よりも条約の履行に確信をもつことがきわめて困難であることが分かった。非戦略核兵器の運搬システムはしばしば通常兵器用にも核兵器用にも使えるもので，それらが核兵器用として撤去

---

[28] "Reduction of non-strategic nuclear weapons", Working Paper submitted by Austria, Mexico and Sweden, NPT/CONF.2005/PC.Ⅱ/WP.13, 2 May 2003.

[29] New Agenda Coalition Paper, op.cit.,（note 11）

されたということに確信をもつのがきわめて困難になっている[30]」と説明している。

ロシアは，「戦術核兵器の問題を他の種類の軍備から切り離して考えることは不可能であるという理解から出発している。これが1991-1992年の軍縮の分野での有名な一方的なロシアのイニシアティブが包括的性質のものであることの理由であり，さらに，戦術核兵器は戦略的安定性に本質的な影響を与える他の重要問題にも関連する[31]」と述べ，単独でこの問題を取り上げることに反対している。

米国もロシアも非戦略核兵器の法的削減にむしろ消極的であるが，データや情報の交換による信頼醸成措置や，非戦略核兵器の保安措置や物理的防護措置の強化などの措置を追求すべきである。

## 6 消極的安全保証(NSA)

非核兵器国に対する安全の保証の問題，特に消極的安全保証の問題は，NPTの交渉時より議論の多い問題であった。2000年会議の最終文書においては，「会議は，5核兵器国による非核兵器国に対する法的拘束力ある安全保証が核不拡散体制を強化することに合意する。会議は，準備委員会に対し，この問題について2005年再検討会議に勧告をすることを要請する」と規定された。

NAM諸国はこの問題にきわめて積極的であり，「核兵器の全廃が核兵器の使用または使用の威嚇に対する唯一の絶対的な保証である。核兵器の全廃を達成するまでの間，非核兵器国に対する安全保証に関する普遍的で，無条件の，法的拘束力ある文書の締結のための努力が優先的に追求されるべきであるというわれわれの確信を繰り返す[32]」と述べている。

NACは，議定書案あるいは協定案が附属した安全保証に関する作業文書[33]を提出した。それは，この問題を以下の5つの側面から分析している。
　① 安全保証を提供する国家の識別
　② そのような安全保証の受益者の識別
　③ 提供される安全保証の性質と範囲

---

[30] Information Paper from the United States, op.cit., (note 5)
[31] Statement by the Delegation of the Russian Federation, op.cit., (note 20)
[32] Statement by H.E. Ambassador Tastam Mehd Isa, op.cit., (note 23)
[33] Working Paper: "Security Assurances", submitted by New Zealand on behalf of Brazil, Egypt, Ireland, Mexico, Sweden, and South Africa as members of the NAC, NPT/CONF.2005/PC.II/WP.11, 1 May 2003.

④　安全保証に関する法的拘束力ある文書に含まれる必要のある要素
⑤　そのような安全保証が提供されるフォーマット

　附属された議定書案または協定案は積極的安全保証と消極的安全保証の両方を含んでいる。

　消極的安全保証の下では，NPT で定義された核兵器国は，NPT 第 2 条の下での義務を遵守している条約当事国である非核兵器国に対して，核兵器を使用せず，使用の威嚇を行わないことを約束する。さらに，この消極的安全保証は，核兵器国の領域，その軍隊，その同盟国，または安全保障上の約束のある国家に対する侵略またはその他の軍事攻撃が，核兵器国と連合してまたは同盟して条約締約国である非核兵器国によって実施され継続される場合には適用が停止される。

　積極的安全保証の下では，締約国は，核兵器の使用の犠牲者となっている条約当事国である非核兵器国からの政治的，軍事的，技術的，医療上，科学的または人道的援助の要請に応じて適切な措置を取るよう約束する。さらに，締約国は，核兵器の使用または使用の威嚇の場合に国連安全保障理事会と協力することを約束する。安全保障理事会は，そのような行為または行動に対処するため国連憲章に一致した措置を審議する。

　普遍的で無条件の安全保証を主張している NAM とは対照的に，NAC が提案しているこの議定書案または協定案は，これまでの多くの決議，文書，声明を考慮に入れたものであり，合理的であると思われる権利と義務を含んでいる。これは議論の基礎になるべきであり，2005 年の再検討会議のための勧告に含まれるべきである。

## 7　核兵器の役割の低減

　最終文書の第 9・5 措置は，安全保障政策における核兵器の役割の低減を規定している。

　この点に関して NAC は，「展開しつつある安全保障政策および防衛ドクトリンは引き続き核兵器の保有に基礎を置いており，通常戦争に対抗するものとして核兵器の新たなデザインや新たな世代の可能性を伴っており，それは世界の安全保障環境および NPT 体制をさらに悪化させるだけである[34]」と述べている。

---

[34] New Agenda Statement, op.cit., (note 6)

NAM も米国の政策を批判しており，「戦略防衛ドクトリンは引き続き核兵器の使用を正当化するものであり，それは，核兵器が使用される状況および核兵器が使用される相手国を拡大することを検討している1核兵器国の最近の政策に示されている。攻撃的な対抗拡散目的に役立てるための新たな核兵器および新たな目標選択のありうるかもしれない開発は，軍縮へのコミットメントを一層損なうものである[35]」と述べている。

　議長のサマリーはこの点に触れて，「現在の核兵器，核兵器の将来の役割に対する新たなアプローチ，並びに新たな世代の核兵器のありうるかもしれない開発について，懸念と不確実性が表明された[36]」と述べている。

　米国はこれらの懸念に応えるため，「ブッシュ大統領により採択された新たな核政策は，特に核兵器への依存を低減させる方向に向かっている。……新たな三本柱は，通常兵力の近代化，ミサイル防衛の追加，その他の措置を通じて，抑止のために核兵器に依存することを低減させるだろう。……国防総省は新たな核兵器の必要をまだ確認していない。われわれは10年以上核兵器を製造していない。確かに，ありうるかもしれない核兵器の近代化に関連した費用や可能性の研究は行われている。しかし，そのような研究は決して新たな核弾頭の開発を進めるという決定を表すものではない。……米国の核宣言政策にはなんら変更はないし，米国は核兵器の使用の閾値を下げてはいない。……米国の消極的安全保証政策にもまったく変更はない[37]」と説明している。

　冷戦時におけるソ連からの脅威が消滅したので，戦略核兵器の重要性が大幅に減少していることは真実である。しかし，最近においては，米国の脅威の認識はならず者国家あるいはテロリストに集中しているため，非戦略核兵器の重要性が増大している。この新たな脅威に対抗するため，米国は大きな抵抗なしに使用できると考えられる小型の低威力の核兵器を追求しているように思われる。

　スウェーデンはこの展開を鋭く批判しており，「それは2000年に行ったコミットメントの多くに反する。すなわち，明確な約束（第6項目），不可逆性の原則（第5項目），安全保障ドクトリンにおける核兵器の役割の低減（第9・5項目）に反している。それはまた，核不拡散・軍縮体制の要石の1つである包括的核実験禁止条約を脅かすことになる。なぜなら新たな核兵器の開発には核実験

---

[35] Statement by H.E. Ambassador Rastam Mehd Isa, op.cit., (note 23)
[36] Annex Ⅱ, Chairman's factual summary, op.cit., (note 13)
[37] Information Paper from the United States, op.cit., (note 5)

の再開が必要となるだろうから(第1,2項目)[38]」と述べている。

## III 全体的評価

　2000年5月に最終文書がコンセンサスで採択されてからの過去3年間において，13項目を履行することにより核軍縮の大幅な進歩が見られるという状況にはなっていない。それらの措置のいくつかは核兵器国により放棄され，多くは無視されている。最終文書の履行は，一般的に，2000年5月に期待されていたものにはほど遠い。

　CTBTの早期発効は，主として米国の反対および中国，インド，イスラエル，パキスタン，北朝鮮を含む諸国の未批准により，ほとんど不可能になっている。核実験のモラトリアムも不安定な状態になっている。それは，5核兵器国はモラトリアムを維持しているが，米国が実験の準備期間を短縮しようとしているからである。

　軍縮会議(CD)はここ数年作業を行っていないし，核兵器国は核軍縮の多国間交渉に関心を失ったように思える。

　モスクワ条約は，核軍縮の進展がない全般的傾向の中で唯一の例外となっている。それは，最終文書に含まれている不可逆性，透明性，検証可能性という原則を満たしていないが，歓迎すべきものである。条約の真の意義は，米国とロシアがどれほど真剣にかつ明白に条約の下での義務を履行していくのか，および両国が一層の削減のための次の措置にどれだけ迅速に進むかに依存している。STARTプロセスに較べて，モスクワ条約はゆっくり過ぎるし，曖昧すぎるし，柔軟すぎる。

　米国もロシアも，非戦略核兵器の削減を法的拘束力ある文書で行うことを嫌がっている。しかし，新しい脅威として非戦略核兵器をもっと真剣に取り扱うことが必要であり，その保安や物理的防護を強化することとか，信頼醸成のために情報を交換することなど，可能なところから交渉を開始すべきである。

　核兵器国は，法的拘束力ある安全保証よりも政治的拘束力のある安全保証を好んでいる。最終文書は，「会議は，非核兵器国に対する核兵器国による法的拘束力ある安全保証が核不拡散体制を強化することに合意した。会議はこの問題に関して2005年再検討会議に勧告をなすよう準備委員会に要請する」と述

---

[38] Statement by Sweden on behalf of Austria, Mexico and Sweden for the special time on nuclear disarmament: Introduction of working paper on reduction of non-strategic nuclear weapons, 30 April 2003.

べている。このことは，準備委員会が法的拘束力ある安全保証について勧告をすべきことを意味している。NACが提出した法的文書案はその権利および義務においてきわめて正当なものと思われるので，それは来年の議論の基礎となるべきであり，2005年再検討会議への勧告に含まれるべきである。

## むすび

　結論として，核軍縮の進歩に関する最近の傾向は，米国の核政策および防衛ドクトリンに深くかつ大きく影響を受けている。それは，多国間の政治的または法的文書および国際機構に依存するよりも，核兵器を含む軍事力に依存する傾向がある。米国の安全保障政策は，一般的に言えば，法の支配よりも力の支配に依存しているように思える。我々はすべて，米国がその安全保障政策全般，特に核政策を変更するように，あらゆる努力をなすべきである。

---

**安全保障と安全保証**

　安全保障（security）とは伝統的な用語で，国家安全保障とか国際安全保障として用いられ，主として平和な状態を維持・確保することを意味している。他方，安全保証（security assurances）とは新しい用語で，安全保障を保証することを意味する。具体的には，核兵器国は非核兵器国の安全保障をどう保証するかという議論であり，核兵器で攻撃された場合などに援助するという能動的行動の約束を積極的安全保証（positive security assurances）と呼び，非核兵器国に対して核兵器を使用しないという不作為の約束を，消極的安全保証（negative security assurances）と呼んでいる。

## 第 2 節  2005 年 NPT 再検討会議

　2005 年核不拡散条約(NPT)再検討会議が，5 月 2 日より 27 日の 4 週間にわたってニューヨークの国連本部において開催された。そこでは核不拡散および核軍縮に関するあらゆる問題が議論され，条約の運用に関する検討を行い，今後の方向を定めることが期待されていたが，実際には，会議は手続き問題の解決にその半分以上を費やし，十分な実質討議を行う時間がきわめて限られていたこともあり，3 つの主要委員会における議論は対立を残したままで合意に達することはできなかった。その結果，会議は実質的な最終文書を採択することができなかったため，会議は失敗であったと評価されている。またこれが NPT 体制の弱体化を招くことは必至であり，国際社会全体の平和と安全にとってもネガティブな影響を与えると考えられる。

　本節では，この再検討会議での議論を中心に，特に核軍縮の問題に関してどのような議論が展開され，どのような対立が見られ，それらが今後の核軍縮の進展にどのような意味合いをもつかを検討する。まず，2000 年以降の国際情勢において，どのような動向があり，準備委員会でどのような進展が見られたのかを明らかにし，次に，再検討会議の議論は何が課題であったのか，手続き事項で何がどのように対立したのか，各主要委員会での議論はどのように行われたのかを考察する。第 3 に，本稿の中心部分として，核軍縮に関する議論がどのように行われ，どのような対立が見られたのかを，個々の核軍縮措置について深く検討する。最後に，この会議の評価を行うとともに，今後の見通しを考える。

### I  会議以前の状況

#### 1  2000 年以降の動向

　2000 年の会議においては，各主要委員会での議論で合意が達成され，それらをまとめた最終文書がコンセンサスで採択され，それまでの再検討会議の中でも最も優れた成果を挙げた会議であった。特に核軍縮に関しては「核兵器の廃絶への明確な約束」を含む 13 項目に合意が達成され，核不拡散体制の強化に向けてきわめて有益な成果を収めた[1]。

　その後 5 年間の国際社会の変化はきわめて大きなものであり，2000 年当時とは大きく異なる国際環境の中で今回の会議が開催された。国際環境の変化は

さまざまな分野で見られるが，その中で特に重要かつ顕著で，また今回の会議に大きな影響を与えたと考えられるのは以下の2つの側面である。

第1は，核不拡散に関して，条約締約国であるイラク，イラン，リビア，北朝鮮などが，NPTを十分に遵守せず，条約の違反あるいは不遵守という状況が現れてきたことであり，これは条約作成当時には予測されていなかった「第2世代の拡散問題」と呼ばれるものである。北朝鮮は2003年1月に条約からの脱退を表明し，2005年2月には核兵器の保有を宣言するに至っている。リビアは2003年12月に米英との交渉により，大量破壊兵器の放棄を約束し，問題の解決へと至った。イラクは2003年のイラク戦争で，フセイン政権が崩壊したが，その後イラクは大量破壊兵器を保有していなかったとの報告がなされている。イランの核兵器開発疑惑は，2003年にウラン濃縮計画が18年にわたり秘密裏に実施されてきたことが明らかになったが，イランはあくまでもこれは締約国に認められている「原子力の平和利用」であると主張する。他方，米国を中心として，イランは核兵器開発のためにウラン濃縮計画を続けているので，それを停止させるべきであるという見解があり，今回の会議でも，この点が対立の1つの軸となっていた。さらにこれらのいわゆる「ならず者国家」と並んで，テロリストなど非国家行為体が核兵器を取得し使用する可能性が危惧されるようになった。

第2は，米国の政策の大きな変化であり，クリントン政権からブッシュ政権への移行に伴い，核軍縮に対する態度のみならず，国際社会における多国間主義から単独主義へ，国際法などの国際規範を重視する立場から軽視する立場への変化が見られた。これはブッシュ政権が発足当時から保有していた哲学的基盤であり，米国が単独で自由に行動できる範囲をできるだけ広げようとするものであったが，2001年9月11日の同時多発テロの発生を契機に，さらに強化され極端化していったものである。すなわち米国の核兵器開発の可能性を妨げる包括的核実験禁止条約（CTBT）には強硬に反対し，米国のミサイル防衛の展開を妨げる対弾道ミサイル（ABM）条約からの脱退を声明した。さらに2002年には米国家安全保障戦略および大量破壊兵器と戦う国家戦略を発表し，従来の自衛権の範囲を越えるような形での，米国による武力の行使を認める戦略を取る方向に進んでいった。

---

[1] 2000年NPT再検討会議の分析については，黒澤満『軍縮国際法』信山社，2003年，179-214頁参照。

第 2 節　2005 年 NPT 再検討会議

## 2　準備委員会における議論と準備状況

　2005 年 NPT 再検討会議に向けての準備委員会が 2002 年から開始されたが，上述の 2 つの問題をめぐって議論が展開された。米国などは核不拡散を最優先させ，条約違反の問題が最も緊急の重要課題であり，この問題を中心に議論すべきであると主張し続けた。他方非同盟諸国(NAM)を中心とする非核兵器国は，核軍縮の進展に重点を置き，核兵器国による 13 項目の実施の問題を中心に議論すべきであると考えた。

　包括的核実験禁止条約(CTBT)反対や対弾道ミサイル(ABM)条約脱退の問題があるので，2002 年および 2003 年の第 1 回および第 2 回準備委員会においては，米国は 2000 年に合意された 13 項目のすべてを実行することはできないが，第 6 条の義務に従って核軍縮を行うと述べていた[2]。しかし，2004 年の第 3 回準備委員会では，米国は第 6 条を完全に遵守しており，第 6 条の履行には何ら問題はない。そのような存在しない問題のため不遵守に関する議論の時間をとるべきではないと述べ，2000 年の合意は米国にとってはもはや存在しないものとして取り扱われるようになった。

　第 1 回および第 2 回準備委員会では，討議の内容を表わした議長の「事実サマリー」が正式に採択され報告書に入れられたが，第 3 回準備委員会の議長の「事実サマリー」は委員会の正式の文書としては採択されなかった。さらに重要なことは，最後の準備委員会で，再検討会議の日時，場所，議長，議題，補助機関，背景文書などが決定されることになっていたが，会議開催に向けての日時，場所，議長のみは決定されたが，肝心の議題に合意が達成されなかったため，補助機関や背景文書に関する決定も行われなかった。

　2000 年会議においては，準備委員会の段階で補助機関に関する問題には合意が達成されなかったが，議題には合意が見られていた。さらに，補助機関の設置については会議の開催までに合意が達成され，会議の初日に補助機関の設置が正式に決定された。

　2005 年の会議開催に向けて，議長を中心に議題設定に向けて努力がなされ，一時は会議開催までに議題は合意されるだろうとの観測も流れたが，結局は会議開催までに議題に合意できないという前代未聞の状態となった。

---

[2]　この時期の議論については，本書第 2 章第 1 節参照。

## II 再検討会議での議論

### 1 再検討会議の検討課題の特徴

　再検討会議は，主として核軍縮を取り扱う主要委員会Ⅰ，核不拡散，保障措置，非核兵器地帯を取り扱う主要委員会Ⅱ，原子力平和利用を取り扱う主要委員会Ⅲに分かれて議論を行い，それぞれの委員会で合意された文書を合わせて最終文書を作成することになっている。これまでの再検討会議では，核軍縮の議論が中心的課題であり，主要委員会Ⅰにおける議論が対立し，合意文書を作成できないことが多くあった。それに対して主要委員会ⅡおよびⅢは，当然いくつかの対立点は存在するが，主要委員会Ⅰと比較すると，容易に文書の作成に合意してきた。1990 年および 1995 年の再検討会議では，主要委員会ⅡおよびⅢは合意文書を作成できたが，主要委員会Ⅰは作成できなかった。当時の見解として，主要委員会Ⅰに多くの検討課題が集中しており，その一部をⅡおよびⅢに分散すべきであると主張されることもあった。

　今回の会議は，その性質が大きく変化した会議であり，核不拡散および原子力平和利用に関する新たな問題が多く発生し，それぞれの主要委員会がさまざまな新たな問題を抱え，その解決に努力する必要が出てきた。これが今回の会議の大きな特徴の1つである。

　たとえば，コフィ・アナン国連事務総長は，核の脅威は残っており，過去5年間に世界は新たな，また以前からある核の脅威に再び直面しており，核の脅威を削減するための効率的で，有効で，衡平なシステムを作り出す重い責任があると述べ，軍縮，不拡散，平和利用の権利がすべてきわめて重要であるとし，これらの挑戦に立ち向かうため以下の行動が必要であると述べた[3]。

① 特に条約からの脱退に直面しているので，条約の完全性への信頼を強化すべきである。

② 遵守のための措置として，モデル追加議定書の普遍化を遵守検証の新たな標準とすべきである。

③ 国家のみならず，非国家行為体への拡散の危険を削減するよう行動すべきである。

④ 燃料サイクルの最も機微な段階の開発を自主的に差し控える動機を作り

---

[3] The United Nations Secretary-General Kofi Annan's Address to the Nuclear Non-proliferation Treaty Review Conference in New York, 2 May 2005.

出すべきである。
⑤　核廃絶への最初の措置として，兵器用核分裂性物質生産禁止条約（FMCT）の交渉を即時に開始し，実験モラトリアムおよび CTBT 発効へのコミットを再確認し，核兵器を警戒解除すべきであり，非核兵器国に消極的安全保証を与えるべきである。

また，モハメッド・エルバラダイ IAEA 事務局長も，目標は，安全保障と開発であり，以下のことを会議から期待すると述べた[4]。

①　1970 年に設定した核軍縮，核不拡散，平和利用という目的を再確認すべきである。
②　追加議定書や輸出管理に関して，IAEA の検証権限を強化すべきである。
③　核燃料サイクルの拡散に機微な部分である濃縮と再処理へのより良い管理が必要である。
④　核物質の物理的防護として，核物質を保全し管理しなければならない。
⑤　核軍縮へのコミットとして，核兵器を不可逆的に一層削減し戦略的役割を削減すべきである。
⑥　検証努力は，国連安保理など，不遵守を取り扱う効果的メカニズムに支えられるべきである。
⑦　すべての国の安全保障上の懸念に対応するためあらゆる手段をとるべきであり，中東および朝鮮半島に非核兵器地帯の設置を奨励すべきである。

以上の 2 人の演説からも明らかなように，今回の会議の検討課題はきわめて多岐にわたるものであり，特に核軍縮以外の領域で新たな課題が加えられたことが特徴となっている。

この点に関して，米国は，「今日，条約は，不遵守の事例により歴史上最も深刻な挑戦に直面している。核兵器開発という目標を追求するため，平和的原子力計画を口実に利用し続けている国がある。条約の中心的な不拡散規範への不遵守は国際の平和と安全に対する明確な脅威であるという集団的決定を再確認する決意を表明する機会をこの会議は提供している」と述べ，核不拡散規範への不遵守に議論を集中すべきであると主張する[5]。

同様にフランスも，「前回の再検討会議から，世界では大きな変化が起こっ

---

[4]　Mohamed ElBaradei, Treaty on the Non-Proliferation of Nuclear Weapons, 2005 Review Conference, United Nations, New York, General Debate, 2 May 2005.
[5]　Statement by Stephan G. Rademaker, United States Assistant Secretary of State for Arms Control to the 2005 Review Conference of the NPT, New York, May 2, 2005.

た」と述べ，冷戦終結の影響を受けて，1995年および2000年の会議では条約第6条の履行の問題に専念したことは理解できることであるが，2005年会議の優先事項は，国際の平和と安全に対する脅威となっている拡散の危機という深刻な挑戦に対応することであると述べ，核不拡散の側面を強調する[6]。

他方，その他のほとんどの国は，NPTにおける三本柱，すなわち核不拡散，核軍縮，原子力平和利用の問題に対してバランスのとれた議論を行うべきであると主張した。核兵器国である英国，ロシア，中国もそのように主張しているし，非核兵器国はほぼすべての国が，核不拡散だけでなく，すべての問題を議論するよう主張していた。たとえば新アジェンダ連合(NAC)は，「NPTは世界の安全保障レジームの本質的な基盤となっている。NPTの三本柱——核不拡散，核軍縮，平和利用——は，条約がほぼ普遍的になるまで各国に引きつけるのに不可欠のものであったし，三本柱のそれぞれがなかったら，条約は存在しなかったであろう」と述べる[7]。また核不拡散と核軍縮の関連についても，日本は，「このレジームの権威と信頼性を強化するため，核兵器国と非核兵器国の双方が条約の義務と約束を履行すべきであるし，核軍縮と核不拡散の双方を促進しなければならない」と主張している[8]。

## 2 手続問題——議題の設定，補助機関の設置

今回の再検討会議は，準備委員会の段階で議題の設定に合意できず，その後議長を中心に合意達成のため精力的な非公式協議がなされたが，会議開催までに合意が達成されなかった。

この問題の背景にある最大の問題は，米国が過去の再検討会議の成果，特に2000年の最終文書への言及を拒否していることにある。米国は，特に2000年に合意された核軍縮に関する13項目の部分を反故にしようとしているからであり，違反問題など核不拡散に集中して議論しようとしたことにある。他方，他のほぼすべての国は，これまでの再検討会議における成果を基礎に議論すべ

---

[6] Statement by H. E. Mr. François Rivasseau, Ambassador, Permanent Representative of France to the Conference on Disarmament, 2005 Review Conference of the State Parties to the NPT, New York, May 5, 2005.

[7] Statement by Hon Marian Hobbs, Minister for Disarmament and Arms Control, New Zealand on behalf of the New Agenda Coalition - Brazil, Egypt, Ireland, Mexico, South Africa, Sweden and New Zealand, 2005 Review Conference of the Parties to the NPT, 2 May 2005.

[8] Statement by H. E. Ambassador Yoshiki Mine, Representative of Japan to the NPT Review Conference in 2005 at the Plenary Meeting of Main Committee I, May 19, 2005.

## 第 2 節　2005 年 NPT 再検討会議

きであると考え，2000 年の最終文書が当然今会議の再検討の基礎となるべきであると考えた。

会議が開始され，一般演説が開始されたが，議題に関する協議は進展せず，そのため主要委員会の設置に合意できず，第 1 週の 3 日目，5 月 4 日から予定されていた主要委員会の議論は開始できなかった。第 1 週の最終日の 5 月 6 日に，議長案として暫定議題が全体会議に示され，そこで採択されることが予想されたが，エジプトが異議を唱え，さらに協議が継続されることになった。

2000 年会議の議題においては，再検討に関する議題 16 は，「1995 年の NPT 再検討・延長会議で採択された諸決定および決議を考慮に入れ，第 8 条第 3 項に規定された条約の運用の検討」となっており，1995 年の諸決定と決議が言及されていた。この前例に従えば，議題 16 は，さらに 2000 年の NPT 再検討会議で採択された最終文書を考慮に入れてという文言が追加されていたと予想できる。

5 月 6 日に議長により示された暫定議題では，「条約の運用の検討」のみであり，以前の会議の成果への言及はなかった。ただし，「議題採択に関連した議長声明」が同時に示された。それは，「検討は以前の会議の諸決定および決議に照らして行われること，および締約国により提起されるいかなる問題の討議も許容するということが了解される」と規定していた。

エジプトの提案は，「に照らして」を「を考慮に入れて」に変更すること，および「諸決定および決議」を「諸決定，決議および成果」と変えることを要求していた。前者は 2000 年の議題に揃えるものであり，後者の意図は，諸決定および決議だけでは，2000 年の最終文書への直接の言及がないと考えられるので，2000 年最終文書として直接言及することを避けながらも，それへの明確な言及を目指したものであった。

第 2 週に入ってさらに協議が継続され，水曜日の 11 日に至って合意が達成され，エジプトが提案を撤回した形で，議長の元の提案が採択された[9]。その後，非同盟諸国を代表してマレーシアが文書を提出し，諸決定には 1995 年の諸決定のみならず，2000 年の最終文書も含まれるものと解釈すると述べた[10]。

議題に合意が達成されたが，各主要委員会への議題の割り振りおよび補助機関の設置の問題が残っており，主要委員会は正式にはまだ設置されず，主要委

---

[9] NPT/CONF. 2005/30, 11 May 2005, NPT/CONF.2005/31, 12 May 2005.
[10] NPT/CONF. 2005/32, 12 May 2005.

員会での実質的な議論は開始されなかった。第2週の終わりになっても合意は達成されなかったため，たとえば5回開催が予定されていた主要委員会Ⅰも一度も開かれなかった。このように，会議が日程の半分を経過した段階でまだ主要委員会の議論が開始されないのは，きわめて異常な事態であった。

議題の割り振りについては，新たな問題をどこに割り振るかという問題で，それほど大きな問題ではないと考えられる。軍縮・不拡散教育は主要委員会Ⅰで，機構問題は主要委員会Ⅱで，脱退問題は主要委員会Ⅲで扱われることになった。

補助機関の設置に関する議長のノンペーパーでは，「核軍縮と安全保証」に焦点を当てた補助機関1を主要委員会Ⅰに，「中東および1995年の中東決議に関するものを含む地域問題」を検討する補助機関2を主要委員会Ⅱに，「第10条を含むその他の条約規定」を扱う補助機関3を主要委員会Ⅲの下に設置することになっていた。

NAMは，すでに，「核軍縮」，「安全保証」，「中東に関する1995年決議に特に関連させた地域問題」の3つの補助機関を作るべきであると主張していた[11]。

最終的には，5月18日，第3週目の水曜日に至って，議長提案が承認されることとなり，会議の主要委員会への議題の割り振り[12]と補助機関に関する決定[13]に合意が見られた。議題割り振りにつき，従来のものを踏襲するとともに，追加的に，軍縮・不拡散教育は主要委員会Ⅰに，機構問題は主要委員会Ⅱに割り振ると規定する。当初，脱退問題は主要委員会Ⅲに割り振るとなっていたが，補助機関のマンデートが第10条を含むその他の条約規定となったため，規定する必要がなくなった。

また補助機関の議長は，1がNAC，2が西側グループ，3がNAMから選出することが決定された。これらの決定に際して，それぞれの主要委員会内でどれだけの時間を補助機関での議論に割り当てるかという決定も，パッケージで決めるべきだとの意見がNAMのいくつかの国から出され，各主要委員会の7セッションのうち，1は5セッション，2は4セッション，3は2セッションを補助機関に割り当てるという提案も出された。しかし，議長提案は，2000年再検討会議における割り振りを参考にして均衡が取れた形で，各主要委員会が決定すべきだというもので，最終的にはこれが合意された。これにより，手

---

[11] NPT/CONF. 2005/WP. 17, 2 May 2005.
[12] NPT/CONF. 2005/CRP. 3, 18 May 2005.
[13] NPT/CONF. 2005/CRP. 4, 18 May 2005.

続き問題がすべて決着し，当初の予定より2週間遅れで主要委員会の議論が開始されることになった。なお2000年には各主要委員会における11回のセッションのうち4セッションが補助機関での討論に割り当てられていた。

　なお審議が大きく遅れていることから，非公式の全体会議が17日，18日の午前と午後に開催され，各国がそれぞれ提出した作業文書を紹介するということが行われ，それと並行しながら手続き問題の解決が進められた。

　議題を巡る論争は，会議の最終段階でも発生した。起草委員会がまとめた最終文書案において，議題16の条約の運用の検討に関連して，議長の声明およびNAMの声明の両方がその内容をすべて含んだ形で提出されたところ，英国が異議を唱え，NAMの部分は削除すべきであると主張した。その後の非公式協議により，議長の声明は全文を，NAMの声明は，声明があった事実と内容に関する文書番号のみになり，NAMの声明の全文は削除されることになった。

　以上の検討から明らかになるように，今回の議論の大部分はこれらの手続き事項に関する議論の対立で終始した。これらの議論は表面的には手続きに関するものであるが，実際はNPTの再検討の対象は何であるのか，今会議において何を中心に議論するのか，さらには現在の国際社会において脅威となっているものは何か，また今回の会議の成果物としてどのようなものを期待しているかという実質問題を巡って意見の大きな相違が存在していたことを示している。

## 3　主要委員会における議論

　議題の設定および補助機関の設置に関して合意が達成されたのは，第3週の水曜日，5月18日であり，最終週である第4週の木曜日と金曜日は，全体総会に当てられているため，主要委員会における実質審議は19日の木曜から25日の水曜までの実質5日間であった。公式セッションはそれぞれ6回ずつ割り当てられ，そのうち2回は補助機関のセッションとされた。しかし実際には，非公式会合がそれぞれの主要委員会および補助機関で実施されたため，実質的な審議の時間は公式のものよりも倍近くなっていると考えられる。

　主要委員会Iでは，核不拡散，核軍縮，安全保証に関する問題を審議の対象とし，その補助機関1が「核軍縮および安全保証」の問題を集中的に議論することになっていた。主要委員会Iでは，各国の見解の表明がまず行われ，その後特に条約の第1条および第2条に関する問題および軍縮・不拡散教育の問題につき，議長の作業文書を基礎に議論が展開された。その後，補助機関では核軍縮と安全保証に関する議論が行われた。第4週の水曜日，25日の午前のセッ

ションが最後であり，議長の作業文書に合意が達成できないことが明白になった段階で，主要委員会Ⅰの議長の作業文書および補助機関1の議長の作業文書のテキストについては，コンセンサスが達成できず，それらはすべての締約国の見解を十分に反映するものではないが，主要委員会Ⅰの報告にこれらの文書を添付することが合意された。

主要委員会Ⅱは，核不拡散，保障措置(safeguards)，非核兵器地帯を検討対象としており，その補助機関2は「中東および1995年の中東決議に関するものを含む地域問題」を集中的に議論することになっていた。主要委員会Ⅱでの議論では部分的にはコンセンサスが達成されていたが，全体としてはそうではなく，補助機関2に関してはまったくコンセンサスが見られず全体が括弧入りであり，それらを全体総会に送付することも検討されたが，最終的には24日火曜日の午後のセッションで，主要委員会Ⅱの全体会議の報告書は実質的内容をまったく含まない手続き的な内容のみと決定された。

主要委員会Ⅲは，原子力平和利用の問題を議論し，補助機関3は，「第10条を含むその他の条約規定」として主として脱退問題を審議するものとされた。主要委員会Ⅲではかなりの部分にコンセンサスが見られたが，普遍性と脱退の問題などで若干の対立があり，括弧入りで全体総会に提出する方向も検討されたが，最終的には提出しないことが決定された。

したがって，採択された最終文書は基本的には実質的な内容を含んでおらず手続き的なもののみを含んでいる。ただ唯一の例外として，主要委員会Ⅰの部分に，合意されなかったことを明記しつつ議長の作業文書が添付されている。

## Ⅲ 核軍縮に関する各国の見解と議論点

### 1 核軍縮全般

まず5核兵器国はすべて，第6条の義務を遵守していると述べており，米国は，「第6条の義務の履行に完全にコミットし続けている。前回の再検討会議以降，米国とロシアはSTART Ⅰの削減の履行を完結し，モスクワ条約を署名し発効させた。さらに冷戦終結後，非戦略核兵器を90％削減し，さらに抑止戦略における核兵器の役割を低減させた」と述べた[14]。

ロシアは「核軍縮措置を含む条約の義務を遵守しており，前回の会議以降STARTの下で戦略兵器削減の義務を完結し，米ロの戦略攻撃力削減条約は核

---

[14] Statement by Stephan G. Rademaker. (note 5)

軍縮に向けての新たな顕著な措置となっている。また非戦略核兵器をロシアは4分の1に削減した」と述べた[15]。

英国は「条約のすべての条項，特に第6条の下での特別な義務に完全にコミットしており，核兵器廃絶の明確な約束を再確認する。核軍縮の進展の努力を継続しており，冷戦終結後，核爆発力を70％以上削減した」と述べた[16]。

フランスは「条約加入以来，核軍縮と全面完全軍縮の分野で多くの決定を実施してきたし，第6条の約束へのコミットメントを再確認する。CTBTを批准し，核実験場を解体し，核分裂性物質の生産を停止し，核兵器を大幅に削減した」と述べた[17]。

中国は「核兵器国として，核軍縮の責任を回避したことはないし，核兵器の完全な禁止と全面廃棄を常に支持しており，核兵器の開発を最大限自制している。中国はいかなる軍備競争にも参加してこなかったし，今後も参加しない」と述べている[18]。

核兵器国はすべて，自国が核軍縮に積極的に取り組んできたと述べ，さまざまな関連資料を会場において配布するなど，第6条の履行に関する自らの行動を積極的にアピールすることに努力しているが，それらはいずれも自国の活動をアピールするために作成されたものであり，自国が実施していないことには当然触れられていないものであるから，客観的に判断することが必要となる。

5核兵器国の発言の中で特徴的なのは，中国が他国の行動につききわめて批判的に述べている点である。中国は，核軍縮に逆行する動きとして，ABM条約の廃棄，宇宙の兵器化の危険，CTBTの未発効，国際軍備管理軍縮の停滞，CDの麻痺とFMCT，PAROS（宇宙での軍備競争の防止）の交渉不可能性を挙げており，さらに否定的な展開として，米国が冷戦思考に取りつかれ，単独主義を追求し，先制戦略を採用し，核攻撃の目標国を列挙し，核兵器使用の敷居を低下させ，新型の核兵器の研究・開発をしていることを挙げている[19]。

他方，NACは，中国，フランス，ロシア，英国，米国に対して核軍縮に向

---

[15] Statement by H. E. Sergey I. Kislyak, Deputy Minister of Foreign Affairs of the Russian Federation at the Review Conference of the Parties to the NPT, New York, May 3, 2005.

[16] Statement by Ambassador John Freeman, Head of UK Delegation to the Seventh Review Conference of the NPT, New York, May 2005.

[17] Statement by H. E. Mr. François Rivasseau. (note 6)

[18] Statement by Mr. Zhang Yan, Head of the Chinese Delegation in the General Debate at the 2005 NPT Review Conference, May 3, 2005, New York.

[19] Statement by Mr. Zhang Yan. (note 18)

けての義務を遵守するよう要請しており，彼らの約束からして，過去2回の再検討会議で合意された成果につき大きな希望を持っていたが，これらの成果の履行に関しては，大変失望していると述べている[20]。

　NAMは核軍縮に導き得るような核兵器国による最近の動きを認めるとしても，核軍縮の進展がスローペースであることに深い懸念をもつと述べている[21]。またスウェーデンは「核軍縮と逆方向に進んでいる」と述べ[22]，カナダも「軍縮の進展はCDの停滞により妨げられている」と批判的な見解を述べている[23]。

　第6条に関する核軍縮問題を議論する際の大きな問題の1つは，たとえば日本が，「この点に関し，我々は，1995年に『原則及び目標』が，2000年再検討会議では13の実際的措置が合意されたことを想定すべき」と述べているように[24]，これらの成果を考慮すべきであるかに関して，ほとんどすべての国は，当然のこととしてこれらの成果を考慮に入れて議論を展開しているが，唯一，米国のみがこれらの成果へまったく言及しておらず，特に2000年最終文書への言及を避けている点である。

　米国は，2002年および2003年の準備委員会においては，2000年最終文書の中の第6条に関する結論のいくつかはもはや支持していないと述べ，米国はもはや13項目のすべてを支持するわけではないが，第6条および核軍縮という目標は明確に支持していると述べていた。これらの発言に対して，非核兵器国より，13項目の包括的な履行が必要であり，選択的な対応はNPT体制の完全性を危険にさらすものであると批判されていた。しかし，米国は，2004年の準備委員会では，第6条の履行には何ら問題はないと主張し，核軍縮に関する13項目を含む2000年最終文書への言及を一切拒否するようになった。

　今回の会議で米国は，「再検討会議は改正会議ではない。再検討会議から生じるいかなる宣言も決定もその他のテキストも，条約の下におけるすべての締約国の明示的な法的義務に取って代わるものでもなく，再解釈するものでもな

---

[20] Statement by Hon Marian Hobbs.（note 7）
[21] Statement by the Hon. Syed Hamid Alber, Minister or Foreign Affairs of Malaysia on Behalf of the Group of Non-aligned States Parties to the NPT at the General Debate of the 2005 Review Conference of the Parties to the NPT, New York, 2 May 2005.
[22] Statement by H. E. Laila Freivalds, Minister for Foreign Affairs of Sweden, 2005 Review Conference of the Parties to the NPT, United Nations, New York, 3 May 2005.
[23] Statement by Mr. Jim Wright, Political Director and Assistant Deputy Minister, International Security Branch to the 2005 NPT Review Conference, New York, 2 May 2005.
[24] Statement by H. E. Ambassador Yoshiki Mine.（note 8）

く，付け加えるものでもない」と述べ[25]，1995年の決定や決議，2000年の最終文書が条約義務にまったく影響するものではないとの立場を明らかにしている。

　もう1つの問題は，核軍縮と全面完全軍縮との関係に関する議論で，多くの国は，NPTは核兵器に関する条約であり，第6条の中心は核軍縮であって，たとえ第6条が全面完全軍縮を規定していても，核軍縮に優先度が与えられるべきであると考えている。他方，フランスは準備委員会においても，この会議においても，核軍縮は全面完全軍縮の枠内においてのみ取り扱われるべきであり，核軍縮を単独で優先的に取り扱うことに反対を表明し続けている。2005年の再検討会議においては，米国もこの考えに支持を表明している。

　主要委員会Ⅰの下に設置された補助機関1における核軍縮に関する議論は，まず議長から作業文書が提出され，それに基づく議論が行われ，さらに改定議長案が示され，さらに議論が継続されるという形で進められた。時間が限定されていたこともあり，十分な議論が尽くされたとは言えず，議長の最終第3案に対しても多くの議論が対立しており，合意が存在したとはまったく言えない状況であり，補助機関自体も，この議長の作業文書のテキストはすべての締約国の見解を十分に反映しているものではなく，合意に到達できなかったことを明記している。しかしこの文書を主要委員会Ⅰの報告書に添付することには合意が見られた。

　まず核軍縮全般に関する条項においては，議長の作業文書には以下の条項が含まれている。

(1) 会議は，核兵器の存在から生じる人類への継続する脅威に警告され，核戦争および核テロのすべての人類への危険を防ぐためにあらゆる努力をなす必要，および人々の安全を守る措置をとることの必要を再確認する。

(2) 会議は，不可逆性，透明性，検証可能性およびすべての安全を低下させないという諸原則を含む，核不拡散と核軍縮のための原則，目標および約束を想起する。

(3) 会議は，その核兵器の全廃を達成するという核兵器国による明確な約束およびその他の措置を含む，第6条の履行のために効果的な措置を追求し

---

[25] Statement by Ambassador Jackie W. Sanders, Special Representative of the President for the Non-proliferation of Nuclear Weapons to the 2005 Review Conference of the NPT, U.S. Implementation of Article Ⅵ and the Future of Nuclear Disarmament, Main Committee, I, New York, May 2005.

組織的かつ漸進的な努力をなすという約束を想起する。

第2項の諸原則について米国は異議を唱えており、また第3項の「核兵器の全廃を達成するという明確な約束」についても米国は削除を求めていた。

### 2　包括的核実験禁止条約(CTBT)

この問題は，2000年最終文書に規定されているように，CTBTの早期発効および条約発効までの実験モラトリアムの維持に関する主張が一般的であり，各国の一般演説ではほぼすべての国がこれに言及していた。

まずCTBTの早期発効については，一般的に早期発効を要請するものと，もう少し詳しく，条約発効のためにその批准が必要である国のうち，まだ批准していない11ヵ国に対して早期批准を求めるものがある。ロシア，英国，フランスはすでに批准しているので，早期発効を求めている。中国はまだ批准しておらず，条約発効のための国内法手続きを積極的に進めていると述べつつ，条約の早期発効を支持すると述べている。NAC，NAM，日本，EUなども同様の見解である。米国はこの点に関して一般演説では発言していないが，主要委員会Iでの演説において，米国はCTBTを支持しないし，CTBTを批准するつもりはないと明確に述べている。

NAMはこの点について，ある1国が批准しないことを決定した事実を遺憾とし，その核兵器国の早期の批准は残りの国の批准を促すものであると述べる。日本は，CTBTはNPTの無期限延長を認めた1995年のパッケージの不可分の一部であると述べ，オーストリアも，CTBTの締結は，非核兵器国からNPTの無期限延長に対する支持を得るのに不可欠の要素であったと述べている[26]。この見解は，オーストリアなど10ヵ国が提出した文書でも強調されている[27]。

第2に，実験モラトリアムに関して，ほぼすべての国が条約発効までの間モラトリアムを維持すべきであると主張している。NAMは，モラトリアム継続を主張しながらも，モラトリアムは条約の署名，批准，発効に取って代わるものではないと述べる。さらにNAMは，新型の核兵器の開発はCTBT締結時に5核兵器国により与えられた保証に反するものであり，これに関連して，米国が実験再開のための準備期間を短縮していることに懸念を表明している。

---

[26] Statement by Ambassador Wernfried Koeffler, Head of Delegation of Austria, 2005 NPT Review Conference, New York, 4 May 2005.

[27] NPT/CONF. 2005/WP. 9, 26 April 2005.

## 第2節　2005年NPT再検討会議

　米国は一般演説ではCTBTにまったく言及していないが，会議中に配布された「NPT第6条への米国のコミットメント」という文書では，「核態勢見直し(NPR)は実験の再開を要請するものではない。米国はそのモラトリアムを維持し確認している。核実験を実施する計画もない。実験準備計画の強化は，実験を再開する意図のシグナルではない」と述べ[28]，モラトリアム継続の意向を示している。米国の主要委員会Iでの発言では，米国は1992年以来核実験を実施していないし，核実験モラトリアムを守っており，核実験を行う計画もないので，他国も実験しないよう奨励すると述べる。

　第3に，包括的核実験禁止条約機関(CTBTO)に関して，日本は「条約への遵守を確保するのに必要な，国際監視システム(IMS)を含む，CTBT検証レジームの継続的発展が重要である」ことを主張し，英国も「CTBTの検証システムの設置に積極的役割を果たし続ける」と述べ，EUは「CTBTO準備委員会の任務の重要性を強調する」と述べ[29]，NACは，「検証レジームの建設のためCTBTOの早期の設置に向けてのモメンタムを維持する重要性を歓迎する」とし，条約が未発効でありCTBTOは正式には成立していないが，検証の側面からの準備を進めることにより，条約発効に備えること，あるいはそれ以前にも検証レジームを構築することが主張されている。米国も，IMS関連の活動につき暫定技術事務局と協力を続けると述べる。

　補助機関1の議長の作業文書は，最初の提案では，CTBTの早期発効の重要性と緊急性を想起することと，条約発効までの間，核兵器および核爆発装置の実験モラトリアムを再確認しまたは宣言する，と2つの部分に分かれて規定されていた。その後提出された第2案および第3案は同様であり，以下のように規定する。

(9) 包括的核実験禁止条約の早期発効を目指しつつ，会議は，現在のモラトリアムの維持によるものを含む核兵器または他の核爆発装置の実験に反対する2000年以来の努力，包括的核実験禁止条約機関の準備委員会への支持，国際監視システムの開発における進展，条約の当事国の増加を歓迎する。

---

[28] The Commitment of the United States of America to Article VI of the Treaty on the Nonproliferation of Nuclear Weapons, 2005.

[29] Statement by H. E. Mr. Nicolas Schmit, Minister Delegate for Foreign Affairs of Luxembourg of Behalf of the European Union, General Debate, 2005 Review Conference of the State Parties to the NPT, New York, 2 May 2005.

この条項について，米国は，CTBT の早期発効の部分および条約の当事国の増加の部分に反対を表明していた。他方，日豪提案は，「会議は包括的核実験禁止条約をまだ批准していないすべての国，特に条約発効のためにその国の批准が必要な 11 の国に対して，最も早い機会に批准するよう要請する」となっており[30]，多くの非核兵器国は，関係国に早期の批准を要請するものとなっていた。NAC 提案は，包括的核実験禁止条約の早期の発効を達成するため最大限努力すべきであると述べ[31]，NAM 提案は，5 核兵器国を含む CTBT への普遍的加入を達成することが重要であると述べる[32]。

## 3 兵器用核分裂物質生産禁止条約(FMCT)

FMCT の交渉は 1995 年の「原則と目標」にも規定され，2000 年最終文書でも，交渉の即時開始と 5 年以内の締結が規定されていたが，今だに交渉は開始されていない。したがって，今回の会議においてもほぼすべての国が，FMCT の交渉開始を主張している。

5 核兵器国も基本的には FMCT の開始を主張しており，米国は「軍縮会議(CD)に対して FMCT 交渉の開始を要請した」と述べ，ロシアも「CD での FMCT の早期開始」を主張し，英国も「CD での FMCT の早期開始を希望する」と述べ，フランスも「FMCT の交渉開始を奨励する」とし，中国も「CD で FMCT の早期開始」を主張している。日本も「FMCT 交渉の早期の開始を要請し」ており，EU も「CD に対し FMCT の即時の交渉開始」を主張し，NAC も「FMCT の CD での開始」を，NAM も「CD での FMCT の交渉」を主張しており，CD での FMCT 交渉の開始という要求は一般的に合意が見られるものである。

また条約発効までのモラトリアムの遵守は，中国の反対により 2000 年最終文書では合意されなかったものであるが，日本は「すべての核兵器国および NPT 非締約国に対してモラトリアムの宣言を要請し」ており，米国もモラトリアムを実施すべきであると主張している。また NAC も条約交渉の締結まで，モラトリアムを維持することを要請している。さらに EU はすべての国に要請するとともに，中国に対し，他の核兵器国のように，モラトリアムを宣言すること，およびその核兵器を増加しないことを要請しており，オーストラリアも

---

[30] NPT/CONF. 2005/WP. 34, 19 May 2005.
[31] NPT/CONF. 2005/WP. 27, 4 May 2005.
[32] NPT/CONF. 2005/WP. 18, 2 May 2005.

## 第2節　2005年 NPT 再検討会議

中国に対しモラトリアムの宣言を要請している[33]。

　FMCT 交渉開始に関する第1の対立点は，他の議題とのリンケージである。FMCT 交渉がなかなか開始されなかった最大の理由は，中国が「宇宙での軍備競争の停止(PAROS)」の交渉開始とリンケージしたことであったが，2003年に中国は厳格なリンケージを外すと述べた。しかし，この会議において，厳格なリンケージではないが，CD での作業計画をめぐって意見が対立している。ロシアは，FMCT 交渉の CD でのできるだけ早期の開始を支持すると述べるとともに，また核軍縮問題および消極的安全保証を取り扱うアドホック委員会を CD の枠内に設置するという考えをも支持すると述べ，われわれは，実際的軍縮活動への障害を取り除く CD 作業計画への包括的妥協を達成する必要がある，われわれはそのような妥協にはオープンであると述べる。

　中国は，CD において，FMCT の交渉を早期に開始し，ならびに核軍縮，非核兵器国の安全保証，宇宙の非兵器化に関するアドホック委員会を設置して実質的作業を開始するように，作業計画への合意を達成するために努力すべきであると述べる。また NAM も，FMCT を5年以内に締結するために条約交渉の即時開始を含む作業計画に CD が合意するよう要請しており，この部分の前項では，CD での核軍縮に関するアドホック委員会の設置を要求しており，この部分の後に PAROS に関する実質的作業の開始を要求しているので，ゆるやかなリンケージが見られる。

　その他の国々は必ずしもリンケージには言及しておらず，可能ならば単独で交渉が開始されることを要求しているように思われる。米国は主要委員会Iにおいて，CD において FMCT 交渉が，無条件でかつ他の問題とのリンケージなしに開始されることを希望すると述べている。

　FMCT 交渉開始に関するもう1つの対立点は，条約の検証に関するものである。1995年に合意されたシャノン・マンデートはその後の文書に一貫して引き継がれているものであるが，そこでは，「無差別で，多国間の，国際的かつ効果的に検証可能な FMCT」となっており，当然に検証規定が必要であり，可能であると考えられてきた。しかし，2004年7月に，米国は「FMCT の効果的な検証は不可能である」として，検証規定のない FMCT を交渉すべきであると主張するようになった。今回の会議において，米国と英国は，「無条件

---

[33] Statement by the Hon Alexander Downer MP, Minister for Foreign Affairs, 2005 Review Conference of the Parties to the NPT, 2 May 2005.

で」交渉を開始すべきであると主張している。他の3核兵器国はFMCTの交渉開始を主張しつつ，検証の問題には言及していない。日本，カナダ，スウェーデン，ドイツなども検証に言及していない。

それに対して，NACおよびNAMはシャノン・マンデートに従ったFMCT，すなわち国際的かつ効果的に検証可能なFMCTの交渉開始を求めており，NAMは，このFMCTの交渉のスコープを制限しようとする試みに懸念を表明している。オーストラリアは，検証措置を含むべきであると述べ，オーストリアは強力な検証なしのFMCTはその目的を達成できないと述べている。EUは，兵器用核分裂性物質の生産を禁止する無差別で，普遍的に適用される条約の，前提条件なしで，特別調整官の報告およびそこに含まれるマンデートに留意して，即時開始と早期締結を訴えるとしており，検証に関しては間接的な言及で，若干柔軟な態度を示している。

なお，CDでの交渉に関しては，2000年の最終文書は，核軍縮を取り扱う補助機関のCDでの設置を要請していたが，これもまだ設置されていない。上述したように，ロシアと中国は，FMCTに関連させて核軍縮を取り扱うアドホック委員会の設置を要求しており，NACとNAMもその設置を要求している。NAMは，核兵器禁止条約を含む，特定の時間的枠組みをもって核兵器を全廃する段階的プログラムの交渉を始めるよう要請している。カナダはこの問題に言及しているが，米国，英国，フランス，日本，EUはこの問題に言及していない。

補助機関1の議長の作業文書は，FMCTに直接言及するものはなく，最初の提案は，「遵守の側面も含め，条約の目的および効果を強化する追加的な国際文書の交渉のような，核軍縮に関する強化された多国間および他の活動のための選択肢を追求し履行するという緊急の努力を誓約する」と規定され，他の部分で，「条約の発効に至る間，核兵器および核爆発装置用の核分裂性物質の生産のモラトリアムを再確認または宣言する」と規定しており，多くの国から，この前半の部分はきわめて不明確であり，内容がよく分からないとの批判が出されていた。議長の第3案は以下の通りである。

(10) 会議は，特に軍縮会議において，遵守の側面を含む核軍縮に関する強化された多国間および他の活動のための選択肢を追求し履行するという緊急の努力を誓約し，軍縮会議のすべてのメンバーに対し，NPTに関係する重要な任務を促進させる作業計画の採択を可能にするのに必要な柔軟性を

示すよう訴える。

2000年最終文書では，軍縮会議におけるFMCTに関する交渉の必要性および核軍縮を取り扱う補助機関の設置の必要性が規定されていたが，議長提案は最後まで，上述のような抽象的な表現にとどまった。その意味では2000年より大きく後退していると考えられる。日豪提案は，FMCT交渉の即時の開始および早期の締結の重要性を再確認するものであったし，NAC提案およびNAM提案は，軍縮会議において，FMCT交渉を開始すること，および核軍縮に関する補助機関を設置することを主張していた。NAMはさらにPAROSに関する交渉も主張している。また中国は，軍縮会議においてFMCT交渉とともに，核軍縮，消極的安全保証，宇宙における軍備競争の防止の問題を取り上げるべきだと述べており，ロシアもFMCTとともに，核軍縮と消極的安全保証に関するアドホック委員会を設置すべきであると主張していた。

議長の作業文書がきわめてあいまいで，かつ抽象的なのは，これらのさまざまな見解の相違を背景とするものであり，このことは，現在，軍縮会議における多国間条約の交渉がいかに困難であるかということを示すものである。

### 4　戦略核兵器の削減

2000年の最終文書では，START IIの早期発効と完全履行およびSTART IIIの締結が揚げられていたが，ブッシュ政権の登場とともにSTARTプロセスは放棄され，2002年にはモスクワ条約が締結された。米国は，第6条の義務の達成に完全にコミットしていると述べ，前回の再検討会議以来，米国とロシアはSTART Iの削減の履行を完成し，モスクワ条約に署名し2002年に発効させたと述べ，2012年末に完全に履行された時，米国は配備された核弾頭を1990年に比べて80％削減していることになると述べた。ロシアも，核軍縮を含む条約義務にコミットしており，前回の再検討会議以来，核軍縮努力をすばやく強化しており，戦略兵器削減のSTARTの義務を完全に履行したし，またモスクワ条約は核軍縮に向けての新たな顕著な措置であると述べる。

これに対してNAMは，核兵器の廃絶に向けての進歩がないことを深く懸念しており，モスクワ条約の署名に注目はするが，配備および運用状況の削減は，核兵器の不可逆的な削減および全廃に取って代わるものでないことを強調している。START IIが発効しなかったことは13項目の後退であり，NAMは核軍縮に関して不可逆性と増加した透明性の原則を要請する。NACは過去2回の

## 第2章 NPT再検討プロセスの展開

再検討会議で合意された成果の履行については、われわれは多いに失望しているとし、核兵器削減の大部分は不可逆でなく、透明でなく、検証可能でないと批判している。

中間的な立場として、日本は、核兵器国による核兵器削減の努力は正当に評価されるべきであるが、すべての核兵器国に対して、すべての種類の核兵器の一層の大幅な削減を含む、さらなる核軍縮措置を求めている。さらに米国とロシアに対し、モスクワ条約を完全に履行することを奨励している。EUは、NPT第6条の下で漸進的で組織的な核軍縮の追求において、核軍備を全般的に削減する必要を強調し、この関連で、米ロ間のモスクワ条約の批准を歓迎するが、不可逆性、透明性、検証可能性の原則が重要であること、さらにその核兵器を削減する一層の進展が必要であることを強調している。

戦略兵器の文脈において、2000年最終文書はABM条約の維持・強化も規定していたが、米国はABM条約から一方的に脱退し、条約は失効した。これに関連して、中国とNAMは宇宙における軍備競争の可能性を危惧し、CDにおいてPAROSの交渉を開始するよう要請している。

補助機関1の議長の作業文書は2カ所でこの問題に言及しており、まずモスクワ条約に関して、最初の案は「モスクワ条約の重要性を承認し、それを履行する継続的努力を求める」となっていたが、後半にさらに追加され、第3案では以下のように規定する。

(4) 会議は、モスクワ条約の重要性を承認し、それを履行する継続的努力を求め、さらにその締約国に対して、2012年までに合意された予定表により核弾頭の最低の目標数への削減を行うよう要請する。

モスクワ条約の欠点を指摘する発言は多く存在したが、この項目については米国もその他の国も大きな異議は唱えなかった。

もう1カ所は、戦略および非戦略両方の核兵器の削減に関する条項で、最初の案からほとんど変更がなく、以下のように規定する。

(5) 1995年および2000年再検討会議で取られた諸決定を基礎として、会議は、その非戦略および戦略核兵器を削減しまたは削減し続けることにつき核兵器国による一層強化された進展を要請する。

日豪提案は、「会議は、核兵器のない安全な世界の実現には一層の措置が必要であることに合意し、そこには、一層の透明性をもち、不可逆な方法で、そ

の廃絶に向けて作用する過程において，すべての核兵器国によるすべてのタイプの核兵器のより大幅な削減が含まれる」と規定し，NAC 提案も，核兵器国に対し，その非戦略および戦略核兵器を削減する一層の措置をとることを要請するとし，NAM 提案は，特定の時間的枠組みをもつ核兵器全廃のための段階的計画の交渉をすぐに始めることを主張している。

米国は，この条項が以前の再検討会議に言及していることからも，また戦略および非戦略の両方にわたって削減を求めていることから，この条項の削除を求めており，ロシアも否定的な反応を示していた。

## 5 非戦略核兵器の削減

非戦略核兵器の削減に関して，日本はすべてのタイプの核兵器の一層の削減を要請するという形で，間接的ではあるがこの問題に言及している。EU は，非戦略核兵器の一方的な削減に関して 1991 年と 1992 年に米国およびロシアの大統領よりなされた宣言の履行の必要性を強調し，非戦略核兵器を保有するすべての国に対し，その削減および廃棄のために，一般軍備管理軍縮プロセスに含めるよう要請している。ドイツは，非戦略核兵器の削減に関して準備委員会で作業文書を提出し，その重要性を強調しつつ，第 1 段階として 1991 年と 1992 年の米国とロシアの一方的な約束の完全な履行を提案し，すべての国の非戦略核兵器を削減し廃棄することが目的であるとする。さらに，これらの兵器に対する透明性措置が合意されるべきであり，一方的約束の正式化と検証のための措置が取られるべきであると主張する[34]。スウェーデンは，非戦略核兵器は長い間軍縮交渉で無視されてきたが，比較的小さく運搬手段が入手しやすいのでテロリストが取得しようとするだろうから，これらの兵器を保有する国に対し，緊急の意識をもって，全廃という目的をもって一層の削減の交渉を始めることを要請している。

また，NAC も核兵器国に対して，非戦略および戦略核兵器の削減のため一層の措置を取ることを要請しており，南アフリカも，核兵器国が非戦略核兵器の削減のために一層の措置を取ることの必要性を述べている[35]。

---

[34] Speech by Joschka Fisher, Federal Minister for Foreign Affairs, at the Opening session of the 7 th Review Conference of the Parties to the NPT, New York, 2 May 2005.

[35] Statement by the Republic of South Africa during the General Debate of the 2005 Review Conference of the States Parties to the NPT delivered by Mr. Abdul Samad Minty, Deputy Director-General: Department of Foreign Affairs, New York, 3 May 2005.

第2章　NPT再検討プロセスの展開

　他方，米国は，1991年と1992年の大統領核イニシアティブ(PNI)に従い，冷戦終結以来，我々の非戦略核兵器を90％削減し，3000以上の非戦略兵器を解体し，PNIで約束した廃棄の最後のものが2003年に達成されたと述べた。ロシアは，「非戦略核兵器の削減はロシアがNPT第6条の義務を実施することに真に貢献しているものである。今では，ロシアの非戦略核兵器は国家領域内にのみ配備され，国防省の中央貯蔵庫に集中されている。ロシアのすべての核兵器は信頼できる管理の下にあり，権限のない使用を回避するためすべての必要な措置がとられている。1991年と比べてロシアの非戦略核兵器を4分の1に削減した。我々はこれらの兵器のレベルを一層削減するつもりである。この過程は，軍事的・戦略的状況および国家安全保障上の利益を考慮しつつ遂行される」と述べた。英国，フランス，中国はこの問題には言及していない。
　補助機関1の議長作業文書は上述した戦略核兵器の部分に非戦略核兵器も含まれており，削減はそこで議論されているが，さらに以下の条項を含んでいた。

(6)　会議は，大統領核イニシアティブの完全な履行の価値，およびそのようなメカニズムを非戦略核兵器を保有するすべての国家に拡大することの価値を確認する。

## 6　核兵器の役割の低減：新型核兵器

　日本は，この点について，核兵器が使用される危険を最小限にし，その全廃のプロセスを促進するために，安全保障政策における核兵器の役割を低減させることの必要性を主張している。
　NACは，NPTレジームの文脈でなされたすべての約束の遵守と履行がないことに懸念が増大しているとし，特に，ある核兵器国が新たなあるいは大幅に改良された核兵器を研究しさらに開発を計画さえしているという発展を心配しており，これらの活動は新たな核軍備競争の条件を作り出す潜在力があり，条約に反するものであると述べる。そして核兵器国に対して，その安全保障政策において核兵器の役割を低減させるという約束に従い，新型の核兵器の開発を行わないよう要請している。南アフリカも，同様に，核兵器国が，その安全保障政策において核兵器の役割を低減させるという約束に従い，新型の核兵器を開発しない必要性を強調している。ブラジルも，NPTは核兵器およびその運搬手段の近代化を明示的に禁止する規定を含んでいないが，新型の核兵器の導入および核兵器の使用の敷居を低下させるような戦略理論の発表は，完全な核

軍縮への明確な約束に反するものであり，2000年に採択された，核廃絶に向けた13の具体的措置を迂回するものであると述べる[36]。

　NAMは，核兵器が使用されうる状況の拡大を考えている1核兵器国による最近の政策見直しにより示されているように，核兵器使用の基本的理由を定めた戦略防衛理論に深く懸念しているとし，新型の核兵器のありうるかも知れない開発，攻撃的な対抗拡散目的に役立つ新たな攻撃目標オプション，および安全保障政策における核兵器の役割の低減における進歩のなさは，さらに軍縮の約束を損なうものであると述べる。

　同様に中国も，否定的な発展として，冷戦思考に固執し，単独主義を追い求め，先制攻撃戦略を主張し，他国を核攻撃の目標として列挙し，核兵器の使用の敷居を低下させ，特別な目的のために新型の核兵器を研究・開発していることは，国際安全保障に新たな不安定要素を付け加えるものであると述べる。核兵器国はその安全保障政策において核兵器の役割を低減させるべきであり，核攻撃の目標としていかなる国も列挙すべきでないことを主張する。

　これらの批判に対して，米国は，我々の抑止戦略における核兵器の役割を低減させたし，核兵器をほとんど半分に削減していると述べる。「NPT第6条への米国のコミットメント」において，米国は核兵器への依存を大幅に削減したと述べ，批判に対しては以下のように反論している。

　　国防総省の2001年の核態勢見直し(NPR)は冷戦後の米国の防衛戦略において核兵器の役割が低減したことを法典化した。2001年のNPRは新たな三本柱を打ち立てたが，それは以前のものに比べて核兵器能力への依存を大幅に低減させたものである。2001年NPRが新たな核兵器を要請しているという非難は間違いである。米国はいかなる核弾頭も開発していないし，実験していないし，生産していないし，10年以上してこなかった。広く議論されている2つの活動がある。先進的核兵器概念への小規模な研究努力は，核兵器の安全性と信頼性を確保するストックパイル・スチュワードシップの促進を含む多数の目的を持っている。実験なしに，現存の兵器が堅固で地下深くにある標的に危害を加えるよう適用できるか否かの研究は，強力地下貫通核兵器(RNEP)も同様であり，これらは研究であり，それ以上進むには大統領および議会の行動が必要である。また低威力の核兵器はすぐに使えるし，核

---

[36] Statement by the Head of Delegation of Brazil, Ambassador Ronaldo Sardenberg, at Ⅶ Review Conference of the NPT, New York, 2 May 2005.

の敷居を下げると議論されているが，1950年代から米国は低威力の核兵器を大量に保有してきたが，それらは使用されなかった。核兵器使用の決定は，大統領によりなされなければならないが，威力が低下したからより簡単になるものではなく，核兵器の敷居は常に高かったし，そうあり続ける。

ロシア，英国，フランスはこの問題については発言していない。

以上の核兵器の役割の低減と若干関連しているのが，核兵器の運用状況の低下の問題であり，日本は核兵器システムの運用状況の低下を求めているし，EUは偶発戦争の危険を削減する措置を取るべきであると述べている。スウェーデンは，核兵器国に対し警戒態勢解除を求めている。NACはさらに詳細に，核兵器国は核兵器システムを警戒解除し，不活性化すべきであり，また核弾頭を運搬手段から分離し，核兵器の全面禁止に至るまで，核兵力を活性的配備から撤去すべきであると主張している。他方，核兵器国は2000年の再検討会議の際に，照準解除には合意したが，それ以上の措置についてはなんら言及していない。

補助機関1の議長の作業文書は2カ所でこの問題を取り扱っており，第1は，核兵器の役割の制限や運用準備状況の制限に関係し，第2は新型核兵器に関係する。

核兵器の役割などに関する条項は，最初の案からほとんど変更なく，以下のように規定する。

(7) 核軍縮の達成までの間，会議は核兵器国に対し，核兵器の配備，核兵器の運用準備状態，国家安全保障ドクトリンにおいて定義される核兵器の潜在的役割をさらに制限することを決意するよう要請する。

日豪提案は，2000年最終文書に従い，核兵器システムの運用状態を一層削減することを要請し，安全保障政策において核兵器の役割を低減させる必要性を再確認している。NACは，非戦略核兵器の削減および新型核兵器の開発に関連して，安全保障政策における核兵器の役割の低減を主張し，さらに核兵器の警戒態勢の解除や不活性化，実戦配備からの撤退を要請している。

第2の新型核兵器に関する規定は最初の案から変更なく，以下の通りである。

(8) 会議は，核兵器国に対して，新型の核兵器または他の核爆発装置を研究し開発するといういかなる努力も差し控えるよう要請する。

日豪提案はこの点には触れていないが，NAC 提案は，新型核兵器を開発しないことを要請しており，NAM 提案も，新型核兵器のあり得るかもしれない開発は軍縮の約束を損なうものであると主張している。米国はこの条項の削除を要求している。

## 7　核分裂性物質の検証と処分

　もはや軍事的目的に必要でないと指定されたいわゆる余剰核分裂性物質に対する検証措置の適用およびそれらの処分については 2000 年最終文書にも規定され，主として米ロの間で実施されてきた。

　米国は，主要委員会 I の演説で，174 トンの高濃縮ウラン(HEU)，52 トンのプルトニウムを兵器用から取り除き，そのいくらかを IAEA 保障措置の下に置き，約 60 トンを不可逆的に平和利用に転換したこと，米ロはそれぞれ 34 トンのプルトニウムを処分することを約束したこと，1993 年の HEU 購入協定により，ロシアの核兵器からこれまで 240 トンの HEU を低濃縮にしたことを明らかにした。さらに米国は 1992 年以来の協力的脅威削減(CTR)プログラム，および 2002 年の「大量破壊兵器と物質の拡散に対するグローバル・パートナーシップ」に言及した。

　ロシアも不可逆的な核軍縮の側面から，ロシアの核兵器から抽出された 500 トンの HEU 処理計画があり，これまで 250 トンを処理したと述べた。

　日本はこれらの側面を強く主張しており，その作業文書および日豪提案において，核軍縮に関する 8 項目のうち，2 項目で触れている。まず「軍事目的に余剰な核兵器の軍縮を加速させるために，会議は，協力的脅威削減計画および大量破壊兵器と物質の拡散に対する G8 グローバル・パートナーシップのような，核兵器関連物質の削減を目指した国際協力の枠内での努力を追求し続けるよう奨励する」こと，ならびに「会議は，核兵器の削減から生じた核分裂性物質は最高水準で管理され防護されなければならないことを強調し，もはや軍事目的に必要でない核分裂性物質が，核兵器使用から不可逆的に除外されるのを確保するため，それらを実行可能な限り早く国際検証の下に置くための，すべての核兵器国による取決めを要請する」ことを提案している。

　EU も，核軍縮の観点からして，G8 グローバル・パートナーシップの下で定義された，核兵器の破壊と廃棄および核分裂性物質の廃棄のプログラムの重要性を承認しており，NAC 提案も，すべての 5 核兵器国が，もはや軍事目的に必要でない核分裂性物質を IAEA その他の国際検証の下に置くことの必要性を

強調している。

補助機関1の議長の提案は以下の通りである。

(11) 会議は，核兵器国がもはや軍事目的に必要でないと指定された核分裂性物質を，実行可能な限り早くIAEAまたは他の関連国際検証の下に置くことにつき，核兵器国の確認を求め，核軍縮のための検証能力の開発につきすでに行われた作業を歓迎しつつ，まだそうしていない核兵器国によりそのような作業が開始されることを要請する。

## 8 消極的安全保証

消極的安全保証の問題は，条約交渉時から非核兵器国，特に非同盟の非核兵器国にとっては優先度の高い問題であり，原則的な問題であるとともに，特に2000年以降の米国の核戦略で，非核兵器国に対する核兵器の使用の可能性が高まったと認識されることにより，今回の会議でも重要な課題の1つとなった。また2000年の最終文書では，準備委員会が法的拘束力ある消極的安全保証に関する勧告を2005年の再検討会議に行うことを要請していたが，それは実現されなかった。

NAMは，核兵器の全廃に至るまでの間，非核兵器国に対する安全保証に関する普遍的で，無条件で，法的拘束力ある文書が最優先課題として追求されるべきことを主張し，安全保証を受けるのは，核兵器オプションを放棄した非核兵器国の正当な権利であるので，その交渉を始めることを要請している。条約の文脈内での法的拘束力ある保証は，締約国に不可欠の便益を与えることになると述べる。

NACは，すべての非核兵器国に対して多国間で交渉される法的拘束力ある安全保証が締結されるまで，安全保証に関する現存の約束を尊重するよう核兵器国に要請している。法的拘束力ある安全保証は，NPTの文脈で締結される個別の文書という形式でもよいし，条約の議定書という形式でもよいとする。南アフリカは，締約国である非核兵器国に対する核兵器国による法的拘束力ある安全保証の交渉を提案しており，2000年に合意された約束として，消極的安全保証を法典化することの議論を開始するという合意に従った行動が必要であると認識している。韓国も，安全でないという感覚を削減する実際的措置として，消極的安全保証という考えを支持し，この点で，核兵器国は，NPTとその他の保障措置義務を誠実に履行している非核兵器国に対して，強力で信頼

できる安全保証を提供すべきであると主張している[37]。

ロシアは，CDの枠組み内において，FMCT，核軍縮問題とともに，消極的安全保証を取り扱うアドホック委員会を設置するという考えを支持している。中国は，非核兵器国が核兵器の開発を放棄しているので核兵器の脅威から解放されること，核兵器国が法的拘束力ある形で保証を提供することを要求することはまったく正当であると考え，中国は，非核兵器国および非核兵器地帯に対して核兵器を使用せず，その威嚇をしないことを無条件で約束しており，他のすべての核兵器国も法的形式でその約束を引き受けるべきことを要請する。中国は，FMCT，核軍縮，非核兵器国の安全保証，宇宙の非兵器化についてアドホック委員会を設置することを要求している。

米国，英国，フランスは，消極的安全保証については，1995年の政治的宣言を確認する安保理決議984で十分であるとし，それに関する政策の変更はないと述べ，法的拘束力ある消極的安全保証の議論には否定的である。なおEUは，NPT締約国である非核兵器国に対する安全保証の問題を検討し続けること，核兵器国が国連安保理決議984（1995）で注目されている現存の安全保証を再確認することを要請している。

補助機関1のマンデートは，「核軍縮および安全保証」であり，補助機関の1セッションが安全保証に割り当てられ，議長の作業文書を基礎に議論されたが，時間が限られていたこととともに，米英仏の立場とNACやNAMの立場が大きく異なっていたこともあり，妥協を目指すような建設的な議論は行われなかった。

議長の安全保証に関する作業文書の実質的な部分は以下の2項目である。

(3) 会議は，すべての非核兵器締約国のために多国間で交渉される法的拘束力ある安全保証の締結までの間，核兵器国に対し，安全保証に関する現存の約束を完全に尊重することを要請する。

(7) 会議は，強化された再検討プロセスの文脈において，2010年のNPT再検討会議でそれらの審議の結果を確認するために，次回の検討期間の間にとられるべき一層の作業の必要性に合意する。

第3項は，NAC提案の前半部分であり，NAC提案ではさらに，法的拘束力

---

[37] Statement by H. E. Park In-kook, Ambassador, Alternative Head of Delegation of the Republic of Korea at the 2005 Review Conference of the Parties to the NPT, Main Committee I, 19 May 2005, New York.

ある安全保証の形態につき，それは核不拡散条約の文脈において達成される別個の協定の形か，条約の議定書として行われ得ると規定している。NAM 提案は，非核兵器国への安全保証に関する普遍的で無条件で法的拘束力ある文書を締結する努力が優先課題として追求されるべきであると規定している。これらの条項には，米国，英国，フランスが反対している。

他方，議長作業文書の(6)は以下のように規定している。

(6) 会議は，核兵器の使用または使用の威嚇に対する保証は条件付きであり，受益国が条約の下でその国の不拡散・軍縮義務に重大な違反を犯した場合は適用されない。

この条項にはマレーシア，キューバなどが反対を唱えている。

## IV　会議の評価と今後の見直し

### 1　会議の評価

マスコミの報道によると，「NPT 会議事実上決裂——核問題3委員会ともに合意できず」(朝日)，「NPT 会議が決裂——事実上成果無し，核軍縮，平和利用も」(読売)，「NPT 会議完全決裂——実質的成果得られず」(毎日)といった見出しが並んでおり，会議は決裂したというのが，一般的な評価である。

今回の会議において実質的内容を含んだ最終文書の採択に失敗したという事実は，これまでの6回の再検討会議での状況をも考慮に入れて考えるならば，それはそれぞれの時代の国際環境の状況を反映したものであり，会議の成否は中心的な役割を果たす締約国の態度にも大きく依存していると思われる。

条約の運用の検討に関しては，1975年は実質的に最終文書に合意できなかったが，議長のきわめて強力なリーダーシップにより最終宣言が採択されており，1980年は何も採択されず，1985年は，合意はなかったが，CTBT に関する対立を両論併記することにより最終宣言を採択しており，1990年は採択できず，1995年も3つの決定には合意されたが，再検討の部分には合意が見られなかった。

2000年は，再検討の部分および将来取るべき措置の両方について合意が達成されたきわめてまれなケースであると言える。2000年会議も会議前の予測はきわめて悲観的なものであった。ミサイル防衛に関する米国と中国の対立もあったし，米国上院が CTBT の批准を拒否するという状況で，国際情勢も必ずしも良好ではなかった。

## 第2節　2005年NPT再検討会議

　2000年会議の主要なプレーヤーは，核兵器国とNACであったが，5核兵器国は会議の1週間目に「共通声明」を出し，核兵器国間における対立をうまく棚上げした共通の立場を明確にし，核兵器国全体として会議に臨む姿勢を明らかにした。他方，NACは優れた内容の提案とともに，軍縮問題に精通した軍縮大使などを擁したグループとして，大きな存在感があり，非核兵器国全体のリーダーとしての役割を果たした。

　また2000年会議において，最終文書がコンセンサスで採択された背景には，特に両者，さらに他の締約国が妥協を受け入れるという前向きの姿勢を示したことが指摘されるべきである。NAC提案の「核兵器全廃を達成するという核兵器国による明確な約束」に関しても，NACの当初の提案はさらに詳細な核軍縮義務を含むものであったが，その部分の削除に応じると共に，核兵器国の中でも，ロシアとフランスは最後まで抵抗したが，最終的には妥協した。この部分が合意された後に，NACは輸出管理など核兵器国が反対していた多くの部分を，最終文書から削除することに同意している。さらに会議の最終日にはイラク問題をめぐって，米国とイラクの対立があり，会議を翌日まで延長しつつ，両者の妥協が模索され，会議は翌日の土曜日の午後まで続けられた。

　今回の会議の成り行きを観察していると，会議の主要なプレーヤーに妥協の姿勢がまったく見られなかったことが失敗の最大の原因であったと考えられる。今回の会議の主要なプレーヤーは，エジプトであり，米国であり，さらにイランであった。まず核兵器国に関して検討すると，5核兵器国が協議を行っていたのは事実であるが，一般演説において中国が米国の姿勢を強硬に批判しているように，5核兵器国の間で共通の姿勢が提示されなかったことが問題の1つである。特にCTBTについてはロシア，英国，フランスは批准しており，中国も一応支持を表明しているという状況があり，米国の安全保障政策一般についても，他の諸国からの批判があり，米国対他の4核兵器国という対立の図式も見られた。

　他方，NACおよびNAMも以前のような強いリーダーシップを発揮することができず，それらのグループの見解を明確に代表しているとは考えられないエジプトが，会議の進展を左右するような発言を繰り返した。NACを代表するニュージーランドおよびNAMを代表するマレーシアも，それぞれのグループを代表して発言はしているが，リーダーシップを発揮することはなかった。

　また両グループが対話を始めるような2000年のような状況が生じれば，中間国として，日本やオーストラリア，EU，カナダなども一定の役割を果たす

ことができたと考えられる。しかし，今回はそのような状況には至らなかった。また今回，EU は 25 カ国以上の支持を得た共同提案を提出し，最終文書へ大きな影響力を発揮できるのではないかと考えられたが，1 つには状況がそこまで進まなかったことがあるが，それ以上に問題だったのは，EU を代表するルクセンブルグの大使はまったくリーダーシップを発揮しなかったことである。

　会議の時代的背景としては，すでに述べたように，北朝鮮の NPT 脱退声明，イランの核疑惑，A.Q. カーンの核の闇市場，核テロの危険など，核不拡散に対する新たな状況が発生しており，それらに対応することが必要であることには，すべての国にとって異存のないことであった。したがって，これらの新たな問題にこの会議がどのように対応すべきかが，会議の大きな課題の 1 つであった。

　他方，戦略核兵器を中心に核兵器が大幅に削減されているのは事実であるとしても，米国の安全保障政策において，非戦略核兵器の重要性が再認識され，新たな核兵器の研究の推進や核実験準備期間の短縮などの措置が推進されるとともに，米国がこれまでの再検討会議の合意文書を死文化しようとしていることが，この会議のスムースな進行を妨げるものとなり，そのような観点から核軍縮問題がもう 1 つの課題となった。

　米国は核不拡散の問題を中心に議論し，核軍縮については議論しないという意味で，会議の議題を制限し，エジプトなど非同盟諸国は，核不核散の議論にも参加するが，核軍縮の議論なしには，核不拡散の規制には合意できないと，それぞれが他の議題との関係を利己的に主張したため，会議は建設的な合意を達成できなかった。両者の非妥協的な態度が，今回の会議の失敗の最大の原因であると考えられる。

　特に，会議が開始してから 2 週間半も実質的審議に入れないという状況，特に第 1 週の最終日に提出された暫定議題に対して，エジプトが異議を唱え，またさまざまな手続問題で異議を唱えたという点は，実質的議論の時間が大幅に削減されたという意味で，きわめて残念なことであり，今回の会議が実質的な合意を達成できたかどうかは不確かであるとしても，十分な議論の時間がとれなかったという点では，エジプトの責任は重いものである。

　このように表面的事実を追っていくならば，今回の会議がうまく進まなかったことの責任はエジプトにあるというのは正しいだろうが，問題の根本を明らかにするには，そのような態度をとったエジプトの行動の背景を明らかにすることが必要である。

## 第2節　2005年NPT再検討会議

　米国が、核不拡散の脅威を強調し、現在の脅威に対処するために、特に北朝鮮やイランの問題に焦点を当て、彼らに会議の明確なメッセージを送り、国際社会がこれらの問題に全体として積極的に対応し、今後そのような問題が生じないよう防止的な措置に合意しようとしたことは、正しい選択であり正しい方向であり、すべての国は米国に協力して、弱体化しつつある核不拡散体制を強化することに合意すべきであった。

　しかし、米国は、半面において、米国はNPT第6条の義務を完全に遵守していると繰り返し述べるだけで、核軍縮の新たな措置への動きをまったく示さず、過去の再検討会議における合意、特に2000年会議の最終文書に含まれる13の軍縮措置に関して、それらは一定の政治的状況の中で合意された政治的約束であり、今では状況が変化したので米国はそれらに拘束されないと主張した。米国のこのような考えに対し、他の4核兵器国を含め、すべてと言っていいほど多数の国家が、1995年および2000年の合意は、政治的約束であるとしても、現に存在するものであり、それを基礎に議論をすべきだと主張していた。さらに多くの国は、これらの合意は、1995年のNPT無期限延長の対価として合意されたものであり、無期限延長が法的拘束力あるものとして即時に実施されるとしても、核軍縮は政治的約束として、特に第6条の解釈として徐々に実施されるべきものであると考えていた。

　さらに米国は、「NPTの中には核兵器国が核兵器を開発することを禁止するものは何もない」と主張し、CTBTには反対であると述べ、補助機関1に提出された議長の作業文書について、2000年最終文書に関わる部分に関してはすべて「削除しろ」と主張した。多くの非核兵器国は、NPTの無期限延長に関して、核軍縮の約束とパッケージでそれに合意し、その具体的な措置として13項目にコンセンサスで合意したことが、米国の1国の意思で、存在しないものとなることを恐れていた。

　それは米国のペースで新たな合意が作成された場合に、これまでの合意が新たな合意に置き換えられ、1995年および2000年の合意が無効になることを恐れていたのである。そういった側面から、エジプトなどの非同盟諸国が実質的な審議に入ることを阻止しようとしたという観点も、一理あるかもしれない。

　米国がこの会議に与えた重要性の程度は、さまざまな点から判断できるが、まず、1995年にはゴア副大統領が、2000年にはオルブライト国務長官が一般演説を行っていたが、今回は、国務次官よりもまだ下位のラドメーカー国務次官補が一般演説を行った。また会議中に妥協的な提案を行う権限をもつような

高官は出席せず，米国は当初の態度をまったく変更しないという，きわめて非妥協的な態度を示したが，それは米国政府代表団の人選にも現われていた。
　結論的に今回の会議の評価をすれば，一定の議論が行われたこと，それぞれの問題における対立点が明らかになったことなどが成果と言えなくもないが，実質的な議論の時間がきわめて限定されていたこともあり，それ以上の建設的な議論が十分になされなかったことが，会議の最大のマイナス点であろう。十分な時間があったとしても，すべての側面で合意を見出すのはきわめて困難であったと考えられるが，実質的協議がもう少し長く，かつ建設的に行われていたら，部分的には合意が達成され，合意のあるところとないところが明らかになり，今後の進展にも有益なものとなりえたであろう。しかし，今回は最初から，あるいは会議開始以前から，きわめて対立的な構造が現われ，非妥協的態度が一貫して見られたことが，今回の会議が失敗と言われる理由である。

## 2　今後の見通し

　今回の会議が何らの実質的な合意文書にも合意できなかったからといって，また会議が決裂したからといって，NPT体制も崩壊するというふうには考えられない。会議参加国は，会議のさまざまな発言や，最終日の意見表明においても，NPTは国際核不拡散体制の要石であり，NPTを中心とする不拡散体制を支持し強化すると述べており，NPT体制の基本的重要性は維持され続けるだろう。
　しかし，そのことは，今回の会議によって，NPT体制は何らの影響も受けないということを意味するのではなく，さまざまな方面において否定的な影響を受けることは間違いがなく，NPT体制が弱体化したことも否定できない。
　まず，核軍縮の側面に関しては，主要委員会Ⅰの補助機関1の議論の紹介でも明らかにしたように，今回の会議は核軍縮に関してきわめて否定的なメッセージを送っている。それは基本的には，米国が1995年および2000年の合意文書を無視し，そこに含まれる合意を存在しないものとしようとしているからである。特にCTBTの早期発効は米国の態度が変わらないと不可能である。軍縮会議におけるFMCTの即時の交渉開始も，米国の検証なしの条約交渉という要求とともに，核軍縮や消極的安全保証，宇宙における軍備競争の停止の交渉とどのようにして調整するかの問題があり，近い将来に，CDで交渉が開始される可能性は極めて低い。補助機関1の議長の作業文書も，そのような現状を反映したきわめて抽象的なものであった。

## 第2節　2005年NPT再検討会議

　第2に，核不拡散の側面に関しては，北朝鮮やイラン問題など緊急の課題があり，北朝鮮問題は6者協議で，イラン問題はEU3国との交渉に委ねられるであろうが，楽観的な予測は難しい。北朝鮮およびイランの協力姿勢が必要であるし，北朝鮮の場合には，米国のより積極的な関与が不可欠のように思える。今回の会議で，これらの国に対して国際社会として明確な核不拡散の決意のメッセージを送り，新たな核不拡散の措置に合意する機会を逸したことはきわめて残念なことである。

　保障措置に関しては，追加議定書の普遍化および輸出の場合の条件化は，今回の会議でも多くの国の賛成するところであり，国際原子力機関(IAEA)の場あるいは原子力供給国グループ(NSG)の場を通じて進展させることは可能であろう。米国を中心に推進されている拡散防止構想(PSI)や安保理決議1540は，現行の国際法のルールおよび原則に従って実施されていくべきであろう。これらの措置は，対症療法的には不可欠であるが，同時に問題の根本的解決の努力を並行させることが必要である。

　中東問題は，イスラエルの核兵器を中心に，中東非核兵器国の最大の関心事であり，今回の会議でもクローズアップされた問題である。中東諸国にとって，1995年の中東決議が履行されず，イスラエルのNPT加入が進展せず，中東非核兵器地帯および中東非大量破壊兵器地帯の設置に向けての進展がまったくないことに大きな不満が見られる。中東諸国が脱退問題の議論においても，イスラエルの加入問題を含む普遍化の問題を提起しているように，核兵器国，特に米国は，この問題に真剣に取り組むことが不可欠である。現在大きな不満が存在する中で，この問題を放置するならば，NPT体制の根幹を揺るがすような事態が生じないとは限らない。今回の会議の結果として，この問題の重要性が認識される必要がある。

　第3に，原子力平和利用の側面については，ウラン濃縮，プルトニウム抽出といった機微な原子力活動について，輸出制限や多角的管理が唱えられており，原子力平和利用の不可譲の権利との調整が必要となっている。不拡散を重視する国からは前者が強調され，平和利用を重視する国は後者を強調している状況であり，今後ともその間の調整のための動きが続くであろう。

　脱退については，さまざまな意見が出され，脱退宣言があれば国連安保理を開催して審議するとか，脱退国は以前の平和利用の供給物を返還すべきであること，これからも個別に適用していくことは可能であろうし，脱退国が出ない安全保障環境を整備していくことも必要であろう。

## 第2章　NPT再検討プロセスの展開

## むすび

　2005年NPT再検討会議は4週間にわたって開催されたにもかかわらず，議題の設定など手続問題で時間を浪費し，実質的な議論の時間も制限され，何らの実質的な合意を達成できなかった。この背景には，核不拡散と核軍縮を巡る大きな対立が存在しており，今日の国際社会において，何が脅威であって，その脅威にどのように対応すべきかについて，大きな見解の相違が存在することを示している。

　2000年以降の国際社会においては，北朝鮮のNPT脱退声明，イランの核疑惑，A.Q.カーンの核の闇市場，核テロの可能性などさまざまな新たな脅威が発生しており，米国は会議がこれらの問題の対処に専念することを強く主張する一方，他の多くの国は，核不拡散と核軍縮の両者をバランスのとれた形で議論するよう主張した。

　米国は，過去の再検討会議の合意，特に2000年の最終文書に含まれる核軍縮に関する合意は今では有効でないとして，それらに言及することを避ける一方，米国は条約第6条の核軍縮義務は完全に遵守していると主張した。このような米国の態度に対して，多くの非核兵器国はそれは余りにも一方的で受け入れることはできず，過去の再検討会議の合意を含めて再検討を行うべきと考えた。

　このような基本的な立場の相違を前提とした今回の会議は，両者ともまったく妥協する態度を示さなかったため，会議の分裂という状況を招いた。会議以前から，今回の会議で2000年のような最終文書の採択は不可能であると予測されていたが，実質的討議が十分行われなかったことからして，当初の予測以上に不満足な結果となった。

　これにより国際核不拡散体制の弱体化は避けられないが，今後とも，核不拡散と核軍縮の両者を見据えた各国の努力が必要であり，この会議で明らかになったさまざまな課題を建設的な方向に少しずつでも進めることが不可欠である。

## 第3節　2007年NPT準備委員会

　2010年の核不拡散条約（NPT）再検討会議の準備委員会第1会期が2007年4月30日から5月11日までオーストリアのウィーンで開催された。2005年の再検討会議が関係国の鋭い対立のため最終文書を採択することができず、失敗であったと一般に考えられ、核不拡散体制の危機が叫ばれたこともあり、今回の会合は新たな再検討プロセスの出発点として、過去の失敗をどのように乗り越えるかという重要な課題をかかえたものであった。

　この会合は、イランの反対により、二度にわたって決裂・失敗の可能性を迎えたが、多くの参加国のNPTに対する大きな支持があったこと、また議長がリーダーシップを発揮したことなどにより、会議は実質的な審議を行い、作業文書としてではあるが、議長の文書を採択したのであり、一般に成功であったと考えられている。

　本節では、この準備委員会の全体的な流れおよび内容を検討するとともに、特に核軍縮に関する議論を詳細に分析し考察する。そのため、第1にこの会合に至る国際状況を検討し、第2にこの会合の進行および討議の全体的な分析を行い、第3に核軍縮に関する諸問題を各国の主張を中心に整理し分析し、最後に今後の展望を行う。

### I　準備委員会以前の状況

#### 1　2005年再検討会議[1]

　NPT再検討プロセスにおける最大の危機は、締約国の間で鋭い意見の対立が生じた2004・2005年の時期であった。この時期に、米国は核不拡散の違反問題を最重要課題とすることを主張し、核軍縮については問題がないので議論する必要がないと主張した。さらに1995年の再検討・延長会議および2000年再検討会議で採択された文書はもはや有効でないと主張した。

　1995年には、NPT無期限延長決定と同時に、「核不拡散と核軍縮の原則と目標」、「NPT再検討プロセスの強化」および「中東に関する決議」という文書が投票なしで採択されており、2000年再検討会議でコンセンサスで採択された最終文書は、「核兵器国による核兵器全廃の明確な約束」など核軍縮に関す

---

[1] 2005年再検討会議の分析については、本書第2章第2節を参照。

る13項目を含んでいた。

　他方,エジプトを中心とする非同盟諸国は,1995年および2000年に採択された文書は当然有効であり,それらに含まれる約束も当然再検討会議で議論すべきものであると主張した。

　この対立は議題の内容に関する対立として現われ,議題が採択されたのは第2週の水曜日であり,その後さらに議題の割り振りと補助機関の設置で意見が対立し,この問題が最終的に解決されたのは第3週の水曜日であった。その結果,4週間の会議の中で実質審議が行われたのは4日間のみであり,時間がきわめて限られていた上に,実質的内容についても鋭い対立が存在したため,2005年再検討会議は手続き事項以外には何も合意することができなかった。

　特に,この時期には米国対エジプトという対立の図式であったが,エジプトと同様の立場でイランがしばしば発言しており,また多くの非同盟諸国もエジプトを支持しているようであった。

## 2　議長による議題案

　西側グループで議長候補に選出された天野之弥ウィーン国際機関代表部大使は,委員会の半年も前からさまざまな非公式協議を実施し,またさまざまな関連するセミナーに出席して,各国の意見を聴取しつつ,議題案の作成に取り掛かった。前回の再検討会議が議題の採択に会議の大部分の時間を費やしたことから,すべての国家が受け入れる可能性のある議題を示すことが,スムースな会議の開始および運営に不可欠であったからである。

　委員会の開催に先立って4月に議長候補から示された議題案は以下の通りであった。

Preparatory work for the review of the operation of the Treaty in accordance with article VIII, paragraph 3, of the Treaty, in particular, consideration of principles, objectives and ways to promote the full implementation of the Treaty, as well as its universality, including specific matters of substance related to the implementation of the Treaty and Decisions 1 and 2, as well as the resolution on the Middle East, adopted in 1995, and the outcomes of the 1975, 1985, 2000 and 2005 Review Conferences, including developments affecting the operation and purpose of the Treaty, and thereby considering approaches and measures to realize its purpose, reaffirming the need for full compliance with the Treaty.

　この提案は2002年準備委員会の議題を基礎としており,若干の文言を加え

たものである。具体的な変更は，the outcomes of the 2000 Review Conference となっていた 2002 年の議題に，1975 年，1985 年，2005 年を追加したことである。もう 1 つは，最後の 2 文の追加であり，and thereby 以下が新たに付け加えられた。

一方でこの議題案は，1995 年の諸決定と中東決議に明確に言及することにより非同盟諸国の主張を取り入れており，他方で 1975 年，1985 年，2005 年を追加することにより，2000 年が突出することを希薄化することにより米国の意向を考慮しているものである。また，最後の文章を追加することにより，特に条約違反問題の重要性を浮き上がらせるものとなっており，これは米国やフランスの主張を取り入れたものと考えられる。

天野議長の議場での説明によれば，非公式協議における各国の意見は，若干の不満足を伝える国はあったが，全体としては支持されており，反対を明確に唱えた国は 1 国もなかったということである。

## 3 準備委員会前の国際状況

国際状況の 1 つの特徴は，準備委員会に向けての米国の態度や姿勢および発言のトーンが大きく変化したことである。2004 年，2005 年とは異なり，米国は核不拡散のみならず核軍縮も重要であると考え，他の諸国とともに核軍縮を議論する用意があるとしばしば発言している。ただその際に，核軍縮のためには緊張緩和と信頼醸成が前提となるので，そのために努力すべきであるとも付け加えていた。

もう 1 つの特徴は，唯一の多国間交渉機関であるジュネーブの軍縮会議（CD）の前向きな動向である。軍縮会議は 1996 年に包括的核実験禁止条約（CTBT）を交渉して以来，10 年にわたって実質的な活動をしていない。しかし，今年 3 月の会合で，兵器用核分裂性物質生産禁止条約（FMCT）の交渉開始の動きが見られた。今年の 6 人の議長の提案は，FMCT については交渉のためのコーディネーターを，他の 3 つの問題——核軍縮，宇宙での軍備競争の防止，消極的安全保証——については実質議論のためのコーディネーターを任命するというものであった。

きわめて多くの国が議長提案を支持したにもかかわらず，最終的には中国，インド，パキスタン，エジプト，イランが賛成しなかったため，コンセンサスで決定される軍縮会議では，合意が成立しなかった。しかし，過去 10 年間と比較すると，軍縮会議の存在を示すものであった。

## II 準備委員会での議論

### 1 準備委員会の進行と手続問題

2007年4月30日(月)午前10時に開催された準備委員会は,国連軍縮問題局ホッペ代理局長により開会が宣言され,その後日本の天野之弥大使が議長に正式に選出された。しかしその後の,議題の採択に関してイランが異議を唱えたため,議題の採択にはもっと時間が必要であるとされ,一般討論に入った。

天野議長は,会議以前のワークショップにおいて「第1に,2007年の準備委員会は,その会議自体の手続的取決めを初めに合意すべきである。それは4月30日にコンセンサスで議題を採択し,タイムテーブルを注目すべきことを意味している。そう出来れば,いいスタートをきったことになり,いい会合となるだろう」と述べていた[2]。

初日30日の午後,2日目5月1日(火)の午前および午後,3日目5月2日(水)の午後は一般討論が続けられ,合計47カ国が一般討論演説を行った。3日目の午前はNGOのためのセッションであり,多くのNGOが発言を行った。

その間に議長を中心に議題の採択に関する非公式協議が継続されたが,イランは議長提案に合意せず,2002年の議題に変更するように要求した。イランが議題案を受け入れられないとする理由は,議題の最後の部分の文章,すなわち「条約の完全な遵守の必要性を再確認し(reaffirming the need for full compliance with the Treaty)」という部分であり,イランはこの部分はイランの違反問題に特別に言及していると解釈し,準備委員会の議論の多くがイランの違反問題を取り上げることをおそれ,イランへの非難を回避したいと考えたと思われる。

その結果,4日目の5月3日(木)は,午前はセッションがなく,午後は非公式協議が継続されている旨の議長の報告があったのみである。5日目の5月4日(金)の午前のセッションで,議長は,「条約の完全な遵守(full compliance of the Treaty)」とは,条約のすべての条項を意味すると説明したが,進展はなかった。その日の午後のセッションで,イランは,議題に「すべての条項」を追加すべきであると主張したが,その他の諸国は,議長の元の提案への支持を表明した。

---

[2] Yukiya Amano, "Preparing for 2010: Prospects for the 2007 NPT PrepCom," Workshop on the Nuclear Non-Proliferation Treaty, March 16-17, 2007, L' Imperial Palace Hotel, Annecy, France.

## 第3節　2007年NPT準備委員会

　そのセッションにおいて，南アフリカが妥協案として，The Committee decides that it understands the reference in the Agenda to "reaffirming the need for full compliance with the Treaty" to mean that it will consider compliance with all the provisions of the Treaty. という文言を議題と関連して合意することを提案した。ここでは議長ではなく，委員会が決定するとなっており，すべての条項への言及が含まれている。この文章に反対する国はなかったが，イランは，口頭ではなく文書で提出することを要求した。しかし，この文章と議題とをどのように関連させるのかについては，明確ではなかった。

　第2週に入ってすぐに議題の問題は解決されると予想されたが，5月7日(月)はまだ非公式協議が継続されているということであった。5月8日(火)の午前のセッションで，イランは，議題の最後にアステリスクをつけ，注として同じ頁の最下段にその文章を掲載することで，南アフリカ提案を受け入れると表明した。これにより，やっと議題が確定し，その後タイムテーブルも合意され，実質審議への道が開かれた。

　その後の8日(火)午後から11日(金)午前まで6つのセッションにおいて，以下の問題がそれぞれ議論された。

① 　クラスター1問題——核兵器不拡散，軍縮，国際の平和と安全——第1，2条，前文1—3項，第6条，前文8—12項
② 　特別問題——核軍縮および安全保証
③ 　クラスター2問題——核兵器不拡散，保障措置，非核兵器地帯——特に第4条および前文6，7項との関連における第3条および前文4，5項，ならびに第3，4条との関連における第1，2条および前文1—3項，第7条
④ 　特別問題——中東および1995年中東決議の履行に関するものを含む地域問題
⑤ 　クラスター3問題——無差別にかつ第1条および第2条の規定に従って平和的目的のための原子力の研究，生産および利用を発展させることについてのすべての締約国の奪い得ない権利——特に第3条1，2，4項および前文4，5項との関連における第3条3項および第4条，前文6，7項，第5条，その他の規定
⑥ 　特別問題——第10条を含むその他の規定

　実質討議の時間が大幅に削減された結果，各国の発言は5分以内に制限されたが，それぞれのセッションにおいて，各国のスピーチが行われ，またその後に双方的な意見交換も行われた。各国の発言の時間が制限されたことにより，

スピーチの内容が重要問題を中心に整然と行われたため、理解を高めるのに有益であったとの指摘もあった。

最終日5月11日の午後のセッションは、準備委員会の報告書を採択することが主要な議題であった。この時期になって、イランは議長の事実サマリー(Chair's Factual Summary)は受け入れられないと主張し、一時は準備委員会報告書にも賛成できないという情報も流れた。議長を中心とする非公式協議が長引き、午後6時45分になって開会された最終セッションにおいて、準備委員会の報告書がコンセンサスで採択されたが、議長の事実サマリーは報告書に正式に添付される文書としてではなく、他の締約国がそれぞれ提出した作業文書と同じレベルの文書として議長が提出することになった。イランは、一時は議長の作業文書にも反対したが、最終的には、上述の形で合意された。

## 2 一般討論における全体的な議論
### (1) 核不拡散条約の重要性と三本柱の強調

今回の会合の対象である核不拡散条約(NPT)の重要性はすべての国により指摘されている。NPTを中心とする核不拡散体制はさまざまな危機に直面しており、体制の弱体化が見られるが、NPTは国際の平和と安全にとってきわめて重要であり、強化する必要があるという点では一般的な合意が存在すると思われる。

またNPTは、核不拡散、核軍縮、原子力平和利用という三本柱から成り立っており、それらの3要素がバランスよく検討されるべきであることについても広い合意が存在している。これは特に2005年再検討会議において、米国は核軍縮には問題がないから議論する必要はなく、違反を中心とする核不拡散を集中的に議論すべきであると主張し、それに反発した非同盟諸国が1995年および2000年の合意に含まれる措置を含めた核軍縮を主として議論すべきであると主張したため、会議が分裂状態となり失敗に終わったことが背景にある。

準備委員会においては多くの国が一般討論演説の最初に、NPTの三本柱に言及した。日本は、「今回の準備委員会では、核軍縮、核不拡散、原子力平和利用というNPTの三本柱についてNPT体制の強化につながる建設的な議論を行う」べきであると主張しているし[3]、ロシアも、準備委員会は、「核不拡散、軍縮、原子力平和利用という条約の3つの柱をすべて考慮した包括的なアプローチに基づいて」その目的を達成すべきだと述べている[4]。中国も条約の3つの目標、すなわち核不拡散、核軍縮、原子力平和利用の促進を強調している[5]。

## 第3節　2007年NPT準備委員会

　さらに欧州連合(EU)も,「NPTは相互に強化しあう三本柱,核不拡散,軍縮,原子力平和利用に基づいている」と述べ[6],新アジェンダ連合(NAC)も,「条約の核心にある三本柱を強化しなければならない」と主張し[7],非同盟諸国(NAM)も,「軍縮,不拡散,原子技術平和利用に関して核兵器国と非核兵器国との間で39年前に達成されたグランド・バーゲンは成就されていないままであるので,この再検討プロセスがNPTの三本柱に同様に焦点を当てることを期待している」と述べている[8]。

　このように,きわめて多くの国が「三本柱」に直接言及しているが,米国,英国,フランスはその一般討論演説において「三本柱」という用語は使用していない。それは,これら西側三核兵器国が,これらの3つの要素を並列的に同じ価値を持つものとして取り扱うことを好まない傾向を示している。ただ,演説は3つの部分に分けて行われている。

　三本柱の各要素の優先度については,まず,米国とフランスの演説では核不拡散に最優先度が与えられ,その問題が最初に取り上げられるとともに,その問題に多くの時間が割かれている。また,核不拡散の中でも条約違反が最大の関心事であり,北朝鮮およびイランの問題が第1に議論されている。たとえば米国は,「NPT体制が直面している最大の基本的な挑戦は,その中核である不拡散規定への違反に関連している」と述べ[9],フランスも,「第1に必要なことは,条約の重大な違反に対して適切な対応を提供することにより,条約の妥当性と信頼性を確認することである」と述べている[10]。

---

[3] Statement by Japan to the First Session of the Preparatory Committee for the 2010 NPT Review Conference, General Debate, Vienna, 30 April 2007. なお以下の日本の発言は,別段の注がない限りこの一般討論演説からのものであり,いちいち引用することは省略する。以下の各国発言についても同様である。

[4] Statement by the Russian Federation at the First Session of the Preparatory Committee for the 2010 NPT Review Conference, General Debate, Vienna, April 30, 2007.

[5] Statement by China at the General Debate in the First Session of the Preparatory Committee for the 2010 NPT Review Conference, May 2007, Vienna.

[6] Statement by Germany on behalf of the European Union, First Session of the Preparatory Committee for the 2010 NPT Review Conference, General Debate, Vienna, 30 April 2007.

[7] Statement by Ireland on behalf of the New Agenda Coalition, First Session of the Preparatory Committee for the 2010 NPT Review Conference, 01 May 2007.

[8] Statement by Cuba on behalf of the Group of Non-Aligned States Parties to the NPT at the General Debate of the First Session of the Preparatory Committee of the 2010 NPT Review Conference, Vienna, 30 April 2007.

[9] Statement by the United States, Opening Remarks to the 2007 Preparatory Committee Meeting of the NPT, April 30, 2007, Vienna, Austria.

第 2 章　NPT 再検討プロセスの展開

　次に、英国と EU も演説では不拡散を最初に取り上げ、優先度が与えられているが、英国は、「NPT は核不拡散体制および核軍縮枠組みの基礎である」と述べ、「核軍縮と核不拡散分野での進展は並行してなされるべきである」と述べているように[11]、核不拡散と核軍縮を同列に置いている。また EU は 3 本柱に言及した後、「核拡散の防止と第 6 条に従った核軍縮の追求は世界の平和と安全に不可欠である。このことは原子力平和利用にもあてはまる」と述べており、並列的な取扱いが主張されている。

　第 3 に、ロシアと中国はともに三本柱に言及しており、他の核兵器国のように不拡散を最優先するものではない。核軍縮や原子力平和利用の方が優先的に取り上げられ、イランと北朝鮮の問題は最後に少し触れられている程度である。

　第 4 に、日本、カナダ、オーストラリアなどは三本柱の核軍縮、核不拡散、原子力平和利用についてバランスのとれた発言をしている。ただ、それぞれの演説において、日本は核軍縮、核不拡散、原子力平和利用の順で、核軍縮を最初に取り上げているが、カナダとオーストラリアは核不拡散、核軍縮、原子力平和利用の順である。日本は、今回の準備委員会の重点事項の第 1 として、「核不拡散とともに核軍縮を推進することは、NPT を支える基本的なバーゲンの信頼性を高め、NPT 体制の強化につながる。1995 年の『原則と目標』や 13 措置を含む 2000 年の合意事項を最大限尊重しつつ、粘り強く核軍縮を促進すべきである」と述べ、核軍縮の重要性を強調している。オーストラリアは、「軍縮および不拡散の両方における進展が必要であり、一方を他方の人質とすべきではない」と同列に取り扱っている[12]。

　最後に、NAC、NAM、インドネシア、南アフリカ、イランなどは、核軍縮問題を最優先課題としており、核不拡散にはほとんど言及しておらず、原子力平和利用の権利を強調している。NAC は、「再検討プロセスは、核兵器を廃絶するという条約の基本目的の効果的な実現に向けて、以前の再検討会議で合意されたコミットメントの履行に向けて作業を進めるべきである」と述べ、インドネシアも、「現存する核兵器は違法化されるべきであり、組織的かつ漸進的に廃棄されるべきであることを強調する」と最初の方で主張している[13]。

---

[10]　Statement by France, First Meeting of the Preparatory Committee for the 2010 NPT Review Conference, General Debate, Vienna, 30 April 2007.
[11]　Statement by the United Kingdom, the First Preparatory Committee for the Eighth Review Conference of the NPT, Vienna, 30 April 2007.
[12]　Statement by Australia, First Preparatory Committee Meeting for the 2010 NPT Review Conference, Vienna, 30 April 2007.

NAM も不拡散という用語について，垂直的および水平的の両者の不拡散と定義づけているように，核軍縮をきわめて重視している。

(2) 核軍縮
　(i) 核軍縮義務の履行の評価
　米国は，「米国は核軍縮の達成という目的に対するコミットメントを繰り返し再確認してきた。この会合において米国が核軍縮のためにとった措置について繰り返し聞くだろう」と述べ，モスクワ条約の実施，核兵器の解体，戦略的抑止のための核兵器への依存の低下を挙げている。ロシアは，条約上の核軍縮の義務を厳格に守ってきたと述べ，START 条約とモスクワ条約による戦略核兵器の削減，および非戦略核兵器の削減を挙げる。中国は，核兵器全廃を支持していると述べ，核兵器先行不使用の約束，核実験モラトリアム，非核兵器地帯の支持を挙げる。英国は，トライデント配備継続を説明しつつ，核弾頭をさらに 20％削減して 160 以下とすること，冷戦終結時より大幅に削減したことを挙げる。フランスは，1995 年プログラムの履行に努力しているとし，CTBT の批准，核実験場の解体，兵器用核分裂性物質生産停止，核兵器の大幅な削減などを列挙する。
　NAC は，「2000 年の合意がなされて以来 7 年経過したが，13 の具体的措置の履行にほとんど進展が見られない。さらにある国はこの合意自体を疑問視しているように見えるのが懸念事項である」と述べ，NAM は，「核兵器国による軍縮に導きうるような最近の動きを認めるとしても，軍縮に関する進展のペースが遅いことに深い懸念を繰り返し表明する」と述べ，ともに核軍縮への進展が不十分であると評価している。
　オーストラリアは，「核兵器の削減で進展があったが，核兵器の全廃という目標に向けてすべきことが多く残されている」と述べている。
　(ii) 今後の核軍縮措置
　今後とるべき核軍縮措置として，日本は，CTBT の早期発効，FMCT 交渉の即時開始と早期締結，核兵器の一層の削減，核軍縮努力の透明性ある説明を挙げており，EU は，戦略核兵器の一層の削減，非戦略核兵器の削減，CTBT の早期発効，FMCT の交渉開始を主張し，NAC は兵器保有数の公表，戦略核兵

---

[13] Statement by Indonesia at the First Session of the Preparatory Committee for the 2010 NPT Review Conference, Vienna, May 1, 2007.

器の一層の削減を挙げ，オーストラリアは核兵器政策と軍縮措置の開示，CTBTの早期発効，FMCTの交渉開始を挙げ，南アフリカは，CTBTの早期発効，FMCTの交渉開始，3者イニシアティブの履行，定期報告を列挙している。

　まず，戦略核兵器の一層の削減について，米国は，「STARTを引き継ぐ戦略関係の輪郭を作成するためロシア側と作業を開始しており，透明性と信頼醸成措置についての強力で生産的なポストSTART関係をロシアと構築することを希望している」と述べ，ロシアも，「START条約は2009年12月に終了するので，戦略分野における米国との新たな取決めを作成する作業が開始されている」と述べているように，新たな条約の作成となるかは不明であるが，START条約消滅までに何らかの取決めが結ばれるものと考えられる。

　次に，CTBTの早期発効については，きわめて広い合意がみられるが，米国は未だにCTBTに反対であり，この会合でもCTBTにはまったく言及していない。

　第3に，FMCTについては，この会議の直前に軍縮会議(CD)において，6議長の提案が出され，それに対する大幅な支持が表明されたこともあり，米国，ロシア，英国，フランスを始め，多くの非核兵器国も交渉の開始を主張した。しかし中国は，「FMCT，宇宙での軍備競争防止，核軍縮および安全保証についての交渉および実質的作業の開始のための条件を創造するため，すべての当事国が合意を達成することを期待する」と述べ，FMCTのみの交渉については消極的である。

　第4に，多くの非核兵器国は，保有核兵器について，また核軍縮の実態についての正確な情報の提供を要求しており，核兵器国に対し，透明性を増し，説明責任を果たすよう要求している。

### (3) 核不拡散

(i) 核不拡散体制の強化

　米国ブッシュ政権の下においては，北朝鮮，イラン，イラク，リビアなどの核疑惑，カーン博士による核の闇市場の存在，9・11以降の核テロリズムに対する恐れなどを背景として，核不拡散に圧倒的に高い優先順位を与える傾向が現れた[14]。

---

[14] 2000年以降の核不拡散体制の新たな展開については，黒澤満「核不拡散体制の新たな展開とその意義」『阪大法学』第56巻3号，平成18年9月，1-45頁参照。

第3節　2007年NPT準備委員会

　米国は,「今日のNPTが直面している最も基本的な挑戦はその中核にある不拡散規定の不遵守に関連している」と述べ,その背景としてイラン,リビア,カーンの核密輸ネットワーク,北朝鮮,技術の拡散を列挙した後,「全体として,これらの進展などは,NPT体制がこれまでで最も深刻な挑戦——あからさまな不拡散不遵守に直面して条約の一体性と継続する生存性をいかに確保するか——に直面していることを示している」と述べ,「このような挑戦に直面しているので,この再検討サイクルにおいて,NPT締約国はこの分野を強く強調すること,いや最大限強調することが当然不可欠である」と主張する。
　フランスは,「第1の要件は,引き受けた不拡散の規範を迂回した国家による条約の重大な違反に対して適切な対応を提供することにより,条約の重要性と信頼性を確保することである。若干の国が,同時に権利の便益を主張しつつ,秘密のネットワークに支えられ,義務に違反し,条約の基盤そのものを損なうことは認められない」と述べ,イランおよび北朝鮮に再検討プロセスが対応すべきことを主張する。
　北朝鮮およびイランに対する非難は,ロシア,中国,英国,EU,日本,カナダ,オーストラリア,ニュージーランドなどの演説でも当然に言及され,核不拡散体制への挑戦であるとの見解は表明されているが,米国やフランスほど強硬なものではない。これらは一般に紛争の平和的かつ交渉による解決を強調するものである。
　他方,NAM声明は,この問題に触れていないし,インドネシアの声明もこの問題に言及していない。南アフリカが,「2000年再検討会議以来,ある国々は条約の核不拡散の側面をますます強調し,条約の他の同様に重要な規定を時には排除さえするようなことが現れてきた」と述べているように[15],非同盟諸国は,米国を中心に核不拡散への強度の強調に不満を表明している。
　中国も,「われわれは,非核兵器国の原子力平和利用の権利を制限し,それを奪うために,口実として不拡散が用いられることに反対する」と述べる。
　(ii)　核不拡散強化措置
　核不拡散を強化する1つの措置として広く議論されているのが,IAEA保障措置協定の追加議定書の普遍化である。
　米国は,IAEA追加議定書を国際保障措置の新しい標準として普遍的支持が

---

[15] Statement by South Africa at the First Session of the Preparatory Committee for the 2010 NPT Review Conference, 1 May 2007, Vienna.

必要であると述べ、フランスも追加議定書の普遍化とそれを現在の標準とすることを主張し、英国、EU、カナダ、オーストラリアも追加議定書が現在の検証の標準であると述べている。英国は追加議定書がすべての機微な原子力品目の供給の条件として受諾されるべきであると主張し、オーストラリアは、「追加議定書を、オーストラリア産ウランの非核兵器国への供給の条件としている」と述べ、ニュージーランドも、「現在の検証の標準である追加議定書は、原子力供給の条件であるべきである」と主張している[16]。日本は追加議定書の普遍化を主張し、NPT保障措置の標準とすべきであると述べている[17]。

ロシアは、追加議定書が将来において検証のための普遍的に受け入れられた規範になるべきであると述べ、中国は、追加議定書の普遍化の促進を審議すべきだと述べている。NAM の演説はこの問題に言及していないが、インドネシアは、追加議定書の締結を呼びかけている。

NAM の作業文書は、IAEA 保障措置に関連して、法的義務と自主的な信頼醸成措置を区別することが不可欠であることを強調し、それは、そのような自主的な約束が法的な保障措置の義務に変形させられないことを確保するためであると述べている[18]。

その他の不拡散強化措置として、国連安保理決議1540、拡散防止構想(PSI)、グローバル・パートナーシップ、輸出管理の強化などが言及されており、先進諸国は一般に核不拡散を強化するため、これらの措置を積極的に適用すること、さらに普遍化することを主張している。

他方、これらの点について、NAM は、「不拡散体制を強化するため最近多くの努力がなされている。しかし、拡散を防止するいかなる努力も透明ですべての国家の参加に開かれていなければならない」と述べ、先進諸国間で進められている諸措置には異議を唱えている。またインドネシアは、「核兵器国が彼らの軍縮の義務およびコミットメントを遵守していない時に、非核兵器国に対して不拡散義務への遵守を迫ることは不公平であろう。NPT の履行における二重基準は、条約の一体性と妥当性を一層損なうであろう」と非難している。

---

[16] Statement by New Zealand, Preparatory Committee for the 2010 NPT Review Conference, General Debate, 30 April 2007.
[17] Statement by Japan, the First Session of the Preparatory Committee for the 2010 NPT Review Conference, Cluster II, Vienna, 9 May 2007.
[18] Working Paper by the NAM on Safeguards, NPT/CONF.2010/PC.I/WP.12, 27 April 2007.

## (4) 原子力平和利用

### (i) 原子力平和利用の条件

日本は,「原子力平和利用にあたっては,核不拡散,原子力安全及び核セキュリティを確保することが前提になる」と述べ,米国は,「核兵器のための核分裂性物質を生産する能力を発展させるため——イランによるものを含め——の努力を弁解し政治的カバーをかける努力において,ある国々が条約の第4条の議論を捻じ曲げ政治化するという危険な傾向のために,条約は挑戦に直面している」と述べつつ,「不拡散目的に合致する形での原子力の平和利用の促進と拡大にコミットしているとし,条約第1,2,3条に合致して行わなければならない」と主張している。

フランスは,NPT第4条は原子力への権利の行使に従うべき条件についてきわめて明確であり,それは,①条約第1,2条に規定された不拡散義務との一致,②第3条に定義されたIAEA保障措置の受諾,③「平和目的」の誠実な追求であると述べる。

カナダは,核不拡散体制を強化しつつ,原子力の潜在力を利用するための新しいルールに基礎を置く無差別なイニシアティブを開発できるなら,大きな世界的な便益が生じる,と述べる。

原子力平和利用がNPT第1,2,3条に合致して行われなければならないことについては,先進国が主張しているのみならず,NAMの作業文書も明確に条件としており[19],南アフリカも条件としている。このように,原子力平和利用が条約の第1,2,3条に従うべきことには一般的な合意が存在すると考えられる。

### (ii) 原子力平和利用の不当な制限

他方NAMは,原子力平和利用に関する奪い得ない権利を再確認しつつ,平和目的のための原子力技術の自由で,妨げられない,無差別の移転が完全に確保されるべきであると,平和利用の権利を強く主張している。

また南アフリカは,「現在の核兵器に関する保有国と非保有国の制度を,核燃料を生産する能力にまで拡大しないよう注意すべきであり,核燃料を取り巻く問題をもっぱら不拡散における問題としてアプローチしないよう注意すべきである。……原子力平和利用に関する国家の奪い得ない権利に対するいかなる

---

[19] Working Paper by the NAM on Peaceful Uses of Nuclear Energy, NPT/CONF.2010/PC.I/WP.16, 2 May 2007.

不当な制限も行われるべきではない」と述べ，インドネシアも，「両用技術へのアクセスはさらに制限され，もっと厳格に管理されるべきだと多くの国は考えているが，完全な燃料サイクルへのアクセスへの過剰な管理は，開発途上国から原子力エネルギーと技術を不当に奪うということに注意すべきである」と述べ，さらに，「原子力平和利用の制限に関する提案は，IAEA の主催の下で，多国間で交渉され，普遍的で，包括的で，無差別の方法で，提出されるべきであると考えている」と述べる。

マレーシアは，「われわれは，開発途上国である NPT 締約国の利益になる平和利用の開発を犠牲にして，不拡散 IAEA 保障措置活動をより一層重要視するという一定の先進国の傾向に懸念をもっている。NPT の枠外のエンティティによって原子力施設，物質，技術へのアクセスがますます厳格に制限されていることは，核兵器国側が軍縮義務に違反していることとあいまって，条約に定められたバランスとバーゲンを損なう恐れがある」と述べる[20]。

### (5) 全体的議論の評価

準備委員会での議論の対立を通して，核不拡散体制の三本柱の意義および優先度を検討したが，この対立は今後も当分継続するものと考えられる。三本柱へのバランスのとれたアプローチが必要であるが，各国の優先度が異なるため，意見の相違は当然である。

NPT の基本的目的は，第1，2条に規定されているように，5核兵器国以外の新たな核兵器国の出現を防止することであり，核不拡散であることには間違いない。しかし，それだけでは条約は成立しなかっただろうし，多くの非核兵器国は条約に参加しなかったであろう。核軍縮と原子力平和利用は，条約の普遍性を確保し，核不拡散を普遍的な国際規範とするために不可欠であった。その意味で，三本柱として議論するのは正当である。

核不拡散と核軍縮は相互に矛盾するものではなく，相互に補完・強化しあうものであり，短期的には核不拡散が重要であるが，長期的には核軍縮の目的が重要である。また核兵器廃絶に向けての個別的な部分的な核軍縮措置は，短期的にも重要である。

核不拡散と原子力平和利用は，部分的に矛盾すると考えられる場合がある。

---

[20] Statement by Malaysia at the First Session of the Preparatory Committee for the 2010 NPT Review Conference, on Cluster III issues, 10 May 2007.

その場合に原子力平和利用を制限することはありうるが，それは一方的措置ではなく，多くの国が参加する場で議論し，正当性を確保しつつ実施するのが好ましいであろう。

そのような意味において，今回の準備委員会は，時間的制約の中で行われたが，各国の見解が示され，NPT に関連する多くの問題点が明らかになった。今後はこれらの議論に基づき建設的な議論と協調的な問題解決に進むべきであろう。

## III 核軍縮問題の検討

### 1 核軍縮全般

核軍縮に関する第1の問題点は米国の態度であり，米国は本当に核軍縮に対するこれまでのきわめて否定的な態度を変えたのか，あるいは言葉の上では変化しているが，実態は変わっていないのかという側面である。具体的には以前の会議で合意された文書をどのように取り扱っているかという問題でもある。

今回の準備委員会が決裂・失敗という 2005 年の例を免れた大きな理由の1つは，米国がそれまでの対立的な姿勢から協調的な姿勢に変化したことである。イランによる米国非難に対しても，前回のように強硬に反論するのではなく，ほとんどは静観するものであった。核軍縮についても，以前のように何も問題がないので言及しないというものではなく，一般討論演説において，「不拡散への遵守」，「平和利用の促進」に続いて「軍縮への進展」を取り上げ，「軍縮問題に今日ここにいる多くの締約国が重大な関心をもっていることを知っているが，その軍縮問題は現在 NPT にとって重要な時期である」と述べ，さらに，「条約の前文および第6条は，すべての締約国が核軍縮の達成，さらに全面完全軍縮へのコミットメントを共有していることを明らかにしている。米国はこれらの目的に対するコミットメントを繰り返し再確認してきたし，今日再びそうする」と述べ，具体的提案として，以下の宣言に締約国が合意すべきであると主張している。

(18) NPT 前文および第6条で表明された目標，ならびにこれらの目標の達成に対するすべての締約国のコミットメントの再確認
(19) 核兵器の全面廃絶を達成するだけでなく，それを長期に維持することを可能にするような環境を創設するため[21]，すべての締約国による現実的で実際的な思考および熱心な努力の必要性の確認

⒇　核兵器の廃絶が達成できるような条件を創設するのを容易にし援助するために，緊張を緩和し信頼を強化すべきであるという条約前文の勧告の締約国による再確認

核軍縮に関する米国の今準備委員会における発言は，「前文および第6条に表明された」という形で常に前文と共に述べられ，前文第11項に規定されている「緊張の緩和と信頼の強化」という側面が強調された形になっている。前文第11項は，全面完全軍縮条約に基づき核兵器廃絶を行うことを容易にするため，緊張緩和と信頼強化を促進することを希望するというものである。

米国は準備委員会の演説においては，過去の再検討会議で合意された最終文書などにはまったく言及していないが，作業文書の中で，2000年の13の実際的措置を含む最終文書に関して，「2000年以来，安全保障環境は本質的に変化したので，そこでなされた提案のすべてが必然的に今日でも関連があるとは考えられない。13の実際的措置は，条約第6条および前文の目的を達成するための優先的政策としては不十分なものであると，米国は考えている」と記述している[22]。

1995年の「原則と目標」および2000年の最終文書に対する米国の考えは，基本的には2005年再検討会議の時の発言と変化しておらず，これらの文書は過去のある時点における政治的合意であって，そのままでは現在では意味をもたないという見解が伺われる。

過去の再検討会議において合意された文書につき，日本は，演説の初めの部分で，「1995年の『原則と目標』や13措置を含む2000年の合意事項を最大限尊重しつつ，粘り強く核軍縮を促進すべきである」と述べ，NACも両方の文書に詳細に言及し，「1995年のコミットメントは条約を無期限に延長した決定の不可欠の部分である」と述べている。NAMも両者に言及しており，カナダも，「2000年に定められた核軍縮のためのベンチマークにおける進展が必要である」と述べている[23]。

他方，準備委員会において，米国は1995年および2000年の文書にまったく言及していないし，フランスは，1995年の文書は支持すると述べ，フランス

---

[21] この点に関して，米国は「核廃絶の達成と維持」と題する作業文書を提出し，そのような環境とはいかなるものかを説明している。"Achieving and sustaining nuclear weapons elimination," by the U.S., NPT/CONF.2010/PC.I/WP.21, 3 May 2007.
[22] "Facilitating disarmament," by the U.S., NPT/CONF.2010/PC.I/WP.20, 3 May 2007, p.1.
[23] Statement by Canada, Opening Statement, 2007 NPT PrepCom, Vienna, 30 April, 2007.

によるCTBTの批准を挙げるが，2000年の文書にはまったく言及していない。なお，英国は，1995年および2000年の文書に含まれる軍縮措置を達成するという明確な約束を再確認しており，中国も，「2000年再検討会議で合意された13の実際的措置は，核軍縮プロセスを促進する重要なガイドである」と述べている。

　米国やフランスの態度に対して，NACは，「国際安全保障環境は変わりうるし変わっており，それとともに締約国が与えるさまざまな事項への優先度も変わるということは認める。しかし，そのことは，以前の会議，特に1995年と2000年の会議で共同で合意されたコミットメントの妥当性と正当性に影響するものではない。……それらは特別の妥当性と正当性を維持している。我々はそれらの履行に焦点を合わせるべきであって，それらの再交渉や改定に焦点を合わせるべきではない」と反論している。

　核軍縮の履行に関する第2の問題は，核軍縮と全面完全軍縮との関連に関するもので，フランスは，以前から一貫して主張しているが，「全面完全軍縮の枠内における核軍縮の促進」という捉え方を主張している。米国の声明にもそのような傾向が読み取れる。他の多くの非核兵器国は，第6条が全面完全軍縮条約に言及していることは確かであるが，この条約は核兵器の不拡散に関する条約であり，核軍縮に優先度が与えられるべきであり，核軍縮の進展は全面完全軍縮の進展を待つのではなく，独自に進められるべきであると主張している。

　第3に，核兵器国による核軍縮の実施状況に関して，まず米国は，「米国は核軍縮の達成という目的に対するコミットメントを繰り返し再確認してきた。この会合において米国が核軍縮のためにとった措置について繰り返し聞くだろう」と述べ，モスクワ条約が現在実施されつつあり，一層の削減が生じていること，それが実際の核兵器の解体を伴っており，多くの核分裂性物質が核兵器計画から永遠に除去されていること，戦略的抑止のための核兵器への依存が低減していることを挙げている[24]。

　ロシアは，条約上の核軍縮の義務を厳格に守ってきたと述べ，継続的に核兵器を削減しており，2001年にSTART条約を予定より早く実施し，モスクワ条

---

[24] 米国は，作業文書において，米国の核軍縮の記録として，①核兵器の削減，②運搬手段の撤廃，③核分裂性物質の削減，④核兵器への依存の低下，⑤ロシアの核軍縮の支援，について詳細な説明を行っている。"Disarmament, the United States, and the Treaty on the Non-Proliferation of Nuclear Weapons," by the U.S., NPT/CONF.2010/PC.I/WP.19, 3 May 2007.

約の義務を遂行中であると述べる。またロシアはソ連から引き継いだ非戦略核兵器を4分の3削減し，1991年と比べると核兵器の全体量は5分の1以下であると主張する[25]。

　中国は，核兵器全廃を支持していると述べ，中国は核兵器先行不使用を無条件で約束しており，核実験モラトリアムを守っており，非核兵器地帯の設置を支持し，いかなる核軍備競争にも反対し，参加しないと述べる。しかし，中国は，最大の核兵器を保有する2国が特別の責任を負っており，核軍縮をリードすべきであると主張する。

　英国は，トライデント配備継続の最近の決定を説明しつつ，現存する安全保障環境からして，英国が一方的にその核兵器を廃棄することを安全に選択できる状況にあるとは考えないと述べる。英国は，実戦配備できる核弾頭をさらに20％削減して160以下とすることを決定したこと，それは完全に解体されること，冷戦終結時より75％削減したことになると主張する[26]。

　フランスは，1995年プログラムの履行に努力しているとし，CTBTに署名し，批准したこと，太平洋の核実験場を解体したこと，兵器用核分裂性物質の生産を停止し施設を閉鎖したこと，核兵器を大幅に削減し，運搬手段を半減したことなどを列挙する[27]。

　オーストラリアは，「核兵器の削減で進展があったが，核兵器の全廃という目標に向けてすべきことが多く残されている」と述べ，カナダも，第6条の履行のためには，2000年で定められた核軍縮のためのベンチマークについて，もっと進展が必要であると述べている。

---

[25] ロシアは，「核軍縮と安全保証」に関する特別時間に，自国の核軍縮の成果を詳細に紹介している。Statement by the Russian Federation: Practical Steps Taken by the Russian Federation in the Field of Nuclear Disarmament, Vienna, May 2007.

[26] 会議場で配布された英国外務省の文書では，①いくつかの完全な兵器体系の除去，②実戦配備核兵器システムの大幅な削減，③核実験の停止，④兵器用核分裂性物質の生産停止，⑤核分裂性物質の保有の透明性の増加，⑥核軍縮を検証するプログラムの追求を列挙し，詳細に述べている。Foreign & Commonwealth Office, The UK's Disarmament Record, NPT PrepCom 2007.

[27] 会議場で配布されたフランス国防省・外務省の文書では，①核兵器の削減として，地対地要素の解体，航空機搭載要素の削減，海洋配備要素の削減，②核戦力の運用面での調整として，照準解除，警戒態勢の低下，③核分裂性物質の生産停止として，プルトニウムと高濃縮ウランの生産停止，施設の閉鎖と解体，④核実験停止として，すべての核実験の停止，太平洋の実験施設の解体，CTBTの支持，暫定技術事務局の積極的支援を挙げ，詳細に説明している。Ministère de la Défense, Ministère des Affaires Étrangeres, Nuclear Disarmament Measures Implemented by France.

## 第3節 2007年NPT準備委員会

　NACは,「2000年の合意がなされて以来7年経過したが,13の具体的措置の履行にほとんど進展が見られない。さらにある国はこの合意自体を疑問視しているように見えるのが懸念事項である」と述べ,NAMは,「核兵器国による軍縮に導きうるような最近の動きを認めるとしても,軍縮に関する進展のペースが遅いことに深い懸念を繰り返し表明する」と述べ,ともに核軍縮への進展が不十分であると評価している。さらにイランは,「核兵器国はNPT第6条の義務を履行していない」と断言している[28]。

　またNAMの作業文書は,2000年再検討会議で核兵器国により与えられた明確な約束の完全な履行を要請しており,その約束は,交渉の加速されたプロセスにより,また13の実際的措置の完全な履行により,遅滞なく示されるべきであると述べている[29]。

　核軍縮全般について,議長の作業文書は,以下のように規定している[30]。

　「締約国は,条約第6条の履行にコミットしている。2000年再検討会議の最終文書に含まれる明確な約束を含む13の実際的措置の完全な履行が要請された。核軍縮に向けた最近の動きが認められる一方で,それらの措置の実施に向けた進展のペースが遅いことに懸念が表明され続けている。」(第8項)

　「締約国は,核兵器の全廃が,核兵器の使用または使用の威嚇に対する唯一の絶対的な保証であると述べた。2国間または一方的な削減の意図および過去の達成にも拘わらず,配備され貯蔵されている核兵器の全体数はまだ多数であることに懸念が表明された。NPTの無期限延長は核兵器の無期限の保有を意味するものではないことが強調された。」(第9項)

　「核兵器国の義務に関する国際司法裁判所の勧告的意見が想起され,核兵器条約の作成への支持が述べられた。2010年再検討会議において核軍縮を取り扱う補助機関が要求された。」(第10項)

　「核兵器国は条約第6条の下での核軍縮へのコミットメントを繰り返した。彼らの多くは,核兵器の削減,核兵器への依存の低下,その警戒態勢の低下,解体計画の促進などを強調しつつ,条約第6条に従ってとったそれぞれの措置に関する説明を,特に具体的数字を示しながら,他の締約国に対して行った。」(第13項)

---

[28] Statement by Iran to the First Session of the Preparatory Committee for the 2010 NPT Review Conference, 1 May, 2007, Vienna.
[29] "Nuclear disarmament," by NAM, NPT/CONF.2010/PC.I/WP.8, 27 April 2007.
[30] NPT/CONF.2010/PC.I/WP.78, May 11, 2007.

## 2 包括的核実験禁止条約（CTBT）

　この問題については，条約の早期発効を求める発言が大多数であり，特に，条約発効要件国に対して，条約の署名および批准を求めるものであり，さらに核実験モラトリアムの継続を求めるものである。条約をすでに批准しているロシア，英国，フランスの発言および多くの非核兵器国の発言の要旨はそのような内容である。

　たとえばロシアは，「われわれは核実験禁止は核不拡散体制に貢献する措置だと考えている。CTBT の発効の基礎を築く努力を続けることが重要である。2006 年 9 月は条約が署名開放されて 10 年になるが，周知の理由によりまだ有効な協定となっていない。核実験モラトリアムを遵守することは意義深い措置であるが，CTBT から生じる法的義務に取って代わるものではない。この問題は予見可能性を要請している。したがって，条約の効力発生にその加入が必要なすべての国に対し，条約をできる限り早く批准することを要請する」と述べている。

　CTBT に反対している米国は，一般討論演説でもクラスター 1 の演説でも，CTBT にまったく言及していない。しかし，その作業文書において，軍縮に必要な環境を作り出すための 15 の措置を列挙しているが，核実験に関しては，「すべての核兵器国および核兵器を保有する他のすべての国家による核実験の自主的モラトリアムの遵守」と記述し，CTBT に言及することなく，自主的モラトリアムの遵守という形で米国の現在の姿勢を述べている [31]。

　中国もまだ CTBT を批准しておらず，一般討論演説では CTBT に言及していないが，クラスター 1 の演説において，「中国は，CTBT の早期発効を支持しており，早期にその条約を批准することにコミットしている。……中国は CTBT が発効するまで，核実験モラトリアムを遵守し続ける。他の関連国家に対し CTBT の早期の署名と批准を訴える」と述べている。

　NAC は，遅滞なくまた無条件で CTBT の早期発効を達成するため，署名と批准の重要性および緊急性を強調し，発効に至るまでの間，核実験モラトリアムを設定し維持することを要請している [32]。

　NAM は特に 5 核兵器国の批准の重要性を強調し，「5 核兵器国は CTBT の発効を確保する上で特別の責任をもっている。それは，彼らが条約付属書 2 に列

---

[31] NPT/CONF.2010/PC.I/WP.20, 3 May 2007.
[32] NPT/CONF.2010/PC.I/WP.15, 1 May 2007.

挙された44カ国に含まれているのみならず，その立場からして，核実験禁止を現実のものとするのをリードすることが期待されているからである。……5核兵器国による早期の批准は，条約付属書2に列挙された残りの国々，特に保障措置のかかっていない核施設を有する3カ国が条約を署名，批准するための道筋をつけ，奨励するものとなるだろう。核大国の1つが条約を批准しないこと，また条約検証制度の主要な要素の1つを拒否することによりCTBTO準備委員会を支持しないことは，核実験に反対するこの重要な文書を傷つけている」と述べ，特に米国の態度を批判している[33]。

議長の作業文書は，以下のように規定する。

「CTBTに対する強い支持が表明された。その早期発効の重要性と緊急性が強調された。条約を批准していない国，特にその批准が条約の発効に必要な残りの10カ国は，遅滞なくかつ無条件でそうするよう要請された。北朝鮮による核兵器実験は条約の早期発効の必要に光を当てたことが強調された。締約国は，核兵器の実験的爆発その他の核爆発のモラトリアムを維持することの重要性を再確認した。締約国は，国際監視システムの設置においてCTBTO準備委員会がなした進展に注目した。」(第18項)

## 3 兵器用核分裂性物質生産禁止条約(FMCT)

この準備委員会直前の3月23日に，軍縮会議(CD)において，今年の議長6人が，FMCTの交渉のためのコーディネーターを任命し，核軍縮，宇宙での軍備競争の防止，消極的安全保証の実質的協議のためのコーディネーターを任命するという案を提出したため，特にFMCTの交渉開始の可能性が出てきたこともあり，これらの点が広く議論された。ここでの提案は，「核兵器またはその他の核爆発装置のための核分裂性物質の生産を禁止する無差別で多国間の条約についての，いかなる前提条件なしの，交渉」となっている。

日本は，「現在軍縮会議で審議されている6議長提案は，FMCTの交渉を含み，CDの主要な役割を再開させる現実的な妥協案である。日本はCDのメンバー国に対し，6議長提案を採択するのに必要な柔軟性を示すよう強く要請する」と述べ，この提案への強い支持を表明した。

米国は，世界が今，FMCT交渉開始の境目に立っており，この再検討サイクルのうちに条約が現実になりうるかも知れないとし，その成功を希望してい

---

[33] NPT/CONF.2010/PC.I/WP.9, 27 April 2007.

ると述べる。ロシアも，CD が FMCT の作成の交渉を始めるのに機が熟しているとし，ロシアはその考えを支持すると述べている。英国も CD における最近の 6 議長提案を完全に支持すると述べ[34]，早期の交渉を支持し，フランスも交渉開始の用意があると述べている。

EU はこの問題にきわめて積極的であり，論理的にも，FMCT は核軍縮分野で交渉されるべき次の多国間文書であるとし，EU は 6 議長提案に反対しないし，そこに含まれる FMCT に関する文言は受け入れ可能であると述べ，この準備委員会参加国に対し，FMCT の交渉と早期発効の重要性を認識するよう要請し，CD メンバー国に対し，その条約の前提条件なしの CD での交渉開始を支持するよう強く要請している[35]。

6 議長提案に関する第 1 の問題は，検証をどうするかという問題である。これまでシャノン提案を基礎にした FMCT の形式は，「無差別で多国間の，国際的および効果的に検証可能な条約」となっていたが，6 議長提案には「国際的および効果的に検証可能な」という文言が含まれていない。これは米国が，FMCT の検証は不可能であるとして，検証のない条約の交渉を主張しているからである。

オーストラリアは，6 議長提案についてすべての CD メンバー国にそれを支持するよう要請するとともに，その義務の締約国による遵守を検証する適切な措置を規定する，核兵器用核分裂性物質の生産を禁止する法的拘束力ある無差別の条約の交渉を強く支持するとし，検証措置は不可逆的な核軍縮を確保する基本的な措置であると述べる[36]。

NAC は，FMCT の交渉を開始するための，6 議長提案を含む CD での現在の努力を歓迎するとしながらも，条約が意味あるものであるためには，検証メカニズムを含むべきであり，現存のストックをカバーすべきであると述べ[37]，NAM も，1995 年の調整官の声明に含まれていたものに比べて，FMCT の交渉の範囲を制限しようとする試みに懸念をもっていると述べている[38]。

FMCT の交渉に関する第 2 の問題は，NAC がすぐ上で述べているように，現存のストックを条約の対象とすべきだという考えである。米国など核兵器国

---

[34] NPT/CONF.2010/PC.I/WP.59, 9 May 2007.
[35] NPT/CONF.2010/PC.I/WP.26, 3 May 2007.
[36] NPT/CONF.2010/PC.I/WP.31, 7 May 2007.
[37] NPT/CONF.2010/PC.I/WP.15, 1 May 2007.
[38] NPT/CONF.2010/PC.I/WP.8, 27 April 2007.

の考えでは，条約は将来の生産を禁止するものされているが，非同盟諸国を中心に，過去の生産にも関わるべきであると主張されている。

　第3の問題は，FMCT の交渉を含め，CD での作業計画の作成およびそれへの合意の達成の問題である。6議長提案は，FMCT については交渉の開始を，他の3議題については実質的協議の開始を提案するものである。CD での3月の議論では，大多数の国がこの提案に対する支持を表明したが，中国，インド，パキスタン，エジプト，イランが賛成を表明しなかった[39]。

　準備委員会において，中国は，CD の作業計画につき，停滞を打破するため，すべての当事国が広範な協議に基づき，FMCT，宇宙での軍備競争の防止，核軍縮および安全の保証に関する交渉ならびに実質的作業の開始のための条件を作り出すためにコンセンサスに到達できることを期待していると述べ，作業文書では，CD は，核軍縮，FMCT，宇宙での軍備競争の防止，消極的安全保証のような重要な問題の実質的作業を開始できるよう包括的かつバランスのとれた作業計画に到達すべきだと述べ[40]，6議長提案のように FMCT のみの交渉開始ではなく，4つの議題すべての交渉開始を主張している。中国はさらに，特に，宇宙の兵器化およびそこでの軍備競争を防止するための国際条約を，CD はできるだけ早く交渉を開始し締結すべきであると主張している。

　CD での作業計画に関しては，NAC および NAM は核軍縮の交渉のためのアド・ホック委員会の設置を求めている。

　議長の作業文書は，以下のように規定する。

「締約国は，その年の6議長の下で2006年に，その後継者により今年，CD で展開された勢いを歓迎する。CD は，2007年の6議長により3月23日に提出された提案に合意すべきことが強調された。」（第17項）

「核軍縮のプロセスにおける論理的措置として，FMCT 交渉の即時開始の重要性が強調された。その条約の検証可能性および現存ストックを含める重要性に触れるよう要請があった。その条約が2010年再検討会議より前に締結される期待が表明された。兵器用核分裂性物質の生産モラトリアムを宣言していない国に対し，宣言するよう要請があった。」（第21項）

---

[39] なおその後の CD での議論により，6月の第2会期の終わりには，賛成できないとしたのは中国，パキスタン，イランの3カ国となった。
[40] NPT/CONF.2010/PC.I/WP.46, 7 May 2007.

## 4　戦略核兵器の削減

　米ロ両国は戦略核兵器の削減については、モスクワ条約の実施を指摘し、両国は十分な削減を実施していると主張するが、多くの非核兵器国は、モスクワ条約は検証可能性、透明性、不可逆性の点で欠陥があり、削減の内容も十分ではなく一層の削減が必要であると主張している。

　日本は、「米ロによるモスクワ条約以上の措置の実施を含め、核兵器国がすべての種類の核兵器の一層の削減措置を実施することが重要である」と述べており、EUは、「STARTとモスクワ条約がもたらした配備核兵器の削減を歓迎し、適切な後継プロセスを通じた核兵器の削減の一層の進展の必要性を強調する」と述べた。

　NACは、「STARTを延長し、検証を含むようSORTを改良し、弾頭の廃棄を含む一層の削減を交渉することにより、米ロが核軍縮プロセスでリーダーシップを発揮するよう要請し」[41]、NAMは、モスクワ条約に関して「配備および実戦的地位の削減は、核兵器の不可逆的な削減および全廃に取って代わるものではない。START Ⅱが発効しなかったのは、2000年再検討会議で採択された核軍縮分野での13項目の後退であり、核軍縮に関して不可逆性および透明性の増加という原則の適用を要請している。」[42]

　カナダも透明性と不可逆性の重要性を述べ、オーストラリアも一層の削減を要求し、南アフリカも不可逆性の重要性に触れ、インドネシアもモスクワ条約における検証可能性、不可逆性、透明性の欠如を非難している。

　次に、START条約が2009年に失効することに関して、EUは適切な後継プロセスに言及し、NACはSTARTの延長に言及している。この点につき米国は、「我々はすでに、STARTを引き継ぐ戦略的関係の輪郭を作成するためロシア側と作業を始めており、透明性と信頼醸成措置についての強力で生産的なポストSTART関係をロシアと構築することを希望している」と述べ、ロシアも、「START条約が2009年12月に終了するので、戦略分野における米国との新たな取決めを作成する作業が開始されている」と述べており、条約交渉かどうかは明確ではないが、START終了に対応するため何らかの合意に向けて作業が開始されている状況である。

　第3に米国が積極的に推進しているミサイル防衛に対する異議が唱えられて

---

[41] NPT/CONF.2010/PC.I/WP.15, 1 May 2007.
[42] NPT/CONF.2010/PC.I/WP.8, 27 April 2007.

いる。ロシアは，「戦略攻撃兵器と防御兵器の間の明確な連関について注意を引きたい。世界的な対弾道ミサイル防衛は他国を刺激してミサイル兵器の増強に向かわせ，世界中でのミサイル兵器の拡散を推進し，現実の核軍縮のプロセスにも影響を与えることがある。対ミサイル兵器を含め，兵器を宇宙に配備することは，軍備競争の新たな悪循環を引き起こす重要な要因になりうる」と強く非難している。

中国も，「ミサイル防衛計画は，世界の戦略的バランスと安定に影響を与えるべきではないし，国際の平和と安定を損なうべきではない。宇宙の兵器化と宇宙における軍備競争を防止することは，世界の戦略的バランスと安定を保護し，また核軍縮に必要な安全保障環境を創設するのに有益である」と述べ，軍縮会議がそのための条約を交渉し締結すべきであると主張している[43]。

NAM も，「対弾道ミサイル条約の廃棄は，戦略的安定性および宇宙における軍備競争の防止に対する新たな挑戦をもたらした」と非難し，宇宙での軍備競争の防止について軍縮会議が実質的作業を開始する緊急の必要性を主張している[44]。

議長の作業文書は，以下のように規定する。

「この点に関して，戦略攻撃力削減条約(モスクワ条約)は核軍縮に向けての肯定的な傾向であると認識された。これらの達成や説明に注目しながらも，締約国はモスクワ条約で要求される以上の削減を要請し，配備および実戦的地位の削減は核兵器の不可逆的な削減や全廃に取って代わるものではないことを強調した。締約国は，START Ⅰ およびモスクワ条約がそれぞれ 2009 年と 2012 年に終了することに注目し，2 国間の後継協定を要請した。不可逆性，検証可能性，透明性の原則がすべての核軍縮条約をガイドすべきことが強調された。核軍縮に導く環境の創設の必要性が注目された。」(第14項)

「対弾道ミサイル条約の廃棄およびミサイル防衛の開発は，戦略的安定に悪影響を与え，核軍縮および核不拡散に否定的影響をもつので，懸念を引き起こした。」(第19項)

---

[43] NPT/CONF.2010/PC/I/WP.46, 7 May 2007.
[44] NPT/CONF.2010/PC/I/WP.18, 27 April 2007.

## 5　非戦略核兵器の削減

　非戦略核兵器については，EU が，「非戦略核兵器の問題は 2000 年再検討会議最終文書に含まれている。これらの兵器の削減は核軍備管理・軍縮プロセスの絶対必要な部分である。我々は，米ロの非戦略核兵器ストックの一方的削減に関する米国とロシアの 1991/1992 年の大統領宣言，ならびに 2000 年再検討会議で関連国家によりなされたコミットメントの履行を期待している。我々は，これらの兵器の最大限可能な削減を最もよく達成するために，効果的に検証可能な協定の交渉を開始するよう関係国に奨励する」と述べている。

　日本も，「非戦略核兵器を保有するすべての国は，透明性を維持しつつそれらを削減する措置をとることが肝要である。……日本は，米ロに対し，1991 年と 1992 年に宣言されたように，その非戦略核兵器を完全に自主的に削減するというイニシアティブを履行するよう奨励する」と述べている[45]。

　議長の作業文書は，以下のように規定する。

> 「締約国は，たとえば米国とロシアによる 1991 年と 1992 年の大統領イニシアティブのように，一方的イニシアティブに基づきかつ核軍備削減・軍縮プロセスの不可分の一部として，非戦略核兵器の透明で，説明可能で，検証可能で，不可逆な方法での一層の削減の重要性を強調した。これらのイニシアティブを形式化する要請があった。テロリストによる非戦略核兵器へのアクセスを拒否する必要性が注目された。」（第 20 項）

## 6　核兵器の役割の低減

　米国はその一般討論演説において，「2001 年の核態勢見直しに従い，我々は戦略抑止のための核兵器への以前の排他的な依存を低下している」と述べ，核全廃が達成させるまでの間，「核兵器への依存の低下」の重要性を核兵器国が確認することを要請している。

　他方，中国は，核兵器国は核抑止政策を放棄すべきこと，他国を核兵器の照準としない約束を遵守すること，核兵器の先行不使用を約束すること，領域外配備の核兵器を撤去すること，核の傘および核シェアリングの政策・実行を放棄すること，使用しやすい低威力核兵器を開発しないこと，核兵器の事故や無認可の使用を回避する措置をとることを主張している[46]。

　NAC も，「2000 年以降，防衛のみならず，攻撃能力のため核兵器の重要性

---

[45] NPT/CONF.2010/PC.I/WP.2, 27 April 2007.

を強調する新しい軍事ドクトリンが出現している。核戦力の近代化と核兵器の戦術的使用の導入の計画がこのドクトリンを強化している。さらに，ある政策は，他の大量破壊兵器の使用に対する防止的措置または報復として，核兵器の潜在的使用の範囲を拡大している」と非難している。NAM も，核シェアリングを行うべきでないと主張し，核兵器の使用しうる状況を拡大する１核兵器国の戦略防衛ドクトリンを非難し，攻撃的な対抗拡散のための新型核兵器の開発や新たな照準目標の作成は核軍縮の約束を損なうものであると述べている[47]。

オーストラリアは，「あらゆる種類の核兵器の一層の削減，核兵器システムの運用状況の一層の低下などで，核兵器国は進展の領域を示すべきである。安全保障政策における核兵器の役割の低減は，核兵器の重要性を低下させるのに重要である」と述べている。

議長の作業文書は，以下のように規定する。

「締約国は，照準解除により核兵器の配備状況を低下させること，核兵器への依存を低下させること，核兵器の活性および保留状況についてのより多くの情報を核兵器国から得ることが重要であると考えた。」(第 11 項)

「核兵器，運搬手段や発射台を取替え近代化する計画，戦略・軍事ドクトリンにおける核兵器の役割の増加，核兵器使用の敷居の低下の可能性について懸念と失望が表明された。米国と英国に向けられたこれらの懸念に応えて，両国は核軍縮に向けての努力につき明確化と説明を行った。NPT 非締約国との核協力に関して懸念が表明され，条約義務の遵守が要請された。」(第 12 項)

## 7 核分裂性物質の検証と処分

米国とロシアはそれぞれの演説や文書において，核軍縮の実施により発生した核分裂性物質を平和利用に転換し，あるいは IAEA の検証の下に置いている実態を，詳細に説明し，それが国際の平和と安全にいかに貢献しているかを述べている。

南アフリカは，「米国，ロシア，IAEA 間の 3 者イニシアティブを支持し続ける。それは両国の兵器級物質のレベルを下げ IAEA の管理の下に置くもので

---

[46] Statement by China on Nuclear Disarmament and Reduction of the Danger of Nuclear War, Cluster I, May 2007, Vienna.
[47] NPT/CONF.2010/PC.I/WP.8, 27 April 2007.

ある。われわれは3者イニシアティブの完成と履行の要請を繰り返す。南アフリカはすべての核兵器国が，もはや軍事的に必要とされない核分裂性物質をIAEAによる国際検証の下に置くことを支持し続ける」と述べている。

議長の作業文書は，以下のように規定する。

「もはや軍事目的に必要とされないと指定された核分裂性物質を国際原子力機関（IAEA）または他の関連する国際的検証の下に置くという核兵器国による取決め，そのような物質の平和目的のための処分のための取決めの重要性が強調された。ある核兵器国はこの点に関して取った行動を報告した。この関連で，3者イニシアティブが重要な措置であるとみなされた。余剰高濃縮ウランを民生目的へ転換する核兵器国による現行の努力が推奨され奨励された。」（第22項）

「締約国は，実際的イニシアティブによりすべての大量破壊兵器からの脅威を削減するための協力に向けての積極的な貢献であるとして，G8グローバル・パートナーシップの重要性を承認した。」（第23項）

## 8 核軍縮措置の透明性

日本は，「すべての核兵器国に対して，その核軍縮努力の透明性ある説明をなすよう要求し」，米国も「核兵器国が，その核兵器と核ドクトリンに関して透明性を改善し信頼を醸成することの重要性を確認すべきである」と述べ，EUも「われわれは自主的な信頼醸成措置として透明性を確保する努力を追求している」と述べている。

NACは，「より大きな透明性と信頼醸成のために，また将来の軍縮措置の基線として，核兵器国は，保有する核兵器の総数を活性のものと予備のものにつき公表する用意がなければならないし，それを統一した一貫した方法で行うべきである」と主張している。カナダは，「今年初めのCDでの非公式協議において，カナダは，核兵器国はその核政策とドクトリンについて年次ブリーフィングを行うことを提案した。そのようなブリーフィングは，核兵器国と非核兵器国の間の透明性と信頼を促進しうる」と述べ，具体的な方法を詳細に述べている[48]。

オーストラリアは，「NPTの軍縮問題の討議は，情報が十分あるならば非常に生産的である。我々はすべての核兵器国に対して，その核兵器政策と軍縮行

---

[48] Statement by Canada, Cluster I, 2007 NPT PrepCom, Vienna.

動につきできるだけ透明で公開であることを奨励する」と述べ，ブラジルは，「事務局が，入手できる情報に基づいて，第6条の義務を遵守するために核兵器国が取った措置の比較表を作成できるなら，有益であろうと考える。それは，核軍縮の分野での進展をより良く評価できる手段を締約国に提供するだろう。そのような表，または比較表は，2010年のNPT再検討会議で利用できるだろう」と具体的な提案を行っている[49]。

議長の文書は，以下のように規定する。

「自主的信頼醸成措置として核兵器能力に関する透明性の増加が強く主張された。核兵器国は，その核兵器，軍縮措置の履行，安全保障ドクトリンに関して，年次ブリーフィングを通じて，透明性と説明責任を増加するよう要請された。2010年再検討会議に提出するため，第6条の義務を遵守するために核兵器国が取った措置を記録する比較表を事務局が作成するという追加的な考えが示された。」(第15項)

「第6条の履行に関するすべての締約国の報告が奨励された。これは，透明性を増すことにより核不拡散条約体制への信頼の増加を促進し，同時に遵守の懸念に対応するのに有益であると注目された。」(第16項)

## 9　消極的安全保証

NACは，「核兵器の使用または使用の威嚇に対する唯一の真の保証は，核兵器の廃絶とそれが決して生産されないという保証である。核兵器が存在する間，NACは核兵器国がNPT締約国であるすべての非核兵器国に対する消極的安全保証に関する現存の約束を新たにし尊重すること，および法的拘束力ある文書によりこれらに効果を与えることを要請する」と述べる。さらに，2005年の再検討会議に提出した議定書案[50]に言及しつつ，多国間で交渉される法的拘束力ある安全保証の締結を主張し，その文書の交渉の最も適切なフォーラムはNPTであり，それは条約の役割を確認し，核不拡散体制を強化するからであるとし，その文書は，NPTの文脈において達成される個別の協定でもいいし，条約の議定書でもよいと述べる[51]。

NAMも，「核兵器の全廃が，核兵器の使用または使用の威嚇に対する唯一

---

[49] Statement by Brazil, Cluster I- Nuclear Disarmament.
[50] NPT/CONF.2005/WP.61,
[51] NPT/CONF.2010/PC.I/WP.15, 1 May 2007.

の絶対的な保証であるが，核兵器の全廃までの間，条約締約国である非核兵器国に対する普遍的で，無条件で，法的拘束力ある安全保証の文書の締結への努力が，優先課題として追求されるべきである」と述べる。

ロシアは，「いつ核兵器が使用されうるかについて核兵器国の防衛ドクトリンに規定された場合を考慮しつつ，核兵器の使用または使用の威嚇を排除する安全保証を非核兵器国に与える世界的協定を作成するのに反対はしない」と条件付で述べている。

中国は，「非核兵器国は核兵器国が提供する安全保証を享有すべきである。すべての核兵器国は，いかなる時にもいかなる状況でも核兵器を先行的に使用しないこと，非核兵器国および非核兵器地帯に対して核兵器の使用または使用の威嚇を行わないこと，早期に国際的法的拘束力ある文書を締結することを約束すべきである」と述べ，FMCT，宇宙での軍備競争の防止，核軍縮，安全保証に関する交渉および実質的討議を軍縮会議で開始することを主張している。

議長の作業文書は，以下のように規定する。

「締約国は，核兵器の廃棄に至るまでの間，核兵器国が非核兵器国に対して彼らに対して核兵器を使用しないという安全保証を与えるべきであることに注目した。安全保証はNPT体制で重要な役割を演じうるし，大量破壊兵器を所得しない動機として有益でありうると述べられた。安全保証はまた，普遍性を達成する動機として有益であると述べられた。1995年の再検討・延長会議と2000年再検討会議はともに，安全保証の重要性を強調したことが想起された。1995年の延長決定の基本的ベースである消極的安全保証の必要性は重要であり続けているし，再確認されるべきことが強調された。安全保障理事会決議984 (1995)の下での約束の再確認が表明された。1核兵器国を含むいくらかの締約国は，先行不使用政策の重要性を強調した。」(第25項)

「締約国は，非核兵器国に対する普遍的で，無差別で，法的拘束力ある消極的安全保証に関する文書を締結する努力が，非核兵器地帯の関連ですでに与えられている法的拘束力ある安全保証を損なうことなく，優先課題として追求されるべきことを強調した。これに関して，NPTの議定書を追求すること，CDの6議長により提出された現在の決定案で予定される実質的討議の展望が言及された。何らかの新しい文書の締結に至る間，核兵器国は安全保障理事会決議984の下でのそれぞれの約束を尊重するよう要請された。核ドクトリンに関する最近の進展がこれらの約束を損なうという懸念が表明さ

れた。締約国が核不拡散条約を遵守しておらず、あるいは脱退した場合における締約国への安全保証の適格性は議論を正当化するものとみなされた。2010年再検討会議において安全保証に関する補助機関の必要性が要求された。」(第26項)

## 10 非核兵器地帯

NAMは、「トラテロルコ条約、ラロトンガ条約、バンコク条約、ペリンダバ条約、セミパラチンスク条約により創設された非核兵器地帯の設置は、世界的な核軍縮および核不拡散という目的を達成するための積極的措置であり重要な措置であると考え、2006年9月8日の中央アジア非核兵器地帯条約の署名を歓迎する」と述べている[52]。

日本も非核兵器地帯の設置を支持すると表明しているが、それは、関連地域の諸国家により自由に到達された取決めに基づくこと、およびそのような地帯の設置が地域の安定と安全に貢献するという条件にもとづくことと述べている[53]。

今回の会議での新たな要素は中央アジア非核兵器地帯条約の署名であり、関連5カ国は、「関連国家間で自由に到達された取決めに基づく非核兵器地帯の設置は、地域的および世界的レベルで核軍縮と核不拡散を大幅に促進すると強く確信し、核不拡散条約(NPT)第7条を基礎として平和と安全の強化のために共同の貢献をなすという決意を強調しつつ、カザフスタン、キルギスタン、タジキスタン、トルクメニスタン、ウズベキスタンは2006年9月8日にセミパラチンスクにおいて中央アジア非核兵器地帯条約を署名した」と述べている[54]。

中央アジア非核兵器地帯に対して、非同盟諸国ならびにロシアと中国は支持を表明しているが、米国、英国、フランスは態度を留保しており、たとえば英国は、「我々は、核兵器国との協議が完了する前に、中央アジア非核兵器地帯が2006年9月に署名されたことに失望している。地帯内の安全保障取決めのあいまいな性質のゆえに、我々はその条約の議定書を批准することはできない。我々は、これらの問題を解決するための一層の進展が可能になるために、地帯の諸国家に対し条約を迅速に批准することを要請する」と述べている。

中央アジア諸国は、中央アジア非核兵器地帯条約の一連の規定に関して核兵器国と協議を継続する用意があると表明している。

---

[52] NPT/CONF.2010/PC.I/WP.11, 27 April 2007.
[53] NPT/CONF.2010/PC.I/WP.2, 27 April 2007.
[54] NPT/CONF.2010/PC.I/WP.57, 8 May 2007.

議長の文書は以下のように規定する。

　「関連地域の国家間で自由に到達された取決めに基づき，かつ確立された国連ガイドラインに基づき設置される，国際的に承認された非核兵器地帯の概念への支持が表明された。世界的な核不拡散の目標も含め，国際的および地域的平和と安全を促進するという非核兵器地帯の貢献が強調された。非核兵器地帯でカバーされる国家の数が105を超えたことが注目された。トラテロルコ条約，ラロトンガ条約，バンコク条約，ペリンダバ条約により創設された非核兵器地帯の設置は，世界的核軍縮という目的を達成するのに向けての積極的な措置であると考えられた。これらの非核兵器地帯条約すべての発効の重要性が強調された。核兵器国は，これらの条約の議定書を署名し批准することにより非核兵器地帯に安全保証を提供するよう要請された。」(第32項)

　「非核兵器南半球のように，地帯の当事国間での協力の継続と強化が奨励された。トラテロルコ条約の署名40周年が承認された。締約国は中央アジア非核兵器地帯条約の締結を歓迎した。未解決の問題を解決するために，1999年のUNDCのガイドラインに従った関連国家間での一層の協議の必要性が表明された。モンゴル非核兵器地位への支持が繰り返された。締約国は，特に中東および南アジアに，新たな非核兵器地帯を設立する重要性を強調した。」(第33項)

## Ⅳ　準備委員会の評価

　今回の2010年NPT再検討会議に向けた第1回準備委員会は，議題設定に関してイランの反対に直面し，そのため実質的討議の時間が短縮され，また議長の事実サマリーもイランの反対で，議長の作業文書として他の作業文書と同列のものに格下げされた。しかし，全体として見た場合，2005年NPT再検討会議が決裂し失敗だったと考えられるのに対し，今回の準備委員会はある程度の実質的議論を行い，双方的な討論も実施され，格下げされたとは言え，実質的には議長サマリーが作成され，一般には一定の成果を挙げたと考えられている。

　それは2005年の最悪事態から一定の回復を達成し，核不拡散体制の重要性を再確認し，核不拡散体制の強化に向けて議論を行い，さらに努力を継続することに一般的な合意が存在したからであると考えられる。

　2005年には米国対エジプト・イランという対立の構図が支配的で，その対立

## 第3節　2007年NPT準備委員会

を緩和することは不可能であったが，今回の準備委員会では，イランのみが議長提案にことごとく反対し，他の非同盟諸国もイランとは一線を画していたし，議長のリーダーシップも発揮されたからである。

　手続き問題では，議題の採択が評価される。イランの反対により実質的議論の時間が大幅に削減されたが，今回の準備委員会で議題の採択を行うことにより，2008年，2009年の準備委員会でそのための議論を繰り返す必要がなくなったからである。つまり，2008年と2009年には実質的議論の時間が確保されたことになる。

　実質問題では，限られた時間の中で積極的な議論が展開され，また議長の作業文書を除くと77の作業文書が提出され，それぞれの問題について詳細な検討が行われている。その意味で，NPT再検討プロセスにおける個々の問題の対立点はすでに明らかになっており，今後の課題はそれぞれの対立点をどのように解消していくかという段階に達している。

　実質問題の対立は，基本的にはNPTの三本柱の優先順位を巡るものである。核兵器国は核不拡散の側面を最重要視し，核不拡散義務の違反への対応および違反の防止をきわめて重視する。イラン，北朝鮮，テロリストなどさまざまな脅威に対して，防止的措置を含め積極的な対応をとることを最重要課題として取り組んでいる。そのため，核不拡散措置が原子力平和利用の制限をもたらすことがあるとしても，核不拡散を優先する傾向がある。

　他方，多くの非核兵器国は，NPTを不拡散のためのみならず，核軍縮のための条約だと考え，核兵器国による核軍縮の不十分さを指摘し，また核不拡散にあまりにも重点が置かれ，核軍縮の進展に向けての努力がおろそかにされていると非難している。特に，1995年と2000年にコンセンサスで合意された文書に対する核兵器国の消極的ないしは否定的な態度に対して，不満を募らせている。

　IAEA保障措置追加議定書の普遍化など不拡散強化措置に対して，非同盟諸国は賛成を表明していないが，それは必ずしもそれらの措置に対する反対ではなく，核不拡散措置ばかり強調されて，核軍縮措置が無視されていることへの対応となっている場合が多い。すなわち，核兵器国は核軍縮を十分実施しないにも拘わらず，新たな核不拡散措置を適用しようとしていることに対し，義務のバランスであるとか，義務の公平性の側面から非難しているのである。

　このように，実質問題については，核不拡散条約の重要性，そこでの3つの柱のバランスの取れた取扱いという原則に合意があるとしても，締約国間の見

解の相違，あるいは優先度の違いがきわめて大きいことが，今回の準備委員会でも明らかになっており，今後の進展の困難さが示されている。

## むすび

　今回の準備委員会は，2005年再検討会議の失敗による核不拡散体制の弱体化が進む中での，その直後の会議として，核不拡散体制への締約国のコミットメントを再び強化するという意味で重要なものであった。

　手続き的には，次回の準備委員会，さらに2年先の準備委員会にスムースに移行できる状況になっているが，実質的にはさまざまな対立が存在し，実質的議論がスムースに進展する保証はまったく存在しない状況である。

　基本的には，NPTの三本柱をバランスよく公平な形で実施していくことが必要であるが，それを具体的に実施するのはそれほど簡単ではない。

　まず，核不拡散に関しては，北朝鮮およびイラン問題への対応が優先事項となるだろうが，北朝鮮問題は6者会合を中心に，米朝の交渉が鍵となるだろう。初期段階の措置の履行に続いて，次の段階に進むとともに，米朝，日朝の2国間の協議も重要であり，朝鮮半島の非核化および米朝，日朝の国交正常化に進むための努力が必要とされるであろう。

　イランについては，安全保障理事会による一層の制裁というムチの側面と，イランとの対話というアメの側面をうまく調整する必要があるだろうが，イラン問題を核問題に限定して解決できるかどうかは疑問であり，イランをとりまくさまざまな問題を含めた包括的な交渉が必要であろうと考えられるし，米国の積極的な関与が必要であろう。

　その他の核不拡散体制強化の措置は，当初はさまざまな反発がみられたものも，徐々に国際社会全体の支持を得る方向に進んでいるようである。それは国際法に一致して実施されていることも大きな要因となっているのであり，新たな措置を導入する場合には，その措置の実効性，特に即時の実効性のみを考慮して実施するのではなく，その措置の合法性および正当性も担保される形で実施していくのが望ましい。

　核軍縮については，核兵器国はすべて第6条の義務を履行していると主張し，非核兵器国はそれらは不十分であると認識しているのが現状である。核兵器国はその証拠としてさまざまな行動を列挙し，自国の主張を強化しようとしているが，その説明は自国に都合のいいように選択的であり，かつ時期的にも自国に都合よく説明している。したがって，今回の準備委員会でもさまざま主張さ

れていたように，核軍縮の進展状況についての正確な情報に基づき，客観的に判断できるような一覧表なり比較表なりを作成することが，第1に必要であろう。客観的なデータをベースに議論することが必要である。

また具体的措置としては，CTBTの発効，FMCTの交渉開始，戦略および非戦略核兵器の削減など，一般的な合意が存在する領域における進展をはかるべきであろう。さらに，核兵器のもつ軍事的および政治的意味合いあるいは価値を低下させるためのさまざまな措置，警戒態勢の解除，照準解除，安全保障政策における核兵器の役割の低減などの措置も追求されるべきであろう。

原子力平和利用については，エネルギー源としての原子力の需要が増加する状況において，核不拡散，安全，核セキュリティを確保できる形で進めるべきであろう。また一定の平和利用を制限することがあるとしても，それは，実効性だけではなく，合法性や正当性を担保していることが必要となるだろう。

## 第4節　2010年NPT再検討会議

　核不拡散条約(NPT)再検討会議が，2010年5月3日から28日の4週間にわたり，ニューヨークの国連本部で開催された。会議は最終文書の採択に合意し，将来の行動計画についてはコンセンサスが達成された。2000年会議は最終文書の採択に成功したが[1]，2005年会議は米国と非同盟諸国の対立が厳しく失敗に終わっており[2]，NPT体制の維持・強化にとって今回の成功は有益なものであった。

　2009年に米国にオバマ政権が発足して以来，オバマ大統領は「核兵器のない世界」を目指すと発言し，会議直前の4月8日には，米ロ間で新START条約が署名された。このように核軍縮に向けての米国の積極的な姿勢を反映して，会議は良好な雰囲気のもとで開始された。再検討会議に向けての前向きな背景としては，以下のようなものがある。

| | |
|---|---|
| 2007年1月 | 米元高官による「核兵器のない世界」の提言[3] |
| 2008年10月 | バン・キムン国連事務総長の核軍縮5項目提案[4] |
| 2009年4月 | オバマ大統領のプラハ演説[5] |
| 2009年5月 | NPT再検討会議準備委員会で議題の暫定的採択[6] |
| 2009年9月 | 国連安保理サミット開催と決議1887の採択[7] |
| 2009年12月 | 核不拡散と核軍縮に関する国際委員会(ICNND)報告書[8] |

---

[1] 2000年NPT再検討会議については，黒澤満『軍縮国際法』信山社，2003年，179-214頁参照。
[2] 2005年NPT再検討会議については，本書第2章第2節参照。
[3] 核兵器のない世界については，本書第1章第1節参照。
[4] UN Secretary-General's Address to East-West Institute, Secretary-General, SG/SM/11881, 24 October 2008. <http://www.un.org/News/Press/docs/2008/sgsm11811.doc.htm>
[5] オバマの核政策については，本書第1章第2節参照。
[6] Final Report of the Preparatory Committee for the 2010 Review Conference of the Parties to the NPT, NPT/CONF.2010/1, 20 May 2009. <http://deccess-dds-ny.un.org/doc/UNDOC/GEN/N09/343/90/PDF/N0934390.pdf?OpenElement>
[7] Resolution 1887 (2009) Adopted with 14 Heads of State, Government Present, 24 September 2009. Security Council, SC/9746. <http://www.un.org/News/Press/docs/2009/sc9746.doc.htm>
[8] Gareth Evans and Yoriko Kawaguchi (co-chairs), *Eliminating Nuclear Threat: A Practical Agenda for Global Policymakers*, International Commission on Nuclear Non-Proliferation and Disarmament, 2009.

第 4 節　2010 年 NPT 再検討会議

2010 年 4 月　　米国の核態勢見直し（NPR）報告書の発表[9]
2010 年 4 月　　米ロによる新 START 条約の署名[10]
2010 年 4 月　　核セキュリティ世界サミット開催[11]

　NPT 再検討会議は条約のすべての側面の運用を検討するものであり，核軍縮，核不拡散，原子力平和利用など多くの問題を含むものであるが，本節では，この会議の核軍縮の側面の分析を目的とし，まず主要な諸国の一般演説における主張を検討し，第 2 に主要委員会 I と補助機関 I における議論および各国が提出した作業文書に基づいて核軍縮に関する各国の見解を分析し，第 3 に最終文書の行動計画を紹介し，最後に今回の会議における核軍縮に関する重要な課題をさまざまな側面から検討し，本会議における核軍縮の合意の内容を明らかにする。

## I　会議の進展と一般演説における議論

### 1　議事の進行

　5 月 3 日，準備委員会の議長により会議の開催が宣言され，再検討会議の議長として，非同盟諸国が推薦していたフィリピンのカバクチュランを選任した。新議長の発言ののち，バン・キムン国連事務総長および天野之弥国際原子力機関（IAEA）事務局長の演説があった。その後さまざまな委員会の議長や副議長が選出され，議題が正式に採択された。この議題は昨年の準備委員会で暫定的に採択されていたものである。2005 年の会議では，会議が開始されても議題に合意が達成されなかったため，会議は 2 週間も空転し，実質的討議の時間も十分なく，会議は失敗していた。

　議題によれば，主要委員会 I は，核不拡散（第 1，2 条），核軍縮（第 6 条）および安全保障を取り扱い，主要委員会 II は，保障措置（第 3 条）および非核兵器地帯（第 7 条）を取り扱い，主要委員会 III は，原子力平和利用（第 4 条）およびその他の規定を取り扱う。

---

[9]　United States Department of Defense, *Nuclear Posture Review Report*, April 2010. <http://www.defense.gov/npr/docs/2010%20Nuclear%20Posture%20Review%20Report.pdf> 本書第 1 章第 3 節参照。
[10]　The White House Blog, The New START Treaty and Protocol, April 08, 2010. <http://www.whitehouse.gov/blog/2010/04/08/new-start-treaty-and-protocol> 本書第 1 章第 4 節参照。
[11]　The Whitehouse, Communiqué of the Washington Nuclear Security Summit. <http://www.whitehouse.gov/the-press-office/communiqué-washington-nuclear-security-summit>

第2章　NPT再検討プロセスの展開

　補助機関の設置に関しては，イランの反対があり若干遅れたが，主要委員会Iの下の補助機関は，「核軍縮および安全保証」に焦点を当てること，主要委員会IIの補助機関は，「中東地域および1995年の中東決議に関するものを含む地域問題」を検討し，主要委員会IIIの補助機関は，「条約の他の規定」に取り組むこととなった。最後の補助機関に関して，当初「NPT第10条を含む条約の他の規定」となっており，脱退問題が直接言及されていたが，イランの反対でその部分が削除された。

　各国の一般演説は初日3日の開会式の後から開始され，4日目6日の午後まで続き，109カ国および4国際機関が演説を行った。5日目の7日からは主要委員会に分かれての議論に移行していった。

　各主要委員会は，補助機関での議論も含めて第4週の初日まで議論を続けた。議論が始まって1週間たった第2週の5日目の5月15日の午後に，各委員会の委員長より報告書の議長草案が提示された。第3週はこれらの議長草案への修正という形で議論が進められ，さらに議長の改定草案が示された。第4週には各主要委員会および補助機関の議長草案をまとめた形で，会議議長の提案が示され，議論を行い若干の修正の後，最終日に最終文書が採択された。

## 2　バン・キムン国連事務総長の演説

　彼はNPTの重要性を強調し，核軍縮と核不拡散が最重要課題であると述べ，成功のためのベンチマークとして以下の5点を指摘した。①核軍縮への真の進展が必要であり，核廃絶の明確な約束を再確認するとともに約束を行動に移すこと，②条約の普遍性に向けての動きが重要で，それらの国に加入を要請するとともに，核物質の厳格な管理，核実験モラトリアム，厳格な輸出管理などが必要であること，③法の支配の強化が必要で，NPTを補完する法的文書として，包括的核実験禁止条約(CTBT)の批准，核テロ条約の履行，FMCTの交渉開始，IAEA保障措置追加議定書の受諾など，④中東非核兵器地帯への進展，⑤関連国連機関のもっと積極的な関与を含めた，NPT再検討プロセスの強化。またFMCTに関して軍縮会議が合意できない場合にはより高い政治レベルからの力が必要であり，この9月の国連総会の際に閣僚級会合を開くことを提案している[12]。

---

[12] Secretaty-General Ban Ki-moon, Address to the 2010 Review Conference of the States Parties to the Treaty on the Non-Proliferation of Nuclear Weapons, 03 May 2010. <http://www.un.org/apps/news/infocus/sgspeeches/statement_full.asp?statID=802>

## 3 天野之弥IAEA事務局長の演説

　IAEAのさまざまな活動について述べた後，現在IAEAは北朝鮮，イラン，シリアにおいて，重要な保障措置履行問題の解決のために努力していること，さらに追加議定書の参加が十分でないとし，追加議定書は，IAEAが宣言された核物質が平和利用から転用されていないことを保証するだけでなく，その国に宣言されていない核物質や核活動がないことを保証できるために極めて重要であると強調した。さらに非核兵器地帯は核兵器のない世界の達成に重要な貢献をなしうるし，核軍縮はIAEAにとって大きな関心領域であり，IAEAは検証活動を通じて役割を果たしうると述べた[13]。

## 4 一般演説における各国の主張
### (1) 核兵器国の主張

　米国のクリントン国務長官は，核軍縮については，米国の核兵器の役割と数を低減させることを約束しており，新START条約は戦略核兵器の数を1950年代のレベルに減少し，核態勢見直しは新たな核兵器の開発を禁止し，新たな消極的安全保証(negative security assurances)を規定していると説明し，さらにアフリカおよび南太平洋非核兵器地帯条約の議定書を批准のため上院に提出すること，透明性を高めるため，米国はストックパイルにある核兵器の数および1991年以来解体した核兵器の数を公表すると述べた[14]。

　ロシアは，最近の米ロの新START条約は両国の安全保障を強化するもので，両国が勝者となり，世界全体も利益を得ていると述べ，今後の共通の任務は，包括的核実験禁止条約(CTBT)の早期発効を進めること，兵器用核分裂性物質生産禁止条約(FMCT)の軍縮会議での交渉開始に勢いを与えることであると主張した[15]。

　中国は，核兵器全面禁止条約の締結を含み，段階的行動からなる長期的計画を適切な時期に作成すべきであると述べ，核兵器国は核兵器の役割を低減し，核兵器先行不使用と，非核兵器国および非核兵器地帯に対して無条件に核兵器

---

[13] IAEA Director General Yukiya Amano, Statement to 2010 Review Conference of the Parties to the Treaty on the Non-Proliferation of Nuclear Weapons, 3 May 2010.

[14] Statement by the United States, General Debate, May 3, 2010. 一般演説における各国の声明および各国の作業文書は，以下のサイトで閲覧可能である。2010 Review Conference of the Parties to the Treaty on the Non-Proliferation of Nuclear Weapons (NPT), May 3-28 2010. <http://www.un.org/en/conf/npt/2010/>

[15] Statement by the Russian Federation, General Debate, 4 May 2010.

を使用しないことを明確に約束すべきであると主張した[16]。

5核兵器国は会議の3日目に共同声明を発表し、5核兵器国の共通の立場を明確にした。核軍縮について、第6条の下での義務の履行への永続的なコミットを再確認し、米ロ間の新START条約を支持し、それは第6条の履行の重要な措置であると考え、核実験のモラトリアムを遵守する決意を再確認し、CTBTの早期発効に向けた努力を継続し、FMCTの軍縮会議での早期の交渉開始を要請している。また非核兵器国が安全保証を重視していることに注目し、軍縮会議において安全保証に関する実質的協議を始める用意があると述べた[17]。

(2) 中間国の主張

日本は、核兵器廃絶に向けての努力の先頭に立つ道義的義務があり、非核3原則を厳守するという鳩山首相のメッセージを伝え、核軍縮については、核廃絶の明確な約束の再確認、核保有国の核軍縮の追求の要請、核兵器の役割の低減とより強力な消極的安全保証の供与、CTBT早期発効とFMCT交渉早期開始と締結の4点を強調した[18]。

欧州連合（EU）は、核軍縮の進展のために大幅な削減、CTBT発効、FMCT交渉開始の必要性が会議の重要課題であると述べ[19]、オーストラリアは、すべての核兵器の一層の大幅で検証可能で不可逆的な削減と国家安全保障戦略における核兵器の役割の低減、CTBTの発効、FMCTの交渉などが重要であると主張した[20]。

ドイツは、非戦略核兵器は軍事的に無用であり、軍縮プロセスに含まれるべきこと、政府はドイツ配備の戦術兵器の撤去の意思をもつこと、NATO戦略概念で核兵器の役割が一層低減されるべきことを特に主張し[21]、ノルウェーは、核兵器の一層の削減、新型兵器の開発禁止、核兵器の役割低減、消極的安全保証の強化、非核兵器地帯の維持と新設、CTBT発効、軍縮会議以外も含めたFMCT交渉などを主張した[22]。

---

[16] Statement by China, General Debates, May 4, 2010.
[17] Statement by China, France, Russia, the United Kingdom, and the United States, General Debates, May 5, 2010.
[18] Statement by Japan, General Debates, 4 May 2010.
[19] Statement by Spain on behalf of the European Union, General Debates, 3 May 2010.
[20] Statement by Australia, General Debates, 3 May, 2010.
[21] Statement by Germany, General Debates, 4 May 2010.
[22] Statement by Norway, General Debates, 4 May 2010.

オーストリアは，核兵器の削減，CTBT，FMCT での進展が必要であるとし，バン・キムン国連事務総長の5項目提案を支持し，核兵器禁止条約がグローバル・ゼロへのもっとも効果的方法であると述べ[23]，スイスは，核兵器は役に立たないものであり，基本的に不道徳であり，国際人道法に関してその性質から違法であると述べ，長期的には，国連事務総長が提案しているように新たな条約という方法で核兵器を違法化すべきであると主張した[24]。

(3) 非同盟諸国の主張

非同盟諸国(NAM)は，核兵器のない平和な世界の実現が最高の優先順位にあるとし，新 START を歓迎しつつも期待以下であり，一層の削減を求め，核抑止ドクトリンは平和も安全ももたらさず核廃絶の障害になっていると批判し，国際社会は，核兵器のない世界という目的をどのように実現するかについてのベンチマークと時間的枠組みをもった行動計画を採択すべきであり，核兵器禁止条約の検討を始めるべきであると主張する。また核兵器全廃に至るまでの間，普遍的で無条件で法的拘束力ある消極的安全保証の文書を締結する努力を始めるべきであると述べた[25]。

新アジェンダ連合(NAC)は，核兵器の廃絶は核兵器が使用されない絶対的な保証であるとし，新 START 条約を歓迎しつつも，一層の削減を求め，会議の成果として，核廃絶の明確な約束の再確認と，実際的措置の履行の加速の要請が不可欠であるとし，そのために明確な枠組みと測定しうるベンチマークをそなえた行動計画が鍵になると述べる。また一層の非核兵器地帯の設置を奨励し，核兵器国が議定書の発効に必要な措置をとること，それへの留保や解釈宣言を撤回することを要請した[26]。

東南アジア諸国連合(ASEAN)は，すべての締約国が NPT の義務を厳格に遵守すること，核兵器国は13項目を実施し，核兵器削減の具体的措置に合意し，さらに先行不使用を採用し，法的拘束力ある消極的安全保証を提供するよう要請している[27]。

---

[23] Statement by Austria, General Debates, 3 May 2010.
[24] Statement by Switzerland, General Debates, 4 May 2010.
[25] Statement by Indonesia on behalf of the Non-Aligned Movement (NAM), General Debates, May 3, 2010.
[26] Statement by Egypt on behalf of the New Agenda Coalition, General Debates, 4 May, 2010.
[27] Statement by Vietnam on behalf of the Association of Southeast Asian Nations, General Debates, 4 May 2010.

## II 主要委員会・補助機関における議論

### 1 核兵器国の主張

米国は、オバマのプラハ演説に言及しつつ、核兵器のない世界における平和と安全を求めるという米国のコミットメントを再確認し、新 START 条約を署名したこと、CTBT の批准を求めること、FMCT の交渉の努力を強化すること、また非配備のものも含め戦略・戦術核兵器の削減をロシアと交渉することを期待していると述べた。さらに核兵器の役割低減について、消極的安全保証を改定したし、非核兵器地帯の関連でも法的拘束力ある議定書を支持しており、核兵器の基本的役割は米国・同盟国に対する核攻撃を抑止することであることを明確にし、事故や誤算で核兵器が使用される危険を減少させる措置をとっていると説明した[28]。

ロシアは、新 START 条約の署名により核弾頭を 30 ％削減し、運搬手段を半分以上削減するとし、今後の措置として、すべての核兵器国を含む核軍縮プロセスの進展、宇宙における兵器の配備の防止および通常兵器の増強の管理された停止を提案した。消極的安全保証については、非核兵器地帯条約の議定書に署名し保証を与えてきたこと、セミパラチンスク条約とバンコク条約では協議を始める用意があること、核兵器の使用に対して非核兵器国を保証する国際条約の緊急の作成を支持していると述べた[29]。

米ロは「新 START に関する共同声明」を発表し、新 START 条約の署名は NPT 第 6 条の義務の履行であり、核兵器は 50 年前のレベルに削減されるとし、これは米ロの安全保障を強化し、関係を安定させ、透明にし、予見可能にするとともに、国際の安定と安全にいい効果を与えると述べた[30]。

フランスは、核軍拡の停止として、核実験の停止とモラトリアムの必要性、厳格な十分性の原則による核兵器の削減、死活的利益への攻撃に対する極端な自衛の場合のみに核兵器の使用を限定すること、透明性の増大と信頼の確立の

---

[28] Statement by the United States, Main Committee I, May 7, 2010; Statement by the United States, Subsidiary Body 1, May 10, 2010. 主要委員会 I における各国の声明は以下のサイトで閲覧可能である。Reaching Critical Will, Government Statements to the 2010 NPT Review Conference. <http://www.reachingcriticalwill.org/legal/npt/revcon2010/statements.html>

[29] Statement by the Russian Federation, Main Committee I, 7 May, 2010; Statement by the Russian Federation, Subsidiary Body 1, May 10, 2010.

[30] Joint Statement by the Russian Federation and the United States of America on New START, May 7, 2010.

## 第 4 節　2010 年 NPT 再検討会議

重要性を強調し，さらに核軍縮を可能にし，その進展のペースを決定する政治的・安全保障上の条件を考慮する必要があると述べた[31]。

中国は，核先制使用に基づく核抑止政策を放棄すること，いかなる時にもいかなる状況においても核兵器を先に使用しないこと，非核兵器国および非核兵器地帯に核兵器を使用しないことを約束し，関連した国際法的文書を締結すること，外国に核兵器を配備している国はそれを撤去し本国に持ち帰ること，「核の傘」および「核シェアリング」の政策・慣行を放棄することを主張している[32]。消極的安全保証に関して，中国は，普遍的で，無差別で，法的拘束力ある文書ができるだけ早く締結されるべきであること，軍縮会議は，非核兵器国に対する安全保証に関する国際法文書を締結する実質的作業を早期に開始すべきであると主張している[33]。

### 2　中間国の主張

欧州連合(EU)は，米ロは非戦略兵器を含む核兵器の一層の包括的な削減の新たな協定に向けて作業すること，非戦略核兵器の削減と最終的廃棄は核軍縮プロセスの不可分の部分であること，CTBT の早期発効を達成しモラトリアムを維持すること，FMCT の軍縮会議での交渉開始を達成し，生産モラトリアムを即時に宣言し維持することを主張している。また安全保証については，非核兵器地帯設置条約の議定書により提供される法的拘束力ある消極的安全保証，および安保理決議 984 に含まれる核兵器国の一方的宣言が，高い価値を持ち続けていることを承認すると述べている[34]。

日本は，日豪共同提案として提出した文書[35]の核軍縮に関する部分を説明し，①核兵器を廃絶するという核兵器国による明確な約束の再確認，②核兵器保有国に対し2国間または多国間で核軍縮を追求すること，③核兵器国は核兵器を削減し，少なくとも増強しないこと，④国家安全保障戦略における核兵器の役割を低減すること，⑤事故または無認可による発射の危険を減少させる措置をとること，⑥核削減プロセスに不可逆性と検証可能性の原則を適用すること，⑦核兵器能力に関する透明性を拡大すること，⑧ CTBT の早期発効とモラト

---

[31] Statement by France, Main Committee I, 7 May 2010.
[32] NPT/CONF.2010/WP.63 by China, 6 May 2010.
[33] NPT/CONF.2010/WP.68 by China, 6 May 2010.
[34] Statement by Spain on behalf of the European Union, Main Committee I, 7 May 2010.
[35] NPT/CONF.2010/WP.9 by Australia and Japan, 24 March 2010.

リアムの維持，⑨ FMCT 交渉の即時開始と早期締結および生産モラトリアムの宣言と維持を主張した。安全保証については，核兵器の役割の低減との関係で，NPT を遵守している非核兵器国に対して核兵器を使用しないというより強力な消極的安全保証を与えるような措置をとるよう核兵器国に要請している[36]。

オーストラリアは，核兵器の役割の低減に関して，会議の成果の中に，「核抑止を核兵器の唯一の目的とするという暫定的目標に向けて集団的に努力するという約束を挿入することを奨励する」と主張している。消極的安全保証についても，強力な消極的安全保証の手段としての非核兵器地帯の明確な支持を会議は表明すべきだと述べている。またオーストラリアは透明性を重視し[37]，これに関する作業文書をニュージーランド[38]と共同で提出した。そこでは，①核ドクトリン，②核分裂性物質，③弾頭と運搬手段の数，④戦略的および戦術的削減について，報告の体系化と 5 年ごとの再検討会議への提供を要請した[39]。

ドイツは，他の欧州の 9 カ国を代表して，非戦略核兵器の削減と最終的な全廃が核軍縮プロセスに含まれるべきであると述べ，非戦略核兵器による脅威を低減させるため一層の透明性と信頼成措置が重要であること，米ロに対し 1991/1992 年の合意を発展させ条約交渉に含めることを主張している[40]。

ベルギーなど 6 カ国は，核軍縮につき，米ロによる一層の削減，他の核兵器国による核軍縮プロセスへの参加，核兵器の役割を低減する政策の追求，核兵器保有国による核兵器の全体的な保有の公表，核兵器の運用状況の低下，余剰核分裂性物質を IAEA 検証下へ置くことを主張している[41]。

## 3　非同盟諸国の主張

新アジェンダ連合(NAC)は，米ロの新 START 条約を歓迎し，核兵器の役割の低減についても米国の最近の声明を歓迎し，他の核兵器国も同様の措置をとること，核兵器の更新や新型核兵器の開発にモラトリアムを宣言するよう求め

---

[36] Statement by Japan, Main Committee I, 7 May 2010.
[37] Statement by Australia, Main Committee I, 7 May 2010.
[38] Statement by New Zealand, Subsidiary Body I, 12 May 2010.
[39] NPT/CONF.2010/WP.40 by Australia and New Zealand, 22 April 2010.
[40] Statement by Germany on behalf of Austria, Belgium, Finland, Ireland, Luxembourg, the Netherlands, Norway, Slovenia, Sweden and Germany, Subsidiary Body I, 12 May 2010.
[41] NPT/CONF.2010/WP.69 by Belgium, Lithuania, the Netherlands, Norway, Poland, Spain and Turkey, 11 May 2010.

ている。軍縮会議における FMCT に進展がないことにつき，余剰核分裂性物質を国際検証の下に置くこと，核軍縮は不可逆性，透明性，検証可能性の原則によること，核兵器の廃絶が核兵器使用に対する唯一の絶対的保証であることを強調している[42]。

消極的安全保証については，NAC は，それは核兵器の全廃を達成するための暫定措置であり，法的拘束力ある消極的安全保証は核兵器全廃に導く国際環境を促進するものであり，自主的に核兵器のオプションを放棄した NPT 締約国にそのような保証を提供することは絶対必要であり，国際的に法的拘束力ある消極的安全保証を NPT 非核兵器国に提供することは正当な安全保障上の懸念に対処するものであると主張し[43]，NAC が提出した作業文書は 22 の措置を列挙している[44]。

非同盟諸国(NAM)は，特定の枠組み内での核軍縮の行動計画に合意すべきであると主張したが，それは核の脅威を削減させる措置を含む 2010 年から 2015 年の第 1 段階，核兵器の削減のための措置を含む 2015 年から 2020 年の第 2 段階，核兵器のない世界の強化のための措置を含む 2020 年から 2025 年とそれ以降の第 3 段階から成り立っている。核兵器国の安全保障ドクトリンに懸念を表明し，特に核シェアリングの禁止を主張する。核軍縮については，FMCT の交渉，透明性，検証可能性，不可逆性の原則の重要性，宇宙での軍備競争と新型核兵器開発への懸念，CTBT の支持を強調し，安全保証については，新型核兵器の開発は 2000 年の消極的安全保証に関する約束に反するとし，非核兵器国に対する普遍的で，無条件で，法的拘束力ある文書を締結する努力が追求されるべきであると主張し[45]，NAM は，「核兵器廃絶のための行動計画」を提出した[46]。

NAM が提出した作業文書では，核軍縮に関する行動指向の勧告として，NPT の下での核軍縮約束の完全な履行，核軍縮の交渉プロセスの加速，核兵

---

[42] Statement by Egypt on behalf of New Agenda Coalition, Main Committee I, 7 May 2010.
[43] Statement by Egypt on behalf of the New Agenda Coalition, Subsidiary Body I, 10 May 2010.
[44] NPT/CONF.2010/WP.8 by Egypt on behalf of Brazil, Egypt, Ireland, Mexico, New Zealand, South Africa and Sweden as members of the New Agenda Coalition, 23 March 2010.
[45] Statement by Egypt on behalf of the Group of Non-Aligned States Parties, Main Committee I, 7 May 2010.
[46] Statement by Egypt on behalf of the Group of Non-Aligned States Parties, Subsidiary Body I, 10 May 2010; NPT/CONF.2010/WP.47 by Group of the Non-Aligned States Parties, 28 April 2010.

器禁止条約を含む特定の時間的枠組みを伴う核兵器廃絶条約のための具体的措置を含む核軍縮の行動計画に合意すること，軍縮会議でのFMCT交渉の開始，核軍縮措置を監視・検証するための常設機関の再検討会議による設置，新型核兵器の生産禁止の約束の再確認が列挙され，安全保証に関しては，核兵器の使用に対する非核兵器国への普遍的で無条件の法的拘束力ある安全保証の文書の交渉を要請している[47]。

## III 核軍縮のための行動計画

核軍縮のための行動計画は，主要委員会Iの補助機関Iで議論され，1週間の議論の後5月14日に議長の行動計画第1案[48]が提出され，さらに議論を継続した後第2案[49]が19日に，第3案[50]が21日に提出された。そしてこの第3案の内容がそのまま5月22日に提出された会議議長の最終宣言案[51]に含まれていた。これはさらに修正されて5月27日に最終文書案[52]として示され，最終日の28日にコンセンサスで採択された[53]。最終文書に含まれる22の核軍縮に関する行動計画は以下の通りである。

### A 原則と目的

行動1 すべての当事国は，条約および核兵器のない世界を達成するという目的に完全に一致した政策を追求することにコミットする。

行動2 すべての当事国は，その条約義務の履行に関連して不可逆性，検証可能性，透明性の原則を適用することにコミットする。

### B 核兵器の軍縮

行動3 核兵器の全廃を達成するという核兵器国による明確な約束を履行するに際して，核兵器国は，配備および非配備のすべてのタイプの核兵器を，一方的，2国間，地域的，多国間の措置によるものを含め，削減し究極的に廃棄

---

[47] NPT/CONF.2010/WP.46 by the Group of Non-Aligned States Parties, 28 April 2010.
[48] NPT/CONF.2010/MC.I/CRP.2, 14 May 2010.
[49] NPT/CONF.2010/MC.I/SB.I/CRP.1, 19 My 2010.
[50] NPT/CONF.2010/MC.I/SB.I/CRP.1/Rev.1, 21 May 2010.
[51] NPT/CONF.2010/CRP.2/Rev.1, 25 May 2010.
[52] NPT/CONF.2010/L.2, 27 May 2010.
[53] Final Document, 2010 Review Conference of the Parties to the treaty on the Non-Proliferation of Nuclear Weapons, NPT/CONF.2010/50 (Vol.I), New York, 2010. <http://www.un.org/ga/search/view.doc.asp?symbol=NPT/CONF.2010/50 (VOL.I)>

するための一層の努力を行うことにコミットする。

　行動4　ロシア連邦とアメリカ合衆国は，戦略攻撃兵器の一層の削減と制限のための措置に関する条約の早期の発効と完全な履行を求めることにコミットし，彼らの核兵器の一層の削減を達成するためこれに続く措置につき協議を継続するよう奨励される。

　行動5　核兵器国は，国際的安定，平和，減損しないかつ増加する安全保障を促進する方法で，2000年NPT再検討会議の最終文書に含まれる，核軍縮に導く措置に関する具体的進展を加速させることにコミットする。このために，核兵器国は特に以下のため迅速に取り組むことを要請される。

　a　行動3で識別されているように，すべてのタイプの核兵器の世界的ストックパイルの全面的な削減に向けて迅速に動くこと。
　b　一般核軍縮プロセスの不可分のものとして，核兵器のタイプや場所に関係なく，すべての核兵器の問題に言及すること。
　c　すべての軍事的および安全保障上の概念，ドクトリンおよび政策において，核兵器の役割および重要性をさらに低減させること。
　d　核兵器の使用を防止し究極的にその廃絶へと導き，核戦争の危険を減少させ，核兵器の不拡散と軍縮に貢献することのある政策を議論すること。
　e　国際的安定と安全を促進する方法で，核兵器システムの運用状況をさらに低下させることに対する非核兵器国の正当な利益を考慮すること。
　f　核兵器の事故による使用の危険を低下させること
　g　さらに透明性を促進し，相互信頼を増加させること

　核兵器国は上述の約束を2014年の準備委員会に報告することを要請される。2015年再検討会議は全体を検討し，第6条の完全な履行のための次の措置を審議する。

　行動6　すべての国は，軍縮会議が，合意される包括的でバランスのとれた作業計画の中で，核軍縮を取り扱う補助機関を即時に設置すべきことに合意する。

C　安全保証

　行動7　すべての当事国は，軍縮会議が，合意された包括的でバランスのとれた作業計画の枠内で，国際的に法的拘束力ある文書を排除することなく，この問題のあらゆる側面を取り扱う勧告を作成するために，制限なく議論するため，核兵器の使用または使用の威嚇に対して非核兵器国を保証する効果的な国際取り決めの議論を始めることに合意する。再検討会議は，軍縮会議の作業を

支援するため国連事務総長が 2010 年 9 月にハイレベル会合を開催するよう求める。

行動 8　すべての核兵器国は，安全保証に関する現行の約束を完全に尊重することにコミットする。まだそうしていない核兵器国は，条約当事国である非核兵器国に安全保証を拡大するよう奨励される。

行動 9　関連地域の国家間で自由に到達した取決めに基づき，および国連軍縮委員会の 1999 年のガイドラインに従った一層の非核兵器地帯の設置は，適切な場合は，奨励される。すべての関係国は，非核兵器地帯条約および関連議定書を批准し，消極的安全保証を含むすべてのそのような非核兵器地帯条約の関連する法的拘束力ある議定書を発効させるため建設的に協議し協力するよう奨励される。関連国家は，関係する留保を再検討するよう奨励される。

**D　核実験**

行動 10　すべての核兵器国は，適切に CTBT を批准することを約束し，核兵器国による積極的決定が CTBT の批准に向けての有益な影響をもつこと，核兵器国は，付属書 2 の諸国，特に NPT に加入しておらず保障措置を受けていない核施設を稼働し続けている諸国が署名し批准するのを奨励する特別の責任をもっていることに注目する。

行動 11　CTBT 発効までの間，すべての国は，核兵器実験爆発その他の核爆発，新核兵器技術の使用，ならびに CTBT の趣旨と目的を損なうような行為を差し控えることにコミットし，現行のすべての核兵器実験爆発のモラトリアムは維持されるべきである。

行動 12　包括的核実験禁止条約を批准したすべての国は，CTBT 発効促進会議および 2009 年 9 月の会議でコンセンサスで採択された措置の貢献を承認し，CTBT の緊急の発効に向けてなされた進展につき 2011 年会議で報告することにコミットする。

行動 13　CTBT を批准したすべての国は，国内，地域的，世界的レベルで，CTBT の発効および履行を促進することを約束する。

行動 14　CTBTO 準備委員会は，CTBT が発効した際に世界的な範囲の効果的で信頼でき参加型で無差別の検証システムとして有益であり，CTBT の遵守を保証する国際監視システムの早期の完成と完全な運用を含む CTBT 検証レジームを，包括的核実験禁止条機構準備委員会のマンデートに従い，完全に開発することを奨励されるべきである。

## E 核分裂性物質

行動15 すべての国は，軍縮会議が，合意される包括的でバランスのとれた作業計画の文脈内で，1995年の特別調整官の報告(CD/1299)およびそこに含まれるマンデートに従い，核兵器または他の核爆発装置に使用のための核分裂性物質の生産を禁止する条約の交渉を即時に始めるべきことに合意する。またこの点に関し，会議は，軍縮会議の作業を支援するため2010年9月にハイレベル会合を開催することを国連事務総長に求める。

行動16 核兵器国は，それぞれによりもはや軍事目的に必要でないと指定されたすべての核分裂性物質を国際原子力機関(IAEA)に適切に申告し，そのような物質が永久に軍事プログラムの外にとどまることを確保するため，そのような物質を，平和的処分のためのIAEAまたは他の適切な国際検証と取り決めの下にできるだけ早く置くことにコミットすることを奨励される。

行動17 行動16の文脈において，すべての国家は，それぞれの核兵器国によりもはや軍事的目的に必要とされないと指定された核分裂性物質の不可逆的な取り除きを確保するため，IAEAの枠内で，適切な法的拘束力ある検証取り決めの開発を支持するよう奨励される。

行動18 まだそうしていないすべての国は，核兵器またはその他の核爆発装置での使用のための核分裂性物質の生産のための施設の解体または平和利用への転換に向けてのプロセスを開始するよう奨励される。

## F 核軍縮を支援する他の措置

行動19 すべての国は，信頼を拡大し，透明性を改善し，核軍縮に関する十分な検証能力を開発する目的で，諸政府，国連，他の国際的・地域的機構および市民社会の間の協力を支援する重要性に合意する。

行動20 当事国は，条約のための強化された再検討プロセスの枠組み内で，この行動計画ならびに第6条，「核不拡散および核軍縮に関する原則と目標」に関する1995年の決定の4(c)項，2000年再検討会議の最終文書で合意した実際的措置の履行について定期報告を提出すべきであり，1996年7月8日の国際司法裁判所の勧告的意見を想起する。

行動21 信頼醸成措置として，すべての核兵器国は，速やかに標準報告フォームに合意すること，および国家安全保障を害することなく自主的に標準情報を提供するために適切な報告間隔を決定することに合意するよう奨励される。事務総長は，核兵器国により提供される情報を含む公にアクセス可能な寄託所を設置するよう要請される。

行動22　すべての国は，核兵器のない世界の達成を支援し条約の目的を前進させるために，軍縮および不拡散教育に関する国連研究に関する国連事務総長報告書(A/57/124)に含まれる勧告を履行するよう奨励される。

## Ⅳ　核軍縮をめぐる重要課題の検討

### 1　核軍縮全般
#### (1)　核兵器禁止条約

　非同盟諸国は，今回の会議において，「核兵器禁止条約を含む，特定の時間的枠組みをもつ核兵器廃絶のための具体的措置を含む核軍縮に関する行動計画に，遅滞なく合意すべきである」と主張し[54]，2025年までに3段階で核兵器を廃棄する「核兵器廃棄のための行動計画のための要素」[55]を提出し，核兵器禁止条約のための交渉を開始することを主張した。この提案には，非同盟諸国のみならず，スイス，オーストリア，ノルウェーなども支持を表明した。

　これは2008年10月にバン・キムン国連事務総長が主張した5項目提案に含まれていたものであり，そこで彼は，「すべての国，特に核兵器国は核軍縮交渉に入る要請を履行すべきであり，それは別個の相互に補強しあう諸文書の枠組みへの合意でありうるし，強固な検証制度に支えられた核兵器禁止条約の交渉を検討することもできよう」と述べた[56]。

　核兵器国はもちろん反対を表明し，たとえば米国は，「核兵器禁止条約または特定の諸措置のタイムテーブルについては，その見解に同意し得ない。それは近い将来に達成できないし，我々のとるステップ・バイ・ステップの現実的な代替とはなりえない」と反対している[57]。

　最終文書においては，行動計画の「B 核兵器の軍縮」のⅲにおいて，すべての国は核兵器のない世界の達成・維持に必要な枠組みを設置する努力の必要を承認するという文章の後に，会議は核兵器禁止条約に関する交渉の検討を提案している国連事務総長の5項目提案に注目するという形で言及がなされた。これは2000年合意には含まれていない新たな進展である。

---

[54] NPT/CONF.2010/WP.46 by the Group of Non-Aligned States Parties, 28 April 2010.
[55] NPT/CONF.2010/WP.47 by the Group of Non-Aligned States Parties, 28 April 2010.
[56] Secretary-General Address to East-West Institute, 24 October, 2009, <http://www.un.org/News/Press/docs/2008/sgsm11881.doc.htm>
[57] Statement by the United States, Main Committee I, May 7, 2010; Statement by the United States, Subsidiary Body 1, May 10, 2010.

## 第4節　2010年NPT再検討会議

### (2) 核兵器のない世界

オバマ大統領が一貫して主張する「核兵器のない世界」という文言は，2009年9月の国連安保理決議1887でも「核兵器のない世界のための諸条件を創設する」ことが前文に規定されていたが，この会議では一般的に支持され，最終文書のさまざまな個所で言及されている。NACは，「核兵器のない世界を達成するという目的に完全に一致した政策を追求することをすべての国に要請する」という文言を提案していた[58]。

行動計画の冒頭の「A原則と目的」のⅰで，「会議は，……核兵器のない世界における平和と安全を達成することを決議する」と述べられ，行動1において，「すべての当事国は，条約および核兵器のない世界を達成するという目的に完全に一致した政策を追求することにコミットする」と最初の行動として言及されている。

また「F軍縮を支援する他の措置」のⅰにおいて，「核兵器のない世界の平和と安全は公開性と協力を必要とする」と規定され，行動22において，核兵器のない世界の達成のために，軍縮・不拡散教育の勧告を履行することが奨励されている。

この「核兵器のない世界」の追求というオバマ大統領の言葉は，それ以前には現実の国際政治の中で使用されたことはなく，ここ1，2年の新たな進展である。

### (3) 核廃絶の明確な約束

2000年合意の最大の成果であった「核廃絶の明確な約束」は，その後米国およびフランスがその有効性を否定したこともあり，2000年合意の有効性の再確認が大きな問題となった。2009年に暫定的に合意された会議の議題に2000年合意が含まれたことから，そこで合意が成立していたと考えられるが，日豪提案およびNAC提案ではその再確認が強調され，第1の措置として挙げられ，日豪提案は，「核兵器の完全な廃棄を達成するという核兵器国による明確な約束を再確認する」と規定していた[59]。

この約束は「A原則と目的」のⅱで再確認されるとともに，行動3で，「核兵器の全廃を達成するという核兵器国による明確な約束を履行するに際して，」

---

[58] NPT/CONF.2010/WP.8 by Egypt on behalf of Brazil, Egypt, Ireland, Mexico, New Zealand, South Africa and Sweden as members of the New Agenda Coalition, 23 March 2010.

[59] NPT/CONF.2010/WP.9 by Australia and Japan, 24 March 2010.

核兵器国は核兵器を削減し究極的に廃棄するための一層の努力を行うことにコミットすると規定されている。

また 2000 年の具体的軍縮措置が有効であることにつき，NAC 提案は，2000 年に合意された具体的軍縮措置の履行を加速させることを要請し，NAM 提案も，2000 年会議でコンセンサスで合意されたものをも含めた核軍縮の約束を完全に履行すること，交渉プロセスを加速させることを主張していた。

今回の文書は，「A 原則と目的」のⅲで，2000 年の実際的措置の継続する妥当性を再確認しており，また具体的軍縮措置に関する行動 5 も，2000 年最終文書に含まれる核軍縮に導く措置の具体的進展を加速させることについて規定している。

### (4) 時間的枠組み

核兵器禁止条約に関して NAM は 2025 年までの核兵器廃絶という時間的枠組みを提示したが，核兵器国は一般に時間的枠組みには反対であり，この問題も会議の 1 つの焦点となった。

会議での第 1 案では，具体的核軍縮措置につき 2011 年に協議を開始し，その結果を 2012 年に報告することが規定され，「事務総長は，普遍的な法的文書という手段によるものを含め，特定の時間的枠組み内で核兵器の全廃のためのロードマップに合意する方法と手段を検討するため 2014 年に国際会議を開催するよう求められる」と規定していた。

しかし時間的枠組みに核兵器国が反対したため，第 1 案にあったものはほとんど削除されたが，行動 5 における具体的軍縮措置については，核兵器国はそれらの約束を 2014 年の準備委員会に報告すること，2015 年の再検討会議が検討し次の措置を審議することが合意されている。これで一応の時間的枠組みが含まれたことになるが，当初案にくらべて大きく後退している。

安全保証と FMCT に関しては，第 1 案は「軍縮会議が 2011 年会期の終わりまでに議論を開始できないならば，国連総会 66 会期が議論をどう追求すべきか決定する」との規定が草案に含まれており，軍縮会議が活動しない場合の措置が用意されていたが，最終的には削除された。したがって，軍縮会議がなかなか作業計画に合意できない現状の中で，それを打破しようとする試みは削除されてしまった。ただし会議は，軍縮会議の作業を支援するため国連事務総長が 2010 年 9 月にハイレベル会合を開くよう求めていることは規定されている。

## 2 核兵器の削減

　日豪提案は，米ロ間の新 START 条約を含む，米国，ロシア，英国，フランスの核軍縮措置を歓迎し，すべての核保有国に対し，2国間または多国間で核軍縮の交渉を追求するよう要請し，また彼らに対し核兵器を削減し，少なくとも増加させないという早期の約束をなすよう要請していた。NAC は，すべての核兵器国に対し，核兵器の役割を低減させるという約束に一致して，非戦略および戦略兵器を削減するよう要請している。

　最終文書は，核兵器の削減については，「B 核兵器の軍縮」の ii で，「会議は，核兵器国がすべてのタイプの核兵器を削減し廃絶する必要性を確認し，特に，最大の核兵器を保有する国がこの点での努力をリードすることを奨励する」と規定し，行動 3 は，「核兵器国は，配備および非配備のすべてのタイプの核兵器を，一方的，2 国間，地域的，多国間の措置によるものを含め，削減し究極的に廃棄するため一層の努力を行うことにコミットする」と規定する。これに呼応して行動 5 の a は，「核兵器国は，すべてのタイプの核兵器の世界的ストックパイルの全面的な削減に向けて動くこと」が要請されている。

　さらに行動 4 では，米ロが新 START 条約の早期発効と完全履行にコミットし，一層の削減のため協議することが奨励されている。

　削減に関する行動計画では，すべてのタイプの核兵器と規定され，戦略核兵器のみならず戦術（非戦略）核兵器が含まれることは確かであるが，最終文書では戦術核兵器への直接の言及はまったく見られない。米国は戦略核兵器のみならず戦術核兵器についてもロシアと交渉すると主張していたが，ロシアは戦術核兵器への直接的な言及に反対した。ロシアは，戦術核兵器の削減は，米国の通常兵器およびミサイル防衛を含めた全体の文脈でのみ交渉が可能であるという姿勢を貫いた。

　行動 5 の b は，「一般核軍縮プロセスの不可分のものとして，核兵器のタイプや場所に関係なく，すべての核兵器の問題に言及すること」と規定しているが，第 3 案までは，「非核兵器国に配備されている核兵器」が主題であり，NATO の非核兵器国に配備された核兵器に焦点があてられていたが，米国の反対で「場所にかかわりなく」という形で関係を残しながらも一般的な規定に変更された。これはまたロシアや中国が主張するように，他国に配備された核兵器は撤去すべきであるという主張に関係し，また非同盟諸国や中国が主張するように，この核シェアリングは NPT 第 1，2 条に反するという問題に主として関わっていた。

EUは非戦略核兵器に関して，検証可能で不可逆的な削減と廃棄を目的とし，一般軍備管理・軍縮プロセスにそれらを含めることを要請し，この軍縮プロセスを促進させるため，一層の透明性と信頼醸成措置が重要なことに合意し，米ロに対し次の2国間核削減ラウンドに非戦略核兵器を含めることを奨励している[60]。またドイツは欧州の10カ国を代表して，非戦略核兵器の削減と最終的な全廃が核軍縮プロセスに含まれるべきであると主張し，それに関する議論の開始を強く要求していたが[61]，戦術核兵器の削減の交渉にはロシアが反対し，それらの主張はすべて排除された。2000年最終文書は，具体的核軍縮措置として，第9項3で「非戦略核兵器の一層の削減」を含んでいたので，今回の合意は2000年合意からの後退であると考えられる。

## 3 核兵器の役割の低減

オバマ大統領は2009年4月のプラハでの演説で，核兵器のない世界を求めるとともに，安全保障戦略における核兵器の役割を低減させると述べており，2010年4月の米国の核態勢見直し(NPR)では，①通常兵器を強化し，米国または同盟国への核攻撃の抑止を米国の核兵器の唯一の目的(the sole purpose)とする目標をもちつつ，非核攻撃に対する核兵器の役割を低減させる，②死活的利益を防衛する極端な場合にのみ核兵器の使用を考える，③NPT当事国でそれを遵守している非核兵器国に対しては，核兵器を使用しない，と規定された[62]。

2008年10月にバン・キムン国連事務総長も，5項目提案において，「核兵器国は，非核兵器国に対して，彼らが核兵器の使用または威嚇の対象とならないことを保障することができる」と述べていた。2009年9月の国連安保理決議1887は，5核兵器国のそれぞれが1995年に与えた安全保証を想起し，そのような安全保証が核不拡散レジームを強化することを確認している。

会議における日豪提案は，「核兵器国および核保有国に対し，その国家安全保障戦略における核兵器の役割を低減することにコミットするよう要請し，核兵器国に対し，NPTを遵守している非核兵器国に対して核兵器を使用しない

---

[60] NPT/CONF.2010/WP.31 by Spain on behalf of the European Union, 14 April 2010.
[61] Statement by Germany on behalf of Austria, Belgium, Finland, Ireland, Luxembourg, the Netherlands, Norway, Slovenia, Sweden and Germany, Subsidiary Body I, 12 May 2010.
[62] United States Department of Defense, *Nuclear Posture Review Report*, April 2010, p.17. <http://www.defense.gov/npr/docs/2010%20Nuclear%20Posture%20Review%20Report.pdf>

というより強力な消極的安全保証を供与するような措置を，できるだけ早く取るよう要請している。」

　NAC 提案は，核兵器の役割を低減させるという約束に従って，非戦略および戦略核兵器の削減の措置をとること，核兵器国を含む同盟参加国は，集団安全保障ドクトリンにおける核兵器の役割の低減および除去のために取った措置につき報告すること，核兵器の重要性を強調しまたはその使用の敷居を下げる軍事ドクトリンを追求しないこと，NPT の当事国である非核兵器国に対して法的拘束力ある安全保証を供与することも含めた暫定措置が検討されるべきであること，安全保証に関する現行の約束を完全に尊重することを要請している。

　NAM 提案は，核兵器の使用または威嚇に対する非核兵器国への安全保証に関する普遍的で，無条件で，法的拘束力ある文書の交渉を要請している。

　米国は，会議において，南太平洋およびアフリカの非核兵器地帯条約の議定書を批准のために上院に送付する意思を明らかにし，NPR で消極的安全保証の範囲を拡大したこと，非核兵器地帯の関連でも法的拘束力ある議定書を支持してきたことを述べた。中国は，非核兵器国および非核兵器地帯に対する核兵器の使用禁止を従来から主張しており，この問題について普遍的で，無差別で，法的拘束力ある文書ができるだけ早く締結されるべきであると述べている。

　オーストラリアは，核兵器の役割の低減に関して，「核抑止を唯一の目的(the sole purpose)とするという暫定的目標に向けて集団的に努力するという約束を挿入することを奨励する」と主張している[63]。この「唯一の目的」というのは，日豪政府にサポートされた核不拡散・核軍縮に関する国際委員会(ICNND)報告書で使用されている用語で，先行不使用に代わる用語である。先行不使用という概念は冷戦中のソ連の宣言政策として発表されていたが，運用政策では先行使用も予定されていたことが判明し，その用語の使用を避けたのである。この委員会は 2012 年までの措置として，核兵器を保有する唯一の目的は，他国の核兵器の使用を抑止することであると宣言することを提案している[64]。

　行動5のcは，「あらゆる軍事的および安全保障上の概念，ドクトリンおよび政策において，核兵器の役割および重要性をさらに低減させること」を規定している。

---

[63] Statement by Australia, Main Committee I, 7 May 2010.
[64] Gareth Evans and Yoriko Kawaguchi (co-chairs), *Eliminating Nuclear Threat: A Practical Agenda for Global Policymakers*, International Commission on Nuclear Non-Proliferation and Disarmament, 2009, p.161.

## 4 核兵器の運用状況の低下

　この点に関する米国の核態勢見直し報告書は，戦略兵器に関する現在の警戒態勢を維持するとし，無認可や事故の発射の場合にミサイルが公海に着弾するよう，すべてのICBMとSLBMの「公海照準」の慣行を継続すること，核危機における大統領の決定時間を最大化するため，米国の指揮管制システムへ新たに投資すること，生存可能性を促進し，即時発射の動機をさらに減少させうる新たなICBM配備様式を開発することを規定しており，現行からの大きな変更は見られない。

　日豪提案は，「すべての核保有国に対し，事故または無認可の発射の危険を減少させる措置をとること，および国際の安定と安全を促進する方法で核兵器システムの運用状況を一層低下させることを要請する」と規定しており，NAC提案は，「すべての核兵器が高い警戒態勢から解除されることを確保するために，核兵器システムの運用準備態勢を低下させるために一層の具体的措置を要請する」ものであった。

　NAMは2015年までの第1段階で，核兵器システムを運用準備態勢の状態から解除することを要請していた。中国も核兵器の事故または無認可の発射を回避する措置をとることを主張していた。

　ニュージーランドは，チリ，マレーシア，ナイジェリア，スイスとともに，核兵器システムの運用状況の一層の低下に関する作業文書を提出し，そこでは，① 警戒レベルの低下は核軍縮のプロセスに貢献すること，② すべての核兵器が高い警戒態勢から解除されることを確保するため，核兵器システムの運用準備態勢の低下のため一層の具体的措置がとられるべきこと，③ 核兵器国に対しその核兵器システムの運用準備態勢を低下させるためにとった措置につき定期的に報告することを主張している[65]。

　行動5のeは，「国際的安定と安全を促進する方法で，核兵器システムの運用状況をさらに低下させることに対する非核兵器国の正当な利益を考慮すること」と規定し，fは，「核兵器の事故による使用の危険を低下させること」と規定している。

　米ロ両国とも多くの核兵器を警戒態勢で維持しており，現状ではその警戒態勢を解除する意思がないことが示されている。

---

[65] NPT/CONF.2010/WP.10 By New Zealand on behalf of Chile, Malaysia, Nigeria and Switzerland, 23 March 2010.

## 5 核兵器の使用禁止

これまでのNPT再検討プロセスにおいて，核兵器の使用一般について議論されることはあまりなかったが，今回宣言政策との関連で議論が開始され，国際人道法の遵守にまで議論が広がっていった。

NAMの行動計画の要素は，軍事的，安全保障上の政策において核兵器の役割を排除することを規定していたし，また「核兵器の使用または使用の威嚇を無条件に禁止する条約」，すなわち核兵器使用禁止条約の即時交渉開始と早期の締結を規定していた。

行動5のdは，「核兵器の使用を防止し究極的にその廃絶へと導き，核戦争の危険を減少させ，核兵器の不拡散と軍縮に貢献することのある政策を議論すること」を要請している。これは当初は，核兵器の使用または使用の威嚇を最小限にする宣言政策の議論が中心であった。

また「A原則と目的」のvにおいて，「会議は，核兵器の使用による壊滅的な人道的影響に深い懸念を表明し，すべての国が常に国際人道法を含む適用可能な国際法を遵守する必要性を再確認する」と規定し，核兵器の使用に関する国際人道法の側面を取り入れることを確認している。これはスイスなどによって提案され，若干の核兵器国の反対に直面したが，欧州や南米の非核兵器国の強力な支持があり，最終文書に取り入れられた。これはこれまで核軍縮の議論であまり取り上げられなかった領域であり，核軍縮に向けての新たな道筋を提供するものであり，この側面からの核軍縮の進展が期待される。

## 6 不可逆性，検証可能性，透明性の原則

これらの原則は核軍縮に関連してこれまでも広く議論されてきたものであり，2000年最終文書でも，不可逆性の原則が核軍縮，核その他の関連軍備管理・削減措置に適用されることが規定され，核兵器能力および第6条による協定の履行に関して透明性を増加させることが規定されていた。バン・キムン国連事務総長も，「核兵器の規模，核分裂性物質のストック，核軍縮の具体的到達点について公表する情報の量を拡大することもできる」と透明性の推進を勧告していた。

日豪提案では，「核兵器削減プロセスへの不可逆性と検証可能性の原則を適用することの重要性の強調」，および「すべての核保有国による核兵器能力に関する透明性の増加の要請」が含まれており，透明性の例として，核兵器とその運搬手段の数，それらの配備状況のような情報を，合意される様式で定期的

に報告することが主張されていた。

NAC提案は、不可逆性と検証可能性の原則に従い、核兵器からの核分裂性物質の不可逆的な取り除きを確保するため、適切な法的拘束力ある検証取決めの開発を支持するとし、NAM提案は、「核軍縮に関連するすべての措置において、核兵器国による透明性、検証可能性、不可逆性の原則の適用の重要性を再確認する」と規定していた。

行動2は、「すべての当事国は、その条約義務の履行に関連して、不可逆性、検証可能性、透明性の原則を適用することにコミットする」と規定し、これらの原則の重要性を強調している。第3案までは、「核軍縮、核その他の軍備管理措置および削減措置」にこれらの原則が適用されると規定されていたが、最終案で「条約義務の履行に関連して」に変更された。その結果、核軍縮に適用されるだけでなく、条約義務のすべてに適用されることになり、きわめて広い範囲でこれらの原則が適用されることになった。

また透明性の原則については、活動5のgが核軍縮の具体的措置の実施に関し、「さらに透明性を促進すること」を要請し、「F核軍縮を支援するその他の措置」のiは、核軍縮には「透明性の増加」が必要であると規定し、行動19も「透明性を改善」するための協力を要請している。このように透明性に関してはさまざまな領域でその重要性が確認されているが、中国は一貫して透明性に反対の意思を表明していた。

## 7 核兵器の開発や質的改善の規制

NAC提案は、核兵器の削減とともに、「核兵器の改善、新たなタイプの核兵器の開発または核兵器の新たな任務の開発に対しモラトリアムを宣言すること」を要請していた。NAM提案は、新しいタイプの核兵器の生産および核兵器の質的改善を終止するという核兵器国の約束を再確認すると規定していた。

核兵器国は一般にこのような要請に反対を表明したため、第1案では行動5として、「新たな核兵器の開発や質的改良を停止することを約束する」と規定していたが、最終案では、行動ではなくその前文ivに移行され、「核兵器の開発と質的改善を制約すること、先進的新型核兵器の開発を終止することが非核兵器国の正当な利益である」と変更された。

米国は核態勢見直し報告において新たな核弾頭は開発しないと規定しているが、核兵器の安全性や信頼性の向上のための質的改善が必要な場合もあるとして否定的な発言をしており、他の核兵器国も一般的にこの要請に否定的であっ

た。

## 8 定期報告

　2000年の最終文書は、第6条および1995年の決定の履行について定期報告を提出することを要請しており、いくつかの国はそれに従って報告書を提出していたが、内容に関する標準がまったくないため、各国は自由に自国の都合のよい情報を提供していた。

　日豪提案は、透明性の増大の要請との関連で、「条約当事国の間で合意される様式において、核兵器および運搬手段の数ならびにそれらの配備状況につき定期的に報告すること」を要請しており、NAC提案は、「核兵器国は、その核兵器と軍縮措置の履行に関する透明性と説明責任を増加するための一層の措置を取ることに合意し、この文脈で2000年再検討会議で合意された報告義務を想起する」と規定していた。NAM提案では、核兵器および核兵器使用可能物質のストックの明確で検証可能な申告に合意し、核兵器につき個別に、2国間でまたは集団的に核兵器国により実施された削減をモニターする多国間メカニズムに合意することが要請されており、さらに一方的または2国間合意により行われた核軍縮措置をモニターし検証するための常設機関を再検討会議により設立することが主張されていた。

　オーストラリアとニュージーランドは報告に関する作業文書を提出し、①核兵器国に対し(a)核ドクトリン、(b)核分裂性物質、(c)弾頭および運搬手段の数、(d)戦略的および戦術的削減についてその報告を組織化することを要請し、②核兵器国に対しこれらの報告を5年ごとの再検討会議に提出することを要請し、③すべての国に対しCTBTの発効とFMCTの交渉開始を含む、核軍縮をもたらす努力についての報告を継続することを要請していた[66]。

　行動20に規定する定期報告の内容は、2000年最終文書とほぼ同様であり、対象が拡大され、この行動計画、第6条、1995年決定、2000年最終文書の履行に関するものとなっている。行動21は新たな条項であり、速やかに標準報告様式に合意すること、適切な報告間隔を決定するよう奨励するものである。第1案では、核兵器のタイプ、数、配備状況について、また運搬手段の情報を含む核兵器能力に関する情報の提供が要請されていたが、具体的な内容はすべて削除された。

---

[66] NPT/CONF.2010/WP.40 by Australia and New Zealand, 23 April 2010.

## 9 軍縮会議での補助機関の設置

行動6は,「すべての国は,軍縮会議が,核軍縮を取り扱う補助機関を即時に設置すべきことに合意する」と規定しており,2000年文書の4項とまったく同じである。

## 10 包括的核実験禁止条約(CTBT)の発効と核実験モラトリアム

安保理決議1887は,すべての国家に対して核実験爆発を行わないこと,CTBTを署名・批准し,早期に条約を発効させることを要請していた。

日豪提案は,CTBTの早期発効のためまだ署名・批准していない国にそうするよう要請し,核兵器実験モラトリアムの維持の重要性を強調している。NAC提案も,同じように,CTBTの早期発効の死活的な重要性に合意し,核実験爆発のモラトリアムの維持を要請している。

NAM提案は,CTBT発効達成の重要性を強調し,特に2核兵器国を含む残りの付属書2諸国の批准を要求し,核兵器国による批准はCTBTの発効に有益な影響をもつこと,核兵器国はCTBT発効のプロセスを奨励する特別の責任をもつこと,それはNPTに加入せず保障措置のかかっていない施設を運転している国が署名・批准するのを奨励すると主張した。米国はオバマ政権になって批准の意思を表明し,またインドネシアも会議中に批准の意思を表明した。

会議は,核実験の禁止が核軍縮と核不拡散の効果的な措置であることを承認し,CTBT発効の死活的重要性と,モラトリアムの遵守の決意を再確認し,行動10で,「すべての核兵器国がCTBTを批准することを約束し」,行動11で「現行のすべての核実験モラトリアムが維持されるべきである」と規定している。さらに行動12で,CTBT発効促進会議とそこで採択された措置の貢献を承認し,2011年会議に発効に向けた進展につき報告することにコミットしている。行動13では,CTBTを批准した国は,その発効と履行を促進することを約束し,行動14は,CTBTO準備委員会がCTBT検証レジームを完全に開発することを奨励している。

2000年文書は,CTBTの早期発効のための署名と批准の重要性,および核実験モラトリアムのみを規定していた。今回の合意は,核兵器国による批准が他国の批准を奨励するものとして言及され,さまざまなレベルで発効を促進するなど規定の内容がきわめて詳細でさまざまな側面が言及されるようになっているが,内容は基本的には以前のものと同様である。

第4節　2010年NPT再検討会議

このように，CTBTの発効とモラトリアムに関しては一般的な合意が存在したが，米国の批准がいつ達成されるか，それに中国がすぐに続くのかどうか，さらにインド，イスラエル，パキスタン，北朝鮮の批准をどう確保するかの問題が残されている。

## 11　兵器用核分裂性物質生産禁止条約(FMCT)

安保理決議1887は，軍縮会議に対しFMCTを早期に交渉することを要請し，軍縮会議が作業計画を採択したことを歓迎し，すべてのメンバーに対し実質作業の早期開始に協力するよう要請していた。

日豪提案は，FMCT交渉の即時の開始と早期の締結を要請し，すべての核保有国に対し兵器目的の核分裂性物質の生産モラトリアムを宣言し維持することを要請していた。NAC提案は，1995年の特別調整官の声明とそこに含まれたマンデートに従い，軍縮会議でのFMCTの交渉の必要性を再述し，NAM提案もシャノン・マンデートを基礎にFMCTの交渉が，5年以内に締結されるために，行われるべきことを再確認し，行動計画の要素では，FMCTの締結までの間，核分裂性物質の生産モラトリアムを主張している。

第1案は，「行動18　条約の締結および発効までの間，すべての国は，兵器用その他の核爆発装置に使用される核分裂性物質の生産に対して世界的なモラトリアムを求めること約束する」および「行動19　核兵器国は2012年までにすべての兵器使用可能な核分裂性物質のストックを申告することを約束し，また過去の生産に関する情報を提供するよう奨励される」と規定していたが，中国および他の核兵器国の反対により，第2案では，行動19は削除され，行動18も少し表現が和らげられ，「すべての国は，核兵器その他の核爆発装置での使用のための核分裂性物質の生産に対する世界的なモラトリアムは条約の目的の達成に重要な貢献をするだろうことを承認し，すべての核兵器国は，したがって，核兵器その他の核爆発装置での使用のための核分裂性物質の生産を禁止する条約の締結と発効までの間，モラトリアムを宣言することを維持しまたは検討すべきである」と規定されたが，中国の厳しい反対によりその後削除された。その結果モラトリアムに関する規定はまったく含まれていない。

会議は，FMCTの交渉と締結の緊急の必要性を再確認し，行動15で，「軍縮会議が条約の交渉を即時に始めるべきことに合意し，軍縮会議の作業を支援するため2010年9月にハイレベル会合を開くよう国連事務総長に求めている。」2000年合意では，FMCTの軍縮会議での交渉の必要性，および交渉の5年

以内の締結が規定されていた点からみると，以前より後退した内容になっている。

またこの問題に関する交渉をどこで行うかの問題につき，カナダは軍縮会議以外での交渉の可能性を示唆しており[67]，いくつかの国もその見解に同調していた。

## 12 余剰核分裂性物質の申告と検証

日豪提案は，もはや軍事目的に必要とされない核分裂性物質を自発的に申告し，それらの物質を IAEA または他の関連国際検証の下に置くことを要請していた。NAC 提案は，5 核兵器国がもはや軍事目的に必要とされない核分裂性物質を IAEA または他の関連する国際検証の下に置くこと，およびそれらが永久に軍事プログラムの外にとどまることを確保する方法で平和目的のためにそれらの物質を処分するための取決めを作ることを要請しており，さらに核兵器からの核分裂性物質の不可逆的な取り除きを確保するため，適切な法的拘束力ある検証取決めの開発を支持していた。NAM の行動計画の要素でも，核兵器国により軍事目的から平和目的に移転された核分裂性物質を IAEA 保障措置の下に置くことが主張されていた。

行動 16 は，核兵器国は，軍事的に必要でなくなった核分裂性物質を IAEA に申告しその検証下に置くことを奨励し，行動 17 はそのための法的拘束力ある検証取決めを開発することを奨励し，行動 18 は，兵器用核分裂性物質生産工場の解体または平和利用への転換を奨励している。

2000 年合意では，軍事目的にもはや必要でなくなった核分裂性物質を IAEA 検証の下に置くこと，それらの物質を平和的目的のために処分することが規定されていた。したがって，この分野でも法的拘束力ある検証取決めの開発や生産工場の解体など技術的な側面で規定が詳細になっているが，内容は以前のものとほぼ同様である。

## 13 安全保証

国連安保理決議 1887 は，本文第 9 項で，1995 年の各核兵器国による安全保証に関する声明を想起し，そのような安全保証が核不拡散レジームを強化することを確認している。

---

[67] Statement by Canada, Main Committee I, 7 May 2010.

日豪提案は，核兵器国に対し，NPT を遵守している非核兵器国に対して核兵器を使用しないというより強力な消極的安全保証を供与するよう要請している。NAC 提案は，NPT 当事国である非核兵器国に対し法的拘束力ある安全保証を供与することを規定し，安全保証に関する現行の約束を完全に尊重することを要請している。NAM 提案も，非核兵器国に対する核兵器の使用または使用の威嚇を禁止する，普遍的で無条件で法的拘束力ある安全保証の交渉を要請している。

　行動計画は，非核兵器国に対して核兵器を使用しないという「安全保証」については，「核兵器国から明確で法的拘束力ある安全保証を受けることは非核兵器国の正当な利益である」ことを再確認し，これまでの一方的声明と非核兵器地帯条約議定書を想起して，行動 7 において，「軍縮会議が，核兵器の使用または使用の威嚇に対して非核兵器国を保証する効果的な国際取決めの議論を始めることに合意」し，軍縮会議の作業を支援するため，国連事務総長が 2010 年 9 月にハイレベル会合を開催するよう求められている。また行動 8 で安全保証に関する現行の約束を尊重すること，それを拡大することが奨励されている。

　2000 年文書では，会議は，法的拘束力ある安全保証は核不拡散レジームを強化することに合意しており，2005 年会議に向けて準備委員会が勧告をなすことを要請していた。

　消極的安全保証の交渉に関して多くの国は軍縮会議での条約作成を主張したが，ノルウェーは新たな国連安保理決議の採択または NPT 議定書の採択により法的拘束力あるものにすべきだと主張している[68]。

## 14　非核兵器地帯と安全保証

　国連安保理決議 1887 は，その前文において，非核兵器地帯の設置を歓迎し支持し，それが国際の平和と安全を促進し，核不拡散体制を強化し，核軍縮に貢献すると述べている。米国は一般演説において，アフリカおよび南太平洋の非核兵器地帯条約の議定書を批准のため上院に提出すると述べており，他の核兵器国も既存の非核兵器地帯条約の発効に積極的な態度を示していた。

　NAC 提案は，非核兵器地帯条約の関連議定書の発効，および条約の目的と趣旨に反する留保や一方的宣言の撤回をもたらすすべての必要な措置をとるこ

---

[68] Statement by Norway, Subsidiary Body I, 10 May 2010.

とを要請し，一層の非核兵器地帯の設置を奨励している。NAM 提案は非核兵器地帯の設置が世界的な核軍縮と不拡散の目的達成への積極的で重要な措置であると確認し，非核兵器地帯条約の関連議定書に署名または批准している核兵器国に対し，留保または一方的宣言を撤回するよう要請している。

行動9は，非核兵器地帯の設置は，適切な場合には奨励されると規定し，すべての関係国は，非核兵器地帯条約および議定書を批准すること，消極的安全保証を含む議定書の発効に協力するよう奨励されており，関連国家は関係する留保を再検討するよう奨励されている。

### 15 軍縮・不拡散教育

日本はこの分野においては指導的な役割を果たしてきており，今回の会議においても「軍縮・不拡散教育—核兵器のない世界に向けての市民社会との協力の促進」と題する作業文書を国連大学と共同で提出している[69]。最終文書では，軍縮・不拡散に関する国連研究に含まれる勧告の履行が奨励されている。

### む す び

2010年NPT再検討会議は，最終文書を採択して成功裏に幕を閉じた。その成功の背景には，米国を中心として核軍縮を推進しようとする大きな国際的な潮流があり，会議の開催にいたる1年間に，良好な国際的雰囲気が作り出されていた。ここでは，特にオバマ大統領の指導力が評価されるべきであろう。他方，参加国の間においても，2005年の会議の失敗およびそれに続く核不拡散体制の弱体化に対応するために，会議を成功させ，核不拡散体制の維持・強化を図るべきだとする一般的な意思が存在した。もちろん会議の失敗をいとわない若干の国が存在したが，将来の行動計画に関する文書はコンセンサスで採択すべきだとするほぼすべての参加国の意思が優越したものと考えられる。このように最終文書を採択し，特にその中の行動計画はコンセンサスで採択されたことから考えれば，今回の会議は成功であったと評価できる。

しかしながら，多くの国々のさまざまな見解を受け入れながらコンセンサス文書を作成することから，当然の結果として，合意の内容がある諸国にとって厳しいという形には成り難い。会議での議論においてさまざまな妥協が図られており，それぞれの分野において多くの国家に受け入れ可能なものに内容が薄

---

[69] NPT/CONF.2010/WP.6 by Japan and the United Nations University, 19 March 2010.

## 第4節　2010年 NPT 再検討会議

められたことは否定できない。

　本稿で分析した核軍縮の領域においても，核兵器禁止条約の作成により核廃絶を一定期間内に達成しようという考えと，それに真っ向から反対する考えがあり，両者にとって受け入れ可能な形で妥協が図られている。特に 2000 年最終文書で合意されている核軍縮のための 13 項目と今回の合意を比較するならば，それほど大きな進展はなく，2000 合意と同じような内容が多く含まれている。これは，会議が新たな措置に合意できなったというよりも，2000 年以降，一定の核兵器の削減を除いて，核軍縮の分野でほとんど進展が見られなかったことの結果である。CTBT にしても FMCT にしても今回の合意で要請されていることは 2000 年合意と内容は同じであり，2000 年以降まったく進展がなかったことが証明されている。軍縮会議に対する要請も，FMCT の交渉，安全保証の協議，核軍縮を取り扱う補助機関の設置であって，2000 年合意と同じである。

　今回の会議における新たな潮流としては，核兵器禁止条約が初めて議論され，核兵器の人道的側面も議論に取り入れられたことが挙げられる。さらに核兵器のない世界という考えが一般的に受け入れられている。

　さらに米国は核テロなどの脅威をかかえて，核兵器のない世界の追求に積極的な姿勢を示しており，ロシアとの新 START 条約を署名し，戦略核兵器のみならず非戦略核兵器についても，また配備された核兵器のみならず非配備のものについても，一層の削減を行おうとしている。その意味において現在は核軍縮に向けての絶好の好機であるので，米国を中心に他の核兵器国を巻き込んで一層の核軍縮を進めるべきであろう。

　また核兵器を保有しない国家も，核兵器の安全保障上における役割を低減させることなどにより，あるいは非核兵器地帯を設置することなどにより，核軍縮に向けての貢献を行うことができるのであるから，積極的に行動すべきであろう。

# 第3章　軍縮の基本的問題

## 第1節　軍縮国際法——国際法学からの分析

本節の目的は，国際法学における軍縮の内容および位置づけを明らかにすることである。まず軍縮問題の歴史的発展を概観し，次に国際法上の軍縮の概念と内容を明らかにする。さらに国際法体系内での軍縮の位置を明確にし，国際の平和と安全に向けた努力の中での軍縮の意義を検討する。

### I　軍縮問題の歴史的発展

#### 1　20世紀の初めまで——思想的背景と政治的主張

近代国際社会の成立とともに，17世紀の宗教戦争が特に破壊的であったこと，および18世紀に兵器がますます殺傷力を増したことなどを背景として，さまざまな思想家が国際平和計画を提案し，そこで軍縮の重要性を強調した。それらはヨーロッパの平和を維持するためヨーロッパ議会など国際社会の組織化を主張するものであるが，その中で軍縮の重要性に初めて言及したのは，ウイリアム・ペンによる1693年の「ヨーロッパの将来の平和のための計画」である。またジェレミー・ベンタムは，1789年の「普遍的かつ恒久的平和のための計画」において，海軍力の制限や兵力の制限など軍縮の問題に直接言及している[1]。さらにイマニュエル・カントは1795年の「恒久平和のために」において，諸国家間の恒久平和のための予備条項の第3において，「常備軍は，時とともに全廃されなければならない。なぜなら，常備軍はいつでも武装して出撃する準備を整えていることによって，ほかの諸国をたえず戦争の脅威にさらしているからである。常備軍が刺戟となって，たがいに無際限な軍備の拡大を競うようになると，それに費やされる軍事費の増大で，ついには平和の方が短期の戦争よりもいっそう重荷になり，この重荷を逃れるために，常備軍そのものが先制攻撃の原因となるのである」と述べている[2]。これらの思想的背景は，その

---

[1] Dupuy, T.N. and Hammerman, G.M, *A Documentary History of Arms Control and Disarmament*, R. R. Bower Company, New York and London, 1973, pp.16-36.

[2] I. カント（宇都宮芳明訳）『永遠平和のために』岩波文庫，1985年，16-17頁。

後の軍縮の進展に対して，今日に至るまで大きな影響を与え続けている。
　現実の国際政治においても，1766年のオーストリア提案，1817年のロシア皇帝アレキサンダー1世の提案，1863年のナポレオン3世の提案，1870年の英外相クラレンドル卿の提案などさまざまな軍縮提案が出されたが，いずれも成功しなかった。この時期の唯一の成功例は，1817年のラッシュ・パゴット協定である。この協定は，米国と英国との間において，五大湖に保有する海軍兵力の制限を規定したものである。
　19世紀に顕著であったもう1つの特徴は，英国および米国において平和団体が結成され，同様のものがヨーロッパ各国に作られたことである。これらの団体は国際平和の追求を目的とし，その主要な手段の1つとして軍縮を強調するものであり，漸進的，相互的，同時的に兵力の制限を提唱するものであった。
　一般的な軍縮のための国際会議が招集された最初のものは，1899年の第1回ハーグ平和会議である。1898年8月のロシア皇帝ニコライ2世が発した詔書では，「普遍的平和の維持および過剰軍備の可能な削減は，すべての政府の努力が向けられるべき理想である。ロシア皇帝政府は，真の永続する平和の祝福をすべての人々に保証し，特に現存軍備の漸進的開発を制限する最も有効な手段を，国際的協議によって求めるのに今は最もふさわしい時期であると考える」と述べられ，軍縮に大きな重点が置かれていた。
　また会議の議題においても，現在の陸軍，海軍およびそれらの予算を増加させないという了解，陸軍および海軍において新たな兵器や新たな爆発物の採用の禁止などが含まれていた。しかし，この会議は軍縮に関して何らの合意にも達することができず，1907年の第2回ハーグ会議は，議題に軍縮を含んでいなかった。これらの会議は，国際社会のほぼすべての国家が参加し，国際平和のためのさまざまな条約作成を企てたきわめて重要な会議であり，軍縮については合意できなかったが，紛争の平和的解決および戦時国際法については多くの条約の採択に成功している。
　この時期の軍縮問題は，思想家が軍縮問題の重要性をさまざま指摘するものであり，また現実の国際社会において国家が軍縮を提案するものであったが，軍縮が実現されたと考えられるのは例外的であり，実定国際法としてはまだほとんど発達していなかった。

## 2　国際連盟の時期――軍備の制限と削減

　1914年に開始された第1次世界大戦は，新たな種類の総力的な戦争であり，

## 第1節　軍縮国際法——国際法学からの分析

きわめて多くの死傷者を出し，国際社会に大きな衝撃を与えた。またこの戦争は，軍拡競争を放置したことがその勃発の主要な原因であると一般に考えられたため，戦争を防止するためには，軍備の制限，削減が不可欠であると考えられるようになった。その結果，1920年代および30年代には，軍縮に多くの努力が払われることになった。

1918年1月に米国大統領ウッドロー・ウィルソンは，世界平和のためのプログラムとして14項目を示したが，その第4項目は，「各国の軍備は，国内の安全に一致する最低限度まで削減されるという保証を相互に交換すべきである」と，大幅な軍縮を提唱していた。

この内容は，国際連盟規約に取り入れられ，その第8条は以下のように規定する。

1　連盟国ハ，平和維持ノ為ニハ，其ノ軍備ヲ国ノ安全及国際義務ヲ協同動作ヲ以テスル強制ニ支障ナキ最低限度迄縮少スルノ必要アルコトヲ承認ス。
2　連盟理事会ハ，各国政府ノ審議及決定ニ資スル為，各国ノ地理的地位及諸般ノ事情ヲ参酌シテ，軍備縮少ニ関スル案ヲ作成スヘシ。

このように，連盟規約においては，第1次世界大戦の影響が大きく作用し，国際平和の維持の一手段として軍縮に対してきわめて重要な地位が与えられた。この時期には国際連盟においては一般軍縮の交渉が，連盟外では主要国間で海軍軍縮交渉が行われた。

国際連盟における軍縮交渉は，まず世界軍縮会議(軍備の削減および制限のための会議)の準備委員会が1925年に設置され，5年の作業の後1930年12月に条約案を作成した。その第1条は，「締約国は，本条約に規定されているように，それぞれの軍備を制限し，可能な限り削減することに合意する」と規定し，陸海空すべての兵力および軍備に関わるものであった。世界軍縮会議は，1932年2月にジュネーブで開催され，59カ国が参加した。会議は主として軍縮と安全保障の関係に関する議論で対立し，1933年10月にドイツが軍縮会議および国際連盟からの脱退を声明したため，会議は失敗に終わった。

他方，1922年2月にワシントンで締結された「海軍軍備制限条約」は，英国，米国，日本，フランス，イタリアの主力艦すなわち戦艦および航空母艦のそれぞれを総トン数で制限するものであり，その割合は，5・5・3・1.67・1.67である。これは主要国が交渉により成立させた最初の軍縮条約であり，現存の船舶あるいは建造中の船舶の廃棄を求めるものであった。

1930年4月にロンドンで締結された「海軍軍備制限・削減条約」は，ワシントン条約の原則を補助艦にも適用するもので，米国，英国，日本のみが署名した第3部では，巡洋艦と駆逐艦は約5・5・3，潜水艦は同等に制限することが規定されている。

　この時期の軍縮問題は，連盟規約の規定により軍縮の重要性が法的にも認識され，一般的軍縮を目指して長期の交渉が実施されたが，合意に達することができず，実定国際法としては存在しなかった。しかし個別的軍縮として，海軍軍備の制限および削減に関して実定国際法が存在していた。

## 3　国連の初期——核兵器廃絶と全面完全軍縮の主張

　広島および長崎への原爆投下以前に作成された国連憲章は，集団的安全保障を重視し，連盟規約ほどには軍縮を重視していない。憲章第11条は，「総会は，国際の平和及び安全の維持についての協力に関する一般原則を，軍備縮小及び軍備規制を律する原則を含めて，審議し，……勧告をすることができる」と規定し，第26条は，「……安全保障理事会は，軍備規制の方式を確立するため国際連合加盟国に提出される計画を，……作成する責任を負う」と規定している[3]。

　軍縮に対するアプローチがこのように大きく異なる理由の1つは，第1次世界大戦がそれ以前の軍備競争の結果として引き起こされたのに対し，第2次世界大戦は主要国が十分な軍事力を保持していたら避けられたと一般に考えられたからである。

　しかし，現実には広島および長崎に原爆が投下されたことにより，国連は特に核兵器による被害の大きさに影響され，まず原子力の管理の問題に取り組んだ。国連総会の最初の決議1(I)は1946年1月に採択され，原子力委員会(Atomic Energy Commission)の設置を定めるものであった。委員会の付託事項には，原子力の管理と核兵器の廃棄のための提案の作成が含まれていた。米国とソ連はそれぞれ自国の提案を示したが，核兵器の廃棄を優先するソ連と核兵器の管理を優先する米国の対立のため，実質的な進展はみられなかった。

　さらに国連総会は，1946年12月に軍備および兵力の全面的規制と縮小のた

---

[3]　グッドリッチらは，「要約すれば，連盟規約は軍備縮小のための法的根拠を設定しようとしたのに対し，憲章は軍備規制のための『原則』および『計画』を将来作り出すマシナリーを設立しただけである」と分析している（Goodrich, L.M, Hambro, E, and Simons, A.P, *Charter of the United Nations*, 3rd ed.,Columbia University Press, 1969, pp.211-212.）。

めの通常軍備委員会(Commission for Conventional Armaments)を設置した。これらの2つの委員会は1952年1月に統合されて軍縮委員会(Disarmament Commission)となり，兵力，通常兵器，核兵器を含む包括的軍縮が議論されるようになった。

1950年代の終わりから60年代の初めにかけて，全面完全軍縮という問題が国連において，また新たに設置された18カ国軍縮委員会(Eighteen Nations Committee on Disarmament)において審議されるようになった。1959年の国連総会決議は，全面完全軍縮の問題は，今日の世界が直面する最も重要な問題であるとし，各国政府に対し，この問題の建設的解決を達成するためあらゆる努力をなすよう要請した。ソ連と米国はそれぞれ，自国の全面完全軍縮提案を条約案の形で提出し，1961年9月には，米ソは全面完全軍縮交渉の原則に合意している。

この時期の軍縮問題は，核兵器の出現を契機として国連を中心に積極的に取り上げられ，交渉が開始された。また一般的軍縮の方向が模索され，後には全面完全軍縮の追求という形で交渉されたが，実際には条約作成には至らなかった。

### 4 冷戦期—軍備管理——軍備の制限と禁止

1960年代に入り，軍縮問題は現実に可能な個別的な問題の検討に移行していった。その最初の成果は，1963年の部分的核実験禁止条約(PTBT)であり，対立関係にある米英・ソ間で，放射能汚染を撒き散らす大気圏内核実験を禁止することにより，地下核実験に移行することを確認すると共に，核兵器の拡散防止，すなわち新たな核兵器国の出現の防止を目指すものであった。この拡散防止の努力は，さらに1968年の核不拡散条約(NPT)の締結へと繋がっていった。核不拡散条約は，当時すでに核兵器を保有し爆発させていた5国(米国，ロシア，英国，フランス，中国)に核兵器国の地位を承認し，その他のすべての国家を非核兵器国と定義し，後者による核兵器の取得または生産を禁止するものである。

これらを基礎に，米ソは2国間で戦略兵器制限交渉(SALT)を開始し，1972年には，対弾道ミサイル(ABM)条約および戦略攻撃兵器制限(SALT I)暫定協定を締結し，防御兵器の展開を厳格に制限し，攻撃兵器を現状凍結的に制限することに合意した。これらは米ソ間の相互確証破壊(MAD)状態の維持・強化を目指すものであり，その延長線上で1979年に戦略攻撃兵器制限(SALT II)条約が署名され，大陸間弾道ミサイル(ICBM)，潜水艦発射弾道ミサイル(SLBM)お

よび爆撃機に対して，詳細な制限あるいは上限設定を課すものであった。

　この時期においては，主として米国において，軍縮ではなく軍備管理という用語が好んで用いられた。これは特に敵対的な関係にある米ソ間において，軍備の縮小は不可能であるので，両国の軍備を制限し管理することにより，核戦争の勃発の危険を最小限にし，仮に戦争が起こってもその損害を限定しようとするもので，軍備競争の無制限な進展を管理しつつ，米ソ間の戦略的安定性を維持・強化しようとするものである。

　また，この時期に，いかなる国家の領域でもない環境，すなわち国際公域において軍備競争が繰り広げられるのをあらかじめ防止するための措置が合意されている。まず1959年に南極条約が署名され，南極ではあらゆる軍事的活動が禁止され，非軍事化が定められ，次に，1967年の宇宙条約では，天体の非軍事化と宇宙空間の非核化が規定され，1972年の海底非核化条約では，12海里以遠の海底が非核化されている。同様に1979年には月協定が署名されている。これらはいわゆる国際公域の非軍事化または非核化を規定することにより，将来における軍事的利用を前もって禁止するものであり，国際法による予防的規制として重要な役割を果たしている。

　さらに，核兵器の不拡散と関係しつつ，地域の安全を強化する試みとして，核兵器が全く存在しない地域を設定する非核兵器地帯として，1967年にはラテンアメリカ核兵器禁止条約（トラテロルコ条約）が，1985年には南太平洋非核地帯条約（ラロトンガ条約）が署名された。これらは地域の安全保障を強化しようとする地域諸国のイニシアティブによるもので，核不拡散体制を補完し強化するとともに，核兵器国の核兵器の配備を拒否することにより，大国間の対立に起因する核戦争に巻き込まれるのを避けようとするものである。

　なお1972年に生物兵器禁止条約（BWC）が署名されたが，これは生物兵器の開発，生産，貯蔵を禁止し，保有する生物兵器を9カ月以内に廃棄することを要求している。この時期には，生物兵器の軍事的有用性は疑問視されていたため，比較的容易に条約が作成された。

　この時期の軍縮問題は，一般的なものから個別的なものに交渉が移ったため，さまざまな領域で軍縮に関連する条約が作成されることとなった。この時期の軍縮関連条約の基本的な性質は軍備管理と呼ばれるように，米ソ間の戦略的安定性を強化しようとするものであった。また，非核兵器地帯の設置や国際公域における非軍事化や非核化など，新たな軍備競争の開始を前もって防止するという予防的な措置が多くとられた。また生物兵器については全面禁止および廃

棄が合意されている。このように，この時期には実定国際法としてさまざまな条約が個別的軍縮に関連して作成された。

## 5　ポスト冷戦期——軍縮と不拡散

　1990年前後に冷戦が終結したことにより，米ソの対立，東西の対立が消滅し，それにより，軍縮の側面で大きな進展が見られた。まず冷戦終結直前の1987年に中距離核戦力(INF)条約が締結され，その後3年間に米ソは保有する地上配備の中距離核戦力を全廃した。

　さらに冷戦終結後の1991年には米ソの戦略核弾頭を約半減し，6000に削減するという第1次戦略兵器削減(START I)条約が署名され，ソ連の崩壊に伴い，1992年にその議定書が作成され，米国，ロシア，ベラルーシ，カザフスタン，ウクライナの5カ国間条約となり，2001年までに削減がすべて実施された。1993年に第2次戦略兵器削減(START II)条約が署名され，さらに3000-3500に削減することが合意された。国際安全保障環境の影響もあり，この条約は発効しなかった。しかし，2002年に，戦略核弾頭を2012年12月31日までに1700-2200に削減するという戦略攻撃力削減(SORT)条約が署名され，発効し実施されている。

　冷戦の終結により，核兵器国間の軍備競争を停止する方向を目指すものとして，冷戦期には約2000回も実施された核実験を包括的に禁止する包括的核実験禁止条約(CTBT)が1996年に署名された。この条約はまだ発効していない。

　冷戦の終結による欧州での安全保障環境の大幅な変化を受けて，1990年には欧州通常戦力(CFE)条約が締結され，北大西洋条約機構(NATO)とワルシャワ条約機構(WTO)の通常戦力をより低いレベルで均衡させることに合意された。1992年に条約は発効したが，ソ連の崩壊やNATOの東方拡大などの新たな状況に対応するため，1999年にCFE条約適合合意が署名され，軍事同盟を単位とするものから個別国家を単位とするものに変更され，さらに一層の削減にも合意された。

　また冷戦終結を契機に米ソが世界的な軍事展開から大幅に撤退したことを背景として，新たな非核兵器地帯が設置された。1995年には東南アジア非核兵器地帯条約(バンコク条約)が署名され，1996年にはアフリカ非核兵器地帯条約(ペリンダバ条約)が署名された。

　さらに1993年には，化学兵器の開発，生産，貯蔵，使用を禁止しその廃棄を規定する化学兵器禁止条約(CWC)が署名され，実施されている。また1997

年には，対人地雷の使用，貯蔵，生産，移譲を禁止し，その廃棄を規定する対人地雷禁止条約が署名されている。

このように冷戦終結を大きな契機として個別的軍縮の領域では大きな進展が見られ，軍備の削減が実施されていく一方で，国際社会の関心は不拡散を重視する方向に移行していった。まず条約発効の 25 年後にその後の条約の期限を定めることになっていた核不拡散条約(NPT)は，1995 年にその無期限延長が決定され，この条約の基盤が強化された。この条約に従い非核兵器国に適用されていた国際原子力機関(IAEA)の保障措置が，イラクの核兵器開発などで不十分であることが判明し，それを強化するための追加議定書のモデルが 1997 年に IAEA で採択され，順次各国の署名・批准が行われている[4]。

冷戦の終結を経験したこの時期の軍縮問題は，国際安全保障環境の改善に伴い，核兵器および通常兵器を実際に大幅に削減することが合意され，化学兵器および対人地雷の廃棄も合意されている。また新たな非核兵器地帯も設置された。これらにより軍縮が大きく進展する一方で，不拡散の問題が重視されるようになり，不拡散強化のための措置が合意されている。この時期は軍備を実際に削減する軍縮が実定国際法としていくつか成立すると共に，不拡散に関する法的規制が強化されていく時期であった。

## II 国際法上の軍縮の概念と内容

### 1 軍縮の伝統的な定義

上述の歴史的発展を基礎として，ここでは，国際法上の軍縮とは何を意味するのか，それはどのような内容を持つものかを検討する。

まず「軍縮(disarmament, désarmement, Abrüstung)」の本来の狭義の意味は，欧米語では「軍備撤廃」であり[5]，日本語では，「軍備縮小」[6]である。このように狭義では欧米語では撤廃(elimination)または廃棄(destruction)を意味し，日

---

[4] また 2004 年 4 月に，大量破壊兵器が非国家行為体に渡ることを防止するための国連安全保障理事会決議 1540 が採択された。これは国連憲章第 7 章の下で行動したものとして，法的拘束力ある決議となっている。

[5] たとえば，第 1 回国際連盟総会第 6 委員会の軍縮問題に関する報告によれば，le désarmement は，la limitation des armements, la réduction des armements と並ぶ 3 段階の 1 つとして，すなわち，制限，削減とは別の「撤廃」として捉えられていた(三枝茂智『国際軍備縮少問題』新光社，昭和 7 年，672 頁)。なお欧米語にはさらに「武装解除」という意味があり，最近 DDR (disarmament, demobilization, reintegration)として議論されているが，本稿ではこの側面は取り扱わない。

## 第1節 軍縮国際法——国際法学からの分析

本語では削減(reduction)を意味しており，両者の間に概念の相違が存在する。しかし伝統的に「軍縮(disarmament)」という用語は，現実の国際社会における動きを捉えつつ解釈されている。

　ノエル・ベーカー(Noel Baker)は，「軍縮(disarmament)とは，世界の軍隊の全体または大部分の解体(disbandment)を意味するのではない。むしろ一般国際法による世界の軍隊の適度な削減(reduction)，およびそれらの制限(limitation)を意味する」と述べ[7]，オッペンハイム＝ローターパクト(Oppenheim=Lauterpacht)は，「軍縮(disarmament)で通常言及されるのは，軍備の撤廃(abolition)ではなく，それらの一定の限界への削減(reduction)であり，その限界は国家の安全と国際義務の遂行に一致するところである」と述べ[8]，さらにグッドリッチ(Goodrich)は，「軍縮という用語は，国際協定による制限(limitation)および削減(reduction)を意味する」としている[9]。また大平善梧は，「軍縮は，特定の又は一般の軍備の制限，縮少又は削減を意味するものと定義するのが妥当ではあるまいか」と述べている[10]。

　その後，日本の軍縮問題研究会では，軍縮という言葉は「軍備縮小」を略したもので，軍備を縮小し，兵力を削減することを意味し，また，「軍備の縮小」という言葉の意味する現象としては，「軍備の撤廃」，「軍備の削減」，「軍備の制限」，「軍備の国際管理」などという広い概念が含まれていると述べ，軍縮をより広い概念で捉えている[11]。同様に，クロード(Claude Jr.)も，「この用語は戦争の人的・物的手段の制限(limitation)，管理(control)，削減(reduction)ならびに文字通りの廃止(abolition)を含む」と定義している[12]。モーゲンソー(Morgenthau)も，「軍縮(disarmament)とは，軍備競争を終結させるための，一定のあるいはすべての軍備の削減(reduction)または撤廃(elimination)である」と定義している[13]。

---

[6] 　国連憲章第11条の「軍備縮小」の英語は disarmament であるが，国際連盟規約第8条の「軍備ヲ縮少スル」の英語は reduction of armaments である。なお核不拡散条約第6条の「核軍備の縮小」は nuclear disarmament である。
[7] 　P. J. Noel Baker, *Disarmament*, Hogarth Press, London, 1927, p.2.
[8] 　L. Oppenheim=H. Lauterpacht, *International Law: A Treatise*, Vol.2, seventh ed., Longsman, 1952, p.121.
[9] 　Leland M. Goodrich, *The United Nations*, Tomas Y. Crowell Company, New York, 1959, p.215.
[10] 　大平善梧「軍縮と国際法」『横田先生還暦祝賀：現代国際法の課題』有斐閣，1958年，264頁。
[11] 　軍縮問題研究会編『軍縮問題の研究』国民出版協会，昭和33年，1頁。
[12] 　Inis L, Claude Jr., *Swords into Plowshares*, Random House, Inc., New York, 1956, p.286.

これらの定義は，現実の国際社会での実際の動向を説明するために作成されたものであり，特に第2次世界大戦以前においては，軍備の制限および削減が中心であり，核兵器の出現とともに軍備の撤廃あるいは国際管理という概念が出てくる。しかし，これらの伝統的な軍縮の定義は，軍備の制限，削減，撤廃という軍備の量的なレベルに焦点を当てたものとなっている。

## 2 軍縮と軍備管理

現実の軍縮がまったく進まず，冷戦の構造が拡大する中で，米国を中心に「軍備管理(arms control)」という用語が好んで用いられるようになった。一般的には，「軍備管理」は「軍縮」に対立する概念として用いられ，軍備に対する規制措置，凍結措置，監視措置，査察などの検証措置，あるいはその他の緊張緩和措置，国際的意思疎通の措置，さらに侵略抑止のための部分的軍備強化措置等までを含み，それはまた各国別の自発的措置から国際的取決めにまでわたっていると理解されている[14]。

シェリング(Schelling)とハルペリン(Halperin)の定義によれば，軍備管理とは，戦争の可能性を低下させ，戦争が起こった場合にはその範囲と暴力性を抑え，また戦争準備に要する政治的・経済的コストを軽減するという目的にかなった，潜在敵国間におけるあらゆる種類の軍事的協力であり，その基本的特徴は，共通利益の認識と，各々の軍備に関して潜在敵国同士であっても相互主義および協力の可能性があるという認識である[15]。

同様の見解として，ヘンキン(Henkin)は，「軍縮は軍備の撤廃あるいは削減を意味し，軍備管理は，少なくともある人々にとって軍備は存在し続けるが，一定の規制に従うことを意味する」と述べ[16]，ブル(Bull)は，「軍縮とは軍備の削減または撤廃である。軍備管理とは軍備の水準，軍備の性質，展開，使用などの軍備政策に対し国際法的に行われる抑制である」と性格づけている[17]。さらにラーソン(Larson)も，「軍縮は軍備や兵力の削減ないし撤廃を目的とする措置を意味し，軍備管理ないし軍備規制は他の種類の制限を目的とする措置を

---

[13] Hans J. Morgenthau, *Politics among Nations*, 5th ed., Alfred A. Knopf, New York, 1978, p.393.
[14] 前田寿「核時代の軍縮交渉」『軍縮問題の研究(国際政治32号)』日本国際政治学会，1965年，32頁。
[15] Thomas C. Schelling and Morton H. Halperin, *Strategy and Arms Control*, The Twentieth Century Fund, New York, 1961, p.2.
[16] Louis Henkin (ed.), *Arms Control: Issues for the Public*, Prentice-Hall, Inc., N.J., 1961, p.4.
[17] Hadley Bull, *The Control of Arms Race*, Institute for Strategic Studies, 1961, p.ix.

## 第1節　軍縮国際法——国際法学からの分析

意味する」と定義している[18]。

　軍備管理の概念は，当時の国際安全保障環境を反映して生まれてきたものであり，この用語を意図的に使用する理由として，ハドリー(Hadley)は，「『軍縮』は過去の経過からしてかなり感情的な要素を含んでおり，その関心は兵器と軍隊の実際の削減であり，その目的はあらゆる軍備の完全な撤廃にあると一般に考えられている。軍備管理は，戦争の可能性および狂暴性を減少させるための一国の軍事政策の方針である。軍縮は軍備管理政策の一部でありその最終段階であるかもしれないが，必ずしもそうであるわけではない。ある特定の新しい兵器を管理しつつ展開することが，軍縮よりも世界平和にとって有益であることがしばしばある」と説明する[19][20]。

　1961年に米国ケネディ政権下で設置された「軍備管理・軍縮庁(Arms Control and Disarmament Agency)」は両者を含んでいるが，「その名は，全面軍縮のユートピアを望む者と，軍備競争を管理する方がより現実的であると考える者との妥協である」と説明されている[21]。米国の軍備管理軍縮法第3条の定義によれば，軍備管理・軍縮という用語により，あらゆる軍備を国際協定の下で識別，検証，制限，管理，削減あるいは撤廃することが意味されている[22]。

　その後，「軍備管理・軍縮」という用語が一般に使用されるようになり，バーンズ(Burns)の定義によれば，それは，(1)兵器の制限と削減，(2)非軍事化，非核化，中立化，(3)特定兵器の規制と違法化，(4)兵器の製造と移転の管理，(5)戦争法，(6)国際環境の安定化を包含する措置で，応報的措置，一方的措置，相互的措置の形態によるものを含む広大なものとなっている[23]。

---

[18] Thomas Larson, *Disarmament and Soviet Policy 1964-1968*, Prentice-Hall Inc., N.J., 1969, p.4.
[19] Arthur T. Hadley, *The Nation's Safety and Arms Control*, Viking Press, New York, 1961, pp.3-4.
[20] このように，軍縮と軍備管理を分離・対立させ，軍備管理を重視する考えに対しては，これは軍縮という究極の目的を見失わせ，軍備管理から軍縮への連続性を切断し，軍備管理から軍縮へ進むという考えを否定するものであるとの反論(Andrew Martin, *Legal Aspect of Disarmament*, British Institute of International and Comparative Law, London, 1963, p.27.)，さらに軍縮の成果がわずかでありまた皆無であるという点から軍備管理措置を受容するような方向に思想と行動を向けさせているのは残念であり，軍備管理という用語の使用を拒否すべきだ(Alva Myrdal, *The Game of Disarmament: How the United States & Russia Run the Arms Race*, Pantheon Book, New York, 1976, pp.xxxiii-xxxiv.)という，するどい批判が当時から存在していた。
[21] Chalmers M. Roberts, *The Nuclear Years: The Arms Race and Arms Control 1945-1970*, Praeger Publishers, N.Y., 1970, p.54.
[22] United States Arms Control and Disarmament Agency, *Documents on Disarmament 1961*, U.S. Government Printing Office, 1962, p.483.

## 3 軍縮と不拡散

冷戦後の国際社会においては，東西対立の消滅などを背景として，軍備を削減し，撤廃するといった措置が現実に合意され，履行されるようになり，伝統的な意味での軍縮が実施されると共に，大量破壊兵器の不拡散に焦点が移行し，不拡散を強調するために，軍縮（disarmament）と不拡散（non-proliferation）を別個の概念として使用することが多くなった。

たとえば，1995年の核不拡散条約再検討・延長会議で採択された文書は，「核不拡散および核軍縮（nuclear non-proliferation and disarmament）の原則と目標」であり，包括的核実験禁止条約（CTBT）の前文においては，「核兵器のすべての実験的爆発及び他のすべての核爆発を停止することは，……核軍備の縮小（nuclear disarmament）及びすべての側面における不拡散（non-proliferation）のための効果的な措置となることを認識し」と規定されている。また，この分野における教育の重要性が認識され，国連総会決議を経て検討が行われ，2002年に国連総会で採択されたのは，「軍縮および不拡散教育（disarmament and non-proliferation education）に関する国連事務総長報告書」である。

不拡散は，一般には軍備の拡散に至る行為を禁止するものであり，具体的には，一定の兵器の移譲の禁止，および受領と生産の禁止という形で質的な側面で義務づけられる。従って，軍備の撤廃，削減，制限といった量的な側面での義務を課す軍縮と一線を画すことに一定の意義は認められる。しかし，これらの用語は，「軍縮・不拡散」として一体として使用されるのが常である[24]。

## 4 軍縮の概念と内容

以上の分析に基づき，「軍縮（広義）」[25]の概念としては，「軍備に対する規制であって，量的には軍備の廃棄，削減，制限といった措置であり，質的には軍備の開発，生産，実験，保有，貯蔵，移譲，受領，配備など軍備に関する行動の禁止の措置である」と定義するのが好ましいと考えられる[26]。国際法の観点

---

[23] Richard Dean Burns, "An Introduction to Arms Control and Disarmament," Richard Dean Burns (ed.), *Encyclopedia on Arms Control and Disarmament*, Vol.I, Charles Scribner's Sons, New York, 1993, pp.3-6.

[24] 日本の外務省も，2002年5月に『わが国の軍縮外交』を刊行したが，2004年4月には『日本の軍縮・不拡散外交』を刊行し，「不拡散」の用語を入れるようになった。外務省の組織は，1976年5月に国連局政治課軍縮室が設置され，1978年4月に国連局軍縮課となり，1993年7月には総合外交政策局軍備管理・科学審議官組織軍備管理軍縮課となり，2004年8月には，総合外交政策局軍縮不拡散・科学部軍備管理軍縮課と変遷してきている。

第1節　軍縮国際法——国際法学からの分析

から検討する場合，基本的には実定法を対象とするので，条約として成立しているものが対象となる。また国際法の伝統的な2分法によれば，平時と戦時は明確に区別すべきであり，軍縮とは平時において自由意思に基づいて行われる規制であって，戦後処理の一環として行われるもの，特に武装解除，および戦時における特定兵器の使用の禁止とは区別して議論すべきであると考えられる[27]。

「軍備管理」という用語を使用すべきでない理由としては，第1にこの概念は，戦争法一般，特定兵器の使用禁止，信頼醸成措置などを含み，分析概念としては，あまりにも広すぎると考えられること[28]，第2に「軍備管理」概念の根底にあるのは冷戦時の米ソの対立であり，冷戦終結とともに，その前提自体が消滅していること[29]，第3にこの用語は，米国で頻繁に使用されたが，その他の国ではあまり用いられず，国連では原則として使用されていないことが挙

---

[25] 本稿において「軍縮」の用語を用いることの正当性は，以下Ⅲにおいて検討する国際法教科書における用語の使用方法からも強化される。日本の教科書は，すべて「軍縮」という用語を含んでおり，大部分は「軍縮」を単独で用いている。「軍備管理」を「軍縮」と並べて使用する場合にも，「軍縮・軍備管理」と軍縮が先に列挙されており，米国のように「軍備管理・軍縮」と記述するのはきわめてまれである。米国では一般に「軍備管理」のみか「軍備管理・軍縮」と記述されるが，カナダの教科書およびドイツ語およびフランス語の教科書では，「軍縮」という用語が基本的であり，軍備管理が補足的に追加された「軍縮・軍備管理」を使用するか，「軍備規制」という用語が用いられている。

[26] 藤田久一は，軍縮の広い意味を使用するとして，軍備，軍隊，軍事支出の規制，制限，削減，撤廃を含み，また兵器の開発，実験，生産，配備，展開，拡散，移転，使用の制限または禁止を包含するとする（藤田久一『軍縮の国際法』日本評論社，1985年，122頁）。

[27] リセン（Lysén）は，「軍備の存在に関してとられる措置は戦争法の条約義務から生じる措置とは本質的に異なる。戦争法に従った措置は戦時に有効である（jus in bello）が，軍縮措置は平時に有効である（jus pacis）。2つのタイプの条約の目的が異なるので，兵器の存在の規制と使用の規制は，独立しているわけではないが，区別すべき異なる秩序である」と述べる（Göran Lysén, *International Regulation of Armaments: The Law of Disarmament*, Iustus Forlag AB, Uppsala, 1990, pp.55-56）。藤田も，jus ad bellum と jus in bello との表面的な矛盾は，両者が自律性をもって作用することから，両者の基本的区別により解決されるとし，両者の基本的な区別を強調する（藤田久一『国際人道法』新版，有信堂，1993年，39頁）。

[28] その理由の1つは，軍備管理の軍備は"arms"の訳であるが，この英語は「軍備」のみならず「戦闘」をも意味するので，そこには「戦闘管理」という要素も含まれるからである。

[29] 石川卓「ミサイル防衛と「軍備管理の終焉」黒澤満編『大量破壊兵器の軍縮論』信山社，2004年，90-92頁。Is Arms Control Dead? というタイトルの下で，この問題を分析している2つのコメンタリー（Harold Brown, James Schlesinger）および4つの論文（Thomas Graham, John Steinbruner, Stephen Cambone, Brad Robert）を参照（*Washington Quarterly*, Vol.23, No.2, Spring 2000, pp.173-232）。

第3章　軍縮の基本的問題

げられる[30]。

「不拡散」と「軍縮」とを区別せず，広義の軍縮に含めるべきであると考えるのは，軍備に関する一定の行動を禁止することは，国際法により不拡散以外にもさまざま実施されており，それらを全体的に捉える方が分析概念として適切であるからである。また不拡散を強調するために，あるいは狭義の軍縮（撤廃，削減，制限）とのバランスを取るために，軍縮と不拡散が用いられているが，一体として用いられるのが常であり，両者の相互補完性が意図されているので，広義の軍縮として全体を捉えるのが好ましいと考えられる。

以上の定義に従えば，現在の「軍縮国際法」として以下のものが該当する。(1)から(3)は量的軍縮であり，(4)から(7)は一定の行動を禁止する質的軍縮である[31]。

(a) 軍備の量的規制
　(1) 軍備の撤廃(elimination)または廃棄(destruction)——生物兵器禁止条約(BWC)，中距離核戦力(INF)条約，化学兵器禁止条約(CWC)，対人地雷禁止条約，クラスター弾禁止条約
　(2) 軍備の削減(reduction)——欧州通常戦力(CFE)条約，第1次戦略兵器削減(START I)条約，第2次戦略兵器削減(START II)条約，戦略攻撃力削減(SORT)条約，新戦略兵器削減(新START)条約
　(3) 軍備の制限(limitation)——対弾道ミサイル(ABM)条約，戦略攻撃兵器制限(SALT I)暫定協定，戦略攻撃兵器制限(SALT II)条約

(b) 軍備の質的規制：一定の軍備活動の禁止
　(4) 国家領域外——南極条約，宇宙条約，海底非核化条約，月協定
　(5) 非核兵器地帯——トラテロルコ条約，ラロトンガ条約，バンコク条約，ペリンダバ条約，セミパラチンスク条約
　(6) 核実験の禁止——部分的核実験禁止条約(PTBT)，地下核実験制限条約，平和目的核爆発条約，包括的核実験禁止条約(CTBT)

---

[30] ロシアではこの語は使用されず軍縮の部分的措置などが使用される。国連においては，軍縮委員会，国連軍縮特別総会，国連平和・軍縮地域センターであり，事務次長のポストも軍縮担当である。ジュネーブの交渉機関も，18カ国軍縮委員会，軍縮委員会会議，軍縮委員会，軍縮会議と名称を変更しているが，一貫して軍縮を使用している。

[31] 本稿では個々の軍縮条約の国際法からの分析は行わないので，筆者による以下の著書を参照。『現代軍縮国際法』西村書店，1986年，『軍縮国際法の新しい視座』有信堂，1986年，『核軍縮と国際法』有信堂，1992年，『核軍縮と国際平和』有斐閣，1999年，『軍縮国際法』信山社，2003年，『軍縮問題入門（新版）』東信堂，2005年。

(7) 核拡散の禁止——核不拡散条約(NPT), IAEA 保障措置協定, 追加議定書

## III 軍縮国際法の国際法体系内での位置づけ

次に, 国際法の体系の中において軍縮国際法がどのような地位を占めているか, また占めるべきかについて検討する。内外の基本的な国際法教科書においては, 武力紛争法との関連で軍縮国際法を位置づける若干のものがあるが, 大多数は, 国際安全保障との関連で位置づけている。また軍縮国際法を独立した国際法の分野として取り扱うものもいくつか見られる[32]。

### 1 武力紛争法との関連における軍縮国際法

軍縮国際法と武力紛争法との密接な関係を主張するものとして, 森田章夫は『講義国際法』の「第 18 章 武力紛争法と軍備管理・軍縮」において, 以下のように述べる。

国際連盟期においては, 紛争の平和的解決, 集団的安全保障, 軍縮(軍備管理)の 3 者の相関関係が強調された。今日でも, 理論的には, 軍備の存在が武力による威嚇(国連憲章 2 条 4 項)や平和に対する脅威(同 39 条)に該当するかという問題はありえる。しかし, 法的にみて, 軍備管理・軍縮は, 武力紛争法とより密接な関係を有する。それは, まず第 1 に, 軍備管理・軍縮が, 戦闘状態に入った場合を想定しながら平時における武力の種類・量, 配備地域等に制限を加える性質に由来する。これにより, 突発的な武力衝突を防ぐという軍備管理・軍縮が有する固有の機能(緊張緩和, 信頼醸成)に加えて, 武力紛争発生時における戦闘を管理する機能をも有する点で, 武力紛争法と共通する基盤を有するのである。第 2 に, 戦闘手段の規制(違法化)と軍備管理・軍縮は, 相互に相手分野の遵守基盤となり, 同一条約に規定される場合さえあることを指摘できるのである(例えば, 化学兵器がこれに該当する)[33]。

---

[32] 日本の教科書はほぼすべてが, 軍縮を取り上げているが, 外国の教科書では必ずしもそうではない。たとえば, 以下の教科書は軍縮を取り上げていない。J. L. Briely, *The Law of Nations;* Ian Brownlie, *Principles of Public International Law*, JG Stark, *Introduction to International Law;* M. Akehurst, *Modern Introduction to International Law;* O. Schachter, *International Law in Theory and Practice;* G. Dahm, J. Delbruck, R. Wolfrum, *Völkerrecht;* Ch. Rousseau, *Droit International Public;* A. Verdross, B. Simma, *Universelles Völkerrecht: Theorie und Praxis.*

[33] 小寺彰・岩沢雄司・森田章夫編『講義国際法』有斐閣, 2004 年, 481 頁。

また，田畑茂二郎『国際法新講』は，この問題を「第4章　戦争と中立」の中の「第2款　交戦行為の規則」の中の「2　害敵手段の規制」という項の下において，毒物の使用禁止，化学・生物学(細菌学)兵器の禁止，核兵器の規制，環境破壊兵器の規制，特定通常兵器の禁止，自動触発海底水雷の規制として取り扱っている。特に核兵器については，「核兵器は核反応によって巨大な核エネルギーを爆発的に放出する兵器であって，その殺傷効果は通常兵器とはくらべものにならないほど甚大である。したがって，それが実際に使用されるということになれば，人類に対し破滅的な被害をもたらすことは必死であって，その使用はもとより，その開発，製造などもきびしく規制する必要がある」と述べ，核兵器の使用については直接それを規制する国際的措置を講ずることが必要だが，現在のところこの点はきわめて不備であると述べた後に，(i)核兵器の配置・使用の禁止として，南極条約，宇宙条約，海底非核化条約，および非核兵器地帯条約を取り扱い，さらに(ii)核兵器実験の禁止，(iii)核兵器の拡散防止の問題を検討している[34][35]。

## 2　国際安全保障との関連における軍縮国際法

高野雄一『全訂新版国際法講義・下』においては，「第7章　国際連合の集団保障」の中で，集団保障の体制，集団保障の実施，国連軍，地域的取極または機関の強制行動，国際連合の集団保障の武力行使の例外と並んで，「第6節　軍縮」が取り上げられている[36]。高野雄一は，「軍備は個別的な国家の主権的自由に属するものであり，軍縮はこの国家レベルの軍備の管理，縮少，撤廃に

---

[34] 田畑茂二郎『国際法新講・下』東信堂，1991年，255-273頁。ただ「第3章　安全保障」の総説部分で，「国際平和維持の観点からいま一つ見逃すことができない重要な問題は，軍縮(disarmament)の問題である。……南極条約や宇宙条約，あるいは後でみる核兵器その他の兵器の規制にかかわる条約など，いわゆる軍備管理(arms control)の面で若干の条約が成立したが，軍縮の面では，なお問題を残している」と述べている(172-173頁)。

[35] 米国の基本的な教科書であるヘンキン(Henkin)等『国際法—判例と資料』第2版では，「第14章　武力の使用」の下で，国家による武力行使，内戦への介入，武力の集団的使用，「軍備管理・軍縮」として記述されていたが，第3版では，戦争法が追加され，軍備管理・軍縮とともに，戦争法と兵器管理として記述されている(Louis Henkin, Richard R. Pugh, Oscar Schachter, Hans Smit, *International Law, Cases and Materials*, Second Ed., West Publishing, 1980, pp.998-1002, Third Ed.,1993, pp.1039-1045.)。

[36] 高野雄一『全訂新版国際法概論・下』弘文堂，昭和61年，407-428頁。国際法学会が刊行した『国際法講座』においても，高野雄一は「第10章　安全保障」の中の「第3節　集団的安全保障」の中で「軍備縮小」を取り扱っている(国際法学会編『国際法講座第3巻』有斐閣，昭和29年，46-74頁)。

## 第1節　軍縮国際法——国際法学からの分析

関する問題である。……この国際社会に個別的強力として存在し無限に肥大する軍備を，国際社会としていかに構造的に組織しなおすか，それが国際社会の平和と安全の一つの基本的課題であり，国家レベルにおける軍縮である。それが個別的安全保障に対する集団的安全保障の一基本課題であり，国際的な武力の組織化につながる」と述べている。害敵手段などは，「第8章　戦時法規」で取り扱われている。

山本草二『国際法』では，「第5章　武力紛争の規制」の中の「1　武力行使の禁止」において，「軍縮・軍備管理」が取り上げられ，集団的安全保障や自衛権は，「2　平和確保の手段」で，武力紛争は「3　武力紛争法規の適用」で取り扱われている[37]。

松井芳郎他『国際法』では，「第16章　紛争の平和的処理」および「第18章　武力紛争法」とは別個にある「第17章　平和と安全の維持」の中において，戦争・武力行使の違法化，集団の安全保障，自衛権，平和維持活動と並んで，「軍縮」が取り扱われている[38]。

高林秀雄他編『国際法Ⅱ』においても，「第3章　国際紛争の平和的解決」および「第5章　武力紛争法」とは別個にある「第4章　安全保障」の中において，戦争の違法化，集団安全保障，地域的安全保障，平和維持活動と並んで，「第5節　軍縮」が取り扱われている[39]。寺沢一他『標準国際法』でも，「第15章　紛争の平和的解決」，「第17章　武力紛争」と並んでいる「第16章　国際安全保障」の下において，戦争概念の変化，武力紛争の類型と戦時国際法の適用，「軍縮・軍備管理」，集団的安全保障，自衛権，国連の平和維持活動が取り上げられている[40]。

藤田久一『国際法講義Ⅱ人権・平和』においても，「第10章　国際紛争の平和的処理」とは別に「第11章　国際の平和と安全」の中で，戦争の違法化，集団的安全保障と平和維持活動，「軍縮」，武力紛争の規制の4つの問題が並列に取り扱われている[41]。栗林忠男『現代国際法』でも，「軍縮・軍備管理」の問題は，一般的集団安全保障，地域的集団安全保障とともに，「第17章　国際安全保障」の下で取り扱われている[42]。

---

[37] 山本草二『国際法』新版，有斐閣，2004年，707-714頁。
[38] 松井芳郎・佐分晴夫・坂元茂樹・小畑郁・松田竹男・田中則夫・岡田泉・薬師寺公夫『国際法』第4版，有斐閣，2002年，294-296頁。
[39] 高林秀雄・山手治之・小寺初世子・松井芳郎編『国際法Ⅱ』東信堂，1991年，171-182頁。
[40] 寺澤一・山本草二・広部和也編『標準国際法』(新版)，青林書院，1997年，467-476頁。
[41] 藤田久一『国際法講義Ⅱ人権・平和』東大出版会，1994年，421-422頁。

第3章 軍縮の基本的問題

オッペンハイム゠ローターパクト(Oppenheim=Lauterpacht)の『国際法第2巻』においては，「第1部　国際紛争の解決」の中の「第1章　国際紛争の平和的解決」の中の「IX　軍備の削減と制限」で，この問題が取り上げられ，「軍備制限の問題は紛争の平和的解決のための措置とマシナリーにきわめて緊密に絡み合っているので，それをこの性格を持つ作業の中に位置づけることを否定することは不可能である」と述べ，さらに，「一般的かつ包括的協定による軍備の削減と制限は，国際法の確認と強制を委任された効果的な国際機関の存在に条件づけられる」と述べている[43]。

カナダの基本的なケースブックであるキンドレッド(Kindred)等の『主としてカナダで解釈・適用された国際法』でも，「第13章　武力行使の制限」において，武力行使の禁止，武力行使の正当化，国連の平和維持活動の役割，「集団的軍縮(collective disarmament)」が取り扱われている[44]。カーター(Carter)とトリンブル(Trimble)の『国際法』では，「第12章　武力行使と軍備管理」の中で，武力行使に関する国際法規範，集団的干渉：国連および地域的平和維持努力，個人責任，武力行使に関する米国内法，「軍備管理(arms control)」が取り扱われている[45]。

デュプュイ(Depuy)の『国際公法』においては，「第1章　紛争の国際的解決と武力行使の禁止」の下において，紛争の平和的解決，武力行使の禁止，執拗な武力行使の規制と並んで，「軍備の国際規制(la réglementation internationale des armaments)」が取り扱われている[46]。ディン(Dinh)等の『国際公法』においては，「第2章　国際の平和と安全の維持」の下で，国連の集団的安全保障と並んで「軍縮(désarmement)」が取り扱われている[47]。ルジエ(Ruzié)の『国際公法』においては，「第1節　武力行使の制限およびその尊重を確保する手続き」の下で，武力行使制限の約束，違法な武力行使に対する集団的対応と共に，「軍備の国際規制(la réglementation internationale des armaments)」が取り扱

---

[42] 栗林忠男『現代国際法』慶應義塾大学出版，1999年，526-532頁。
[43] L. Oppenheim=H. Lauterpacht, *supra* note 8, pp.121-122.
[44] Hugh M. Kindred et al., *International Law Chiefly as Interpreted and Applied in Canada*, 5th ed.,Emond Montgomery Publications Limited, 1993, pp. 886-924.
[45] Barry E. Carter and Phillip R. Trimble, *International Law*, 2nd ed., Little, Brown and Company, Boston, New York, Toronto, London, 1995, pp.1486-1510.
[46] Pierre-Marie Dupuy, *Droit International Public*, Dalloz, Paris, 2004, pp.638-656.
[47] Nguyen Quoc Dinh, Patrick Daillier, Alain Pellet, *Droit International Public*, 4e edition, Librairie générale de droit et de jurisprudence, Paris, 1992, pp.922-933.

われている[48]。ティエリー(Thierry)等の『国際公法』においては，「第10章 国際関係における武力行使」の下で，国際関係における武力行使に関する法の歴史，国際関係における武力行使に関する法，国際安全保障，武力紛争法と並んで，「軍縮・軍備規制(le désarmement et la maitrise des armaments)」が取り扱われている[49]。

バーバー(Berber)の『国際法教科書』では，「第4章 戦争予防の法」の下において，紛争の平和的解決，戦争の禁止とその処罰，集団的安全保障，「軍縮(Die Abrüstung)」，平和的変更が取り扱われている[50]。ノイホールド(Neuhold)等の『オーストリア国際法概論』では，「第1章 国際関係における武力行使と威嚇の禁止」の下で，戦争・武力禁止の発展，武力禁止強化の努力，「軍縮・軍備管理(Abrüstung und Rüstungskontrolle)」，国連集団安全保障システム，国連集団安全保障システム強化の試み，国連平和維持活動が取り扱われている[51]。イプセン(Ipsen)の『国際法』においては，「第15章 平和維持と紛争の平和的解決」の下で，現代国際法における武力禁止，自決権と介入，集団的安全保障と防衛同盟，「軍縮・軍備管理(Abrüstung und Rüstungskontrolle)」，紛争の平和的解決が取り扱われている[52]。

## 3 独立した分野としての軍縮国際法

大沼保昭『資料で読み解く国際法』においては，全13章の中で独立した章として「第13章 軍縮」が取り入れられており，「第10章 国際紛争の平和的処理」，「第11章 平和の維持・実現と集団安全保障」，「第12章 武力紛争法」と同列に取り扱われている[53]。月川倉夫等『講義国際法入門』においても，全26講の中で独立した講として「第25講 軍縮・軍備管理」があり，「第22講 紛争の平和的解決」，「第23講 国際安全保障」，「第24項 平和維持活動」，「第26項 交戦法規と中立法」と同列に取り扱われている[54]。

---

[48] David Ruzié, *Droit International Public*, Dalloz, Paris, 2000, pp.234-239.
[49] Hurbert Thierry, Jean Combacau, Serge Sur, Charles Vallee, *Droit International Public*, Editions Mantchrestien, 1979, pp.541-533.
[50] Friedrich Berber, *Lehrbuch des Völkerrechts*, III Band, C. H. Beck'scne Verlagesbuchhandlung, München and Berlin, 1964, pp.113-121.
[51] Neuhold – Hummer – Schreuer (Hrsg.), *Österreichishes Handbuch des Völkerrecht*, Band I, Manzsche Verlag, Wien, 1991, pp.296-298.
[52] Knut Ipsen, *Völkerrecht*, 5 Auflage, Verlag C. H. Beck, München, 2004, pp.1132-1163.
[53] 大沼保昭編著『資料で読み解く国際法・下』第2版，東信堂，2005年，154-190頁。
[54] 月川倉夫・家正治・戸田五郎『講義国際法入門』嵯峨野書院，2001年，301-331頁。

第3章　軍縮の基本的問題

　国際法学会編『日本と国際法の100年』においては，その第10巻『安全保障』の全10章の中で，国際安全保障，自衛権，日米同盟，国際平和活動，人道法，戦争の違法化などと並んで，「第9章　軍縮」として取り上げられている[55]。

　大沼保昭編『国際条約集』においては，全16章にわたり条約が分類して掲載されているが，「第11章　国際紛争の処理」，「第12章　安全保障」，「第13章　武力紛争」と並んで，軍縮は「第14章　軍縮」として独立した章が設けられ，12の条約が含まれている[56]。

　同様に，松井芳郎編『ベーシック条約集』においても，全17章の中で，「12章　紛争の平和的解決」，「13章　安全保障」，「15章　武力紛争」と並列的に軍縮は「14章　軍備の規制」として含まれ，12の条約と4つの資料が掲載されている[57]。

　広部和也等編『解説条約集』では，条約が全12章に分けられ，「10　紛争」「11　戦争」となっており，「11　戦争」の大項目の下に，「軍縮」，「安全」，「戦時」の3つの部分が入っており，「軍縮」の下で，8つの条約と1つの資料が含まれている[58]。

## 4　軍縮国際法の位置づけ

　これらの検討から明らかになることは，国際法体系の中において，「軍縮」は基本的には武力紛争法の問題ではなく，国際安全保障の問題として取り扱われており，武力行使の禁止，紛争の平和的解決および集団的安全保障と緊密に関わっていることである。したがって，軍縮を jus in bello の問題として取り扱うのではなく，jus contra bellum の問題として取り扱うのが適切であると考えられる。軍縮が軍備の量的規制や質的規制を実施することから，軍備の使用を規制する武力紛争法と深く関わっていることは否定できないことであり[59]，使用の禁止が将来的に保有の禁止に導く可能性も否定できないが，国際法体系の中において，武力紛争(戦争)に反対する法(jus contra bellum)と武力紛争が発生した時に適用される法(jus in bello)という大きな分類に従うことが合理的であると考えられる。

---

[55] 国際法学会編『日本と国際法の100年—第10巻安全保障』三省堂，2001年，229-262頁。
[56] 大沼保昭編集代表『国際条約集2005』有斐閣，2005年，724-795頁。
[57] 松井芳郎編集代表『ベーシック条約集—2006年版』東信堂，2006年，962-1009頁。
[58] 広部和也・杉原高嶺編集代表『解説条約集2005』三省堂，2005年，707-738頁。

220

第1節　軍縮国際法——国際法学からの分析

## Ⅳ　軍縮国際法と国際安全保障

### 1　国際の平和と安全のための諸措置

　平和で安全な国際社会，特に武力紛争のない国際社会の構築のためには，jus contra bellum として，武力行使の禁止，紛争の平和的解決，集団的安全保障，軍縮の4つの国際法の領域における進展が必要である。またこれらの4要素はそれぞれ相互依存関係にある。

　クロード(Claude Jr.)は，「文字通りの厳格な意味に解釈すれば，軍縮(軍備撤廃)は平和に対する直接かつ簡単な手段に見える。それは，平和的解決は国家を戦う必要のない状況に置くことを提案しており，集団的安全保障は戦う多くのものを持った侵略者と敵対することを提案し，軍縮は戦うべき手段を取り上げることを提案しているからである。……しかし現実はもっと複雑であり，軍備と戦争の関係については，軍備があるから戦争するのか，政治的対立があるから軍備を必要とするのかの対立があるが，これは循環問題であって，原因と結果，政策と政策道具が相互関係の中で循環しているのである」と述べる[60]。

　また高野雄一は，軍縮が国際社会の平和と安全の一つの基本的課題であり，集団的安全保障の一基本課題であると主張する[61]。オッペンハイム=ローターパクト(Oppenheim=Lauterpacht)も，軍備の削減と制限は，紛争の平和的解決に密接に関連しているとともに，国際法の確認と強制を委任された効果的な国際機関の存在に条件づけられると述べる[62]。

　国際の平和と安全に関する一般的な国際会議の最初のものは1899年および1907年のハーグ平和会議であり，軍備制限，戦争法規の法典化，紛争の平和

---

[59]　特に核兵器の使用を巡る諸問題を，従来の jus in bello の中ですべて捉えることには若干の問題があるように思われる。非核兵器地帯の議定書における約束，消極的安全保証，先行不使用，1996年の「核兵器の使用または威嚇の合法性」に関する ICJ の勧告の意見などに共通するのは，それらが，純粋に武力紛争時における核兵器の「使用」のみを取り扱っているのではなく，武力紛争発生以前における核兵器の「使用の威嚇」をも取り扱っており，国連憲章第2条4項の規定と似通ったものになり，単なる「武力紛争時における使用の禁止」以上の内容を含んでいるからである。なお，化学兵器禁止条約および対人地雷禁止条約はそれらの「使用」のみを禁止している。

[60]　Inis Claude Jr., *supra* note 12, pp.287-289. 松井も，「国際連盟の時期に議論されたことがある集団安全保障，紛争の平和的解決および軍縮の「三位一体」による平和の実現という考え方をもう一度取り上げてその可能性を検討する必要があると思われます」と述べる(松井芳郎『国際法から世界を見る』第2版，東信堂，2004年，219頁)。

[61]　高野雄一・前掲書(注36)，411頁。

[62]　L. Oppenheim=H. Lauterpacht, *supra* note 8, pp.121-122.

的解決などが討議された。結果的には、軍縮に関する条約は成立せず、紛争解決平和的処理条約が、また契約上ノ債務回収ノ為ニスル兵力使用ノ制限ニ関スル条約、および戦争法に関する多くの条約が採択された。当時は、戦争に訴える自由が一般的に認められていた時期であり、軍縮のための基盤はまだ整備されていなかった。

　国際連盟は、戦争違法化の流れとして、一定の場合に戦争に訴えることを禁止し、紛争の平和的解決に関しては、国交断絶に至るおそれのある紛争を裁判または連盟の審議に付託すべきものであるとし、常設国際司法裁判所をハーグに設置した。軍縮に関しては、軍縮を国際平和のための基本的要素であることを承認し、集団的安全保障に関して、約束に違反して戦争に訴える連盟国は、当然他のすべての連盟国に対して戦争行為をなしたものとみなし、他のすべての連盟国は非軍事的措置をとること約束している。

　このように、国際連盟においては、武力行使の禁止、紛争の平和的解決、軍縮、集団的安全保障のすべての領域において一定の進展が見られた。このことは国際の平和と安全の維持のために有効な方向に向かっていることを示しているが、武力行使禁止の範囲がきわめて不十分であり、紛争の平和的解決も義務的裁判管轄権の範囲は限定的である。また集団的安全保障も体制としては初めて成立したが、それは分権的に実施されるもので不完全であった。軍縮も、連盟内部で積極的な交渉が行われたが、一般軍縮に関する条約の作成には失敗した。

　武力行使の禁止に関しては、さらに1928年に署名された戦争抛棄に関する条約(不戦条約)により、国際紛争解決の手段としての戦争、国家の政策の手段としての戦争が禁止され、武力行使禁止の方向に向けての大きな進展が見られた。また連盟規約を補完する意図をもって、1928年に、国際紛争平和的処理一般議定書が国際連盟で採択された。

　このように連盟期においては、武力行使の禁止、紛争の平和的解決、集団的安全保障に一定の進歩が見られ、これらを背景にして軍縮に取り組む体制は、十分ではないが、一応整ったので、諸国は積極的に軍縮問題に取り組んだが、一般的軍縮には成功しなかった。

　内山正熊は、この会議が失敗した根底には、フランスの安全保障要求とドイツの平等要求の対立があったとし、フランス案は、安全保障第一の立場に立って集団的安全保障制度に重点を置くものであったと述べ、軍縮と安全保障との関連を強調している[63]。

## 第1節 軍縮国際法——国際法学からの分析

大平善梧も、「軍備は平和の破壊の兆候であって、平和破壊の病原ではない。軍備を縮少したとしても、残った武器で戦争をおこすことができ、戦争そのものはなくならない。軍備あっても、戦争を起す動因さえ無ければ、戦争は発生しない。車をせめるよりもその前に馬をせめるべきではなかろうか。これが、国際連盟の軍縮運動の辿った尊い体験の結論であり、軍縮の前に、紛争の処理ならびに安全保障の問題が重要視されねばならない所以が知られるにいたった」と述べ、紛争の平和的解決および集団的安全保障を重視している[64]。

このように、連盟時代の一般的軍縮の失敗は、主として武力行使の禁止、紛争の平和的解決、集団的安全保障が不十分であったことが原因であると考えられる。

国連憲章は、その第1条において、その目的は、国際の平和及び安全を維持することであるとし、そのために、有効な集団的措置をとること、紛争を平和的に解決することを挙げており、集団的安全保障と紛争の平和的解決が中心であることを示している。さらに第2条の原則において、紛争の平和的解決および武力行使の禁止が明記されている。武力行使の禁止に関しては、憲章は、武力の行使のみならずその威嚇も禁止し、不戦条約よりもさらに禁止を徹底し、例外的に武力行使が認められるのは、国連の集団的措置による場合と、第51条に規定する自衛権の場合に限定した。紛争の平和的解決に関しても、第6章で安全保障理事会の権限を詳細に規定し、集団的安全保障については、第7章で、非軍事的制裁のみならず軍事的制裁の可能性を規定した。

軍縮については、連盟規約とは大きく異なり、軍縮は国連の目的にも原則にも挙げられず、総会が、軍備縮少及び軍備規制を律する原則を審議、勧告すること(第11条)、安全保障理事会が、軍備規制の方式を確立する計画を作成すること(第26条)が含まれているだけである。国連憲章上の軍縮関連規定は、連盟規約に比べて消極的であると一般に考えられている[65]。コマチナ(Komatina)は、「憲章における基本的な国際法上の義務は、武力行使の放棄と紛争の平和的解決である。この義務および国際法の不可分性の原則が意味するのは、戦争手段の規制、すなわち軍備管理・軍縮の必要性である」と述べ[66]、間接的にその必要性を引き出している。

しかし、憲章作成の後に原爆が使用されたことを契機として、国連はその最

---

[63] 内山正熊「軍縮の現代的意義」法学研究第34巻5号, 1957年, 37-38頁。
[64] 大平善梧・前掲論文(注10), 270-271頁。

初から軍縮の問題に積極的に取り組むこととなった。初期の交渉は，軍備の規制，制限，削減，大量破壊兵器の廃棄，原子力の国際管理を目的としており，1961年の「軍縮交渉の合意された基本原則に関する米ソ共同声明」では，交渉の目的は，以下のことを確保する計画に合意を達成することであるとしている。(a)軍縮は全面的かつ完全であること，戦争はもはや国際問題解決の手段ではない。(b)軍縮の進展のためには，紛争の平和的解決のための信頼しうる手続きの確立，国連憲章の諸原則に従った平和維持のための効果的な取決めの構築を伴わなければならない。

ここでは，軍縮と，武力行使の禁止，紛争の平和的解決，集団的安全保障がすべて必要な要素として含まれている。その後米ソが提出した全面完全軍縮条約案も，これらの要素をすべて含んだものであり，米国案では，平和維持軍や平和軍の設置，国際司法裁判所の強制管轄権などが含まれ，ソ連案では国連憲章に従った国連軍の設置，国連憲章上の紛争平和的解決義務の再確認が含まれていた。

この壮大な計画は，冷戦中の米ソ対立という基本的構造下では失敗せざるを得なかった。国連憲章の集団的安全保障も国連軍の設置に失敗し，武力行使の禁止も厳格には遵守されず，紛争の平和的解決もほとんど強制力をもたなかった。このような状況において全面的かつ完全な軍縮は不可能であり，軍縮交渉の目的は個別的な軍縮措置に移行していった。

## 2 軍縮と武力行使の禁止

軍縮の進展のためには武力行使を禁止する国際法の発展が不可欠であるし，軍縮が進展することにより武力行使の禁止の国際法が発展するための状況が設

---

[65] この考えに対し，武力行使の禁止なしに軍縮を語ることは意味がないとし，国連憲章第2条4項の明確な義務が軍縮および軍備規制の義務の十分な法的根拠であり，基本原則に入ることなくその具体的措置を第11条，26条，47条で規定するだけでよかったのであると解釈されることもある(Jiuyong Shi, "Address Delivered at the Formal Plenary Session," Julie Dahlitz and Detlev Dicke (eds.), *The International Law of Arms Control and Disarmament*, United Nations, New York, 1991, p.23.)。国連憲章上軍縮の義務が存在するとする考えについては，以下参照。Moliš Radojković, "L'obligation pour États de désarmer," *International Law Association Report 1966*, pp.626-627; O.V. Bogdanoc, "Outlawry of War, and Disarmament," *Recueil des Cours*, 1971, II, pp.21-41; Joachim Schulz, *Völkerrecht und Abrüstung*, Staatsvertrag der Deutschen Demokratischen Republik, Berlin, 1967, pp.88-94.

[66] Miljan Komatina, "Address Delivered at the Formal Plenary Session," Julie Dahlitz and Detlev Dicks (ed.), *supra* note 65, p.32.

定される。*jus ad bellum* の問題は実定法としては 20 世紀に入ってから発展してきたので，それ以前の国際社会においては，実定法としての軍縮の進展はほとんど見られなかった。すなわち，国家が主権的権利として戦争に訴えることが「強力的紛争解決手段」として認められていた時代に，その権利の行使手段としての軍備を規制することは困難であった。

　国連初期には，核兵器の廃絶および全面完全軍縮をめざして交渉が行われたが，それらには成果は達成されず，その後，個別的な軍縮措置がさまざまな領域で実定国際法として合意され，冷戦後には一定軍備の削減や廃棄の措置もとられている。

　逆にこれらの軍縮措置は，武力行使の可能性を事前に低減し，除去するものである。軍備の量的削減，撤廃などと共に，一定空間で軍備の配備を禁止し，一定の国が核兵器の保有や配備を禁止することにより，武力不行使原則が強化されている。

　現在，特に重要なのは，自衛権行使に関連して，武力行使禁止の原則が弱められる傾向にあることであり，国際平和と安全の強化のためには，国連憲章第 51 条の要件を厳格に適用する方向を目指すべきである。

## 3　軍縮と紛争の平和的解決

　紛争の平和的解決は武力行使の禁止と表裏一体の関係にある。紛争の平和的解決の義務は国連憲章上規定されているが，具体的ケースになると，外交的手段の場合は安全保障理事会の調停であり法的拘束力を持たないし，国際司法裁判所における義務的管轄権の受諾はかなり低いレベルにとどまっており，大国は義務的裁判管轄権にきわめて消極的である。

　紛争を平和的に解決すべきという国際法の強化は，紛争を武力によって解決する可能性を削減させ，それは軍備保有の必要性を軽減させ，軍縮の進展に貢献するものとなる。したがって，国際の平和と安全の強化のためには，紛争の平和的解決のメカニズムを一層整備し，その点に関する安全保障理事会の権限を強化することも考えるべきであろう。また義務的裁判管轄の範囲を徐々にでも拡大する方向が探られるべきであり，強制的な平和的解決の範囲を拡大していくべきであろう。

　個別的な軍縮措置として，領域外の非軍事化や非核化，非核兵器地帯の設置，核不拡散など，事態の悪化を前もって防ぐという予防的性質をもつ措置がすでに国際法として存在しているが，これらの措置は紛争予防の役割を果たしてお

り，紛争の平和的解決という側面からも有意義なものである。したがって将来軍事的対立が予想されるところにおいて，予防的に軍縮措置を採用していくことが望まれる。具体的には，宇宙における軍備競争が危惧されており，そこから紛争が生じる可能性があり，国際の平和と安全が損なわれる可能性があるので，新たな国際法の定立が望まれる。また非核兵器地帯の範囲を拡大すべきであり，中東，北東アジア，中東欧などにおいて地帯設置の努力がなされるべきである。

### 4　軍縮と集団的安全保障

　国家が軍備を削減し撤廃するためには，自国の安全保障を自国の軍事力以外に依存する制度の構築が必要とされる。連盟期に一般軍縮の交渉が成功しなかった原因の1つでかつ重要なものは，集団的安全保障が確立されていなかったことである。国連においても，憲章上は集団的安全保障が備えられているが，第43条の特別協定が締結されないなど，冷戦期の米ソの対立を背景として，十分なレベルには到達していない。

　逆に国家が高い水準の軍備を備えているときには，集団的安全保障は機能しにくいわけであり，国家の軍備水準が低いほど集団的安全保障は機能すると考えられる。連盟規約では，国の安全と集団安全保障による強制に支障がない最低限度にまで軍備を削減することが必要であると規定している。

　大平善梧は，「軍縮の前提要件に，安全保障がある。一国の安全は，軍縮の不可欠な前提であり，現在では軍縮達成のためには，集団的安全保障の整備が切望される。……軍縮を徹底して，各国の軍備を撤廃し，これに代わって，国際警察軍を設定できたとすれば，軍縮は究極において，集団的安全保障と一致することになる」と述べる[67]。

　軍縮の進展により集団的安全保障制度構築の条件を改善するとともに，集団的安全保障制度の強化により，各国の軍備の重要性を低下させることが必要である。

---

[67]　大平善梧・前掲論文（注10），265頁。マダリアガ（Madariaga）も，「軍縮問題の解決はその問題自体の中には見出すことはできず，その外にある。事実，軍縮の問題は軍縮の問題ではない。それは本当は世界共同体の組織化の問題である」と分析する（Salvador de Madariaga, *Disarmament*, Kennikat Press, Inc., Port Washington, N.Y., 1929, p.56）。

第 1 節　軍縮国際法──国際法学からの分析

## お わ り に

　現代の国際法体系において軍縮は重要な機能を果たしており，特に武力紛争（戦争）に反対する法(jus contra bellum)の一領域として，武力行使の禁止，紛争の平和的解決，集団的安全保障と相互依存関係にあり，それぞれの領域における国際法の発展が相乗効果をもって，国際の平和と安全を強化していく。現在の部分的軍縮を一層進展させることが，他の領域での進展を促すとともに，他の領域での進展が軍縮を促進するものとなる。したがって，国際社会はこれらのすべての領域において，小さな進展であっても継続的に追求していくことが国際の平和と安全にとって，かつすべての国の安全にとって必要であると考えられる。

第3章 軍縮の基本的問題

## 第2節　軍縮条約の交渉・起草過程の特徴

　軍縮条約の交渉および起草に関しては，他の国際条約とは若干異なる特徴が見られる。それは各国の軍備という安全保障の根幹に関わる事柄を対象とするからであり，また純粋に法的な側面からの考慮だけでなく現実の国際政治の影響を大きく受けるものであり，軍縮のための特別の交渉機関が設置されてきたからである。第2次世界大戦後の65年にわたり，さまざまな軍縮条約が作成されてきたが，本節では，それらの交渉・起草過程の特徴を明らかにし，今後の課題を展望することを目的とする。まず軍縮条約を，2国間のもの，地域的なもの，多国間のものに区別してそれぞれの交渉・起草過程を概観し，次に多国間交渉機関としてのジュネーブ軍縮委員会・軍縮会議の歴史的展開とその特徴を明らかにする。第3に，1968年に採択された核不拡散条約(NPT)と1996年に採択された包括的核実験禁止条約(CTBT)の交渉・起草過程を比較検討し，その特徴を分析する。最後に，軍縮会議の存在意義と将来について考える。

### I　軍縮条約交渉・起草過程の概観

#### 1　2国間条約

　米ソ間の戦略兵器の制限に関する交渉(戦略兵器制限交渉=SALT)は，米国の呼びかけにソ連が応じた形で合意され，特に核不拡散条約(NPT)第6条の軍縮交渉義務を意識しつつ，NPTが署名のため開放された1968年7月1日に交渉開始が発表された。SALT I 交渉の争点は戦略兵器のうち攻撃と防御のどちらを優先するかであり，1972年5月26日に「対弾道ミサイル条約(ABM条約)」と「戦略攻撃兵器制限暫定協定」が署名された。引き続き開始されたSALT II 交渉ではその暫定協定を発展させた形で「戦略攻撃兵器制限条約」が1979年6月18日に署名された。
　1980年代に入り，交渉の名称を戦略兵器削減交渉(START)と変更し2国間交渉が断続的に続けられたが，冷戦の間には条約作成に至らなかった。ただ冷戦の末期の1987年12月8日に，米ソは「中距離核戦力(INF)条約」に署名した。冷戦終結後の1991年7月31日に，米ソは「戦略攻撃兵器削減(START I)条約」に署名し，1993年1月3日に米ロは「戦略攻撃兵器の一層の削減(START II)条約」に署名した。その後，2002年5月24日に，米ロは「戦略攻撃力削減条約」に署名した。さらに米ロは，2010年4月8日に「新START条約」に

第2節　軍縮条約の交渉・起草過程の特徴

署名した。
　この米ソおよび米ロ間の2国間交渉は，一定の休止期間を含みながらも継続的に実施されており，今後も当分の間継続するものと思われる。ここでの条約の交渉・起草は，同盟国との協議が時折行われるとしても，基本的には2国間のものであり，他の2国間条約の場合と基本的に異なるものではない。ただ，継続的に交渉が実施されている点，および条約の具体的交渉が開始される前にその枠組みについての合意が首脳レベルで合意される点が特徴的である。
　1963年8月10日に署名された「大気圏内，宇宙空間及び水中における核兵器実験を禁止する条約(部分的核実験禁止条約)」は，米英ソ3国による交渉の成果であるが，米英対ソ連という交渉の様式であり，基本的には2国間交渉と異ならない。さらに米ソは1974年7月3日に「地下核実験制限条約」に，1976年5月28日には「平和目的核爆発条約」に署名しているが，これらは2国間の交渉であり，部分的核実験禁止から包括的核実験禁止への中間段階に位置しており，交渉の一応の継続性が見られる。1970年代末に米英ソの包括的核実験禁止の交渉が実施されたが，合意に至らなかった。

## 2　地域的条約

　地域の国家がその地域に関して条約の交渉・起草を行う軍縮条約として，非核兵器地帯条約がある。1967年2月14日に採択された「ラテンアメリカ核兵器禁止条約(トラテロルコ条約)」は，キューバ危機後の5カ国共同宣言に続き，ラテンアメリカ非核化準備委員会が設置され，そこで実質的な交渉が行われ，その委員会で条約が採択された。1985年8月6日に採択された「南太平洋非核地帯条約(ラロトンガ条約)」は，フランス核実験を契機とし，ニュージーランド，後にオーストラリアの提唱により，南太平洋フォーラムの下に設置された作業部会において条約案が作成され，南太平洋フォーラムで採択された。1995年6月28日にアフリカ統一機構(OAU)首脳会議で採択された「アフリカ非核兵器地帯条約(ペリンダバ条約)」は，国連とOAUの協力の下に作られた専門家グループにより作成された。「東南アジア非核兵器地帯条約(バンコク条約)」は，東南アジア諸国連合(ASEAN)の下に設置された東南アジア非核兵器地帯に関する作業グループにおいて起草され，1995年12月15日に署名された。「中央アジア非核兵器地帯条約(セミパラチンスク条約)」は，国連の援助を得て，5カ国間で交渉され，2006年9月8日に署名された。
　また非核兵器地帯は通常，議定書を附属しており，それは関連する域外国お

よび核兵器国の義務を定めるものであるので，条約起草過程の終わりに近い段階でそれらの国との協議が行われている。

南極地域の非軍事化を規定する「南極条約」は，米国のイニシアティブの下に，南極に強い関心をもつ12カ国によって交渉され，1959年12月1日に署名された。条約の交渉・起草に参加した諸国は地域的に限定されるわけではないが，法的規制の対象は南極という地域に限定されており，上述の非核兵器地帯の場合と類似の特徴をもつ。

冷戦の終結期に，欧州の通常戦力に関する交渉が欧州安保協力会議(CSCE)プロセスの一環として，北大西洋条約機構(NATO)加盟16カ国およびワルシャワ条約機構加盟7カ国により開始され，1990年11月19日に「欧州通常戦力(CFE)条約」が署名された。

これらの地域的な条約は，地域的な枠組みにおいて条約の交渉・起草が実施されている。地域的機構の下に交渉機関が設置される例が多い。したがって，条約の交渉・起草は，地域の諸国のすべてまたは場合によりその一部により実施されている。また，これらの条約の交渉・起草のための機関は，恒常的なものではなく，その任務のために特別に作られ，その任務の終了と共に消滅するアド・ホックな性格を有している。

### 3 多国間条約

宇宙の軍縮を定めると共に宇宙における国家活動の基本原則を定める「月その他の天体を含む宇宙空間の探査及び利用における国家活動を律する原則に関する条約(宇宙条約)」は，国連の宇宙空間平和利用委員会において交渉・起草され，さらに国連総会において審議され，国連総会決議において推奨され，1967年1月27日に署名のため開放された。国連総会は，1963年の総会決議により，米ソが核兵器その他の大量破壊兵器を運ぶ物体を宇宙空間に配備しないという意図を表明したことを歓迎し，すべての国家に対し，同様のことを厳粛に要請しており，その決議の内容がそのまま条約に取り入れられている。さらに交渉において月その他の天体の非軍事化が規定されている。

宇宙における軍縮は，宇宙条約という全体の問題をカバーする条約で規律されていることもあり，国連総会およびその下にある宇宙空間平和利用委員会において審議されることになった。しかし宇宙の軍縮に関する側面については，ソ連案および米国案を基礎に交渉が進められ，両国の合意の達成を前提としている。

## 第2節　軍縮条約の交渉・起草過程の特徴

　核兵器の拡散を防止する「核兵器の不拡散に関する条約(核不拡散条約)」の交渉は，1965年より18カ国軍縮委員会(ENDC)で行われ，米ソ両国とそれぞれの同盟国のほかに非同盟諸国も参加して条約が作成され，その後国連総会の再開会期において審議され，国連総会決議で推奨され，1968年7月1日に署名のため開放された。ENDCにおける交渉も米国案およびソ連案をベースとし，両国の共同条約案と発展してくる。交渉が開始される数年前の1958年にアイルランドがこの問題を初めて提案し，1961年の国連総会決議において，アイルランド提案を内容とする決議が採択されているが，条約の基本的な権利義務はこの決議にすでに含まれていた。

　国連の海底平和利用委員会による海底の全般的な国際法的規律という大きな問題から，それに先立つ重要な問題として，1969年に海底の非軍事化ないし非核化の問題が，ENDCで取り上げられた。そこで，ソ連は「海底の軍事目的の利用の禁止に関する条約案」を提出し，米国は「海底への核兵器その他の大量破壊兵器の設置を禁止する条約案」を提出した。交渉の後に提出された米ソ共同条約案は，禁止の対象に関しては米国案の考えを，禁止の地理的範囲に関してはソ連案の考えを取り入れていた。その後の交渉において若干の修正が加えられ，米ソ共同改訂条約案が軍縮委員会会議(CCD)で受け入れられ，国連総会はその決議においてそれを推奨した。この「核兵器及び他の大量破壊兵器の海底における設置の禁止に関する条約(海底非核化条約)」は1971年2月11日に署名のため開放された。

　大量破壊兵器の1つである生物・毒素兵器に関しては，化学兵器と別個にあるいは同時に規制すべきかで議論が分かれており，1969年に英国は「生物学的戦争に関する条約案」をENDCに提出し，ソ連等9カ国は「化学・細菌(生物)兵器の開発，生産および貯蔵の禁止並びにそれらの兵器の廃棄に関する条約案」を国連総会に提出した。その後，米国が毒素を加えることを提案した。1970年のCCDにおける交渉は進展がみられなかったが，1971年にソ連等は以前のアプローチを変更し，生物・毒素兵器のみに関する条約案を提出したため，東西の歩み寄りがみられ，まずソ連等9カ国と米国が同一条約案を提出し，さらに若干の修正を経て東西12カ国による条約案が提出されCCDで合意された。その後国連総会に送られ，総会決議が条約を推奨し，「細菌兵器(生物兵器)及び毒素兵器の開発，生産及び貯蔵の禁止並びに廃棄に関する条約(生物兵器禁止条約)」が，1972年4月10日に署名のため開放された。

　この時点で後に残された化学兵器についての交渉は，1980年から軍縮委員

会(CD)で開始され，1984年には米国が条約案を提出したがソ連はそれを即時に拒否した。交渉は特に現地査察を巡るものであり，ソ連の態度の変化を持つ必要があった。冷戦終結期の1990年6月に，米ソは「化学兵器の廃棄及び不生産並びに多国間化学兵器条約を促進する措置に関する協定」に署名した。1991年7月には米国等からチャレンジ査察案などが提出され，1992年3月にはオーストラリアが条約案を提出した。同年6月には，軍縮会議(CD)の化学兵器アドホック委員会議長が条約案を提出し，後に若干の修正が行われた。その条約案はCDにおいて受け入れられ，国連総会に送付され，そこで推奨された後，「化学兵器の開発，生産，貯蔵及び使用の禁止並びに廃棄に関する条約(化学兵器禁止条約)」は1993年1月13日に署名のため開放された。

「包括的核実験禁止条約(CTBT)」に関する交渉は1994年1月に軍縮会議(CD)で開始された。スウェーデンおよびオーストラリアが条約案を提出したが，1994年9月には，各国の主張をほぼ網羅的に項目別に並べたローリング・テキストが示され，1995年9月にも若干進展の見られたローリング・テキストが示された。本格的な条約作成作業は1996年に開始され，核実験禁止アドホック委員会議長は，まず3月にローリング・テキストと条約案の中間的なものとして条約の構成を示し，5月に最初の条約案を提示した。その後の交渉において6月に条約案が2度改訂され，条約の採択も予想されたが，中国が異議を唱え，それが決着した後8月に最終条約案が示された。しかしこの時点でインドが条約の採択に反対したため，コンセンサス・ルールで機能しているCDは条約案を採択できなかった。そこでオーストラリアが中心となり，条約案を国連総会に直接提出する方向が追求され，9月の国連総会再開会期で条約案を採択する決議が可決された。その後1996年9月24日に条約は署名のため開放された。

核不拡散条約以下の5つの多国間条約は，ジュネーブ軍縮委員会・軍縮会議で交渉・起草されてきた。このジュネーブでの軍縮交渉機関は，多国間軍縮交渉の中心であり，1960年以来，メンバー国の増加や作業ルールの変更を伴いながらも，国際社会における多国間の軍縮交渉の場として継続的に活動し，軍縮条約作成に関してきわめて重要な働きをなしてきた。ここでは，国際社会において軍事大国を含む軍縮に強い関心をもつ一定数の国をメンバーとする機関として，国際社会を代表する形で交渉が実施され，その交渉で合意された結果が国連総会において推奨され，すべての国に条約が署名のため開放されるという手続きが取られている。

軍縮条約の交渉・起草問題の検討において最も重要なのは，この機関である

第 2 節 軍縮条約の交渉・起草過程の特徴

ので，Ⅱにおいては，このジュネーブでの多国間軍縮交渉機関の歴史的展開とその特徴を検討し，Ⅲにおいて，核不拡散条約の交渉・起草過程と，包括的核実験禁止条約の交渉・起草過程を比較検討しつつ，今日の問題点を明らかにする。

## Ⅱ　ジュネーブ軍縮委員会・軍縮会議

### 1　1978 年までの活動

1959 年 9 月 7 日の米英ソ仏の 4 カ国コミュニケにおいて，10 カ国軍縮委員会(TNCD)の設置が合意され，1960 年 3 月より活動を開始した。メンバーは，米国，英国，フランス，カナダ，イタリアの西側 5 国と，ソ連，チェコスロバキア，ポーランド，ルーマニア，ブルガリアの東側 5 国である。この委員会は国連の外に存在するが，国連軍縮委員会を通じて国連総会および安全保障理事会に報告すること，ジュネーブでの開催について国連事務総長の便宜を受けることとなっていた[1]。しかし U2 事件を契機に交渉は 6 月に中断した。

その後，ソ連はメンバーの拡大を主張し，米ソの合意の後，国連総会決議が 18 カ国軍縮委員会(ENDC)の設置の合意を推奨した。そのメンバーは，上述の 10 カ国に，公平な地理的配分に基づき，ブラジル，ビルマ，エチオピア，インド，メキシコ，ナイジェリア，スウェーデン，アラブ連合の非同盟 8 カ国を加えたものである[2]。この ENDC は 1962 年 3 月より活動を開始したが，フランスはこの時点で不参加を表明した。

ENDC の第 1 会合で採択された手続き取り決めは，以下のように規定する。議長は委員会のすべてのメンバーの間で英語のアルファベット順に毎日輪番制とする。委員会の常設共同議長はソ連および米国の代表である。次回の会合の議長は次の日の作業に関して委員会の共同議長と協議する。共同議長は，会議の公式および非公式の作業を促進させるため互いに，必要な時に他の代表と協議する[3]。さらに ENDC の全体委員会について，「共同議長は，諸提案の今後の審議について，その優先度をも含め，合意される勧告を検討し提出する」とした[4]。

---

[1]　Four-Power Communiqué on Disarmament Negotiation, September 7, 1959, *Documents on Disarmament 1945-1959*, U.S, Department of State, pp.1441-1443.

[2]　UN General Assembly Resolution 1722（ⅩⅥ), 20 December 1961.

[3]　Agreement on Procedural Arrangements for the Eighteen Nation Disarmament Committee, ENDC/1, March 14, 1962, *Document on Disarmament 1962*, U.S. Arms Control and Disarmament Agency, p.93.

233

このように，1962年3月に活動を開始したENDCは，米国およびソ連が共同議長国となり，手続き的な問題はすべて共同議長により決定されるという体制がとられた。したがって，交渉すべき議題についても，また交渉の日程についてもすべてこの2国により決定された。また国連軍縮委員会および国連総会に提出された報告書も，ENDCの会議にかわって共同議長により提出されていた。核不拡散条約が採択された後，1968年8月に，共同議長はENDCの議題について勧告を行い，それは委員会により採択された。

1969年になり，委員会のメンバーの拡大が実施された。7月3日に日本とモンゴルの加盟が，8月7日にアルゼンチン，ハンガリー，モロッコ，オランダ，パキスタン，ユーゴスラビアの加盟が認められ，8月26日に委員会の名称も「軍縮委員会会議(Conference of the Committee on Disarmament=CCD)と変えられた。このメンバーの拡大についても，共同議長国の見解が大きなウエイトを占めていた。ここでも，西側2国，東側2国，非同盟4国と3グループ間でのバランスが維持されている。さらに1975年1月1日より，西ドイツ，東ドイツ，イラン，ペルー，ザイールをCCDに加えることが決定された。合計31カ国となり，その構成は西側8，東側8，非同盟15となっている。このように3つのグループの結束は堅く，交渉は，基本的には，これら3つのグループ間のものと性格づけられるものであった。

1978年の第1回国連軍縮特別総会の機会に，この交渉機関の性格は大きく変化するが，その時期に至るまでのジュネーブ軍縮委員会の特徴は，東西同数の原則に基づく東西調整の性格をもち，米ソ共同議長国制により両国に絶大な権限を与え，国連とは報告の提出や便宜の供与など限定的な結びつきがあったが，基本的には国連の外にあり，国連との結びつきの弱い機関としての性格をもっていた。

## 2　1979年以降の活動

1978年の国連軍縮特別総会の最終文書[5]において，総会は，コンセンサスに基づいて決定をなす，限られた規模の単一の多国間軍縮交渉フォーラムが引き続き必要であることを深く認識し，それにすべての核兵器国が参加すること

---

[4] Agreed Recommendations by Co-chairmen on Arrangements for Discussion of Proposals in the Committee of the Whole of the Eighteen Nation Disarmament Committee, ENDC/C.1/2, April 2, 1962. *Ibid.*, p.277.

[5] A/RES/S-10/2, June 30, 1978.

## 第2節 軍縮条約の交渉・起草過程の特徴

の重要性を強調した。さらに，特別総会はその期間中に加盟国間の協議により以下のような合意がみられたことを歓迎している。軍縮委員会(Committee on Disarmament=CD)は，核兵器国および第32回総会議長との協議で選ばれる32ないし35のその他の国に開放される。軍縮委員会はその任務をコンセンサスで遂行する。国連事務総長が軍縮委員会の事務局長を任命する。委員会の議長をすべての構成国の間で月毎の輪番制とする。総会が委員会に対して行う勧告および委員会構成国の提案を考慮して，議題を決定する。

1979年2月に採択された軍縮委員会の手続き規則によれば，メンバーは中国および欠席していたフランスの核兵器国のほか，アンジェリア，オーストラリア，ベルギー，キューバ，インドネシア，ケニア，スリランカ，ベネズエラが入り，40カ国となった。また議長職は英語のアルファベット順に毎月輪番とすること，議長が委員会を代表すること，国連事務総長が委員会の事務局長を任命すること，委員会とその議長の権威の下で事務局長が委員会の仮議題および委員会の報告書の第1草案の作成を援助すること，国連事務総長は職員および必要な援助と便宜を供与することが規定されている。さらに，委員会はその作業の遂行およびその決定の採択をコンセンサスによって行うこと，議題の決定は毎年，国連総会の勧告などを考慮して決定することが定められている[6]。

この改正により，軍縮交渉機関の性格は大きく変化する。東西対立を基盤とする以前のものから，5核兵器国を含める方向に重点が移動し，米ソ共同議長国制の廃止と月毎の輪番制による議長の権限の増大により，軍縮委員会がより民主的な方向に移行し，さらに国連との連携を強めている。組織的には国連により設置された機関ではないが，議題決定に際して国連総会の勧告を重視し，事務総長の関わりを強化している。その後1984年にこの委員会は，軍縮会議(Conference on Disarmament=CD)に名称を変更した。その後東西ドイツが統一し，チェコスロバキアが分裂しメンバーの地位を失ったため，構成国が2減少し，38となった。

1996年6月17日に23国が新たなメンバーとして加入が認められ，全体のメンバーは61となった。CDの拡大の問題は多くの国がメンバーになることを望んでいることもあり，1993年にCDは特別調整者としてオーストラリア大使を指名した。彼は協議の後に，地理的配分および核拡散懸念国の加入促進

---

[6] Rule of Procedure Adopted by the Committee on Disarmament, February 28, 1979, CD/8/Rev.1, March 1, 1979, *Documents on Disarmament 1979*, U.S. Arms Control and Disarmament Agency, pp.61-67.

という点から 23 国を勧告した。しかし米国が国連憲章第 7 章の制裁の下にあるイラクの加入に厳しく反対したため，加入は延期され，CTBT 交渉の最終段階になって，最初の 2 年間は CD の活動を個別に妨害しないという条件の下で，加入が認められた。現在のメンバーは 65 カ国である。

以前の 3 つのグループの形は維持されるが，内容は大きく変わり，以前のようにグループの結束はそれほど強くなく，流動的になっている。たとえば，スウェーデンは非同盟グループから西側グループへ，モンゴルは東側グループから非同盟グループに所属を変えている。またいずれのグループにも所属せず，独自の地位を維持している中国がある。また CTBT 交渉の最後には，インドは他の非同盟諸国とは全く異なる行動をとった。

## III　NPT と CTBT の交渉・起草過程

### 1　NPT の交渉・起草過程[7]

1961 年に国連総会で採択された決議 1665 (XVI) により，条約の基本的内容はほぼ確定されるが，実際の交渉は 1965 年まで開始されなかった。それは主として NATO の多角的核戦力 (MLF) を巡る米ソの対立による。1965 年の米国条約案および 1966 年の米国修正案は MLF 構想を認め，それが核不拡散と矛盾しないものであると考えた。それに対し，1965 年のソ連条約案は核兵器の所有，管理または使用への参加の権利をを与えないと規定し，MLF などの協力を否定するものであった。

NATO の MLF 構想が 1966 年後半に放棄されてはじめて米ソの基本的合意が存在するようになり，両国は 1967 年 8 月 24 日に同一条約案を提出する。核不拡散の基本的義務に関する第 1 条および第 2 条はこの米ソ同一条約案で確定された。条約交渉過程において，アラブ連合は，援助の禁止について締約国である非核兵器国から締約国でない非核兵器国への援助が禁止されていないとして修正提案を出した。米ソ両国はその趣旨には賛成していたが，条約の解釈として解決しようとし修正には応じなかった。これは，米ソですでに合意された第 1 条および第 2 条に対するいかなる修正をも認めないとする両国の態度の表明である。1 つ修正を認めると他の修正がさらに提案されるのを防止したかったからであり，米ソの合意を不可侵のものと考えたからである。

---

[7]　NPT の交渉と条約内容については，黒澤満『軍縮国際法の新しい視座―核兵器不拡散体制の研究』有信堂，1986 年参照。

第2節　軍縮条約の交渉・起草過程の特徴

　保障措置に関する第3条は，1967年8月の米ソ同一条約案では空白であった。これは保障措置に関してヨーロッパ原子力共同体(ユーラトム)の果たす役割の評価が対立していたからである。米国やユーラトム諸国がその積極的利用を主張したが，ソ連は言うまでもなくスウェーデンなど非同盟諸国もそれに反対した。1968年の米ソ条約案で妥協が図られた。

　原子力の平和利用に関して，1967年8月の米ソ同一条約案は，この条約が原子力平和利用に悪影響を与えない旨の条項を含んでいたが，その促進という積極的側面は含んでいなかった。メキシコは，原子力平和利用の発展のために貢献する義務を負うとする修正案を提出し，ナイジェリアも情報の交換の協力につき修正案を，イタリアは核物質の移転の促進につき修正案を提出した。1968年1月の米ソ条約案は，メキシコ修正案の表現を緩めて採用し，ナイジェリアおよびイタリアの案も部分的に取り入れた。さらに国連総会再開会期における非核兵器国の主張を取り入れ，1968年5月に改定案を示した。

　核軍縮の交渉に関する規定は，1965年の米国案およびソ連案ならびに1967年の米ソ同一条約案にも含まれておらず，前文で若干の言及があっただけであった。非同盟諸国は，核不拡散は核軍縮という目的の手段であって，核軍縮措置が核不拡散と結びつけられるか，引き続き行われなければならないと主張しており，さらに核軍縮措置は条約の規定の一部として，または意図の宣言として具体化されるべきであると主張した。米ソ両国は核軍縮措置との結合には反対し，米国は前文における意図の宣言と再検討会議で十分であると考えていた。インド，スウェーデン，メキシコ，ブラジルなど非同盟諸国からの強い要望もあり，米ソ両国は1968年1月の条約案で，意図の宣言として現行の第6条に近い規定を含めた。その後，非同盟諸国の見解を若干取り入れ，最終的に確定された。

　NPTに関する交渉は，ENDCにおいて上述のように実施されたが，そこでは米ソの共同議長国としての圧倒的に強い立場を反映した形で交渉・起草が行われ，非同盟諸国は交渉の後半の段階において部分的な修正を提案できるに過ぎなかった。条約案を提出するのは，米ソそれぞれか両国共同でなされ，交渉過程の進め方も米ソ両国の専断的な意思決定に依存していた。

## 2　CTBTの交渉・起草過程

　CTBTの交渉は1994年1月からジュネーブの軍縮会議で開始され，交渉は，検証に関する作業グループ1と法的・組織的問題に関する作業グループ2に分

かれて行われた。3月にオーストラリアが、6月にはスウェーデンが条約案を提出し、他の多くの国も条約案という形ではないが、さまざまな提案を提出した。9月にはこれらの諸提案を項目別に整理しほぼすべての提案を含むローリング・テキストがまとめられた。1995年の交渉の成果もローリング・テキストで示されたが、それは100頁にもわたるもので、1200もの不一致点が括弧に入れられたものであった。1995年の交渉では、米国とフランスの発表を基礎に禁止は爆発力ゼロにすることに大方の一致が見られ、国際監視システムの技術的側面についても合意が達成された。

　1995年5月のNPT再検討・延長会議で、CTBTを1996年中に完成させることが決定され、1995年の国連総会は1996年9月に条約を採択するよう求めていた。1996年に入り条約の起草が議長を中心に本格的に行われた。この時期においても、2月にオーストラリアおよびイランが条約案を提出した。核実験禁止アドホック委員会の議長であるラマカー大使は、3月28日にローリング・テキストと条約案の中間的なものとして条約の構成を提示し、5月28日に最初の条約案を提出した。通常の条約起草の際には不一致点を解消していく手法がとられることが多いが、CTBTの場合は、議長がまったく新たな、括弧を含まない条約案を提示した。これまでの交渉での議論を基礎に、議長の判断でまとめたものである。その後、理事国数の変更などを含む条約案を6月24日に、さらに再度修正した条約案を第2会期の最終日である6月28日に提出した。条約案はこの時点で採択されることも予想されていたが、中国の反対などで合意に至らなかった。

　7月29日に第3会期が開始された後、現地査察の開始条件に関して米国と中国の間で話し合いが行われ、その結果を取り入れた条約案が最終案として8月14日に示された。しかしインドは、核兵器国の核軍縮義務が十分でないこと、条約の発効条件としてインドの批准が含まれていることを理由として、条約案のCDでの採択を拒否した。CDはコンセンサス・ルールで機能しているため、ここでの採択は不可能となった。通常は、CDでの採択をへて国連総会に送付されるのであるが、CDでコンセンサスが得られず、CTBTの作成が不可能となることも危惧された。そこでオーストラリアを中心に、条約案を国連総会に直接提出する方向が追求された。第50回国連総会再開会期が9月9日に開かれ、9月10日に条約案を採択する決議が賛成158、反対3（インド、ブータン、リビア）、棄権5で可決された。この条約は9月24日に署名のため開放され、5核兵器国を初めとして多くの国が署名した。

第2節　軍縮条約の交渉・起草過程の特徴

　このように CTBT の交渉・起草は核実験禁止アドホック委員会の議長を中心に，2つのワーキンググループにおいて行われ，そこで作成されたローリング・テキストを基礎にして議論が展開された。もっとも非公式の場で核兵器国が意見調整を行うなど，個々の規定の内容について一定の国家グループが形成されることは当然のこととしてあった。委員会議長や作業グループ議長の選任に関しては，伝統的な西側，東側および非同盟という3つのグループの間での公平な配分のルールに従い決定されたが，交渉の実際においてはこれらのグループはそれほど団結していたわけではない。それらのグループに含まれない中国が存在したし，核兵器国と非核兵器国の対立や，非同盟諸国内部での対立など，個別的問題につき，個々の国家は柔軟な態度で交渉に臨んでいた。

## 3　両者の比較検討

　軍縮に関する多国間交渉の場としてのジュネーブ交渉機関は，1960年に設置されて以来，名称およびメンバーを変更し現在まで続いてきたが，その発展・変更の特徴は上述の NPT と CTBT の交渉・起草過程の比較により最も明確に示される。それはこの2つの条約が，多数国間の核兵器の規制に関する重要なかつ代表的なものであったこと，および1978年に交渉機関が大幅に改編され，NPT はそれ以前に CTBT はそれ以降に交渉・起草されているからである。

　まず，NPT が交渉された時期はメンバー数は18であり，東西同数の原則が維持され，3つのグループがかなりの程度まとまりを見せながら行動していた。CTBT が交渉された時期はメンバーは38であり，交渉の最終段階において61に拡大された。この交渉は，必ずしも3つのグループの間の交渉という性格を示していなかった。

　次に，NPT 交渉当時は米ソ議長国制がとられ，議題の設定から交渉の日程まで米ソにより決定されていた。しかし，CTBT 交渉の際には，議長が輪番制となり，さらに核実験禁止アドホック委員会が設置され，その議長および作業グループの議長を中心に交渉が進められた。

　第3に，議事の進行および条約案の採択については，ジュネーブ軍縮交渉機関は一貫してコンセンサス方式を採択しており，これは NPT の交渉時においても CTBT の交渉時においても変わりはない。形式的に変わりはないが，実質的には大きな変化が見られる。つまり，NPT 交渉時には，西側，東側および非同盟という3つのグループの結束力が比較的強固であったため，コンセンサスの確保はそれほど困難ではなかった。CTBT 交渉時においては，名目上3

つのグループは存在したが，それ以外に中国が存在し，さらに各グループ内での結束力はそれほど強固ではなく，また実質問題の交渉においては3つのグループとは異なる形の対立が生じていた。

NPTの実際の交渉を見ると，最大の問題はMLFを巡るものであり，1965年の米国案およびソ連案に示されているように，これは西側と東側との対立である。NPTの基本的義務，すなわち第1条および第2条に関する交渉は，米ソ2国間で実施されており，米ソの合意が成立した後に，1967年8月の米ソ同一条約案が提出された。米ソの合意に基づくこの基本的義務はこの時点で確定され，米ソはそれ以降のいかなる修正提案をも受け入れなかった。ここに，米ソ議長国制にも現れているような米ソの圧倒的な指導力の下にNPTが作成されたという大きな特徴がある。

NPTのその後の交渉は，保障措置，原子力平和利用，核軍縮交渉を巡るものであり，保障措置については，ヨーロッパ原子力共同体に参加する国々とソ連および非同盟諸国の対立であり，妥協的な解決が図られた。原子力平和利用については，メキシコ，ナイジェリア，イタリアなどから修正案が出され，部分的に採用されている。核軍縮交渉をめぐっては，非同盟諸国の中でもインドのように核軍縮措置を条約規定に含むべきという見解と，メキシコのように核軍縮交渉の継続を求める見解の対立が見られたが，基本的には東西諸国対非同盟諸国という対立であり，誠実な核軍縮交渉義務が規定された。

他方，CTBTの交渉においては，条約案を提出したのは，スウェーデン，オーストラリア，イランといった国であり，米ロが中心になっていたわけではない。交渉は各国の提案をローリング・テキストとして整理して提示し，最終的には，核実験禁止アドホック委員会の議長が条約案を提示するという形で進められた。条約の基本的義務に関する第1条に関して議論点となったのは，平和目的核爆発，安全性・信頼性のための核実験，流体核実験，核実験の準備，核実験場の閉鎖，爆発を伴わない実験などであった[8]。

平和目的核爆発に関する議論の対立は中国対その他のすべての国というものであり，中国が交渉の最終段階で取り下げた。安全性・信頼性のための核実験を禁止の例外としようとしたのは主として英国とフランスであるが，非核兵器国の鋭い反対に遭い撤回した。流体核実験を条約の下でも認めさせようという

---

[8] これらの議論点については，黒澤満「包括的核実験禁止条約の基本的義務」『阪大法学』第47巻第4・5号，1997年12月，207-228頁参照。

## 第2節　軍縮条約の交渉・起草過程の特徴

米国の主張も，非核兵器国の反対に遭い，米国はゼロ・イールドに合意した。スウェーデンをはじめドイツ，オランダ，多くの非同盟諸国は核実験の準備の禁止を主張したが，核兵器国および，オーストラリア，日本などが反対し，条約には含まれていない。実験場の閉鎖もイランなどの非同盟諸国が主張したが，核兵器国は反対し，禁止されていない。爆発を伴わない実験とは未臨界実験やコンピューター・シュミレーションなどで，インドネシア，エジプト，インド，イランなどが禁止を主張したが，受け入れられなかった。

　このように，CTBTの基本的義務に関する交渉は，主として核兵器国対非核兵器国というパターンを示している。しかし個別的には必ずしもそうではなく，各国の見解に従いさまざまなパターンが見られる。特に，西側，東側，非同盟諸国という3つのグループを基礎とする対立はほとんど見られなかった。また非同盟諸国の中においても見解の相違が見られた。

　条約の目的の達成を助け，履行を確保するための国際機構については，IAEAを利用するというスウェーデン案と別個の機構を新たに設置するオーストラリア案があったが，結果的には包括的核実験禁止条約機関(CTBTO)をウィーンに設置し，IAEAと緊密な協力関係を維持することとなった。その理事会のメンバーについてもさまざまな見解があったが，地理的配分を基礎に51国から構成されることになった。

　現地査察については，その要請の根拠，タイミング，情報の評価，実施の決定プロセスなどで見解の相違が存在したが，迅速に容易に現地査察を実施しようとする米国，英国，フランスなど西側諸国と，厳重な手続きにより例外的に実施されるべきだと考える中国，イスラエル，インド，パキスタンなどの考えが対立した。米国，ロシアの主張する自国の検証技術手段(NTM)の利用が認められたが，査察実施の理事会決定は，中国の主張により，かなり厳格なものとなった。

　最後に，条約の効力発生の条件について，米国，日本などは5核兵器国と一定数の非核兵器国の批准を主張したが，ロシア，英国，中国などは，インド，イスラエル，パキスタンの批准をも条件に加えるべきだと主張し，その考えが取り入れられた。インドはこの条項に鋭く反対し，CDでのコンセンサスによる採択を拒否したため，CDでは条約案は採択されなかった。

　NPTとCTBTの交渉・起草過程を比較してみると，まず前者においては，西側対東側という対立が根本にあり，米ソの同一条約案が作成され，そこで基本的義務が決定された後に，保障措置，原子力平和利用，核軍縮の交渉といった

措置について，主として非同盟諸国が新たな提案をなし，それを米ソ条約案で部分的に取り入れていくという方法がとられている。他方，CTBTの場合は，基本的義務に関しても，すでに冷戦も終結しており，東西対立ではなく，核兵器国対非核兵器国という対立が中心であって，西側および東側グループに属する非核兵器国は非同盟諸国と同一の立場に立つことが多かった。また非同盟諸国の中でもインドなどは独自の立場をとり，他の多くの非同盟諸国と対立していた。すなわち，前者では3グループを基礎とする交渉が行われたが，後者ではそうではなく，個々の問題ごとに各国が独自の立場を表明していた。

## Ⅳ 軍縮会議の存在意義と将来

### 1 軍縮会議の重要性とその限界

50年余りにわたり多国間軍縮交渉機関として機能してきたジュネーブ軍縮委員会・軍縮会議は，1996年8月にCTBTを採択できなかった。さらに1997年には交渉の議題を決定することができず，1998年には2つの議題に合意したが，いずれにせよ実質的な作業は行われなかった。また，対人地雷禁止条約は，軍縮会議とはまったく別個のオタワ・プロセスにより条約が交渉・起草され，1997年12月に署名された。この結果，ジュネーブ軍縮会議の存在意義をめぐって新たな議論が起こっている。

まず，軍縮会議の重要性そのものを疑問視する見解として，冷戦の終結など国際社会の大きな変化を理由とするものがある。すなわち，10カ国軍縮委員会が設置された最大の理由は，ソ連がそれまでの国連内部での交渉を嫌ったことである。1940年代後半から50年代中期にかけては，安全保障理事会を中心に，国連内部の機関で交渉が実施されてきた。そこでは米国，英国，フランス，中華民国は西側であり，時にはカナダが参加しており，ソ連が常に少数派であった。そこでソ連の強い主張により東西同数の原則が導入されたのであり，1978年まではこの原則が厳格に維持され，それ以降もグループとしては存在してきた。

CTBT交渉にも見られるように，現在では東西の対立はほとんど見られず，米ロは早くから同一の立場に立ち，米ロを含む核兵器国対非核兵器国という図式が多く見られ，また中国との対立に共同で対処することもあった。すなわち，冷戦が終結し，国際社会の状況が大きく変化し，東西対立が存在しない現在において，東西対立を背景とし，東西同数を基盤としてきた交渉機関の存在意義が問われているのである。

## 第 2 節　軍縮条約の交渉・起草過程の特徴

　第 2 の問題は，メンバー国の拡大である。当初の 10 から 18, 26, 31 に拡大され，1978 年に 40 となり，1996 年には 61 となり，1999 年には 66 となった。軍縮問題が軍事大国だけの問題ではなく，多くの国にとっての関心事項であることに異存はないが，交渉機関としての適正規模が懸念されている。特に，1996 年 6 月に 61 国に拡大されたが，交渉機関として有効に機能するかどうかが危ぶまれている。CTBT の最終段階に多くの国を参加させることが，条約がより普遍的に支持されるのに有益であるという考えには一理ある。また新たなメンバーは 2 年間コンセンサスを害しないという条件で，加入が認められた。
　この問題は，単なるメンバーの増加ということだけでなく，第 1 点で指摘したように，グループ間での結束力が大幅に低下し，あるいは存在しない現状にあっては，各国が独自に自由な立場を表明することを意味するわけであり，交渉の過程がきわめて複雑なものになる。3 つのグループが初期の時期におけるように十分結束している場合には，3 つのグループ間の意見を調整すればよいという面もあったが，今日ではそれが存在しないため，交渉がますます困難なものとなるであろう。
　第 3 は，ジュネーブ軍縮交渉機関におけるコンセンサス方式の適用である。1978 年の大幅改組以前においてもコンセンサス方式が採用されてきたが，1978 年の国連軍縮総会において，軍縮委員会がコンセンサス方式で活動することが決定され，現在に至っている[9]。軍縮問題は，国家の安全保障の根幹に関わる事項であるので，各国が拒否権をもつことは当然であるとも考えられている。CTBT 交渉の最終段階でインドが反対したために，CD では条約案を採択できなかった。通常であれば，CD で条約案が採択された後に，条約案を国連総会に送付するものであるので，CTBT の場合はそのルールに違反しているのではないかとも考えられる。
　国連が主催する会議あるいはその他の外交会議で多国間条約が選択される場合は，多くの場合に 3 分の 2 以上の多数の賛成で採択されている。CTBT の場合のようにインド 1 国の反対により条約が採択できないということは不合理に思える。これは，第 1，第 2 の論点とも関連するが，メンバーが少なく，3 つのグループが結束している場合には，1 つのグループ全体が反対するわけであるから，1 国の反対ではなく，数国の反対を意味しており，その場合に条約が採択できないことには十分な理由があると考えられる。しかし，メンバーの数

---

[9]　Rules of Procedure of the Conference on Disarmament, CD/8/Rev.7, 27 June 1996.

が増加し,各国が独自に活動するような現在の状況においては,当初の条件が消滅しているので,コンセンサス方式を保持することに疑問が投げかけられるのも当然かもしれない。

さらに,ジュネーブ軍縮交渉機関におけるコンセンサス方式は,条約案の採択の際に適用されるだけでなく,交渉議題の設定などあらゆる場合に適用される。1997年のCDが何らの交渉をも開始できなかったは,交渉議題の確定,具体的には交渉マンデートを与えられたアドホック委員会の設置にコンセンサスが得られなかったからである。1988年に消極的安全保証におよびカットオフ条約に関するアドホック委員会の設置にやっと合意が達成されたが,実際の交渉は開始されていない。その後も交渉は全く行われていない。

このような現状に対しては,以下のような対応が検討されるべきであろう。1つの解決方法として,コンセンサス方式の緩和に関して,65国のうちの1国の反対により決定ができないという状況の改善のため,コンセンサス・マイナス・ワン,5分の4の多数決,4分の3の多数決などの導入が検討されるべきであろう。また,交渉開始の決定の際と条約案の採択の際とを区別し,少なくとも前者はコンセンサスから外すことも検討に値する。条約に反対する国は,仮に圧倒的多数で条約案が採択されたとしても,自ら署名および批准しない限り条約には拘束されないから,国家主権が侵されるわけではない。

もう1つのもっと根本的な解決方法は,オタワ・プロセスに見られたように,CD以外の交渉機関をより頻繁に利用することがある。しかし,オタワ・プロセスには対人地雷を多く保有している米国,ロシア,中国などが参加していないという大きな欠陥があることも事実である。他方,ジュネーブ軍縮委員会の設置を望んだソ連の大きな理由は,国連内部においては少数派として不利であることであった。冷戦の終結に伴う国際社会の変化により,その危惧された状況は解消しているので,今一度,国連安全保障理事会を中心とした場で軍縮問題を審議し,交渉する方向も検討に値するであろう。冷戦の終結により,国連自体も一定範囲で本来の機能を取り戻し,国際の平和と安全の維持に一定の役割を果たすようになっているので,軍縮の分野においても国連が直接関わることも妥当ではないかと思われる。

## 2 軍縮会議をめぐる最近の動き

CTBTを交渉して以来10年以上,軍縮会議は実質的な交渉をまったく行っておらず,その存在の意義自体も疑問視されるようなことがあった。特に

## 第2節　軍縮条約の交渉・起草過程の特徴

　CTBT 交渉に引き続き実施されるべきだと一般的に考えられていた兵器用核分裂性物質生産禁止条約（FMCT）の交渉がまったく始まらないことに，多くの国は失望あるいは遺憾の意を表明していた。ブッシュ政権の時代には，FMCTの検証は不可能であると主張して，米国が検証を含む FMCT 交渉に反対していたため，交渉が開始されない主たる理由は米国にあった。

　米国がオバマ政権になり，核兵器のない世界をめざし核軍縮に大きな力を注ごうとする大統領は，2009 年 4 月のプラハ演説で，検証を伴った FMCT を追求すると明確に述べた。また 2010 年 5 月には NPT 再検討会議が予定されていたこともあり，核軍縮に向けての大きな流れが生じつつある 2009 年 5 月 29 日に，軍縮会議は FMCT の交渉を含む会議の作業計画に合意した。

　軍縮会議は，FMCT を交渉する作業グループの設置とともに，核兵器削減の具体的措置に関する見解と情報の交換を行う作業グループ，宇宙における軍備競争の防止を実質的に議論する作業グループ，消極的安全保証につき勧告を作成するために実質的に議論する作業グループの設置を決定した[10]。この 4 つの議題はそれぞれの国が主張する意見をまとめたものであり，FMCT は交渉であるが，他の 3 つは交渉ではなく議論を行うものである。この決定はコンセンサスで採択され，長い間冬眠状態にあった軍縮会議が実施的な作業計画に一致したことは画期的なことであり，各国のみならず軍縮 NGO などからも広く歓迎された。

　しかし，この決定に基づいて FMCT 交渉に関する議論が開始されると，パキスタン，イラン，中国は，FMCT だけでなく他の 3 つの議題も交渉すべきであるとか，議長の選出に関して条件をつけたり，交渉は時期尚早であると主張したりして，手続問題でさまざまな難問を持ち出し，事実上交渉の開始をブロックするさまざまな行動を取った[11]。そのため 2009 年会期では，FMCT の交渉は開始できなかった。軍縮会議の規則では作業計画の合意はその 1 年のみ有効であり，作業を継続するためには毎年新たな決定が必要である。2010 年の軍縮会議は，これらの 3 国，特にパキスタンの反対により作業計画に合意することができず，FMCT 交渉の可能性は消滅した。

---

[10] Conference on Disarmament, Decision for the Establishment of a Programme of Work for the 2009 session, CD/1864, 29 May 2009.
[11] Paul Meyer, "Breakthrough and Breakdown at The Conference on Disarmament: Assessing the Prospects for an FM(C)T," *Arms Control Today*, Vol.39, No.7, September 2009, pp.19-24.

2010年5月に開催されたNPT再検討会議において，パン・ギムン国連事務総長は，軍縮会議がFMCTの交渉開始に合意できない場合にはより高い政治レベルからの力が必要であり，この9月の国連総会の際に閣僚級会合を開くことを提案した[12]。会議の中でもこの問題は広く議論され，補助機関Ⅰの議長が提出した第1案では，すべての国は，軍縮会議がFMCTの交渉を即時に開始することに合意する，軍縮会議の作業を支援するため国連事務総長は2010年9月に軍縮会議参加国のハイレベル会合を開催するよう求められる，軍縮会議が2011年会期の終わりまでに交渉を開始できなければ，国連総会第66会期が交渉をどう追求するかを決定すべきであると規定されていた。最終的に採択された文書では，国連総会に関する最後の文章が削除され，軍縮会議におけるFMCTの即時の交渉開始と2010年9月のハイレベル会合のみが行動15として規定されている。

この決定に従い，国連事務総長主催のハイレベル会合が，「軍縮会議の活性化と多国間軍縮交渉の前進」というテーマで2010年9月24日に国連本部で開催された。会合では，軍縮会議の停滞に対する失望とFMCTを交渉することの重要性が多くの国により主張され，軍縮会議の手続き規則やマンデートについてもさまざまな意見が述べられた。また多くの代表は，軍縮会議が停滞し続けるならば，他のルートが追求されるべきであると述べた[13]。この点について，前原外務大臣は，軍縮会議は一定の期限をもうけて議論を行うべきであって，軍縮会議がその役割を果たせない場合には代替策を検討すべきであり，仮に軍縮会議でのFMCT交渉のめどが立たなければ，我が国は他の賛同国とともに，同条約交渉の場の提供などのイニシアティブをとる用意があると述べた[14]。

会合の最後に事務総長による議長サマリーが提出されたが，本日の議論に基づき以下の行動をとることが提案された。①軍縮会議は2011年の最初の会合で2009年の作業計画を採択すること，②国連総会65会期にこの議題を含め議論すること，③事務総長がその軍縮諮問委員会に対し，この問題の全体的

---

[12] Secretary-General Ban Ki-moon, Address to the 2010 Review Conference of the States Parties to the Treaty on the Non-Proliferation of Nuclear Weapons, 03 May 2010. <http://www.un.org/apps/news/infocus/sgspeeches/statement_full.asp?stateID=802>

[13] High-level Meeting on Revitalizing Work of Conference on Disarmament, General Assembly, DCF/457, 24 September 2010. <http://www.un.org/News/Press/docs/2010/dcf457.doc.htm>

[14] 国連事務総長主催軍縮会議（ＣＤ）ハイレベル会合　前原外務大臣ステートメント（仮訳），2010年9月24日。<http://www.mofa.go.jp/mofaj/kinkyu/2/20100925_095357.html>

再検討を行うよう依頼すること，④事務総長は，本会議とフォローアップの報告を 2012 年の NPT 準備委員会に提出すること。

## むすび

　軍縮条約はさまざまなフォーラムにおいて交渉・起草されてきたが，特に多国間軍縮交渉に関して，ジュネーブの軍縮会議が 10 年以上にわたって交渉を開始できない状況が続いている。具体的には，軍縮会議はコンセンサスで動いているため，FMCT に関しては 65 カ国のうち 1 国の反対で交渉が開始できない事態となっている。本稿では軍縮会議における NPT の成功と CTBT の失敗を比較検討し，特にグループ体制の崩壊によりうまく機能できない状況に陥っていることを考察した。FMCT の交渉に関しては，米国の政権の変更のような政治的意思の問題がきわめて重要であることは否定できないが，軍縮会議の厳格なコンセンサス・ルールの妥当性が今一度議論されるべきであろうし，また長年にわたり軍縮会議が活動できない場合には，それに代わる交渉フォーラムについて真剣に議論を始めるべきである。

第 3 章　軍縮の基本的問題

# 第 3 節　軍縮における国際機構の役割

　国際の平和と安全を維持し強化するひとつの重要な手段が軍縮である[1]。本節ではこの軍縮問題を国際機構との関連において分析する。

　まず厳格な定義によると，国際機構とは，複数の国家により共通の目的を達成するために条約により設立され，国際法上独自の主体性を有する常設的な団体である。しかし，本稿では，より広義の意味における国際的な組織体を取り扱うこととし，それは一方において，国家間のものであるが厳格な機構とは言えない，継続的な会議を分析対象とする。他方，国際的ではあるが国家間のものではなく，非政府間機関である国際 NGO をも検討の対象とする。すなわち，本稿での対象は，第 1 は厳格な意味での国際機構であり，第 2 は継続的な国際会議であり，第 3 は国際 NGO である。

　次に，軍縮の典型的な形は国家間の条約により規制されるものであり，条約交渉と条約作成が中心となるが，その前後に軍縮に関わるさまざまな行為が存在する。第 1 は軍縮問題の研究や議題設定と言われる出発点があり，第 2 に軍縮問題を審議すること，あるいは拘束力のない合意に至ることがある。第 3 が条約の交渉および作成である。その後の過程として，第 4 に条約の義務を履行する問題があり，第 5 に軍縮にとって特に重要である条約義務の検証があり，そして第 6 に条約義務の違反に対応する問題がある。

　すなわち，本稿の分析においては，軍縮の過程を 6 つに分け，① 研究・議題設定，② 審議・非拘束的合意，③ 条約の交渉・作成，④ 条約の履行，⑤ 条約義務の検証，⑥ 違反への対応といった側面から分析する。また最後に，今後の課題としていくつかの重要な問題を検討する[2]。

## I　国際機構

### 1　国　連（UN）

　国際連盟規約と比較するならば，国連憲章は，国際平和の維持・強化に関し軍縮をそれほど重視せず，集団的安全保障を中心にとらえている。しかし，国

---

[1] この点については，本書第 3 章第 1 節を参照。
[2] 核軍縮・不拡散と国際機関を分析したものとして，阿部信泰「核軍縮・不拡散における国際機関の役割と課題」浅田正彦・戸﨑洋史編『核軍縮不拡散の法と政治』信山社，2008 年，63-87 頁参照。

連憲章の署名と発効の間に広島・長崎に原爆が投下されたことから，第1回国連総会の最初の決議は，原子力の管理および核兵器など大量破壊兵器の廃棄に関する提案をするための原子力委員会を設置するものであった。翌年には通常軍備委員会を設置し，1952年に両者は統合されて軍縮委員会となった。国連の初期においては，安全保障理事会を中心に，軍縮問題が審議され，条約案が交渉された。しかし1960年代に入り，軍縮交渉は，主としてジュネーブの軍縮委員会に移され，そこでは核不拡散条約などいくつかの多国間軍縮条約が交渉され作成された。

1978年の第1回国連軍縮特別総会は，軍縮問題のあらゆる側面を広範に審議し，最終文書を採択した。それは軍縮問題のそれまでの進展を総括し，今後の方向を詳細に規定するもので，法的拘束力をもつものではないが，きわめて重要な文書となっている。なお，そこにおいて，ジュネーブの軍縮委員会を唯一の多国間交渉機関とすることが合意され，国連軍縮委員会は審議機関とされた[3]。

### (1) 国連総会

軍縮に関する国連総会の主たる任務は，軍縮交渉ではなく，その前段階である① 研究・議題設定および② 審議・非拘束的合意が中心的なものである。研究については，国連軍縮研究所(UNIDIR)，事務総長の軍縮諮問委員会，政府専門家グループなどによって，国連の下で積極的に実施されている。

また毎年の国連総会，特にその第1委員会においては軍縮問題が広く議論され，その成果として多くの総会決議が採択されている。たとえば2010年の第65回総会では，カナダ提案の「FMCT」，NAC提案の「核兵器のない世界へ」，日本提案の「核兵器完全廃棄に向けた団結した行動」，イランなど提案の「核軍縮」，マレーシア提案の「核兵器禁止条約締結」など，核軍縮関連の決議が20本採択されている。また決議の中で，一定の軍縮措置の交渉が要請されており，交渉に向けての議論が展開されている。

---

[3] 国連の全体的な軍縮に関する活動については，神谷昌道「国際連合と核軍縮 - 失われた機会からの克服」広島平和研究所編『21世紀の核軍縮―広島からの発信』法律文化社，2002年，461-481頁参照。P. ルイスとR. タクールは，軍縮に関わる国連の役割として，funnel（情報やアイディアの集まる所），forum（話し合いの場），font（正当性の源）の三つの役割を指摘している(Patricia Lewis and Ramesh Thakur, "Arms Control, Disarmament and the United Nations," *Disarmament Forum*, one 2004, pp.17-28)。

## (2) 国連安全保障理事会

　国連の初期を除いて，安全保障理事会で軍縮問題が直接議論され交渉されることはない。しかし，国際の平和と安全との関連で，軍縮関連問題が審議され，いくつかの決議が採択されている[4]。

　イランの核疑惑に関連して，安全保障理事会は 2006 年 12 月に決議 1737 を，2007 年 3 月に決議 1747 を，2008 年 3 月に決議 1803 を採択している。それらは，国連憲章第 7 章第 41 条の下で行動し，イランに対し，すべての濃縮関連および再処理活動や重水関連計画を停止すべきこと，および加盟国に対して，関連品目の供給，販売，移転を防止すべきことなどを決定している。これは第 41 条下での法的拘束力ある決定として実施されている。この措置は一方では，イランによる IAEA との保障措置協定違反に対する対応措置であると考えられる。他方，この措置は，国際の平和と安全の維持に関する国連憲章の下での安全保障理事会の主要な責任に留意して採択されている。その意味で，これらの決議は，軍縮プロセスの⑥違反への対応をも包含する措置である。

　北朝鮮の核実験に関連して安全保障理事会が 2006 年 10 月に採択した決議 1718 は，その核実験を非難し，これ以上実施しないことを要求するとともに，北朝鮮に対し，すべての核兵器および核計画を放棄すべきことを決定し，加盟国に対して，軍事的その他の品目を供給してはならないことを決定している。この決議は，国際の平和と安全に対する明白な脅威が存在することを認定し，国連憲章第 7 章の下で行動し，第 41 条に基づく措置をとるとされている。

　北朝鮮に対するこの決議は，北朝鮮がすでに NPT から脱退していることから，条約義務の違反に対する対応としてとられたものではなく，国際の平和と安全に対する脅威に対応するものとしてとられた措置である。

　2004 年 4 月に採択された安全保障理事会決議 1540 は，国連憲章第 7 章の下で行動し，すべての国が，(1) 大量破壊兵器およびその運搬手段の開発，取得，製造，所持，輸送，移転，使用で非国家主体を支援しないこと，(2) 非国家主体による大量破壊兵器の製造や使用，活動への従事などを禁止する効果的な法律を採択し執行すること，(3) 大量破壊兵器の拡散を防止するための国内管理体制を確立するための効果的な措置を採択し実施することを決定した。

　この決議は，大量破壊兵器の拡散が国際の平和と安全に対する脅威を構成す

---

[4] 安全保障理事会の制裁については，浅田正彦「NPT 体制の動揺と国際法」浅田正彦・戸﨑洋史編・前掲書 28-38 頁参照。

ることを確認し，憲章第7章の下で法的拘束力あるものとして採択されている。これまでの法的拘束力ある決議が一定の個別的な現実の事態に対応するために採択されてきたのに対し，この決議は，非国家主体への大量破壊兵器の拡散防止という一般的な目的を持ち，大きく性質の異なるものである。従来，このような措置は条約を作成することにより対応してきたものであり，この決議は，国連安全保障理事会における「国際立法」と位置づけられている。本来は条約交渉および条約作成というプロセスによって行われていたものが，安全保障理事会の「決定」という形で形成されたものである[5]。

その意味でこの決議は，軍縮プロセスの③条約の交渉・作成にあたるものである。この方法による「国際立法」は，条約交渉に比べて短期間に作成が可能であり，条約に加入しそうにない国に対しても法的拘束力をもつという点から大きなメリットをもつものである。この方法は当初正当性の側面から批判されたが，国際社会全体の利益を追求するものとして支持できると考えられるが，今後とも一般的に利用できるかどうかは疑わしい。

湾岸戦争終結のための1991年4月の安全保障理事会決議687は，憲章第7章の下で採択され，イラクのもつ大量破壊兵器を強制的に解体させるものであり，条約の交渉・作成を中心とする通常の軍縮プロセスとはまったく異なるものである[6]。

## 2 国際原子力機関(IAEA)

1957年に設立されたIAEAは，原子力平和利用の促進を目的とするとともに，それが軍事利用に転用されないことを確保するために「保障措置(safeguards)」という制度を設けている。NPTがその義務の検証のためにIAEA保障措置を採り入れ，非核兵器地帯条約も同様にしているため，IAEAの軍縮プロセスにおける最大の役割は，⑤条約義務の検証である[7]。

---

[5] この決議の分析については，浅田正彦「安保理決議1540と国際立法」『国際問題』547号，2005年，35-64頁，坂本一也「国連安全保障理事会による国際法の立法」『世界法年報』第25号，2006年3月，138-162頁，青木節子「核不拡散の新しいイニシアティヴ」浅田正彦・戸﨑洋史編・前掲書385-389頁，Barry Kellman, "Criminalization and Control of WMD Proliferation: The Security Council Acts," *The Nonproliferation Review*, Vol.11, No.2, Summer 2004, pp.142-161. 参照。

[6] 英語では両者とも disarmament の概念に含まれるが，イラクのケースは日本語では「軍縮」よりも「武装解除」として理解されているものである。

[7] 青木節子「核，軍縮問題と国際機構」横田洋三編『国際機構入門』国際書院，1999年，53-85頁参照。

保障措置は，当事国の申告および計量管理制度に基づき，原子力平和利用における核物質が核兵器のために転用されていないことを検証するものである。しかし湾岸戦争の後，イラクは申告しないで秘密裏に核開発を実施していたことが明らかになり，IAEA は未申告の場合にも違反を発見できるように，1997年に保障措置協定の追加議定書を作成した[8]。これは新たな国際条約であり，軍縮プロセスの③ 条約の交渉・作成に該当するものである。

　IAEA は特に保障措置に関連した研究を行い，その総会および理事会では保障措置の適用に関する議論が展開されており，それに関する理事会決議が採択されている。これらは軍縮プロセスの① 研究・議題設定，② 審議・非拘束的合意に該当する。また④ 条約の履行の一環として保障措置を実施しており，⑥ 違反への対応として，加盟国への援助を停止する権限をもっている。

### 3　化学兵器禁止機関（OPCW）

　OPCW は，1993 年 1 月に署名され，1997 年 4 月に発効した化学兵器禁止条約（CWC）により設置された国際機構であり，条約の趣旨および目的を達成し，条約の規定の実施を確保し，締約国間の協議・協力の場を提供するためのものである。機関の本部はオランダのハーグにあり，内部機関として，締約国会議，執行理事会および技術事務局が設置されている。締約国会議は機関の主要内部機関で，あらゆる問題を審議し，勧告・決定をなすとともに，条約の履行を監督する。執行理事会は執行機関として条約の効果的な実施および遵守を促進し，技術事務局の活動を監督し，締約国間の協議・協力を促進する。技術事務局は査察員をもち，条約に規定する検証制度を実施する。すなわち軍縮プロセスの中では，主として④ 条約の履行および⑤ 条約義務の検証という任務を担うものである。

　この OPCW に特徴的なのは，通常の検証活動を実施するとともに，申し立て（チャレンジ）査察が導入された点にある。違反の疑いがある場合に原則的にはあらゆる場所にあらゆる時にアクセスできるのがこのチャレンジ査察であり，要請に対して執行理事会の 4 分の 3 以上の多数の議決により実施しないと決定されない限り実施されるものである。このチャレンジ査察は画期的な進歩であ

---

[8]　追加議定書については，Theodore Hirsch,「The IAEA Additional Protocol: What It Is and Why It Matters,」*The Nonproliferation Review*, Vol.11, No.3, Fall-Winter 2004, pp.140-166. 菊地昌廣「国際保障措置強化に向けて」黒澤満編『大量破壊兵器の軍縮論』信山社，2004 年，177-204 頁参照。

第 3 節　軍縮における国際機構の役割

ると考えられるが，実際にはこれまで援用されたことはない。

### 4　包括的核実験禁止条約機関(CTBTO)

　CTBTO は 1996 年 9 月に署名された包括的核実験禁止条約(CTBT)により設置が予定されている機構であるが，まだ条約が発効していないため正式には発足しておらず，CTBTO 準備委員会が整備を進めている。この機関の一般的な性質は上述の OPCW と同じであり，条約の趣旨および目的を達成し，条約の規定の実施を確保し，締約国間の協議・協力の場を提供するためのものである。機関の本部はオーストリアのウィーンにあり，内部機関として，締約国会議，執行理事会および技術事務局が設置される。締約国会議は最高意思決定機関であり，条約の履行を監督し，遵守を検討する。実質的な活動は執行理事会が行い，技術事務局を監督し，協議と明確化の過程を監督し，現地査察の決定を行い，違反に対する最初の評価を行う。技術事務局は，国際データセンターをもち，国際監視システムを運営し，データの収集や移送を行う。この機関も，④ 条約の履行および ⑤ 条約義務の検証を主たる任務としている。

　検証レジームは，国際監視システム，協議と説明，現地査察から構成される。国際監視システムは，地震監視，放射性核種監視，水中音響監視，微気圧変動監視からなり，そのための多くのステーションがすでに世界中に設置されている。現地査察は，理事会の 51 カ国中 30 カ国が賛成することにより実施される。

### 5　非核兵器地帯に関連する機構

　地域的に設置される非核兵器地帯の場合，既存の地域的機構が交渉の場となることが多い。南太平洋非核地帯条約は南太平洋フォーラムで，東南アジア非核兵器地帯条約は東南アジア諸国連合(ASEAN)で，アフリカ非核兵器地帯条約はアフリカ統一機構(OAU)で交渉されている。また条約の実施に関して，ラテンアメリカ核兵器禁止条約は，条約義務の遵守を確保するためラテンアメリカ核兵器禁止機構(OPANAL)を設置し，総会，理事会，事務局を備えている。このように地域的国際機構が，軍縮プロセスの ③ 条約の交渉・作成，④ 条約の履行，⑤ 条約義務の検証などを行っている。

## II　継続的国際会議

### 1　軍縮会議(CD=Conference on Disarmament)

　国連設立以来，軍縮交渉は国連安全保障理事会を中心に行われてきたが，ソ

連がその構成に不満をもったため，1960年以降東西同数という原則に基づくジュネーブでのフォーラムが交渉の中心となった。まず1960年に東西各5カ国から構成される10カ国軍縮委員会が設置され，その後非同盟8カ国を加えた18カ国軍縮委員会が1962年より活動を開始し，核実験禁止や核不拡散の交渉を行った。徐々にメンバーを増加していったが，この委員会は1960年代，1970年代の交渉の中心で，核不拡散条約，海底非核化条約，生物兵器禁止条約などを作成した。

1978年の第1回国連軍縮特別総会の折に，この委員会は組織の改革，国連との関連強化などを実施し，名称を軍縮委員会と改め，唯一の多国間軍縮交渉機関であると位置づけられた。その後名称を軍縮会議(CD)と改め，メンバーを増加しながら現在に至っている。1990年代には化学兵器禁止条約(CWC)を作成し，包括的核実験禁止条約(CTBT)を交渉した。しかし，この会議は創設以来コンセンサス方式で運営されているため，1996年8月軍縮会議はインド1国の反対によりCTBTを採択することができなかった[9]。

このコンセンサス方式は，交渉の最終段階である条約採択の際に適用されるのみならず，交渉の出発段階である議題設定の際にも適用されるため，その後10年以上にわたって交渉は行われていない。すなわちCDは交渉の対象を決める議題に合意できない状況が続いている。主たる議題は4つあり，第1は兵器用核分裂性物質生産禁止条約(FMCT)であり，第2に宇宙の軍備競争の防止(PAROS)，第3は核軍縮，第4は消極的安全保証(NSA)である。FMCTには多くの国の支持があるが，ロシアと中国はPAROSを，非同盟諸国は核軍縮とNSAを強調しているように，それぞれの国家の優先順位が異なり，他の議題とのリンケージが主張されるため，議題全体にコンセンサスが達成されない状況が長く続いている。

2006年のCDは，議題を採択できず交渉には入れなかったが，個々の問題を詳細に議論し，さまざまな問題点を明らかにするという，軍縮プロセスの②軍縮問題の協議を精力的に行った。さらに2007年のCDでは，その年の議長たちが，FMCTについては交渉のために，他の3つの議題については深い協議のために調整官を定めるという提案を行った。きわめて多くの国がこの提案を支持し，CDが10年ぶりに活性化することが期待されたが，最終的には，パキスタン，中国，イラン3国のみがこの提案に賛成できないと述べ，コンセ

---

[9] CDでの交渉過程の分析については，本書第3章第2節を参照。

ンサスが得られないため，交渉は開始されなかった。オバマ政権の誕生もあり，2009 年に CD は FMCT の交渉に合意したが，パキスタンの手続き的妨害により実質的交渉に入れず，2010 年には交渉に合意できなかった。

　ジュネーブの委員会・会議は当初から多国間軍縮交渉の場であり，1978 年には唯一の多国間軍縮交渉機関であると定められ，多くの多国間条約を生み出してきた。その意味で軍縮プロセスの中で最も重要な③ 条約の交渉・作成を行うものであるが，10 年以上交渉が行われていないという現実が存在する。

## 2　核不拡散条約(NPT)再検討会議

　NPT の前文の目的の実現および条約規定の遵守を確保するようにこの条約の運用を検討するための会議が，5 年ごとに開催されている。1995 年の再検討会議は条約期限の延長を決定する会議と同時に開催され，そこでは NPT の無期限延長が決定されるとともに，「核不拡散と核軍縮の原則と目標」および「条約再検討プロセスの強化」という文書が採択された。前者は，たとえば核軍縮については，(1) 包括的核実験禁止条約を 1996 年中に完成させること，(2) 兵器用核分裂性物質生産禁止条約の交渉を即時に開始し早期に締結すること，(3) 核兵器廃絶という究極的目的を持ち，核兵器を世界的に削減する組織的で漸進的努力を核兵器国が決意を持って追求することに合意している。後者では，再検討会議の準備委員会を 3 年前から毎年 2 週間開催すること，再検討は過去の成果を評価するだけでなく将来とるべき措置についても協議することなどが定められた[10]。

　2000 年の再検討会議はコンセンサスで最終文書の採択に成功したが，その中で，核兵器国による核兵器廃絶を達成するという明確な約束を含む，核軍縮に関して実施すべき 13 項目に合意がみられた[11]。2010 年の再検討会議は，核軍縮に関する 22 の行動計画に合意した。

　NPT 再検討会議はほぼ継続的に開催されており，基本的には条約の運用を検討するもので，④ 条約の履行に関係する任務を行っているが，特に第 6 条の軍縮交渉継続の義務との関連で，核軍縮の進展状況が検討されるとともに，今後とるべき核軍縮措置についての議論が積極的に展開されており，1995 年，2000 年および 2010 年の再検討会議では具体的措置について合意が成立してい

---

[10]　1995 年 NPT 再検討会議については，黒澤満『軍縮国際法』信山社，2003 年，161-178 頁参照。
[11]　2000 年 NPT 再検討会議については，黒澤満『軍縮国際法』179-214 頁参照。

る。これらは法的拘束力ある決定ではなく，非拘束的合意であり，②の審議・非拘束的合意に関わる活動をきわめて積極的に行っている。③の条約の交渉・作成を行うことはできないが，その前段階のさまざまな措置，すなわち①の議題設定から，②の核軍縮問題の議論や条約案の提示なども幅広く行われている。

なお，NPT 以外の軍縮条約にも再検討会議の制度が導入されており，主として②と④の活動が行われている。

## III 国際非政府機関（NGO）

近年，軍縮の分野においても非政府機関の国際的なネットワークが，その積極的な活動により，国際的な軍縮の進展に大きな影響力をもつようになっており，国際の平和と安全の維持および強化に有益な働きをなしている[12]。

### 1 アボリション 2000（Abolition 2000）

1995 年の NPT 再検討・延長会議において，核軍縮に関心をもつ多くの NGO は核兵器の廃絶に向けての進展がないことから，核兵器国は第 6 条の義務を果たしていないと考え，核兵器廃絶を促進するためのアボリション・コーカスを形成した。そこから生まれたのがアボリション 2000 という NGO のネットワークであり，時間的枠組みの中ですべての核兵器を禁止し廃棄するための条約を 2000 年までに達成することを目的としている。

その設立宣言においては，核兵器国に対して，核兵器廃絶条約の交渉を即時開始し，2000 年までに締結すること，核兵器の使用または使用の威嚇を行わないという無条件の宣言を即時に行うこと，包括的核実験禁止条約を急いで完成させること，新たな核兵器システムの生産・配備を停止することなど 11 項目の要求が列挙され，それに賛同する各国の NGO がこれに参加してきた。現在では，90 カ国以上の 2000 以上の NGO がこれに加わっている。

アボリション 2000 と関連した活動としては，モデル核兵器禁止条約の作成，

---

[12] この点については，目加田説子『国境を超える市民ネットワーク』東洋経済新報社，2003 年，Ann M. Florini (ed.), *The Third Force: The Rise of Transnational Civil Society*, Japan Center for International Exchange, Tokyo and Carnegie Endowment for International Peace, Washington, D.C. 2000. 目加田説子「軍縮とシビルソサエティ」黒澤満編『大量破壊兵器の軍縮論』353-376 頁，梅林宏道「NGO の役割—日本を念頭において」広島平和研究所編『前掲書』482-503 頁．David Atwood, "NGOs and Disarmament: Views from the Coal Face," *Disarmament Forum*, one 2002, pp. 5-14. 参照．

中堅国イニシアティブ(MPI)，地方自治体のためのアボリション 2000 決議，アボリション 2000 国際請願書などがある[13]。

アボリション 2000 の活動は，軍縮のプロセスにおいては①の研究あるいは議題設定にあたるものであり，専門的な知識をもつ専門家集団を中心に知的共同体として活動するとともに，運動体としてアドボカシーの役割をも果たしている。

## 2 世界法廷プロジェクト(World Court Project)

1992 年に結成された世界法廷プロジェクトは，国際 NGO である核戦争防止国際医師会議(IPPNW)，反核国際法律家協会(IALANA)および国際平和ビューロー(IPB)により開始されたもので，核兵器の使用の国際法上の意義，特に核兵器の使用の違法性を求めて，国際司法裁判所(ICJ)に勧告的意見を求めるものである。彼らは主として非同盟諸国に働きかけ，1993 年には世界保健機関(WHO)総会から勧告的意見を要請するのに成功した。しかし，WHO が勧告的意見を要請する権限を有しているかどうか疑わしい点もあったので，翌年国連総会が勧告的意見を要請することに成功した。

ICJ は，1996 年 7 月に勧告的意見を出したが，結論部分においては，「核兵器の使用または威嚇は，武力紛争に適用可能な国際法の規則，特に人道法の原則と規則に一般的に違反する。しかし，国際法の現状および裁判所が入手できる事実要素の観点からして，裁判所は，国家の存在そのものが危機に瀕しているような自衛の極端な状況において，核兵器の威嚇または使用が合法であるかまたは違法であるかを決定的に結論することはできない」と述べた。

これは jus in bello(戦争における行為に関する法)における一般的違法性，jus ad bellum(戦争の合法性に関する法)における極端な自衛の場合の不明を述べるものであり，核兵器の使用禁止に関するきわめて有益な見解となっている。裁判所はさらに，「厳格で効果的な国際管理の下におけるあらゆる側面における核軍縮へと導く交渉を誠実に継続し，結論に達する義務がある」と述べている。

国際司法裁判所に勧告的意見を要請したのは，国連総会であり，主として非同盟諸国の行動に基づくものである。その非同盟諸国に積極的にアプローチし，核兵器の使用の合法性に関する意見を求めるべきだと説得したのは，世界法廷

---

[13] David Krieger, "The Role of Non-Governmental Organizations in Nuclear Disarmament," Jozef Goldblat (ed.), *Nuclear Disarmament: Obstacles to Banishing the Bomb*, I.B.Tauris Publisher, London, New York, 2000, pp.185-194.

プロジェクトである。その意味で，国際 NGO は，核兵器使用の問題について国際司法裁判所の勧告的意見を要請すべきであるという考えを生み出し，それを非同盟諸国に売り込んだのであり，軍縮プロセスの① 研究・議題設定を行ったのである[14]。

### 3 対人地雷禁止国際キャンペーン(ICBL)

ICBL は 1992 年 10 月に欧米 4 カ国の 6 つの NGO により設立され，翌年 5 月に初めての国際会議をロンドンで開催し，基本戦略を作成し NGO 間の連携強化を図った。ICBL は，対人地雷の全面禁止を目標として，同様の考えを持つ諸国との対話を推進し，全面禁止に積極的な諸国と会合を積み重ねることにより，それらの国がグループ意識を高め，積極的に地雷禁止外交を展開するようになった。

その後カナダ政府のイニシアティブでオタワ・プロセスが開始されるが，その契機となったのは，数回にわたる政府と NGO の共同会合の開催による協力関係の強化であった。オタワ会議の開催はカナダ政府と ICBL の共同会見で発表され，ICBL はこの会議の準備段階にかかわり，オタワ会議で採択された最終宣言および行動計画の起草にも参加した。

オタワ条約の作成はオーストリア政府を中心にまとめられていったが，ICBL は独自の条約案を作成し，条約交渉過程において ICBL 独自の要求を提出しており，最終的に採択された条約はおおむね ICBL の主張が取り入れられた形になっている。

条約の前文において，「対人地雷の全面的禁止の呼びかけに実証された人道的原則を促進する一般市民の良心の役割に注目し，また国際赤十字社および赤新月社連盟，地雷禁止国際キャンペーン，その他世界中の多数の非政府組織により行われてきた同じ目的の努力を認識し」と，ICBL の名前が明記されている[15]。

また ICBL は，対人地雷の使用・製造の現状，対人地雷の量や種類を包括的にまとめた報告書を毎年刊行しており，間接的ではあるが④ 条約の履行や⑤ 条約義務の検証にも一定の役割を果たしている。

このように対人地雷禁止条約に関して，ICBL は，① 研究・議題設定から，

---

[14] NHK 広島核平和プロジェクト『核兵器裁判』NHK 出版，1997 年参照。
[15] 対人地雷禁止条約にいたる NGO の役割の分析については，目加田説子『地雷なき地球へ――夢を現実にした人びと』岩波書店，1998 年参照。

②審議を経て，さらに③条約の交渉・作成の段階まで深く関与しており，また④条約の履行および⑤条約義務の検証にも間接的に関与しており，国際NGOがこのように広い段階に関与するのはまったく新しい現象であり，国際NGOの役割の重要性が大きく認識されることとなった。

## Ⅳ　今後の課題

### 1　国連の機能強化

　国連総会が軍縮問題を審議し決議を採択することは，普遍性の観点からも重要であり今後とも継続すべきである。軍縮問題全体の取組みを強化するためには，国連軍縮特別総会を早期に開催することが重要である。1978年の会議のように全体を包括的に議論し，軍縮関連の組織の再編も検討すべきである。

　安全保障理事会は憲章上，国際の平和と安全に関する主要な責任を持っており，軍縮に関してもっと積極的に取り組むべきである。不拡散の側面ではイランや北朝鮮に制裁を課しているが，今後は核軍縮の側面を強化すべきであり，米ロ2国間交渉が進み，5核兵器国間での交渉に移れば安全保障理事会が交渉の場となるべきであろう。軍縮交渉の場が国連からジュネーブ軍縮委員会に移ったのは，東西冷戦を背景とする対立であり，それがもはや存在しない現状において，安全保障理事会に多国間の軍縮交渉を戻すことは合理的なことである。

### 2　軍縮会議(CD)の機能回復

　軍縮会議は10年以上交渉を開始できない状況に陥っており，2009年に一時合意が達成されたが，交渉は開始されなかった。CDはコンセンサス方式で運営されているため，交渉が開始できない基本的な原因は関係国の政治的意思であるから，それがない限り仕方がないという意見もあるが，現状ではCDの存在意義も疑問視される。軍縮が国家の重要な安全保障問題であるからすべての国が拒否権をもつべきだという考え方は，国家利益の調整から国際公共利益の追求に変化しつつある現在の国際社会において，改められるべきである。

　とりあえずは，交渉の開始に関して特定の多数決を導入する方法を検討すべきであるし，将来的には条約の採択も特定多数決に移行すべきであろう。それらの議論のためにも国連軍縮特別総会を早期に開催すべきである。

## 3 オタワ・プロセスの積極的利用

対人地雷の国際的な規制は特定通常兵器使用禁止制限条約の枠組みで行われ，第2付属議定書および改正議定書で規制されてきたが，全面禁止には至らないため，全面禁止に賛同する国のみで交渉が開始されたのがオタワ・プロセスである。この方式の長所は賛同国のみで交渉をスタートさせたため条約作成が容易であり短期間に作成できたこと，および条約の内容が対人地雷の全面禁止というすぐれたものであることである。他方，最大の短所は普遍性の欠如であり，米国，ロシア，中国，インドなど地雷大国が参加していないという問題がある。2008年に署名されたクラスター弾禁止条約も同様である。

交渉がまったく行われない状況と，普遍性に欠けるが一応理想的な条約が作成される状況を比較するならば，後者が望ましいと考えられる。条約に参加しない国もその規範作成の影響で自制的な行動をとっていることもある。また普遍性が欠ける問題は特に軍事大国が加入しない場合が多いが，国際社会の声としてそれらの国家に自制を要求し，長期的には条約に加入するよう要求していくべきであろう。

## 4 NPT再検討プロセスの強化

現在，恒常的に核軍縮および不拡散が議論されているのはこのプロセスであり，核軍縮に関してはNPT第6条の履行として議論されている。その意味でこのプロセスはきわめて重要なものであり，今後とも積極的に利用されるべきである。そこでは核不拡散，核軍縮，原子力平和利用がバランスのとれた形で議論されるべきであるし，核不拡散の強化のみならず，核軍縮の具体的な措置も議論され，交渉に移されるべきである。

核兵器国が核軍縮を実施せずに核不拡散のみを強調することが継続するならば，それは核兵器のもつ軍事的および政治的意義を高めるだけであり，結果的には核不拡散にも悪影響を及ぼすであろうし，国際社会全体の平和と安全保障も損なわれる方向に進むであろう。したがって，核軍縮と核不拡散の側面をもつCTBTの早期発効のための努力，およびFMCTの即時の交渉開始と早期の条約作成の努力が不可欠である。また米ロは2010年に新START条約に署名したが，戦略核兵器の一層の削減を実施すべきである。

## 5 国際NGOの役割増加

冷戦終結後の国際社会における地球的問題群への関心の増加，国際的な交流

第3節　軍縮における国際機構の役割

の拡大や情報技術の進展と急速な広がりなどにより，国際NGOあるいはインターナショナル・シビルソサエティが大きく発展し，国際社会のさまざまな問題に大きな影響力を発揮するようになってきている。軍縮においても同様であり，対人地雷禁止条約作成におけるICBLの役割のような画期的な例も見られる。

　これからの国際社会においては，軍縮の促進のための国際NGOの役割はきわめて重要であり，さまざまな分野において国際NGOは積極的に活動すべきである。それは問題の研究や議題設定にとどまらず，政府との議論にも参加し，できれば交渉に参加する方向で進めるべきであるし，条約の履行や検証についても一定の役割を果たす方向を目指すべきであろう。

## むすび

　このように広義の国際機構はこれまでも軍縮のさまざまな側面で有益な働きをなしてきた。軍縮に向けての新たな積極的な動きが見られる今日においては，国際機構の役割は一層重要なものとなっており，国連の機能を回復し強化すること，軍縮会議を実際に活動できるようにルールの変更を含め検討すること，それが機能しない場合には，賛同国のみで新たな交渉フォーラムを作り交渉を開始することなどが必要になるであろう。また国際NGOも今後一層大きな役割を果たすことができるであろう。

第3章　軍縮の基本的問題

# 第4節　日本の非核政策と核武装論

21世紀に入って国際社会は大きな変化を遂げており，日本の安全保障を巡る環境もさまざまな不確実性の前に，新たな挑戦に直面している。特に北朝鮮の核開発問題に直面して，日本国内においても核武装が議論されるようになった。日本の核武装に関しては以前から議論があり，国内でもその可能性が研究されてきたが，これまでの議論は主として海外からのものであり，海外の専門家が日本の核武装への疑念を表明するというものであり，国内での議論はタブーとされてきた。

このような情勢において，本節では日本の核武装に関する問題をどのように取り扱うことにより，日本の安全保障，および地域的・国際的安全保障を強化できるかという観点から分析を進める。まず，日本の伝統的な非核政策がどのように形成されてきたかを検討し，その時期の日本の核武装に関する研究を紹介し，次に1990年代の海外からの日本核武装論を分析するとともに，その時期に日本の核武装の可能性・有益性に関して実施された研究を検討する。

第3に，2002年以降において日本の核武装論が新たな段階を迎えたが，日本および米国において政府高官，政治家，専門家がどのような発言を行い，どのような影響を与えたかを検討する。第4に，21世紀に入って，特に2002年以降にこのような議論が広範に出てきたのであるが，その背景にある安全保障環境の変化およびその特徴を明らかにし，現在の議論が一定の歴史的進展の流れの中で出てきたことを明らかにする。

第5に，日本国内におけるさまざまな識者の見解を，多面的に分析しつつ，日本での議論の状況を紹介する。そこでは核武装賛成論と反対論に区別し，それぞれの主張を詳細に検討し，さらに日本の核武装の可能性を考察する。最後に，日本の安全保障，および地域的・国際的安全保障の観点から，日本が核武装の可能性を検討することが必要でなくなるような安全保障環境の構築のために取るべき措置を考える。

## I　非核政策の歴史的進展

### 1　非核政策の作成過程
#### (1)　広島・長崎の原爆投下
第2次世界大戦の末期に広島と長崎に原爆が投下され，核時代の幕開けと

なったが，日本の安全保障政策において，この広島および長崎の被爆という事実は，歴史的にもまた現在においても大きな意味を有している。日本政府の外交演説においては，唯一の被爆国という用語がしばしば使用されるし，毎年8月に開催される式典には首相も出席し，日本は核兵器国にならないし，核廃絶に向けて努力するという意思を表明している。

広島では15キロトンのウラン爆弾により約14万人が，長崎では20キロトンのプルトニウム爆弾により約7万4000人がその年の内になくなった。その後も多くの被爆者が原爆後遺症に悩まされてきた。60数年の時間の経過とともに，被爆者も少数になり老齢化し，実体験を基礎とする反対運動は弱体化しているのは事実であるが，原水爆に対する反対の感情は多くの日本人に共有されている。

(2) 第5福龍丸事件

この原水爆反対の感情を，国民運動のレベルにまで引き上げることになったのは，1954年の第5福龍丸事件である。1954年3月に米国が太平洋のビキニ環礁で水爆実験を実施した当時，マグロ漁を行っていた第5福龍丸は，設定された危険水域の外側にいたにもかかわらず，乗組員が水爆実験による放射能を浴び，そのうちの1人が死亡した。この事件を契機として草の根の原水爆禁止運動が発生し，2000万人の署名が集められた。日本の国会では，1954年に衆議院においても参議院においても，核兵器の禁止と原子力の国際管理を求める決議が採択された。この事件を契機として，全国的な原水爆禁止運動が組織され，日本の大衆運動の中でも最大の勢力をもち，また運動として継続しており，毎年世界大会を開催している。

この時期の動きの特徴は，原水爆に対する感情的な反対が，国民レベルでの運動に発展し，かつ核兵器反対が国会の両院で決議されていることである。

(3) 原子力基本法

第3の契機は，1955年に制定された「原子力基本法」である。この法律は，第2条(基本方針)において「原子力の研究，開発及び利用は，平和の目的に限り，安全の確保を旨として，民主的な運営の下に，自主的にこれを行うものとし，その成果を公表し，進んで国際協力に資するものとする。」と規定し，原子力を平和利用に厳しく限定している。核兵器国においては，原子力の軍事利用が先行し，その副産物として平和利用が推進されるのが一般であったし，国

内において軍事利用と平和利用を区別する必要も存在しなかった。しかし，日本においては原子力開発のそもそも開始から，原子力は平和利用に限定され，その結果，原子力の軍事利用は完全に法的に禁止されている。これは原子力に関する基本原則を定める基本法であって，原子力に関するあらゆる法律はこれを基礎に制定されている。

　この措置の特徴は，国内法のレベルで核兵器の取得のみならず，原子力の軍事利用を包括的に禁止していることであり，それも原子力に関する活動のあらゆる側面を包括的にカバーする基本法という性格をもつ法律で確定されていることである。

### (4) 非核3原則

　第4は，1960年後代半から1970年代初頭にかけて作成された「非核3原則」である。「核兵器を持たず，作らず，持ち込ませず」という非核3原則は，1967年12月に佐藤栄作首相が国会ではじめて述べ，1971年11月に国会決議として正式に承認されたものである。この原則は歴代の首相により繰り返し確認されており，また国連総会の演説などでも繰り返し言及されており，国の基本的な原則という意味で「国是」と言われている。当初は沖縄返還に際し，「核抜き返還」との関連で主張されていたが，その後は一般的な国是となっている。また非核3原則は，日本の防衛政策の4本柱の1つとなっている。

　この措置は，国家の政策の側面で，国是という国家の基本的な原則として非核3原則が承認され，その後も継続的に再確認されてきているところに特徴がある。

### (5) 核不拡散条約

　第5は，核不拡散条約の署名と批准である。この条約の署名と批准については，国内でさまざま議論が展開され，署名および批准にかなり長い時間を必要とした。条約への消極的ないし批判的な当時の議論は以下の3点である。第1の最大の批判は，この条約が核兵器国にのみ核兵器の保有を承認し，他のすべての国には認めないという条約の差別性の問題である。第2は，少数ではあるが，日本は将来の核オプションを排除すべきではないという意見である。第3は，特に原子力産業に関わるもので，保障措置の適用により，日本の原子力産業が，一方で核兵器国の原子力産業，他方でユーラトム加盟国の原子力産業に比較して，不利な取り扱いを受けるという側面からであった。

第 4 節　日本の非核政策と核武装論

　第 1 点が最大の論点であったが，5 大国が核兵器を保有しているという現状から出発する以外に方法はないこと，核兵器の一層の拡散という事態の悪化を前もって防止することが必要であること，核兵器国による核軍縮の進展を実施させるよう努力することなどの了解により，条約への参加が進められた。特に核軍縮を進展させるには，現状の悪化を防止しないと，核軍縮も不可能になるからである。第 2 点は当時でもそれほど大きな勢力にはならなかった。

　批准が 1976 年まで遅れたのは，主として第 3 点を原因としており，核兵器国が自主的に保障措置を受けると述べ，ユーラトム加盟の非核兵器国が IAEA（国際原子力機関）と保障措置協定を 1975 年に締結し，その内容を検討した後，日本は保障措置協定の交渉を開始し，最恵国条項の挿入などによりこの問題に対処したからである。

　この措置により，日本が国際法上の義務として，核兵器を保有せず，製造しないことを約束し，それを担保するものとして，原子力の平和利用に対してIAEA の包括的保障措置を受け入れたのである。ここでの特徴は国際法レベルでの義務の受諾である。

　このように，日本は核武装すべきでないという意思を，広島・長崎の原体験による感情的なものから出発し，国民的な運動に発展させ，国内法および国際法上の義務として確立し，さらに政策としても「国是」というレベルで繰り返し確認してきており，国防政策ともなっている[1]。

## 2　1968/70 年報告書「日本の核政策に関する基礎的研究[2]」

　「日本の核政策に関する基礎的研究」と題する報告書は，1967 年から約 2 年

---

[1] 日本の核政策の形成に関して，神谷氏は，「核兵器への反対は戦後の日本の文化および社会に深く根付いている。その感情が永久に変わらないという保証はないとしても，それは，今日においても，日本の核武装が差し迫っていると警告する人々が理解しているよりもずっと強力なものである」と結論している。Matake Kamiya, "Nuclear Japan: Oxymoron or Coming Soon?" *The Washington Quarterly*, Vol.26, No.1, Winter 2002-03, pp.63-67; また秋山氏は，歴史的発展を分析しつつ，日本の非核政策は広島・長崎に基づく感情から，政治的過程に編入されていったと分析する (Nobumasa Akiyama, "The Socio-Political Roots of Japan's Non-Nuclear Posture," Benjamin L. Self and Jeffrey W. Thompson (eds.), *Japan's Nuclear Option: Security, Politics, and Policy in the 21st Century*, The Henry L. Stimson Center, 2003, pp.64-91)。

[2] この報告書は当初は公表されず，1994 年に朝日新聞により内容が一般に知られるようになった。『朝日新聞』1994 年 11 月 13 日。またこの報告書の紹介と詳細な分析については，Yuri Kase, "The Costs and Benefits of Japan's Nuclearization: An Insight into the 1968/1970 Internal Report," *The Nonproliferation Review*, Vol.8, No 2, Summer 2001, pp.55-68. 参照。

## 第3章　軍縮の基本的問題

にわたって当時の佐藤内閣の下で，内閣調査室が外郭団体の社団法人「民主主義研究会」に委託する形で作成された。この研究会では「独立核戦力創設の可能性」が検討され，1968年9月に，日本の核武装に関する技術的側面および人的・組織的側面に関する第1報告書が出され，1970年1月には，日本の核武装に関する戦略的，外交・政治的側面に関する第2報告書が出された。

　第1報告書においては，①核爆弾製造については，濃縮ウラン製造能力がないが，少数のプルトニウム原爆の製造は可能である，②核分裂性物質製造については，80年代半ばまでに日本独自の濃縮ウラン製造プラントを建設すると考えられる，③ロケット技術については，固体燃料は技術的に可能だが，兵器として現在直ちに製造することは困難である，④誘導装置開発については8年くらい必要である，⑤人的・組織的側面からは，国家的大規模な計画を必要とするが，国民的規模での支持が不可欠であり，困難が予測される，⑥財政上からみてもきわめてむずかしい，⑦結論として，単にプルトニウム原爆を少数製造することは可能で，また比較的容易だろうが，近い将来有効な核戦力を創設するというのであれば，前述のような困難がある，と述べられている。

　第2報告書においては，①中国の核の脅威について，米国の拡大抑止が日本および韓国を保護しているため，東アジアへの介入は規制されるであろう，②核戦略上の問題として，日本が中途半端な核武装を行うならば，抑止に失敗して核攻撃を受けるかも知れないということを十分考慮に入れておく必要がある，③日本は核攻撃に対してきわめて脆弱な体質を持っており，総人口の50.1％が，総面積の18.9％を占めるに過ぎない東海道メガロポリスに集中し，主要産業もその地域に集中している現状にあっては，たった1発の水爆の爆発も許容することはできない，④外交・政治問題として，日本が核武装したならば，単に中国に一層の警戒心を抱かしめるばかりでなく，ソ連や米国の対日猜疑心を高める結果になり，日本の外交的孤立感は上限のない階段を上り続けなければならなくなるだろう，と述べられている。

　結論として，以下のように述べる。日本の安全保障が高まるという保証があるとすれば，核武装は1つの政治的選択として考慮する価値があろう。しかし，これまでの分析を通じて，日本の安全保障が核武装によって高まるという結論は出てこない。日本は，技術的，戦略的，外交的，政治的拘束によって核兵器を持つことができないのであるが，そのことは日本の安全保障にとって決してマイナスとはならないだろう。核保有国となることによって，たとえ国威を宣

揚し，ナショナリズムを満足させることができたとしても，その効果は決して長続きすることができないばかりか，かえって新しいより困難な拘束条件を作り出してしまうからである。

　この報告書は，1960年代後半から1970年代初頭にかけて，中国が核実験を実施して核兵器国となり，沖縄返還が議論され，佐藤首相により非核3原則が唱えられ，核不拡散条約への署名の賛否が議論されるなかで，内閣の責任において行われた非公式の報告書である。したがって，当時の日本の核政策の選択について大きな影響を与えたと考えられるし，当時の日本政府の全体的な見解が反映されているものと考えられる。ただ技術的な側面に関する分析は，その後の著しい技術的発展を考えれば今日の状況に適応できないと考えられる部分も多々あるが，人的・組織的側面の困難さの指摘は現在でも通用するであろう。さらに戦略的側面の分析は現在でも状況はほとんど変わっておらず，また外交・政治問題からの分析も現在の状況に適用可能である。

## II　1990年代の核武装疑惑

### 1　日本の核疑惑に関する議論

　1990年代においては，冷戦後の新たな国際環境の下において，日本に関連するさまざまな事項を根拠に，日本の核武装の疑惑が海外の論者によって主張された。それは主として以下の3つの理由に基づいている。第1は，日本がプルトニウムを再処理し核燃料として用い，また大量のプルトニウムを保有していることである。第2は，北朝鮮の核開発疑惑問題が発展し，日本はそれに対抗するために核兵器を保有するであろうという主張であり，第3は，1993年のG7首脳会議において，日本のみがNPTの無期限延長を支持しなかったことから来る政治的意思の問題である[3]。

### (1) プルトニウム利用

　第1の技術的な側面からの疑惑は，日本のプルトニウム利用は平和目的であり，使用しているのは原子炉級のプルトニウムであると言われているが，原子炉級プルトニウムでも核兵器の開発は可能であり，日本の保有量は莫大なものになっているので，日本はいつでも核兵器を開発・製造できる核分裂性物質を保有しているというものである[4]。またプルトニウム保有と関連して技術的側面から主張されるのは，日本が地球を回る軌道に衛星を打ち上げる能力のあるH2ロケットを開発していることであり，それは弾道ミサイルに容易に変換で

きると主張されている。

(2) 北朝鮮の核開発疑惑

第2の国際情勢からの疑惑は，北朝鮮が核兵器を開発していることに関連して，北朝鮮が核兵器を保有するようになれば，日本が核兵器を保有する方向に動く可能性がきわめて高くなるとの判断である。この意見は主として米国の内部においてしばしば主張されたものであり，勢力均衡的な立場からの見解であり，ドミノ理論に基づく見解である。

(3) NPT 無期限延長反対

第3は，日本の国内政治上の疑惑であり，1993年のG7サミットにおいて，日本がNPT無期限延長を支持できなかったことは，日本が核武装の可能性を検討していることの証拠であると主張された。この日本の政治的意思の問題に

---

[3] この時期における日本の核武装論の分析とそれらの論拠・論法への反論については，神谷万丈「海外における「日本核武装論」」『国際問題』426号，1995年9月，59-73頁．神谷万丈「日本・核兵器・日米同盟」『防衛大学校紀要(社会科学編)』第76輯，平成10年3月，21-36頁．Matake Kamiya, "Will Japan Go Nuclear? :Myth and Reality," *Asia-Pacific Review*, Vol.2, No.2, Autumn/Winter 1995, pp.5-19. 参照．この時期に日本の核疑惑を表明したものとして，Selig S. Harrison, "A Yen for the Bomb? :Nervous Japan Rethinks the Nuclear Option," *The Washington Post*, October 31, 1993; Xia Liping, "Maintaining Stability in the Presence of Nuclear Proliferation in the Asia-Pacific Region," *Comparative Strategy*, Vol.14, No.3, July 1995, pp.279-380; David Arase, "New Directions in Japanese Security Policy," *Contemporary Security Policy*, Vol.15, No.2, August 1994, pp.55-56. 参照．またこの時期の分析として，芦澤久仁子「日本：核保有の選択——シナリオ，条件，実現性そして影響」『海外事情』第46巻第3号，1998年3月，34-51頁．アンドルー・マック(神谷明美・訳)「日本核兵器・対米同盟」『海外事情』第46巻第7・8号，1998年7・8月，75-87頁参照．

[4] 日本のプルトニウム政策と核拡散との関連につき，北村氏は，「核兵器計画の開発については，政治的意思とプルトニウム計画に示された技術が必要である．そのうち，日本の政治的意思が日本の核拡散を防止する鍵となるし，米国の核の傘が日本の意思決定に最強の影響をもつ」と述べ，民生用プルトニウム利用は潜在的な核兵器開発にまったく無関係であると主張する(Motoya Kitamura, "Japan's Plutonium Program: A Proliferation Threat?" *The Nonproliferation Review*, Vol.3, No.2, Winter 1996, pp.1-16.)．他方，片原氏は，「日本が不拡散の分野で指導的役割を果たすには重大な障害が存在しており，その主要なものは，日本がプルトニウムを基盤とする自律的な核燃料サイクルを追求していることである」と述べ，核リサイクル政策の延期，地域的原子力協力レジームの作成，核エネルギー計画の透明性を提言している(Eiichi Katahira, "Japan's Plutonium Policy: Consequences for Nonproliferation", *The Nonproliferation Review*, Vol.5, No.1, Fall 1997, pp.53-61.)．日本のプルトニウム利用の議論と核武装に関しては，Selig S. Harrison (ed.), *Japan's Nuclear Future*: *The Plutonium Debate and East Asian Security*, Carnegie Endowment for International Peace, 1996. 参照．

ついては，それを主張する人々の誤解が主たる理由であると考えられる。日本はNPTの署名時においても，条約の差別的性格に大きな疑問を抱き，十分な核軍縮の進展が見られない状況で，この差別的な制度を無期限に維持することには躊躇せざるを得なかった。実際の理由は，宮沢首相が自民党内で無期限延長にコンセンサスを得られなかったからであり，また条約への署名・批准が議論されていた頃に外相を務めていた首相は，この条約の無期限延長がいかに困難であるかをよく知っていたからである。

　その2カ月後，細川新政権は，日本が条約の無期限延長を支持することを明確に表明し，同時に世界の平和は核兵器を廃絶することによる世界軍縮により達成されるべきことを強調した。

　この時期における日本の核武装論は，以上の3点を根拠に日本の核武装の可能性を危惧するものであり，第3点は消滅しているが，日本の政治的意思の問題として現われることもあり，第1，第2の点は現在でもそのまま妥当する。まず技術的な側面では，核兵器の開発に利用可能なあるいは核兵器の開発に隣接する領域での技術的発展は否定できないであろう。またプルトニウム利用が世界のさまざまな地域において危惧を生じさせていることも事実である。ただ，日本の場合には，原子力の平和利用に関する法的規制が存在し，宇宙の平和利用に関する国会決議が存在している。したがって，原子力あるいは宇宙に関する研究開発も当然平和的なものに限定され，意図的に軍事的なものを研究開発することはできない。

　しかし，技術は価値中立的であり，一方から他方への転用も技術的には可能であるので，日本には明確な説明責任があり，透明性を大幅に増大させるとともに，国際的な協力を積極的に推し進める必要があろう。

　北朝鮮の核疑惑については，現在もさらに悪化しつつ継続する問題であり，核兵器開発は一層深刻なものとなっており，日本の安全保障にとっても大きな危機であり，慎重に対応する必要がある。

## 2　1995年報告書「大量破壊兵器の拡散問題について」[5]

　この報告書は，特に1990年代前半の北朝鮮の核疑惑等に基づく日本の核武装論が海外において主張される中において，防衛庁事務次官の指示の下に，防衛庁の文民と制服組のチームがまとめたものであり，①冷戦後の核戦略がど

---

[5] 『大量破壊兵器の拡散問題について』平成7年5月29日，『朝日新聞』2003年2月20日。

のように変容しているか，②冷戦後の核拡散問題はどう進展しているか，③冷戦構造崩壊後の米国の日本への拡大抑止は必要か，必要ならどう担保するか，④日本にとって核オプションは意義ある選択か，⑤日本はどう選択すべきか，が検討されている。

まず，核武装の戦略的意義として，①対価値(都市)戦力としての確証破壊による抑止力を維持する，②通常戦力の劣性補完として核武装を考える，③自由な核(報復)オプションの保持により同盟国の核コミットメントを確保する，の3つのケースを検討し，①については，国土狭隘，人口稠密，都市集中など極めて脆弱な地理的特性を有する我が国の場合にはその意義は否定的である，②につき四面環海の我が国ではNATOとは異なりその必要性は乏しい，③のような英仏型戦略戦力保持は，日本にとって適当ではない，と述べる。

次に核武装が必要になる前提条件として，日本に対する核の脅威という点から，中国，ロシア，北朝鮮を検討し，①中国につき，米国の拡大抑止が健全に機能していれば，日本に対し核の威嚇や攻撃を行うことは想定しがたいが，台湾との関係では懸念が残る，②ロシアについては，日米安保条約が健全で米国の拡大抑止に依存できる限り，日本が単独でロシアと対決する状況は想定しがたい，③北朝鮮については，米国の立場からして北朝鮮の核武装が容認される可能性は低く，北朝鮮の核は，当面の安全保障政策の重要課題であって，将来日本が核武装の可能性を議論する上での条件とはなり得ない問題であると結論する。

第3に，核オプションのコストとして，日本が核保有に踏み切ることは，①現在の不拡散体制の破壊をリードすることとなるのみならず，②安保条約の核心である米国の拡大抑止との関係で微妙な問題を生じかねないことから，余程の合理的理由がない限り同条約に対する不信の表明と理解される恐れが高い，③また，周辺諸国からは，日本が日米安保条約の枠組から離脱し自主防衛に傾斜する行為と見られる恐れが高い，という点を指摘する。

また①対外的な関係で問題を生じるだけでなく，②国内的には核保有をめぐる衝突という政治的混乱を惹起することとなるとともに，③仮に核兵器を保有することになれば核兵器管理のためのインフラ整備のため膨大な政治的経済的コストを負うこととなろうと述べる。

第4に，現状に近いケースとして，①日米同盟が維持されること，②核不拡散レジームもほぼ維持されること，③周辺諸国に核武装の傾向があらわれること，という条件の下では，我が国にとって核オプションの意義は認められ

ないと述べ，次に最悪のケースとして，①日米同盟の破綻，②核不拡散レジームの崩壊，③各国が核武装へ傾斜，という条件の下で検討し，この場合であっても，国際社会の安定に依存する通商国家が，自国の核兵器により自らの安全を確保し，その権益を擁護することにどれほどの意味があるのかは疑問とせざるを得ない，かえって自らの生存の基盤を掘り崩す恐れが大きいものと考えられる，と分析する。

これら2つのケースの折衷型においても，日本の核武装は，不安定化をもたらす重要な要因として忌避される可能性が高く，仮に米国が日本に核武装を慫慂したとしても，この地域の他の米国の同盟国や友好国にとっては，受け入れがたいオプションとなるだろうと述べ，こうした政治的経済的な諸条件に加えて，日本が地政学的に核に対して脆弱であることから，核兵器を保有することは決して有利な政策ではないものと思われる，と結論する。

この報告書は，北朝鮮の核疑惑に直面して，防衛庁による軍事的・戦略的観点を中心とした分析であって，きわめて貴重なものであり，現在の日本の核武装に関する議論にとってもきわめて有用なものである。

## Ⅲ　21世紀の新たな議論

### 1　日本における議論の発生

2002年に至るまで，日本国内において日本の核武装を議論することはタブー視されており，ときおり核武装論が唱えられることがあったが，議論すること自体に対して鋭い批判が浴びせられるのが一般的であった。たとえば，1999年11月に当時の防衛庁政務次官の西村真悟氏が，日本も核武装を検討すべきだと主張したが，国内世論およびメディアの強烈な批判に直面し，小渕首相はその翌日に政務次官のポストを解任せざるを得なかった。

2002年5月13日に安倍晋三官房副長官が早稲田大学で講演し，憲法上は戦術核を使うことは違法ではないと話し，政策論としては非核3原則があるからやらないが，法律論としては違憲ではないと述べた。この問題が国会で取り上げられた際に，安倍氏は従来の政府解釈を紹介しただけであると釈明した。この問題に関して，福田康夫官房長官は，5月31日，非核3原則は憲法のようなものであるが，憲法も改正しようというぐらいになっているのだから，非核3原則も変えようとなるかもしれないと述べ，将来，非核3原則を見直す可能性もあるとの考えを示した[6]。

内閣の中枢に位置する2人の政治家が，北朝鮮の核開発問題が深刻化する中

第3章 軍縮の基本的問題

で，日本の核兵器保有の容認とも受け取れる発言を行ったため，いつものように国内で批判が巻き起こったが，両氏がそのポストを失うことはなかったし，行政の執行に大きな障害が出ることもなかった。それには以下の3つの理由が考えられる。第1は，両氏とも日本の核武装に言及しているが，それは法律論であり，また理論的なものであり，政策としては非核を貫くと強く弁明したことであり，それは以前の例が核武装を政策として強く支持するものであったのとは異なっていたからである。第2に，小泉首相が，小泉内閣としては核兵器の保有はまったく考えておらず，非核3原則を厳守するとすぐに表明したことである。さらに第3には，さまざまな国際環境の変化，特に北朝鮮の核兵器にいかに対応するかという問題を背景として，核武装の議論がタブー視される度合いが低くなったからであると考えられる[7]。

その後，2002年9月17日に小泉首相が訪朝し，日朝首脳会議が開催された後，拉致問題で日本人の北朝鮮に対する不信と怒りが広く発生し，同年10月半ばに北朝鮮の濃縮ウラン計画が暴露されるに至って，北朝鮮の核ミサイルの攻撃にいかに備えるかといった観点からの議論が多く出てくることとなった。

まず，2002年12月に，京都大学の中西輝政教授は，北朝鮮に核ミサイルを発射させないようにするいちばんの方法は，「日本も核武装する」という宣言を，いち早く総理がすることであり，「北朝鮮がもし万一，核ミサイルの脅しをかけてくるなら，日本も核武装する決断を迫られよう」とはっきりいえばいいと述べ，福田和也氏も，新しい政治を行うにあたって2つのポイントがあるが，その1つは「我々には核兵器を製造する力があり，やろうと思えばすぐに核武装できる」と表明することであると述べた[8]。また田久保忠衛杏林大学教授は，日本の核武装の選択に関して，「絶対，日本は核武装をしないとは言わない」ことを主張した[9]。

---

[6] その1カ月少し前の4月6日に自由党の小沢一郎党首は，軍備増強を続ける中国を批判し，中国は核爆弾があると言っているが，日本もその気になれば一朝にして何千発の核弾頭を保有できると述べた。『産経新聞』2002年4月7日。

[7] ニューヨーク・タイムズ紙は，この問題を日本の安全保障の考えが大きな変化を遂げつつあるものと分析している。Howard W. French, "Taboo Against Nuclear Arms Is Being Challenged in Japan," *New York Times*, June 9, 2002.

[8] 中西輝政・福田和也「日本核武装宣言」『Voice』2003年1月，79，81頁。

[9] 櫻井よしこ・田久保忠衛・兵頭長雄「ならば日本も「核」の選択！」『諸君』2003年1月，40頁。

第4節　日本の非核政策と核武装論

## 2　米国における議論

第1に，2003年1月3日に，チャールズ・クラウトハマー氏が，ワシントン・ポスト紙において，「ジャパン・カード」と題するコラムで，北朝鮮の核開発阻止に消極的な中国の態度を変えさせるためには，米国は日本の核武装を支持すべきであると主張した。その理由として，彼は，「われわれの悪夢が北朝鮮の核であるとすれば，中国の悪夢は日本の核であり，今や悪夢を共有する時期である」と述べている[10]。

第2に，2003年1月6日に，ケイトー研究所のテッド・カーペンター氏は，北朝鮮問題の解決のオプションとして，① 米朝枠組みと同様に，北朝鮮に物質的利益を与える，② 核施設を先制攻撃する，③ 経済制裁で圧力を強める，があるがいずれも実効性がないとして，第4の採用すべきものとして，米国は，北朝鮮に対して，その核兵器プログラムを放棄しないならば，米国は韓国と日本に対して核武装するよう奨励すると述べるべきだというアプローチを主張した[11]。

第3に，2003年2月16日に，ジョン・マケイン上院議員は，FOXテレビで，北朝鮮の核開発問題に関連して，「中国が危機解決に迅速に取り組まなければ，日本は核武装するしか選択肢がなくなる。日本には自国民の安全を守る義務がある」と述べ，日本の核武装への方向性を示唆するとともに，中国への積極的な取り組みを要請した[12]。

第4に，2003年3月16日に，チェイニー副大統領は，NBCテレビとの会見で，北朝鮮の核開発や弾道ミサイル開発は，この地域の軍拡競争を引き起こすとの見解を示し，「例えば日本が核武装問題を再検討するかどうかの考慮を迫られるかもしれない」と述べ，さらに「日本で核武装論が起きることは中国の利益にならない」と述べた[13]。この発言は米政府の副大統領のものであり，他の発言とは異なる重要な意味合いをもっている。

第5に，2003年4月11日，モントレー国際大学のポッター氏は，インター

---

[10] Charles Krauthammer, "The Japan Card," *Washington Post*, January 3, 2003.
[11] Ted Galen Carpenter, *Options for Dealing with North Korea*, Cato Institute, Foreign Policy Briefing, No.73, January 6, 2003. 2003年1月17日の日本報道機関との会見で，アーミテージ国務副長官は，米国の一部で日本の核武装をめぐる議論が起きていることについて，核の傘は米国が伝統的に提供してきたもので，継続されるだろうし，日本の核武装の必要はないし，心配していないと述べた。『毎日新聞』2003年1月18日。
[12] 『毎日新聞』2003年2月17日。ただし，同じ番組に出演していたライス大統領補佐官は，「日本が核武装に国益を見出している証拠はない」と否定的な見方を示した。

273

第 3 章　軍縮の基本的問題

ナショナル・ヘラルド・トリビューン紙において，北朝鮮の NPT 脱退の発効に関連して，米国がこの問題の解決に積極的な対応を取らないことを批判し，「韓国および台湾は安全保障に対して核兵器が持つ価値についての長く眠っていた議論を再開するかもしれないし，日本も核不拡散条約の価値を以前より厳格に検討するだろう」と述べ，核兵器のドミノ作用を警告していた[14]。

## 3　日本における議論の発展

米国における上述の議論を背景として，2003 年中期以降日本においては本格的な議論がさまざまな雑誌において展開され，ある雑誌はこの問題の特集を出すようになった。2003 年 8 月 14 日，防衛大学校長の西原正氏は，ワシントン・ポスト紙において，「米国との不可侵条約に関する北朝鮮の提案が，著名な米国の政策決定者や他の影響力ある人々の支持を得ているように見えるのは不幸なことである。そのような条約は，実際には，韓国からの米軍の撤退，さらに日本の独自の核兵器の開発の正当化へと導くだけであろう」と述べ，不可侵条約は日米安全保障条約を損なうものであるので，米国はそれに署名すべきでないと主張した。その理由は，北朝鮮が核を放棄したとしても，生物・化学兵器で日本を攻撃するかもしれず，その際に米国は不可侵条約のため日本を防衛できなくなる可能性があり，日本は米国との同盟をあてにできないので，報復のため核兵器開発を決定するかもしれないという論法である[15]。

---

[13] 『共同通信』2003 年 3 月 17 日。『朝日新聞』2003 年 3 月 17 日夕刊。この発言に対し，日本の外務省の竹内行夫事務次官は，「日本にとって核武装は現実的な選択ではありえないとはっきり言える。政府内でまじめに議論されている状況ではない」と明確に否定した。『毎日新聞』2003 年 3 月 17 日。また石破防衛庁長官も，「北朝鮮が核保有したとしても，日本は核武装をすることはない」ことを強調した。『毎日新聞』2003 年 3 月 28 日。

[14] William Potter, "Beware the Domino Effect of North Korean Nukes: The Perils of 'Hostile Neglect'", *International Herald Tribune*, April 11, 2003. 同様の見解として，Jon B. Wolfsthal, "Asia's Nuclear Domino?" *Current History*, No.120, April 2003, pp.170-175. 参照。

[15] Masashi Nishihara, "North Korea's Trojan Horse", *Washington Post*, August 14, 2003. しかし西原氏は，「理論上はありうる結論であるが，現実問題としては，日本が核を持つかもしれない，独自にその使用を考えるかもしれないという議論だけでも実に危険なものであると思う。純軍事理論上はその可能性を検討することもあり得ようが，現実に動き出したら…国際社会から制裁を受けることになろう。…日本は国際的に孤立に陥ると思う。…これは日本にとって最悪のシナリオなのである。…現状で追求すべき方向は，日米安全保障条約による核抑止力を，完全に，安定的に，維持していくこと以外には見出しようがない」と述べ，現実の選択肢としてではなく，日米安保条約の強化のための方便として用いているのである。西原正「米朝不可侵条約が招く日本の危機」『中央公論』2003 年 11 月，142-143 頁。

第4節　日本の非核政策と核武装論

### 4　議論の特徴

　この時期の代表的な発言を検討してきたが，日本の核武装に関する米国の専門家の見解は，直接的に日本の核武装を奨励するものというよりは，日本が核武装すれば中国の安全保障が影響を受けるという可能性を強調することにより，北朝鮮問題の解決に向けて，中国がもっと積極的に行動すべきことを要請するものであり，また北朝鮮に対して核開発の効果が相殺される可能性を述べ，核開発を抑制するものである。さらに北朝鮮の核武装は，アジア諸国へのドミノ効果を生み出すので，米国を中心に国際社会が北朝鮮の核開発の阻止に向けて努力すべきことを主張するものである。

　他方，日本での議論の大部分は，北朝鮮の核兵器およびミサイルの脅威に対抗するために，あるいは北朝鮮の政治的な恫喝に対応するために，日本は核兵器を保有することを考えるべきであるというものであり，米国における議論が間接的なものであるのに対して，北朝鮮の脅威への直接の対応として議論されている。

　もっとも，米国においても，チェイニー副大統領以外は，ライス大統領補佐官やアーミテージ国防副長官など政権内部の人々は，日本の核武装の必要性や可能性については否定的であるし，日本政府も否定的である。

## Ⅳ　日本における核武装論顕在化の背景

　2002年および2003年に日本において核武装がさまざま議論されるようになったが，ここでは，この時期に議論が発生してきた背景を明らかにする。それはこの議論の性質をより正確に理解することを可能にするし，日本核武装論をどう解決すべきかのヒントも得られると考えられるからである。第1の直接の背景となっているのは，北朝鮮の核ミサイルの脅威であり，この問題が日本の核武装論の直接の契機であり，直接の対象であることには疑いはない。第2は，国際核不拡散体制の弱体化が背景にあるが，特にNPTの実効性および普遍性における体制の弱さ，さらに核軍縮の停滞が論点となる。第3に，日本の核武装論に間接的に大きな影響を与えているのは，米国の核政策であり，特に核兵器の使用可能性の問題を検討する。第4は，日本の小泉内閣における軍事力強調主義が，米国のブッシュ政権における軍事中心主義と相互強化しつつ進展している点を検討する。

第 3 章　軍縮の基本的問題

1　北朝鮮の脅威

　冷戦終結直後には，米国の核兵器が韓国から撤去され，南北朝鮮間で朝鮮半島非核化共同宣言に合意され，北朝鮮が IAEA と保障措置協定を締結するなど前向きの傾向が見られた。しかしその後，北朝鮮の核開発疑惑が発生し，核危機を迎え，1994 年の枠組み合意で北朝鮮の核凍結が図られた。1993 年にはノドン・ミサイルが発射され，日本の大部分がこの射程距離に入っており，日本への直接の脅威はこの時期から発生していた。

　1998 年 8 月に北朝鮮により発射されたテポドン・ミサイルは，日本列島を越え太平洋に落下したため，北朝鮮の脅威は一層大きなものとなり，日本は一時期 KEDO（朝鮮半島エネルギー開発機構）への協力を中止したりもした。またこれに対応するため，米国とのミサイル防衛の共同研究にすぐに合意し，脅威への対応を考慮するようになった。

　北朝鮮情勢が大幅に悪化し，日本に対する北朝鮮の脅威が一層深刻となったのは，2002 年 10 月以降である。その時期に北朝鮮は米国に対してウラン濃縮製造計画をもっていることを通知したからである。これにより米朝関係は一気に悪化し，KEDO は重油の供給を停止し，北朝鮮は核凍結の解除および核施設の再稼動を表明し，2003 年 1 月 10 日には NPT からの脱退を表明した。さらにその後，北朝鮮はすでに核兵器を保有していると表明し，核兵器開発計画をさらに進めている様子である。

　日本の小泉首相は，2002 年 9 月 17 日にピョンヤンを訪問し，金正日軍事委員会委員長と会談し，共同声明を発表した。そこでは国交正常化に向けて交渉を開始するとともに，核・ミサイル問題の解決が謳われていた。この会談は，日本の首相が北朝鮮を訪問した最初のものでもあり，日本外交の大きな成功であると賞賛されるものであったが，拉致問題によって事態は，一層悪化していった。

　首脳会談において，金正日ははじめて拉致問題の存在を認め，謝罪し，拉致に関する事実を報告した。拉致事件の承認および謝罪は歓迎されたが，13 人の拉致被害者があり，8 人がすでに死亡しているという報告の内容には，日本で大きな失望が見られた。その後日本が一層詳細な情報を要求したのに対して北朝鮮が回答しなかったため，日本国内において北朝鮮に対する怒りおよび不信が大きく広がっていった。その結果，政府自身も拉致問題の解決なくしては，いかなる交渉もありえないという態度を採用せざるを得なくなり，核問題よりも拉致問題がより重要な課題となった。

第 4 節　日本の非核政策と核武装論

　北朝鮮の核・ミサイルの脅威に関する日本人の対応については，この拉致事件に対する北朝鮮の対応への不信や怒りが大きく作用している。拉致事件を引き起こすような非人道的な政権というイメージと，解決に向けての不誠実な態度とによって，核・ミサイルの脅威が一層拡大されているように思われる。今回の日本における核武装の議論が，北朝鮮の拉致問題に対する不満，および拉致問題に対する日本政府の対応への不満との関連で議論されていることが多いことから，この問題が大きな背景となっていることは否定できない[16]。

　日本の核武装論が出てくる背景として中国の核戦力の脅威が存在することは確かであり，中国の核軍備増強に直面して，それに対抗するために核武装が主張されることもあった。長期的にはこの問題に対応する必要はあるが，中国の核兵器は 1964 年以来 40 年にわたって存在してきた問題であり，今回の核武装論の発生の中心的な理由とは考えられない。

## 2　核不拡散体制の弱体化

　日本の安全保障を考える際に，特に日本の核武装を考える際には，核不拡散体制の有効性が大きな鍵となる。核不拡散条約の成立に伴い，日本は条約に署名・批准したが，核武装をしないことが日本の安全保障に有益であるという判断に基づいている。それは NPT が多くの国により受け入れられ，かつ誠実に履行されるという前提に立っている。しかし，最近の情勢は，この前提を疑問視させるような状況となっている。

　その 1 つは条約の実効性の問題であり，条約当事国である国々が条約義務を誠実に履行しているかが疑わしい状況が生じており，それに対して国際社会が効果的な措置をとりえない状況になっている。その中心は北朝鮮であり，核疑惑が発生した 1993 年 3 月にも条約からの脱退を表明し，それは一時停止したが，2003 年 1 月には再び脱退を表明し，4 月には脱退が有効になったと考えられている。条約に違反しながら，最終的には条約から脱退することに対して，国際社会が適切な対応を取らないという状況が問題であり，条約の実効性が大きく損なわれている。またイラク，イラン，リビアなども条約の当事国でありながら，条約義務の違反の疑惑がしばしば発生する状況が，長らく継続していた。

---

[16]　たとえば，中西輝政・福田和也「前掲論文」(注 8) 74-85 頁および櫻井よしこ・田久保忠衛・兵頭長雄「前掲論文」(注 9) 26-40 頁は，ともに表題は核武装に関するものになっているが，対談の内容は拉致問題が中心である。

条約の実効性については，IAEA保障措置の強化などの措置が採用されており，日本は率先して新たな義務を引き受け，一層の負担を負うことを進んで実行しているが，違反の疑惑のある国々がこれらの新たな義務を引き受けない状況は，短期的に見て不公平感を発生させる可能性がある。また違反が放置されることが継続し，あるいは違反の後の脱退が放置されるならば，日本においても，核武装すると国際的非難を浴びるだろうが，それほど厳しいものではないと解釈する論者が出てくる可能性がある。

第2の問題は条約の普遍性の問題であり，日本がNPTに署名・批准した際の認識は，この条約は不公平なものであり，差別的なものであるが，5核兵器国が存在するという現状から出発する以外になく，核軍縮推進の前提としても核拡散の防止は不可欠であるというものであった。そこには，核兵器国はこの5国に厳しく限定され，それ以上増加することはないという認識があった。イスラエルの核は以前から長らく米国のダブル・スタンダードによって存在してきたが，日本にとって，さらに重要なのはインドおよびパキスタンの地位である。

1998年5月に両国が核実験を実施した際に，日本は米国とともに両国に経済制裁を課すことによって，両国の核実験を厳しく非難した。その他の多くの国々は非難はしつつも，経済制裁の適用までは実施しなかった。NPTの規定上は，この両国は核兵器国にはなれないという意味においては，両国は法的には核兵器国ではない。しかし，実際の国際政治においては，両国を事実上の核兵器国として承認する動きがしばしば見られた。米国においても，経済的な利益の観点からインドの経済制裁を解除すべきであるとの見解が以前から強くあったが，米国は，2001年9月11日の同時多発テロを契機に両国への経済制裁を解除した。それはアフガニスタンにおける対テロ作戦においてパキスタンの協力が必要になったからであり，インドも同様に取り扱われたからである。

その後，国際社会が，特に米国がインド，パキスタンの核兵器国としての地位を事実上認めるような発言を行い，行動をとっているが，これは核不拡散体制を大きく損なうものであるとともに，日本のように核兵器のオプションを積極的に放棄した国から見ると，不拡散体制の厳格な維持に国際社会はそれほど熱心ではないのかという認識が発生する。新たに核兵器国になることは，一時的な非難があるとしても，そのうち核兵器国として受け入れられる可能性があるという認識が発生する余地がある。

キャンベルは，この点に関して，「インドとパキスタンが(長期的な外交的・経済的影響なしに)1998年5月に複数の核装置を爆発させ，さらにその後核兵器

第4節　日本の非核政策と核武装論

を開発していることにより，1990年代の出来事は核兵器に対するタブーを劇的に弱体化した。その後米国が戦略的にインドを取り込んだので，米国の核拡散に対する決意は弱体化していると感じさせることになり，過去に核開発を試みた諸国は，米国主導の国際的孤立や非難という過去の恐怖を割り引いて考えるようになっている」と分析している[17]。

　第3は，核軍縮の停滞の問題であり，日本のNPTの署名・批准に際して最大の問題となったのが条約の差別性の問題であり，1976年の条約批准書寄託の際の日本国政府声明においても，「このような差別は，将来，核兵器国が核兵器を廃絶することによって是正されねばならないと信じる」と述べられており，「日本国政府は，核軍縮について特別の責任を有する核兵器国が，この条約の第6条に従い，核軍備の削減，包括的核実験禁止などの具体的な核軍縮措置をとっていくことを強く要請する」と述べられている。

　このように，日本は核兵器を保有しないことでその安全を保障することを選択したが，それは核兵器の廃絶に向けて核兵器国が積極的に努力するという前提に立っている。その前提となっている核軍縮に進展が見られない状況においては，核不拡散体制は，核兵器国の特権的地位を永久に認めるものとなり，日本の安全保障は低下していくと主張する可能性があり，そのためには核武装が必要であるとの考えが出てくる余地が生まれる。

　シリンシオーネは，「日本のような国が核兵器を開発する能力を保持している限り，大量破壊兵器の拡散に対する政治的・外交的抑止力が強力で有効であることが不可欠である。米国その他の核兵器国が，NPT第6条の下で要求されている軍備競争の早期の停止および核軍縮に関する効果的な措置の追求の意図をもはや持っていないと日本が考えるようになれば，日本は真剣に核武装を検討するであろう」と分析している[18]。

　同様に，ハリソンも，「この分析の要点は，日本に対する米国の核の傘の継続は，中国を含むような核軍縮の世界的なプロセスへと導く米ロの有意義な措置を伴っていなければ，それだけでは非核日本を保証しないというものである。……日本がどう決定するかは，主として，米国とロシアが，中国その他の核兵器国を核軍縮の継続的なプロセスに引き込むのに必要な核兵器の削減を行うか

---

[17] Kurt M. Campbell, "Nuclear Proliferation beyond Rogues," *The Washington Quarterly*, Vol.26, No.1, Winter 2002-03, p.10.
[18] Joseph Cirincione, "The Asian Nuclear Reaction Chain," *Foreign Policy*, No.118, Spring 2000, p.126.

どうかに依存する」と述べている[19]。

## 3　米国の核政策：核兵器の使用可能性

米国のブッシュ政権においては，2001年12月に「核態勢見直し」報告書が提出され，基本的にはその方針に従って，米国の核政策が実施に移されている。その報告書の中心は，ロシアはもはや脅威ではなく，ならず者国家やテロリストが新たな脅威となっていること，そのためこれまでの脅威に基づくアプローチから能力に基づくアプローチに移行することである。その新たな3本柱は，非核および核打撃力，ミサイル防衛を中心とする防衛，応答的インフラである。この報告書においては，これまでの戦略の三本柱——ICBM，SLBM，爆撃機——は核兵器を重視してきたが，新たな戦略では，核兵器の重要度は大きく低下され，通常戦力の重要性が高められると述べられている。

ロシアからの脅威の大幅な低下により，戦略レベルでの核兵器の有用性は減少していることは確かであるが，核兵器の有用性がすべて低下しているわけではない。すなわち，新たな核政策では，核兵器と通常兵器の間の大きな壁が除去され，非核および核打撃力として同列に取り扱われており，これは核兵器の使用の可能性が増大することを意味する。そのことは，この報告書の他の部分において，核兵器への新たな任務付与として，堅固で地中に埋められた目標や移動式の目標を攻撃すること，さらに命中精度を改善し付随的損害を限定することが含まれていることからも明らかである。そのため新たな核兵器の能力の開発が必要とされており，核実験の準備期間を短縮することが勧告されている。

米国議会は，2004年度予算作成過程において，5キロトン以下の核兵器の研究・開発を禁止する1993年の法律を廃止し，小型核兵器のための予算を付けており，核実験準備期間の短縮のための予算も承認した。このことは，米国は新たな小型核兵器を開発し，核実験を行う準備も整えていることを意味している。それらは小型であって，使用が抑止されていた戦略核兵器とは異なり，実際の使用を念頭において開発が進められている。

さらに米国は2002年10月国家安全保障戦略を採択し，これまでの政策とは大きく異なり，先制攻撃の政策を採用した。そこでは核兵器の使用も排除されていない。このように，米国の最近の核政策は，核兵器は使用可能な兵器であ

---

[19] Selig S. Harrison, "Japan and Nuclear Weapons," Selig S. Harrison (ed.), *op. cit.*, (注4) pp.7 and 40.

り，通常兵器とともに，ならず者国家などに対して使用する傾向を強めている。

このような政策は，これまで支配的であった考え，すなわち核兵器の破壊力はきわめて大きく大規模な被害を生じるものであるから，核兵器は相手の核兵器の使用を抑止するためにのみ存在し，実際は使えない兵器であるという考えを根本的に変えている。付随的損害を限定することにより使用が可能であるという方向に向っている。この米国の新たな核政策は，非核政策を追求する日本にとって，核兵器は使える兵器であるというメッセージを送っており，それに基づき，それでは日本も保有すべきではないかという議論へと連なっていることも否定できない。

米国の政策に関連するもう1つの側面は，米国の単独主義に関わるもので，渡辺教授は，「核武装論に関する現在の議論の基礎にある追加的な要因は，言及されていないものであるが，現在の米政権が一方的な軍事行動をとる傾向をもっていることに対する根強い懸念であることを理解する必要がある。北朝鮮の核計画に対する日本人の懸念と混じりあっているのは，世界の唯一の超大国がその意思をイラクに課している方法についての不安な感情である」と主張する[20]。

またキャンベルは，「欧州および日本における米国の現在の安全保障のコミットメントは，米国の核の傘の有効性と一貫性にまだ基づいているが，安全保障の同盟国・友好国への米国のコミットメントに対する疑問が大きく生じている。孤立主義の米国は，自国の国益を保護するためにだけ行動するので，多くの国が核の傘に関する米国のコミットメントを再評価するようになっている」と述べ[21]，これらの国による核武装の可能性を懸念している。

## 4　日本の軍事力強調主義

冷戦終結後の湾岸戦争において，日本は多大の経済的援助を実施したにもかかわらず，人的貢献をしなかったために，国際社会から十分な評価を受けなかった。国際社会の平和と安全のために積極的な役割を果たすべきであるという認識と，人的貢献がないと国際社会で評価されないという認識に基づき，日本は軍事的な貢献をも目指すようになる。第1に，国連平和維持活動に自衛隊を派遣するための法整備が検討され，1992年には国連平和維持活動協力法が

---

[20] Watanabe Hirotaka, "The Nuclear Debate," *Japan Echo*, Vol.30, No.5, October 2003. p.47.
[21] Kurt M. Campbell, op. cit., (注17) p.9.

成立し，1993年にUNTAC（国連カンボジア暫定機構）の軍事部門の後方支援として自衛隊が派遣され，その後，モザンビークやゴラン高原にも派遣された。

第2に，1996年の日米安全保障共同宣言を契機に，日米軍事協力に関する新たなガイドラインが1997年に作成され，そのための新たな国内法として「周辺事態法」が1999年に作成された。これにより日米安保条約第6条に関する米軍への自衛隊の協力が明確に示された。このように冷戦後の10年において，日本はその軍事的な役割を強化する方向に進んでいった。

21世紀に入り，日本では小泉政権が，米国ではブッシュ政権が発足し，さらに2001年の9・11同時多発テロが発生することにより，日本の軍事力強調主義はさらに強化されていった。同時多発テロのすぐ後に，米国の対テロリズム・アフガニスタン作戦を援助するため，日本は2001年11月に「テロ対策特別措置法」を成立させ，米軍の作戦を支援するため，インド洋に海上自衛隊を派遣し，他国艦船への燃料補給を行うとともに，後にはイージス艦をも派遣した。2003年6月には，主として朝鮮半島での危機を念頭にして，「武力攻撃事態法」が制定され，同年10月には，米英軍によるイラク攻撃の後の行動として，「イラク支援活動特別措置法」を成立させ，自衛隊の派遣を定め，2004年に入って自衛隊の派遣を実施した。

このように，特に小泉政権になって，対米協力を中心に日本の軍事的活動を強調するようになり，国際的に日本の軍事力を全面に押し出すようになった。これは，米国が単独主義的にかつ軍事力を中心に据えて行動するようになったことと深く関わっているが，日本国内および国際社会において軍事力が強調され，優先される状況がきわめて強く出てきている。このような一般的な傾向が，日本の核武装の論議にも間接的な影響を与えていると考えられる[22]。

## V 日本における核武装の議論

### 1 核武装推進論
#### (1) 自主防衛論

従来から自主防衛論を主張する人々は，米国の反対があろうとなかろうと，対米依存，対米従属からの脱却の手段として，日本独自の核武装を推進すべきであると主張する。対米依存の防衛態勢は，政治のみならず経済や文化にまで

---

[22] 核武装論をも含む新しい日本のナショナリズムの台頭については，Eugene A. Matthews, "Japan's New Nationalism," *Foreign Affairs*, Vol.82, No.6, November/December 2003, pp.74-90. 参照。

及ぶ対米屈従の傾向を我が国の「戦後」に与えてきたとし，自主もしくは自助の防衛体制をめざすのであれば，日本の核武装は真剣に考慮さるべきであり，基本的に支持すると主張する[23]。

(2) 米国容認論

　米国におけるさまざまな専門家の発言，特にチェイニー副大統領の発言を根拠に，米国は日本の核武装を容認しているとの解釈が，日本の核武装推進論者，特に新たな推進者の大部分に共有されている。したがって，たとえ日本が核武装しても，日米安保体制にひびが入る心配はまったくないと主張され[24]，日本に核武装論が出てきたのは，アメリカに，日本を核武装させたらどうかという意見が出てきたからにほかならないのであり，核武装はアメリカの意向次第であるから，日本としては核武装も「是」としておいた方が国益に叶うだろうと，主張されている[25]。

　中西輝政教授も，チェイニー発言以前から核武装論を唱えていたが，これは明らかに，日本に対するアドバルーンであり，北朝鮮の核開発，中国の軍備拡張に関する牽制であるとし，長期的に見て，日本での核武装論議の高まりは，アメリカの国益にかなうという核心がこの発言の根底にあると解釈する。また，日米安保体制を堅持すれば日本に核武装の必要はないという議論に対して，彼は，拡大抑止は冷戦構造のような，完全な２極対立の状況の下でしか高いレベルの信憑性を享受することはできないとし，核に対しては核をもって応じる以外に有効な手立ては見出しがたいのであると結論する。日本が核保有宣言をすべき時は，①アメリカの日本防衛に関するコミットメントが明確に揺らいだ時，②中国の海洋軍事力が本格的に外洋化した時，③北朝鮮の核が曖昧なままに見過ごされた時，のいずれかひとつが現実になった時であると主張する[26]。

　福田和也氏は，米国の承認の下であれば核武装で孤立することはないとしつつ，「核武装する国，あるいは核武装を目指す国が増えてくるにつれて，アメリカの核の傘の神話がいよいよ綻びてきた。…危険な国が核武装への道をひた走るなかで，核の傘という幻想が消滅しつつある。だとすれば，わが国も核武

---

[23] 西部邁「自主防衛への切っ掛けとしての核武装論議」『諸君』2003年8月, 52頁, 西部邁「核武装論が自主防衛への道を切り拓く」『正論』平成15年9月, 86-98頁。
[24] 伊藤貫「NOとは言わないアメリカ」『諸君』2003年8月, 111-119頁。
[25] 渡辺昇一「国益に叶う核武装論」『諸君』2003年8月, 110頁。同様の容認論として，岡崎久彦「技術的な面を先ず詰めよ」『諸君』2003年8月, 58-59頁, 片岡鉄也「たった2回のチャンス」『諸君』2003年8月, 98-99頁参照。

装して，自衛の核抑止力をもたざるを得ないのではないか」と主張する[27]。

森本敏教授は，北朝鮮の核武装に対しては，ミサイル防衛や精密誘導兵器の開発・装備で対応すべきだとしながら，最後の手段として，①日本が周辺国から明確な核の脅威，威嚇を受けるにもかかわらず，②日米同盟に基づく核抑止には完全に依存できず，③しかも，NPT（核不拡散条約）などの国際的約束や周辺諸国との関係を配慮していたのでは国家の存亡にかかわるという状況になった場合であるとしながらも，日米同盟の廃棄は日本の安全保障にとって有害であるから，米国の同意を得てポラリス搭載原子力潜水艦の供与を米国から受けるという英国型核武装に進むべきであると主張する[28]。

また伊藤貫氏は，米国が日本の核武装を容認するだろうし，また米国は常に頼りになるとは限らないという考えに立ち，「核弾頭を付けた巡航ミサイルを多数の小型潜水艦と小型駆逐艦に搭載するという形で，日本は自主的な核抑止力を得るべきだ」と主張する[29]。

(3) **核武装オプション論**

直接の核武装推進論ではないが，論者の中には，日本の核武装に関して，すぐに核武装すべきとは思わないが，核オプションを維持することが有益だという考えがある。「重要なのは，日本の核保有の可能性を否定しないことである。否定は，即，日本の軍事力の限界を示すことになる。飽くまで核保有の選択肢をカードとして持つべきである」と主張されており[30]，「生存を賭けたギリギリの場面では核兵器の可能性を排除しないとの態度を維持することが賢明だと思う」と主張されている[31]。

---

[26] 中西輝政「日本国核武装への決断」『諸君』2003 年 8 月，22-37 頁。その他の核武装賛成論としては，「北朝鮮の恐喝によって，日本人は「核」など考えてはいけないという「タブーの楽園」から否応なしに引きずり出された。相手が持つなら万やむをえない。…われわれは核の管理に成功し，同時にナラズ者を黙らせることができる。」(徳岡孝雄「万やむをえない」『諸君』2003 年 8 月，56 頁)や，「日本もどちらかといえば，核を持つ方が安全であると思います。つまり，私は日本も核武装すべきであると考えます。お隣の中国も，そのお隣の国々も核で武装しているのです」(佐藤欽子「人類の分かれ道」『諸君』2003 年 8 月，106 頁)といった議論もみられる。
[27] 福田和也「日本核武装しかないのか」『文芸春秋』2003 年 6 月，182 頁。
[28] 森本敏「英国型ラスト・リゾート核戦略のすすめ」『諸君』2003 年 8 月，67-69 頁。
[29] 伊藤貫「前掲論文」(注24) 117 頁。
[30] 櫻井よしこ「カードとしての核保有を」『諸君』2003 年 8 月，51 頁。
[31] 田久保忠衛「ガロア将軍の示唆」『諸君』2003 年 8 月，90 頁。

(4) 米核兵器持ち込み論

これも日本が直接核武装するわけではないが，北朝鮮の核に対抗するために，非核 3 原則の第 3 原則を外して，日本に核兵器を配備すべきだという見解であり，「現段階では核武装は時期尚早で，非核 3 原則の内「持ち込ませず」のみを廃棄して 2 原則とすべきで，つまり，金正日の核に対する抑止力として米国の戦術核兵器を日本国内の米軍基地に持ち込んでもらうべきだ」と主張されている[32]。

2　核武装消極論
(1) 米国不容認論

上述の核武装賛成論の多くは米国が容認もしくは黙認するとの前提で議論が進められているが，それに対立するものとして，米国が日本の核武装を許容することは考えられないので，そもそも不可能であるという見解が多数の論者により主張されている。「唯一の軍事大国を自認し，覇権の永続を目指す米国が，世界最大，ほとんど唯一の債権国としての日本が，核武装して軍事大国になるのを容認することはまず考えられない」と主張され[33]，「米国の一貫した姿勢は，日本の軍事大国化を望まず，とりわけ核武装は容認しないというものだ」と主張され[34]，「米国の暗黙の了解がない限り，核武装自体も行えないし，原子力の平和利用も保障されないだろう。日米安保体制も，従来は非核日本を前提としている」と主張される[35]。また「日本の核武装論者は米国の議論が日本の核武装を黙示的に奨励しているサインであると受け取っているが，それは完全な誤りである」と主張されている[36]。

(2) 核武装不用論

日米安全保障条約が健全で，米国の核の傘が有効である限り，日本が核兵器

---

[32] 西岡力「非核 3 原則を見直し，米国の戦術核持ち込みを実現せよ」『諸君』2003 年 3 月，90 頁，西村真悟・西岡力「アメリカの核を持ち込め」『Voice』2003 年 4 月，106-117 頁。
[33] 田岡俊次「米国が容認するはずはない」『諸君』2003 年 8 月，64 頁。同様の見解として，副島隆彦「どうせ持たせてもらえない」『諸君』2003 年 8 月，104 頁，池田清彦「ぷちナショナリストの甘い夢」『諸君』2003 年 8 月，102 頁参照。
[34] 神谷万丈「ソフトパワーに打撃」『諸君』2003 年 8 月，80-81 頁。
[35] 村田良平「核武装の前にやるべきこと」『諸君』2003 年 8 月，75 頁。
[36] Katsuhisa Furukawa, "Nuclear Option, Arms Control, and Extended Deterrence: In Search of a New Framework for Japan's Nuclear Policy," Benjamin L. Self and Jeffrey W. Thompson (eds.), *op. cit.*, (注 1) p.108.

第3章　軍縮の基本的問題

を独自に保有する必要はないし、その方が日本の安全保障にとって有益であるという考えであり、多くの論者の主張となっている。「日米同盟が機能している限り、日本は現状ではこの核の対応をすべてアメリカにまかせることができる。だから日本の核武装が現実の政策の選択肢となるには、あくまで日米同盟がなくなることが前提ということになろう」と主張され[37]、「核抑止に関する限り、わが国の安全保障にとって米国の『核の傘』に入る以上に得策な選択肢はない」と主張されており[38]、「米国の傘の下にある限り、日本が敢えて核武装を選択する合理的な理由は見当たらない」と主張されている[39]。

　(3)　核武装無益論

　軍事的・戦略的観点からして、日本が独自の核兵器を保有したとしてもそれは北朝鮮の脅威に対する核抑止とはならないので、核武装することは無益であり、無意味であるという議論である。「北朝鮮の核武装が日本の核兵器開発を促すとする議論には、日本に向けられた米国の核の傘が北朝鮮に対して機能しない反面、日本が保有する独自の核兵器は北朝鮮に対し抑止機能を発揮するとの前提があるが、そのようなものは具体的シナリオとしてはありえない。北朝鮮の為政者が特異で非合理な思想・考え方を持っているために米国の核抑止が効かないと言うのであれば、日本の核兵器も同様に抑止力とはなりえない」と主張され[40]、「冷戦の終結以降、国際社会が直面する共通の課題とは、悪漢国家やテロリスト、破綻国家への対応であり、このような課題に取り組むに際して、核は決して有効な手段ではない。核は使えない兵器であり、使われる可能性の高い通常兵器の方が有効である」と主張されている[41]。また「日本が核をもったとしても、先制使用するわけではない。核攻撃を受けたときの反撃、すなわち抑止力としてであろう。けれども、北朝鮮に対して、抑止の効果があるかは疑わしい」と述べられている[42]。

---

[37]　古森義久「日米安保がなくなれば…」『諸君』2003年8月,74頁。同様の見解として、橋本五郎「先ずは公卿国家からの脱却を」『諸君』2003年8月,78頁、屋山太郎「核についてはアメリカに委せるしかない」『諸君』2003年8月,93頁、伊藤憲一「「べき」論から「である」論へ」『諸君』2003年8月,98頁参照。

[38]　志方俊之「核抑止以外の安全保障策を」『諸君』2003年8月,101頁。

[39]　小川伸一「再燃している日本の核武装をめぐる議論について」防衛研究所『ブリーフィング・メモ』2003年9月,3頁。

[40]　小川伸一「前掲論文」(注39),2頁。同様の見解として、中西寛「日本の核武装は世界の混乱を招く」『諸君』2003年8月,60頁、田岡俊次「前掲論文」(注33) 63頁を参照。

[41]　櫻田淳「「日本核武装」は安全保障の徒花である」『中央公論』2003年6月,106-115頁。

286

第4節　日本の非核政策と核武装論

(4) **核武装有害論**

　日本の核武装については，以上の消極的反対論の外に，日本の核武装は有害であるという見解が多くの論者により主張されている。それは主として，米国との関係において，東アジア諸国との関係において，国際核不拡散体制との関係において，それらを総合した日本の国際社会における地位に関してのものに分類することができる。

　(i) 米国との関係においては，日本の核武装は，日米関係の友好的な発展を阻害し，日米同盟の崩壊へと連なり，日本が米国と対立することになり，日本の安全保障にとって有害であるという主張がなされている。「日本が核武装すれば，米国が一番脅威を感じるであろう。それは日米同盟という現在の日本にとっての防衛的な命綱さえ断ち切る要因となりうるに違いない」と主張され[43]，「日本の核武装は日米同盟の崩壊を意味する」と主張され[44]，「日本の核武装が日米安全保障関係を大きく害することは疑いの余地がない。予見し得る将来において，日本の国家安全保障の基礎として現存の日米安全保障同盟に変わりうる有益なものは存在しない」と主張されている[45]。

　(ii) 東アジア諸国との関係においては，中国が対抗して軍備増強を図るだろうし，韓国，台湾も核兵器保有に走る可能性が強く，東アジアの安全保障環境は悪化し，結果的には日本の安全保障の低下となるという考えがある[46]。「日本の核武装は日本を取り巻く国際環境に深刻な悪影響を与える。資源に乏しく国際的な経済活動に活路を見出すしかない島国日本にとり，平和的な国際環境の維持は死活的な安全保障上の国益だ。…北東アジアでは，軍拡競争が引き起こされ，結果として日本を含めた全ての国の安全が低下することになる。韓国や台湾が核保有に踏み切る可能性さえあるし，中国やロシアも，日本の核武装に対して軍事的対抗措置をとることは必至とみなければならないからだ」と分析されている[47]。

　(iii) 核不拡散体制との関連においては，日本の核武装は当然に核不拡散条約

---

[42] 橋爪大三郎「「ならず者国家」に効き目なし」『諸君』2003年8月, 85頁。
[43] 松本健一「日米同盟を危うくする」『諸君』2003年8月, 88頁。同様の見解として，神谷万丈・前掲論文(注34) 80-81頁参照。
[44] 重村智計「国難を見通す戦略が不可欠だ」『諸君』2003年8月, 96頁。
[45] Yuri Kase, "Japan's Nonnuclear Weapons Policy in the Changing Security Environment: Issues, Challenges, and Strategies," *World Affairs*, Vol.165, No.3, Winter 2003, p.127.
[46] Yuri Kase, ibid, (注45) pp.123-124.
[47] 神谷万丈・前掲論文(注34) 80頁。

(NPT)からの脱退を必要とするものであり，日本の脱退は北朝鮮の脱退とは異なり，核不拡散体制への決定的な打撃となり，体制の崩壊へと導き，多くの国が核兵器を保有するようになり，結果的には日本の安全保障環境は悪化するという側面と，日本がNPTから脱退すると国際社会から大きな非難を浴びるとともに，経済制裁を蒙ることとなるが，日本の場合には経済制裁は致命的な影響を与え，日本の国益に反するという側面がある。

「日本の核武装の政治的コストはきわめて高い。日本がNPTを脱退すれば，…NPT体制は有名無実化し，世界の核拡散が進む可能性が高い。その結果，世界各地の地域紛争で核兵器が使用されるようになれば，世界は確実に混乱し，日本の経済的繁栄は損なわれるだろう」と分析されており[48]，また「日本も核武装して一線を越えるようなことになれば，NPT体制の崩壊は決定的なものとなり，世界的な核拡散のお先棒を担ぐことになり兼ねない」と主張されている[49]。

「国際社会は大量破壊兵器の拡散に関して過敏なほど神経質になった。核兵器保有への動きはすべて潰すように動くことは必定である。圧力の第1ステップは経済制裁である。……わが国は，原油の99.7%，食料の60%を海外に依存し，年間約9億トンの貨物を長大なシーレーンを使ってわが国に運び入れ，付加価値をつけた製品を世界中に買ってもらって生計を立てている。資源らしき資源もない，狭い4つの島に，1億3000万人の人間が住み，高度な生活を送っているわが国は，世界一経済制裁に弱い国である」と主張されている[50]。

経済的損失に関しては，原子力産業が被る損害は日本のエネルギー供給を混乱させるものになると主張されている[51]。すなわち，米国を初めとして，日本との2国間原子力協力協定はすべて平和利用を前提としているため，日本の核武装はすべての原子力協力の停止となり，約34%の発電量を賄っている原子力が停止することになるからである。

(iv) 日本がNPTを脱退し，核武装に走ることになると，世界中から非難を浴び，日本は国際社会で孤立することになり，政治的にも安全保障上もきわめて国益に反する結果となる点が，多くの識者により主張されている。「北の核

---

[48] 中西寛・前掲論文（注40）60-61頁。
[49] 黒岩裕治「ダブルスタンダードの勧め」『諸君』2003年8月，72頁。
[50] 志方俊之・前掲論文（注38）101頁。同様の見解として，田岡俊次・前掲論文（注33），屋山太郎・前掲論文（注37）93頁参照。
[51] 屋山太郎・前掲論文（注37）93頁。

ミサイルの脅威は，一過性の脅威なのである。これに対してわが国が核武装を選択するほど視野狭窄に陥るはずはない。仮にもそんな選択をしたら，『一過』後に核武装日本を待ちうけるのは，差し当たり国際的孤立である」と主張され[52]，「日本が核武装に踏み切るのは，3つの国際条約——NPT，IAEAとの協定，CTBTから離脱する必要がある。手続き上は脱退を正当化できるが，日本は1930年代の『国際連盟脱退』時と同様の国際世論にさらされるであろう」と主張され[53]，「現在及び近い将来の国際政治環境を見ると，日本が核兵器を保有するなら，国際的に孤立するのは間違いない。そうなれば1億3000万の国民は生きていけない」と述べられている[54]。

　日本の核武装は，これまでの日本の核不拡散・核軍縮の外交を害することになり，それは国際社会における日本の政治的地位を大きく損なうものとなり，有害であるとの見解がある。「NPT体制が危うい状況であればこそ，日本が非核のポジションを明確にし続けていることが重要である」と主張されている[55]。また日本の核武装は国際的政治力を弱体化させ，日本の国連安全保障理事会常任理事国入りにマイナスの影響を与えるだろうと述べられている[56]。

### (5) 軍事的・戦略的不可能論

　日本の核武装を軍事的・戦略的観点から分析することにより，それは不可能であることが論者により，主張されている。「核兵器保有のためには，核実験は技術・軍事的条件と，政治的条件の2つから必ず実施しなければならない。……材料や設計加工技術，財政的には核兵器保有が可能であろうと，爆発実験という1点の条件からだけ見ても，日本の核兵器保有は不可能である」と主張され[57]，防衛庁の報告書を引用しつつ，「日本には核被害を吸収できる地理的

---

[52] 佐瀬昌盛「一夜漬けで反応するな」『諸君』2003年8月，87頁。
[53] 前田哲男「核保有論者には本当の覚悟があるのか」『諸君』2003年8月，77頁。
[54] 江畑謙介「核よりもMVロケットを」『諸君』2003年8月，54頁。青山氏は，「核武装の方が，通常兵器とMDシステムで核を抑止するよりは安価なのは事実である。だが，外交コストを導入すると，話しは別だ。核武装することによって，周辺国だけでなく世界全体に巻き起こす波紋は，日本外交に空前の困難を呼ぶだろう」と主張する(青山繁晴「日本核武装論を否認する」『諸君』2003年8月，38-48頁)。
[55] 黒岩裕治・前掲論文(注49) 72頁。
[56] Matake Kamiya, op, cit, (注1) p.69. 坂元氏は，「国連安保理の常任理事国が核保有国だけで占められている状態は，早急に改めるべきだと思う」と述べる(坂元一哉「今は必要ないけれど…」『諸君』2003年8月，83頁)。
[57] 江畑謙介・前掲論文(注54) 55頁。

広がりがないという地理的脆弱性がある。通常兵器の劣性を補完するという核武装が持っている意義についても，四面環海の日本の場合，大量の通常戦力による攻撃を戦術核で阻止するというようなNATO型の事態は考えにくい」と主張されている[58]。

　小川氏は，「日本の核開発は北朝鮮の核兵器を抑止する限定的な目的で着手されても，歴史的経緯から，中国およびロシアに対し核戦力増強のインセンティブを与え，日本は地勢的条件から原子力潜水艦搭載のSLBM戦力を持たざるを得ず，さらに硬化目標即時破壊能力が必要であるが，時間的にも財政的にも不可能である」と結論している[59]。

　日本のプルトニウムおよびH2ロケットに基づく日本核武装疑惑については，「日本は潜在的な核能力はもつが，即時の能力はもたない。仮に明日にでも核兵器の製造を決定したとしても，その目的はすぐには達成できない」と主張されている[60]。

### (6) 核武装否定論

　日本の識者の中には，広島・長崎を原点として，核兵器のもつ道義性という観点を中心に日本の核武装を完全に否定する考えがまだまだ広く存在している。「日本が今，核の拡散防止という名目を自ら放棄して核武装するならば，平和憲法や，広島，長崎の犠牲者はいったい何だったのだろうか。過ちは繰り返さないという誓いを，改めて思い出して核軍備を許さないことを願う」と述べられており[61]，「不思議なのは，核武装を説く人々の誰一人として，核被害の立場に言及することがないことだ。…核武装にかかる莫大な費用を核被害擬似体験用のシミュレーションの方にまわした方がずっといい。核兵器廃絶こそが，最も確実な安全保障なのだから」と主張され[62]，「繰り返すが，広島・長崎や全国の焦土の中に，我々は不戦を誓い，原爆を持たないことを心に決めたのではなかったか」と主張され[63]，「私には，核武装どころか非武装で文化を慈しむ

---

[58] 橋本五郎・前掲論文(注37) 78頁。
[59] 小川伸一・前掲論文(注39) 3-4頁。
[60] Makate Kamiya, op. cit., (注1) pp.69-71. この問題の詳細な検討については，Jeffrey W. Thompson and Benjamin L. Self, "Nuclear Energy, Space Launch Vehicles, and Advanced Technology: Japan's Prospects for Nuclear Breakout," Benjamin L. Self and Jeffrey W. Thompson (eds.), *op. cit.*, (注1) pp.148-176. 参照。
[61] 多田富雄「なぜ原爆を題材に能を書くか」『諸君』2003年8月, 58頁。
[62] 米原万理「核武装する前に核被害のシミュレーションを」『諸君』2003年9月, 69-70頁。

国こそ生きたい国なのである」と主張され[64]，「いきなり核武装へ走るのではなく，これまで日本が国際社会で培ってきた非核の立場，核不保持の原則を簡単に捨て去っていいか，それも慎重に考えてみるべきことである」と主張されている[65]。

### 3　日本の核武装の可能性

日本の核武装の可能性については，一部の論者により核武装が主張されており，日本においても賛成・反対を含めて議論が続いているが，以上のさまざまな見解を総合して考えると，近い将来に日本が核武装に踏み切る可能性は極めて低い。それは消極論者の主張の中に示されている理由が十分な説得力をもつと考えられるからである。伝統的な日本の核アレルギーという心情的側面，日本の国益や安全保障上の利益，国際社会における日本の地位，技術的な可能性などを総合的に判断するとそのような結論になる[66]。

日本の歴代の内閣も核武装には否定的であり，小泉首相も安倍・福田発言に関連して，小泉内閣としては核兵器の保有はまったく考えておらず，非核3原則を厳守すると述べており，石破茂防衛庁長官も，「北朝鮮が核保有したとしても，日本は核武装することはない」と述べている[67]。また外務省の竹内行夫事務次官も，「日本にとって核武装は現実的な選択でありえないとはっきり言える。政府内でまじめに議論されている状況ではない」と否定的な発言をしている[68]。

さらに国会議員の意見も核武装にはきわめて慎重であることが最近の以下のアンケートにより示されている。2003年8月のアンケートでは，衆議院議員475人(回収率83%，394人)に対するもので，日本の核兵器保有について，「どちらかといえば賛成」が1人，「どちらとも言えない」が26人，「反対」が残りのすべて357人となっている[69]。

---

63　西澤潤一「現実直視の第3の道を」『諸君』2003年8月，84頁。
64　池内了「ピカソで国を守ろう」『諸君』2003年8月，95頁。
65　マークス寿子「力ある平和論を提唱する」『諸君』2003年8月，105頁。
66　この問題を詳細に検討した古川氏は，日本が核武装への決定をなすのは，① 米国の拡大抑止の信頼性が欠如したとの認識，② 国際軍備管理・軍縮レジームの実質上の崩壊，③ 近隣諸国からの脅威の顕著な増加，④ 最も重要なものとして，日本核武装に対する米国の容認，という4つの条件がすべてそろった時であると分析し，それ以外には日本の核武装はあり得ないと結論している(Katsuhisa Furukawa, op. cit., (注36) p.97.)。
67　毎日新聞2003年3月28日。
68　毎日新聞2003年3月17日。

2003年9月のアンケートでは，衆参両議院の議員全体に対するもので，「日本が核武装することについて，どう考えますか」という質問に対して，「早急に検討すべきだ」が1％，「将来の検討課題とすべきだ」が6％，「国内外の状況の変化によっては検討してもよい」が19％，「将来にわたっても検討すべきでない」が68％となっている[70]。

2003年11月のアンケートは，衆議院議員の選挙運動中に実施され，当選した議員の意見のみを集計したものであり，「日本の核武装構想について，あなたの考えに最も近いのはどれですか」という問いに対して，「すぐに検討を始めるべきだ」は1名で統計上は0％，「国際情勢によっては検討すべきだ」が17％，「将来にわたって検討すべきではない」が75％であった[71]。

これらのアンケートから明らかになるように，核武装論議は，タブーではなくなったが，国会議員の意見では，70％前後の大多数が将来にわたって検討すべきではないと考えており，情勢の変化を条件に検討を開始すべきが10数％で，積極的推進者はきわめて少数である。

このように，近い将来に日本が核武装する可能性は極めて低いと結論できるが，国際安全保障環境の変化，国内政治の変化など今の時点では予測できない展開があるかもしれないので，日本は当面核武装をすることはないと対外的に宣言するだけでなく，今後の事態の悪化を前もって防止し，逆に日本を取り巻く国際環境を積極的に改善するための方策を検討し実施していくべきである。

## Ⅵ 新たな安全保障環境の構築

### 1 北朝鮮の核問題の解決

第1に取り組むべき課題は，北朝鮮の核・ミサイル危機を早期に解決することである。この脅威が今回の核武装論の直接の引き金となっているのであるから，国際社会が，特に6者会談を通じて，対話と圧力を用いつつ，平和的な解決を早急に達成すべきである。この問題の解決方法として，軍事的解決，経済制裁，米朝2国間交渉，6者協議などが考えられるが，軍事的解決は，イラクのケースとは異なり，韓国，日本などへの影響を考えると，また北朝鮮の軍事力を考慮すると極めて困難なかつ危険なオプションである。経済制裁は，個別国家による低いレベルでの経済制裁はすでにとられているが，国連による全面

---

[69] 朝日新聞2003年8月27日。
[70] 毎日新聞2003年9月28日。
[71] 毎日新聞2003年11月11日。

第 4 節　日本の非核政策と核武装論

的な経済制裁は，中国の賛成を得られないだろうし，北朝鮮の軍事的対抗措置を引き起こす可能性もあり，軍事的対立にエスカレートする危険があるので，慎重に検討すべきである。米朝 2 国間交渉は，北朝鮮の主張するところであり，米国は 6 者会議を主張している。北朝鮮も 6 者会談に応じている現状では，この枠組をベースにその枠内での米朝 2 国間交渉などの方法で進めていくのが賢明であろう。

　米国はブッシュ政権の成立以来 2 年以上も北朝鮮問題解決の具体的動きを示さなかったが，これは北朝鮮の核開発状況をいっそう悪化させる結果となった。中国が北朝鮮と米国の仲介者として積極的な働きをしていることは評価すべきであるが，北朝鮮に国際的な圧力を加えるとともに，この問題は基本的には米国と北朝鮮の関係に大きく依存しているので，米国がもっと積極的に対応すべきであり，問題解決に向けて具体的な行動を取るべきである[72]。

　日本の場合には拉致問題が大きな比重を占めているが，6 者会談での中心議題は核問題の解決であるので，日本は日朝 2 国間で拉致問題の解決を図る努力を強めるべきであろう。日本にとって拉致問題の解決はその後の国交正常化への条件でもあるので，早急に積極的に解決のため努力すべきである。北朝鮮問題が解決すれば，日本の核武装論議も一過性のものとなる可能性が強い。もっとも，中国の核増強に対して日本の中で危惧が表明されており，中国の核兵器に対抗するための核武装論がまったくないわけではない。しかし，これは新たな問題ではなく，40 年に及ぶ問題であり，中国との安全保障対話の強化，東アジアの新たな多国間安全保障の枠組の形成などで対応すべきである。

## 2　核不拡散体制の強化

　まず実効性の強化が必要であり，条約当事国の条約義務の履行が確保されなければならない。検証に関しては，モデル追加議定書が採択されて数年になるが，その批准国が極度に低い現状を改善する必要がある。追加議定書の署名・批准が義務的であるとの解釈を徐々に広めていく努力が必要であろうし，原子力供給国は，供給の条件として，相手国が追加議定書の締約国であることを条件とする方向に進むべきである。また違反や違反の疑惑の場合の対応の手続きおよび措置につき，もっと厳格なルールを設定すべきであろう。個別の国家に

---

[72] この問題の全体的な検討については，黒澤満「北朝鮮の核兵器問題」『国際公共政策研究』第 8 巻 2 号，2004 年 2 月，1-16 頁参照。

よる対応ではなく，国際社会全体として対応する体制が整えられるべきである。また北朝鮮やイランに見られるように，NPT第4条の原子力平和利用における協力を通じて得た物質や技術を軍事的なものに転用したり，違反が明白になった段階で条約から脱退してその責任を逃れるようなやり方に，新たに対応する必要が生じている。濃縮ウランやプルトニウムに対して，これまでの保障措置に加えて，国際的な管理あるいは監視などが検討されるべきであろう。

第2に，条約の普遍性については，条約の外にいるイスラエル，インド，パキスタンに対し，非核兵器国として条約に加入することを引き続き求めるとともに，CTBTへの署名・批准をも強く要請すべきであろう[73]。さらに兵器用核分裂性物質生産禁止条約（FMCT）の交渉にこれら3国を積極的に関与させるべきであるし，原子力活動に対する保障措置の範囲を拡大するとともに，追加議定書の批准をも要求すべきである。特に最近パキスタンからの核技術の拡散が問題となっているが，核不拡散体制の強化のために，これら3国も厳格な輸出管理を原子力輸出国グループ（NSG）のガイドラインに従って実施するよう要求すべきである。

インドやパキスタンの核兵器の管理やセキュリティに関して技術的に国際社会が協力することは必要かもしれないが，政治的にまた法的に，それらの国を核兵器国として認定したり，特権的な地位を与えることは，厳重に慎むべきである。そうでないと，核不拡散体制の崩壊へと導くものとなるだろう。これらの3国は，NPTの当事国ではないから，NPTの法的義務を受けることはないが，NPTの当事国は，5核兵器国以外すべてを，条約の当事国か否かに関わりなく，非核兵器国として取り扱う法的な義務を引き受けているのである。

第3に，核軍縮の誠実な履行は，NPTの第1の目的ではないとしても，多くの非核兵器国がこの条約に参加したのは，短期的には差別的な条約であるが，

---

[73] ミラーとシャインマンは，「NPTの普遍性の欠如，および米国がイスラエル，インド，パキスタンの核の現実を，逆行されるべきものとしてよりも『管理』されるべき状況と見なしていることが，世界的な不拡散規範を弱体化させており，その結果そのレジームを危うくしている」と分析し，できるだけそれらの諸国を核不拡散体制に取り込むべきであると主張している（Marvin Miller and Lawrence Scheinman, "Israel, India, and Pakistan: Engaging the Non-NPT States in the Nonproliferation Regime," *Arms Control Today*, Vol.33, No.10, December 2003, pp.15-20.）。またソコルスキーは，「米国とその同盟国は，イスラエル，インド，パキスタンの核保有を『理解しうるもの』として大目に見てきたが，すべての国家は核兵器を取得する自然権があるという考えに積極的に反対すべきである」と主張している（Henry Sokolski, "Taking Proliferation Seriously," *Policy Review*, Vol.121, October-December 2003, p.57.）。

第 4 節　日本の非核政策と核武装論

長期的には核軍縮によってそれが是正されていくと期待していたからである。5 年ごとの NPT 再検討会議においても核軍縮の進展が評価され，将来取るべき核軍縮措置に合意が見られるのも，NPT が安定的に存在するためには核軍縮が不可欠であるという認識に基づいている。したがって，NPT 体制の健全な維持のためには，核兵器国による一層の核軍縮が不可欠である。

　NPT 第 6 条の解釈として，1995 年の NPT 再検討会議では，CTBT の 1996 年内の締結，FMCT 交渉の即時の開始と早期の締結，核軍縮に向けての組織的で漸進的な努力が合意され，2000 年 NPT 再検討会議では核軍縮に向けての具体的な 13 項目に合意が達成された。米国はこの 13 項目のいくつかにすでに反対しており，すべてを実施する意思がないことを表明しており，他の核兵器国も積極的に取り組んでいるわけではない[74]。レービンとリード両上院議員は，特に米国に関して，米国は模範を示すべきであるとして，核実験モラトリアムを維持し CTBT の批准を再考慮すること，戦略核兵器ストックパイルを削減し廃棄するため一層の交渉をロシアと開始すること，そしてロシアに残っている何千という戦術核兵器を検証可能な方法で解体するための交渉を追求することを実施すべきであると主張している[75]。

## 3　核兵器の役割の低減

　各国の安全保障政策において核兵器の役割を低減させること，特にその有用性を増加させないことが，日本における核武装論の消滅のためにも，地域的なまた国際的な安全保障のために必要である。米国のブッシュ政権における核政策は，特に小型の，また地中貫通型の核兵器に関しては，新たな開発も視野にいれて，その使用の可能性を示唆しており，核兵器は使える兵器であって，米国はその前提で核政策を実行しているように思えるが，その方向はきわめて危険であり，また他の国々に誤ったメッセージを送ることになる。またロシアもその核政策において，以前よりも核兵器の役割を重視し，より広い範囲で核兵器の使用の可能性を示している。

　核兵器の役割を低減させる具体的手段として，核兵器の先行不使用と非核

---

[74]　2000 年 NPT 再検討会議の最終文書の履行の分析については，本書第 2 章第 1 節参照。同様の見解について，Leonard Weiss, "Nuclear-Weapon States and the Grand Bargain," Arms Control Today, Vol.33, No.10, December 2003, pp.21-25. 参照。
[75]　Carl Levin and Jack Reed, "Toward a More Responsible Nuclear Nonproliferation Strategy," Arms Control Today, Vol.34, No.1, January/February 2004, p.14.

器国に対する消極的安全保証が追求されるべきである。後者も時には先行不使用として議論されることがあるが、両者はその対象および目的が大きく異なるものであるので、峻別して議論すべきである。核兵器の先行不使用は、相手が核兵器を使用した場合にそれへの対応としての第2撃の使用に限定するもので、すなわち先には使用しないというもので、基本的には核兵器国の間での問題である。他方、消極的安全保証は、核兵器国が、核兵器の取得をしない約束をしている非核兵器国に対して核兵器を使用しないという問題である。

まず核兵器国間においては、冷戦時のような対立はすでに消滅しており、米ロ関係は大きく改善され、米中関係も核による対立という状況にはない。現在では核兵器の危険はこれら大国間のものではなく、ならず者国家やテロリストに移行している。中国は以前から先行不使用政策を宣言しているので、米国がまず1国で核兵器の先行不使用の誓約を行うこと、さらに米ロ間、米中間での先行不使用の約束を築き上げていくことが重要である。さらに5核兵器国間で、核兵器先行不使用条約を締結することも視野に入れるべきである。ただこの約束は検証が不可能であるという反論があるので、単なる約束だけでなく、それを担保するように各国はその核運用政策や核配備政策をそれに従って変更し、透明性を拡大し、信頼関係を構築していくことも必要である[76]。

消極的安全保証は、核兵器のオプションを放棄したことの代償として与えられるものであるから、NPTの締約国として条約第2条の義務を遵守している国に限定されるべきであるし、その国がある核兵器国と連携して他の核兵器国を攻撃するような場合は除外されるべきである。1995年に核兵器国は政治的な宣言としてはすでにこのような約束を引き受けているので、できるだけ早期にこれを法的拘束力ある条約として採択していくことが必要である。この措置

---

[76] ブラッケンは、第2核時代に入り、米国の通常兵器が戦略的能力を持っているので、米国が先行不使用を受け入れることは大きな利益を伴うとし、得る物に比べて失う物はほとんどないと述べ、米国が先行不使用を受け入れるよう提言している。(Paul Bracken, "Thinking (Again) About Arms Control," *Orbis*, Vol.48, No.1, Winter 2004, pp.156-157. フェイブソンとホーゲンドーンは、消極的安全保証をも含めて先行不使用を議論し、最近のブッシュ政権の政策ではその約束がさらに条件付になってきていることを批判しつつ、①米国は化学生物兵器による攻撃を抑止し対応するのに核兵器を必要としない、②米国の実際の核兵器先行使用はNPTの崩壊など国際安全保障に甚大な影響を与える、③明確な先行不使用は核兵器使用に対するすでに強力なタブーを一層強化する、という理由に基づき、米国がいかなる状況においても最初に核兵器を使用しないという明確な約束をすること、米国の先導に従いさらにすべての核兵器国がそうすべきことを主張している(Harold A. Feiveson and Ernst Jan Hogendoorn, "No First Use of Nuclear Weapons," *The Nonproliferation Review*, Vol.10, No.2, Summer 2003, pp.1-9.)。

は，核不拡散体制に内在する差別性を大きく緩和するとともに，核兵器で自国の安全を保証すべきだという考えを生じさせないためにも有益である。

### 4　日本の安全保障政策の修正

『外交青書』にも示されているように，日本が安全保障政策を推進する際の3つの柱は，①日米安全保障体制の堅持，②適切な防衛力の整備，③日本を取り巻く国際環境の安定を確保するための外交努力，となっている。第3の外交的努力としては，主として，アジア太平洋地域各国との対話・交流・協力，および軍備管理・軍縮・不拡散の促進が挙げられている。冷戦終結後，米軍への協力という形で日本の軍事的役割の強化が図られており，それは小泉内閣にいたってさらに増強されている。それは①日米安全保障体制の堅持と②適切な防衛力の整備にあたるものであり，自衛隊の海外派遣などが米国への協力という形で実施されている。

日本の核武装の可能性に関しても，米国の傘が有効である限り日本は核武装する必要はないという意見があり，その延長として，日本が核兵器を必要としないのは究極的には米国との同盟があるからであり，日米同盟を強化するよう主張されている。日米安全保障体制の強化およびそれに付随した防衛力の強化は，北朝鮮の核・ミサイルの脅威に対抗するために必要であることは間違いないが，北朝鮮問題のみを短期的に考慮するのではなく，日本を取り巻く国際環境全体を長期的に視野に入れて，その他の外交的措置をもっと積極的に取るべきである。

日米安全保障体制の強化および防衛力の強化は日本の安全保障を強化するという側面をもつとともに，東アジア諸国との関係において，全体的な軍備拡大競争をもたらし，結果として日本の安全保障も低下するという「安全保障のジレンマ」の可能性に留意すべきである。そのためには，東アジア諸国との積極的な安全保障対話が不可欠であるし，6者協議により成立した地域的な枠組みを利用しつつ，東アジアの地域的安全保障の枠組み構築を検討すべきであろう。この6者協議の枠組みは新たな安全保障枠組みを作る絶好の機会であるので，この機会を逸することなく，積極的に利用すべきである。またここ数年実証されている日本・中国・韓国の3国首脳会談を強化しつつ，地域的な協調体制を構築していくべきであろう。

また日本は国連を中心とした多国間機構において自国の安全保障および国際の安全保障を強化する方法を積極的に追求すべきである。国連の平和維持活動

への積極的な参加は国内的にも国際的にも評価されているし，日本が国連安全保障理事会の理事国のメンバーとして国際平和と安全に一層貢献することを目指すならば，非核兵器国としての地位を強調しつつ，軍事よりも外交を重視し国際貢献を実施すべきである。

## 5　日本の核軍縮政策の強化

日本の核軍縮政策について，外務省の天野之弥軍備管理・科学審議官は，以下のように述べている。

> 日本は現在の世界における核兵器の役割を承認しており，米国の核の傘の下にある。しかし日本は，核兵器の全廃という目的をもって，すべての核兵器国に対してその核戦力を削減するよう要請している。日本は，核の悲劇というその歴史的経験に基づいて，核兵器のない平和な世界の構築という目標を追求してきている。特に，日本は核軍縮への実際的かつ現実的なアプローチを提案することによりこの目的を追求している[77]。

日本は国際社会において，核軍縮に向けて積極的に行動しており，1994年以来国連総会において核兵器の廃絶を目指した国連決議を提出し，それらは圧倒的多数の賛成で採択されている。CTBTに関しては，条約作成に積極的に参加するとともに早期に署名・批准し，条約の発効促進のための会議の議長となり，また調整国となり，発効促進のために積極的な外交を展開し，国際監視システム構築のため努力している。これは米国がCTBTに明白に反対しているにも拘わらず実施されている。またFMCT交渉の早期開始に努力し，技術的側面の検討を実施する会議やセミナーを開催している。NPTの保障措置強化に関しては，モデル追加議定書の作成に積極的に参加し，採択された後には，早期の署名・批准を行い大規模な原子力施設をもつ最初の批准国となっている。

日本の核武装論との関連で言えば，日本の核軍縮政策は国際的にも一定の評価を受けてきたが，米国の核の傘の下にある状況で，その限界を内包するものである。日米安全保障条約が日本の安全保障政策の大きな柱となっており，日本の国民の大きな支持を得ている現状からして，長期的には核廃絶を目標とし

---

[77] Yukiya Amano, "A Japanese View on Nuclear Disarmament," *The Nonproliferation Review*, Vol.9, No.1, Spring 2002, p.142. 日本の軍縮政策については，外務省軍備管理・科学審議官組織編『我が国の軍縮外交』日本国際問題研究所軍縮・不拡散促進センター，平成14年5月，参照。

つつ，短期的には日米同盟の維持という前提で核軍縮を推進するしかないであろう。冷戦期にはロシアの脅威があり，その後も中国の脅威が言及され，現在では北朝鮮の脅威を根拠に，日本は米国が核兵器先行不使用政策を採択することにきわめて消極的あるいは否定的であった[78]。それは核兵器以外の脅威に対しても核兵器で抑止すべきであるという考えに基いてきた。しかし，一方においてロシアの脅威はほぼ消滅し，中国の脅威も核兵器による対立といった態勢ではないので，まず日本は米国と中国との間の先行不使用の約束を支持し，核兵器の役割を低減させるとともに，米中の核兵器に関する対話の促進に努力すべきであろう。これは「核の脅威に対しては米国の核抑止力に依存する」という1995年の防衛大綱に示された基準に戻ることを意味している。また上述した消極的安全保証に関しても日本はこれを積極的に支持していくべきであろう。

日本がこれまで消極的安全保証に否定的であったのは，北朝鮮との関係で，北朝鮮のあらゆる攻撃に対して米国の核兵器で抑止すべきだと考えてきたからである。しかし，上述の様式では，北朝鮮はNPTの締約国ではないか，締約国だとしても第2条を遵守していないから，その消極的安全保証の対象とはならない。北朝鮮問題は上述のように個別の解決が必要であり，まずそれに努力すべきである。核問題の後に残る生物化学兵器の脅威に関しては，それ自体の解消に国際社会が努力するとともに，米国の通常兵器による抑止に依存することも検討すべきである。

さらに北朝鮮の核問題が解決した場合には，北朝鮮の非核の状態をならびに日本の非核の状態を国際法的にさらに強化するためにも，日本は北東アジア非核兵器地帯の設置に向けて積極的に行動すべきである。

## む す び

日本の核武装に関する議論自体はもはやタブーではなくなっており，過去数年において，日本の核武装に関して賛否両論がさまざまな角度から主張されてきた。これらのさまざまな議論を総合的に考察すれば，日本が近い将来に核武装する可能性はきわめて低いと結論することができる。しかし，この結論を超えて，日本が核武装する必要がないような国際的および地域的安全保障の枠組みをどのように構築していくべきかが問われなければならない。

---

[78] 核兵器先行不使用に関する日本の伝統的な立場と新たな議論の発生については，Michael J. Green and Katsuhisa Furukawa, "New Ambitions, Old Obstacles: Japan and Its Search for an Arms Control Strategy," *Arms Control Today*, Vol.30, No.6, July/August 2000, p.23. 参照。

## 第3章　軍縮の基本的問題

　そのために，第1に，北朝鮮の核問題を平和的手段により解決することが緊急に求められている。第2に，国際核不拡散体制の強化が必要であり，それはその実効性および普遍性の側面において，さらに核軍縮の進展という側面で強化されるべきである。第3に，安全保障政策における核兵器の役割の低減の措置を追求すべきであり，そのために核兵器国間の先行不使用および非核兵器国に対する消極的安全保証が推進されるべきである。第4に，日本の安全保障政策において，日米安全保障条約と自衛隊の強化と並行して，外交的な措置がさらに強化され，追求されるべきである。最後に，日本の核軍縮政策は一定の評価を得ているが，核兵器の役割を低減させる方向に一層の努力がなされるべきである。

# 索 引

### ◆ あ 行 ◆

アナン国連事務総長 ………………… 104
アフリカ非核兵器地帯条約（ペリンダバ条
　約） …………………………………… 229
アボリション 2000 …………………… 256
イスラエル ……… 28, 90, 99, 133, 241, 294
違　反 ………………………… 42, 52, 61,102,
　　　　103, 106, 128, 137, 138, 140, 145,
　　　　167, 250, 252, 277, 278, 293, 294
イラク ……………………… 16, 24, 25, 28, 37,
　　　　50, 53, 102, 129
イラン ……………… 3, 13, 16, 18, 23, 25, 26, 28, 29,
　　　　37, 40, 42-44, 48, 53, 68, 79, 80,
　　　　102, 129-131, 133-136, 138-142, 145,
　　　　153, 166-168, 238, 245, 250, 259, 294
インド ……………… 27, 40, 90, 99, 236, 238,
　　　　241-243, 278, 294
インドネシア …………… 142, 146, 148, 194
ウィーン外交関係条約 ………………… 76
宇宙条約 ………………………… 206, 214, 230
宇宙での軍備競争の防止（PAROS） …… 41,
　　　　111, 117, 119, 120, 137, 155, 157, 245
英　国 ………………………… 106, 111, 114, 115,
　　　　127, 142, 143, 146, 151, 152, 156
エジプト ……………………… 129, 130, 136
エルバラダイ IAEA 事務局長 ………… 105
延長会議 ………………………… 84, 212, 238
欧州通常戦力（CFE）条約 …… 207, 214, 230
欧州連合（EU） ……………… 89, 92-95, 115,
　　　　116, 118, 120, 121, 124, 125, 127, 130,
　　　　141-143, 156, 158, 160, 174, 177, 188
オーストラリア ………………… 114, 116,
　　　　118, 142-144, 146, 152, 156, 161,
　　　　162, 174, 178, 189, 193, 238, 241
オーストリア ………………………… 114, 175
オタワ・プロセス ………… 242, 244, 258, 260
オバマ，バラク …………… 10, 21, 23, 28,
　　　　29, 32, 35, 36, 38

### ◆ か 行 ◆

海軍軍備制限・削減条約 ………… 203, 204
海底非核化条約 …………… 206, 214, 231
化学兵器禁止機関（OPCW） ………… 252
化学兵器禁止条約（CWC） ………… 207,
　　　　214, 232, 252
核危機削減センター（NRRC） ……… 74
拡散防止構想（PSI） …………… 15, 23,
　　　　25, 45, 133, 146
核シェアリング …… 160, 161, 177, 179, 187
核実験モラトリアム ……………… 41, 86,
　　　　90, 91, 99, 105, 114, 115, 143,
　　　　152, 154, 172, 174, 182, 194
核セキュリティ …… 13, 32, 33, 45, 50, 59
核セキュリティ・サミット ………… 45, 49
拡大核抑止 ……… 17, 47, 57, 61, 270, 283
核態勢見直し（NPR） …………… 46, 115,
　　　　123, 160, 173, 188-190, 192, 280
核テロ ……… 8, 10, 21, 23, 26, 27, 29, 30,
　　　　34-50, 61, 113, 130, 134, 172, 199
核の傘 ……………………… 17, 160, 177,
　　　　279, 281, 283, 285, 286, 298
核不拡散条約（NPT） ………… 5, 12, 13,
　　　　15, 16, 30, 31, 34, 46, 47, 51, 64, 68,
　　　　79, 83, 88, 90, 92, 96, 97, 101, 106, 112,
　　　　120, 122, 123, 126, 128, 131, 132, 163,
　　　　205, 208, 215, 228, 231, 233, 239, 240,
　　　　247, 250, 251, 255, 260, 264, 267, 274
核不拡散体制 …… 12, 15, 21, 26, 48, 79, 83,
　　　　99, 132, 134, 163, 166, 168, 198, 206,
　　　　275, 277-279, 287, 288, 293, 294, 300
核武装論 ………………………………… 262
核分裂性物質 ………………………… 183
核分裂性物質生産禁止条約（カットオフ
　条約：FMCT） ……… 7, 29, 33, 49, 51, 62,
　　　　84-86, 91, 111, 117, 119,

　　　　　　　　　　　132, 143, 144, 156, 157, 169,
　　172-173, 176-179, 183, 199, 246, 260
核兵器禁止条約……………………173, 175,
　　　　　　　　　　　　179, 184, 186, 199, 249
核兵器先行不使用… 7, 37, 52, 82, 143, 152,
　　　160, 164, 173, 175, 189, 295, 296, 299, 300
核兵器使用禁止条約……………………191
核兵器の全廃………………………86, 89,
　　　　　　　　　　113, 114, 180, 186, 298
核兵器使用禁止………………………191, 257
核兵器のない世界………3, 6-12, 16, 19-22,
　　　　　　　29-31, 33-36, 39, 40, 42-45,
　　　　　　　47-52, 58, 60-63, 78, 81, 90, 170,
　　　　　　175, 176, 180, 185, 188, 199, 245, 249
核兵器の役割の低減………6, 7, 11, 22, 30,
　　　　　　　33, 36, 46, 47, 49, 51, 52, 57,
　　　　　　58, 61, 69, 78, 81, 86, 89, 97,
　　　　　98, 110, 122-124, 160, 161, 169, 173, 174,
　　　　　　176-178, 181, 187-189, 199, 295, 299, 300
核兵器廃絶………………………3, 16-19, 47,
　　　　　　　　85, 150, 179, 225, 255, 256, 279
核兵器用物質生産禁止…………………11, 30
核抑止……………………13, 14, 16-18, 20,
　　　　　　　22, 27, 30, 33, 36, 46, 47, 52,
　　　　　　　59-62, 160, 175, 177, 284, 286
核抑止力……………………………31, 299
核抑止論……………………………4, 15
カナダ……112, 142, 147, 150, 152, 162, 196
韓　国…………………………………126
勧告的意見……………………………257, 258
カント，イマニュエル……………………201
北朝鮮……………………3, 13, 16, 18, 23, 25, 26,
　　　　　　28, 29, 37, 40, 42, 43, 48, 53, 68, 90, 99,
　　　　　　102, 130, 131, 133, 134, 141, 145, 155,
　　　　　　167, 168, 250, 259, 262, 267-277, 281,
　　　　　　283, 286, 288, 290, 292-294, 297, 300
キッシンジャー，ヘンリー………3, 5, 12, 33
協力的脅威削減(CTR)……………15, 49, 125
クラスター弾禁止条約……………………214, 260
クリントン，ヒラリー……………12, 21, 38,
　　　　　　　　　　　　41, 43, 63, 68, 173

グローバル脅威削減イニシアティブ……49
軍縮委員会会議(CCD)……………231, 234
軍縮委員会(CD)……………231, 235, 249
軍縮会議(CD)………………………41, 91, 99,
　　　　　　111, 112, 117-119, 127, 132,
　　　　　　137, 144, 155, 157, 172, 181, 186, 194,
　　　　　　195, 197, 199, 228, 232, 235, 237, 238,
　　　　　　241, 242, 244-247, 253, 254, 259, 261
軍縮・不拡散教育………184, 185, 198, 212
軍備管理……………………206, 210, 211
警戒態勢解除………………7, 8, 11, 15, 29,
　　　　　　　30, 36, 55, 56, 82, 124, 169, 190
検　証………………………………74, 75, 78,
　　　　　　93-95, 104, 105, 113, 115, 117, 118,
　　　　　　120, 121, 125, 126, 156-158, 160, 173, 179,
　　　　　　183, 191, 192, 196, 245, 251-253, 259, 296
原子力基本法……………………………263
原子力平和利用…………43, 106, 110, 133,
　　　　　　　　　142, 147, 167, 169, 240
原水爆禁止運動…………………………263
現地査察………………75, 78, 238, 241, 253
恒久平和のために……………………………201
国際安全保障…………3, 47, 87, 123, 208,
　　　　　　　211, 215, 216, 220, 221, 262
国際監視システム(IMS)…………115, 155,
　　　　　　　　　　　　182, 253, 298
国際機構……………………………248, 261
国際原子力機関(IAEA)…8, 12, 42, 48, 86,
　　　　　　105, 125, 126, 133, 145, 148, 161, 162,
　　　　　　173, 183, 196, 208, 241, 250, 251, 265
国際司法裁判所(ICJ)……………153, 183,
　　　　　　　　　　　　225, 257, 258,
国際人道法……………………………175, 191
国際非政府機関(NGO)…248, 256, 259-261
国際立法………………………………251
国際連盟……………………202, 203, 215, 222
国内護衛官………………………………76
国連安全保障理事会………………97, 105,
　　　　　　　　　　133, 244, 250, 259
国連安保理決議984…………127, 164, 177
国連安保理決議1540…14, 25, 133, 146, 250

302

国連安保理決議 1887 ······ *185, 188, 194-197*
国連軍縮委員会 ······················· *233, 249*
国連軍縮研究所(UNIDIR) ··············· *249*
国連軍縮特別総会 ········ *234, 249, 254, 259*
国連憲章 ···················· *204, 223, 224, 225*
国連事務総長 ····························· *235*
国連総会 ························· *230, 231, 233,*
　　　　　　　　　　　*238, 246, 249, 257, 259*
国連(UN) ··············· *23, 24, 29, 204, 248*
ゴルバチョフ ································· *8*
コンセンサス ······················ *234, 235,*
　　　　　　　　　　　　　*241, 243, 245, 247*
コンセンサス方式 ···· *239, 243, 244, 254, 259*
コンセンサス・ルール ······ *91, 232, 238, 247*

◆ さ 行 ◆

査　察 ································· *75-78*
査察官 ·································· *75, 76*
G8グローバル・パートナーシップ
　　　　　　　　　　　　　······· *25, 125, 162*
G8サミット ································ *24*
自国の検証技術手段(NTM) ········· *75, 241*
集団的安全保障 ··········· *222, 224, 226, 248*
18カ国軍縮委員会(ENDC) ······· *231, 233,*
　　　　　　　　　　　　　　　*234, 237, 254*
10カ国軍縮委員会(TNDC) ··· *233, 242, 254*
シュルツ, ジョージ ······ *3, 5, 12, 29-31, 33*
消極的安全保証(NSA) ············ *41, 51-53,*
　　　　　　　　*62, 82, 84, 96 ,97, 98, 105, 117, 119,*
　　　　　　　*126, 127, 137, 155, 157, 163, 164, 173-179,*
　　　　　　　　　*182, 189, 197, 198, 245, 254, 296, 299, 300*
新アジェンダ連合(NAC) ······ *85, 86, 88, 89,*
　　　　　　　　　*92-97, 100, 106, 108, 111, 115, 116,*
　　　　　　　　*118, 119, 121, 122, 124-128, 141-143,*
　　　　　　　　*150, 151, 153, 154, 156, 158, 160, 162, 163,*
　　　　　　　　　*175, 178, 179, 185-187, 189, 190, 192-197*
新戦略兵器削減条約(新START 条約) ·· *22,*
　　　　　　　　　*37, 49, 51, 54-56, 59, 63, 67-69,*
　　　　　　　　　　　*71, 72, 74, 78, 80-82, 170, 173,*
　　　　　　　　　　*174, 176, 178, 187, 199, 214, 228, 260*
スイス ······························· *175, 191*

スウェーデン ················ *98, 112, 124, 238*
生物兵器禁止条約(BWC) ····· *206, 214, 231*
世界法廷プロジェクト ···················· *257*
世界保健機関(WHO) ····················· *257*
積極的安全保証 ····························· *97*
戦術核兵器(TNW) ········ *39, 57, 94, 96, 187*
戦略攻撃兵器削減(STARTⅠ)条約 ····· *38,*
　　　　　　　*63, 66, 67, 110, 119, 159, 207, 214, 228*
戦略攻撃力削減条約(モスクワ条約：SORT)
　　　　　　　　·········· *6, 25, 38, 39, 40, 49, 54, 63, 64,*
　　　　　　　　　*69-72, 78, 89, 91-93, 99, 110, 119,*
　　　　　　　　*120, 143, 151, 158, 159, 207, 214, 228*
戦略の安定性 ······························ *206*
戦略兵器削減交渉(START) ············· *228*
戦略兵器削減条約(START 条約) ····· *5, 10,*
　　　　　　　　　　*31, 38, 39, 49, 64, 69-72, 74,*
　　　　　　　　　　　*78, 84, 92, 143, 144, 151, 158*
戦略兵器制限交渉(SALT) ·· *84, 94, 205, 228*
相互確証破壊(MAD) ········· *14, 28, 56, 205*

◆ た 行 ◆

対抗拡散 ················· *25, 50, 98, 123, 161*
第5福龍丸事件 ··························· *263*
対人地雷禁止国際キャンペーン(ICBL)
　　　　　　　　　　　　　　　······· *258, 261*
対人地雷禁止条約 ··· *208, 214, 242, 258, 261*
対弾道ミサイル条約(ABM 条約) ····· *24, 25,*
　　　　　　　　　　　　　*86, 87, 93, 102, 103,*
　　　　　　　　　　　*111, 120, 159, 205, 214, 228*
対テロ ···································· *278*
大統領核イニシアティブ(PNI) ·········· *94,*
　　　　　　　　　　　　　　　　　*122, 160*
タイプ1査察 ······························· *76*
タイプ2査察 ······························· *77*
多角的核戦力(MLF) ················ *236, 240*
脱　退 ··················· *104, 108, 110, 133,*
　　　　　　　　　　　*165, 172, 277, 278, 288, 294*
中央アジア非核兵器地帯 ··········· *165, 166*
中央アジア非核兵器地帯条約(セミパラ
　　チンスク条約) ··················· *176, 229*
中距離核戦力(INF)条約 ···· *40, 207, 214, 228*

303

中距離ミサイル……………………… *39*
中　　国……………*40, 41, 47, 48, 56, 61, 89,*
　　　　*90, 92, 93, 99, 106, 111, 114, 116-120,*
　　　　*123, 127, 140, 142-144, 151, 152, 154,*
　　　　*157, 159, 160, 164, 173, 177, 189-192,*
　　　　*195, 236, 238-240, 242, 245, 266, 267,*
　　　　*270, 273, 275, 277, 283, 293, 296*
中　　東……*105, 110, 133, 135, 139, 166, 172*
朝鮮半島非核化共同宣言……………… *276*
追加議定書……………… *7, 15, 42, 48, 104,*
　　　　*105, 133, 145, 146, 167, 172,*
　　　　*173, 208, 215, 252, 293, 294, 298*
通　　告…………………………… *74, 75*
通常迅速世界的攻撃（CPGS）…………*73*
データベース…………………… *74, 75*
テレメトリー（遠隔計測）情報………… *75*
テロリスト………………… *3, 4, 8, 10, 14,*
　　　　*16, 23, 25, 27-30, 33, 44, 49, 87, 94,*
　　　　*95, 98, 102, 121, 160, 167, 280, 296*
ドイツ……………*81, 94, 121, 174, 178, 188*
東南アジア非核兵器地帯条約（バンコク
　条約）………………………… *176, 229*

◆ な 行 ◆

NATO……………………*5, 55, 57, 81,*
　　　　*174, 187, 207, 230, 236*
南極条約………………… *206, 214, 230*
2国間協議委員会（BBC）………… *74, 77*
日豪提案………… *116, 119, 120, 124, 125,*
　　　　*177, 185, 187, 188, 190, 191, 193-197*
日　　本……………*90, 106, 112, 114-116,*
　　　　*120-122, 124, 125, 140, 142, 143,*
　　　　*146, 147, 150, 155, 158, 160, 162, 165,*
　　　　*174, 177, 198, 234, 241, 249, 265*
ニュージーランド……… *146, 178, 190, 193*
ノルウェー…………………… *174, 197*

◆ は 行 ◆

ハーグ平和会議…………………… *202, 221*
パキスタン………………… *27, 28, 40, 90,*
　　　　*99, 241, 245, 255, 278, 294*

バン・キムン国連事務総長…………… *184,*
　　　　*188, 191, 246*
非核3原則…… *264, 267, 271, 272, 285, 291*
非核兵器地帯…………… *7, 110, 143, 152,*
　　　　*164-166, 173-176, 182, 189, 197-199,*
　　　　*206, 207, 214, 225, 226, 229, 251, 253*
非戦略核兵器（NSNW）……… *55, 56, 81, 86,*
　　　　*94-96, 98, 99, 110, 111, 121, 122, 124,*
　　　　*130, 143, 152, 160, 174, 177, 178, 188, 199*
非同盟諸国（NAM）……… *92, 93, 96-98, 103,*
　　　　*108, 109, 112, 114, 116-121, 123, 125,*
　　　　*126, 128, 129, 141-143, 146, 150, 153,*
　　　　*154, 156, 158, 159, 161, 163, 165, 175,*
　　　　*179, 184, 186, 189-198, 237, 257, 258*
不拡散教育……………………………… *184*
プーチン大統領……………………………*92*
ブッシュ政権…… *19, 23, 24, 26-30, 36, 37,*
　　　　*40, 41, 45, 50, 53, 60, 78-80, 87, 90,*
　　　　*95, 102, 119, 144, 245, 280, 293, 295*
ブッシュ大統領………………………*34, 98*
ブッシュ・ドクトリン……………………*24*
部分的核実験禁止条約（PTBT）……… *205,*
　　　　*214, 229*
ブラジル…………………………*122, 163*
プラハ演説………………*21, 23, 28, 35-37,*
　　　　*40-46, 52, 69, 176, 188, 245*
フランス………… *105, 111, 113, 114, 127,*
　　　　*143, 145, 147, 150-152, 156, 176*
プルトニウム…………………………… *267*
米印協定…………………………………*26*
兵器用核分裂性物質生産禁止条約（FMCT）
　……*5, 7, 22, 29, 33, 41, 51, 62, 85, 105,*
　　　　*111, 116, 117, 119, 132, 137, 143, 144,*
　　　　*155-157, 169, 172-173, 176-179, 195,*
　　　　*199, 245, 246, 254, 255, 260, 294, 298*
米ロ外相……………………………………*66*
米ロ首脳会議……………… *38, 64-68*
包括的核実験禁止条約（CTBT）…… *4, 6-8,*
　　　　*11, 12, 22, 24, 26, 29-31, 33, 40, 46, 49,*
　　　　*51, 59, 60, 62, 84-86, 87, 90, 98, 99, 102,*
　　　　*103, 105, 111, 114, 115, 128, 131, 132,*

137, 143, 144, 152, 154, 155, 169, 172-174, 176, 177, 182, 194, 199, 207, 212, 214, 228, 232, 233, 237-241, 243, 245, 247, 253, 255, 260, 294, 298
包括的核実験禁止条約機関（CTBTO）
　　　　………115, 155, 182, 194, 241, 253
北東アジア非核兵器地帯……………299
保障措置………110, 133, 237, 250-252, 264

◆ ま 行 ◆

マレーシア……………………………148
ミサイル防衛……………44, 47, 51, 55, 56, 58, 64, 66, 69, 80, 81, 98, 128, 158, 159, 187, 276, 280, 284
南アフリカ……………121, 122, 126, 139, 142, 144, 145, 147, 161
南太平洋非核地帯条約（ラロトンガ条約）
　　　　………………………………229
未臨界実験……………………………241
民主党政策綱領……………31, 35, 36, 44
無期限延長……………85, 131, 135, 153, 208, 255, 267, 268
明確な約束………………86, 88, 89, 98, 101, 111, 113, 114, 123, 129, 135, 151,

153, 172, 174, 175, 177, 180, 185, 255
メドベージェフ…………38, 64, 67-69, 77
モスクワ条約…6, 25, 38, 39, 40, 49, 54, 63, 64, 69-72, 78, 89, 91-93, 99, 110, 119, 120, 143, 151, 158, 159, 207, 214, 228

◆ や 行 ◆

唯一の目的……52, 53, 62, 82, 178, 188, 189
ヨーロッパ原子力共同体（EURATOM）
　　　　…………………237, 240, 264, 265

◆ ら 行 ◆

ラッシュ・バゴット協定………………202
ラテンアメリカ核兵器禁止機構（OPANAL）
　　　　………………………………253
ラテンアメリカ核兵器禁止条約（トラテロルコ条約）……………………229
リビア………………………16, 102, 145
ロシア………41, 47, 48, 56, 58, 61, 64, 69, 71, 72, 75, 80, 81, 89, 91-93, 96, 99, 106, 110, 114, 117-119, 122, 125, 127, 140, 142, 143, 146, 151, 152, 154, 156, 158, 159, 164, 173, 176, 188, 270
レーガン，ロナルド……………………13

〈著者紹介〉

黒澤　満（くろさわ　みつる）
　　　1945年生まれ
　　　元大阪大学大学院国際公共政策研究科教授
　　　現在，大阪女学院大学教授，日本軍縮学会会長

〔主要著書〕
『現代軍縮国際法』1986年，西村書店
『軍縮国際法の新しい視座』1986年，有信堂
『核軍縮と国際法』1992年，有信堂
『新しい国際秩序を求めて』(編著) 1994年，信山社
『太平洋国家のトライアングル』(編著) 1995年，彩流社
『軍縮問題入門』(編著) 1996年，東信堂
『国際関係キーワード』(共著) 1997年，有斐閣
『核軍縮と国際平和』1999年，有斐閣
『軍縮をどう進めるか』2001年，大阪大学出版会
『軍縮国際法』2003年，信山社
『大量破壊兵器の軍縮論』(編著) 2004年，信山社
『軍縮問題入門(新版)』(編著) 2005年，東信堂

学術選書
68
国際法

❦ ❋ ❦

核軍縮と世界平和

2011(平成23)年4月1日　第1版第1刷発行
5868-4:P328　￥8800E-012：050-015

著者　黒澤　　満
発行者　今井　貴　稲葉文子
発行所　株式会社　信山社
〒113-0033　東京都文京区本郷6-2-9-102
Tel 03-3818-1019　Fax 03-3818-0344
henshu@shinzansha.co.jp
笠間才木支店　〒309-1611　茨城県笠間市笠間515-3
笠間来栖支店　〒309-1625　茨城県笠間市来栖2345-1
Tel 0296-71-0215　Fax 0296-72-5410
出版契約2011-5868-4-01010　Printed in Japan

©黒澤満，2011　印刷・製本／亜細亜印刷・渋谷文泉閣
ISBN978-4-7972-5868-4 C3332　分類329.401-b010国際法

JCOPY　〈(社)出版者著作権管理機構　委託出版物〉
本書の無断複写は著作権法上での例外を除き禁じられています。複写される場合は，
そのつど事前に，(社)出版者著作権管理機構（電話 03-3513-6969，FAX 03-3513-6979，
e-mail:info@copy.or.jp）の許諾を得てください。

## ◇学術選書◇

| | | | |
|---|---|---|---|
| 1 | 太田勝造 | 民事紛争解決手続論（第2刷新装版） | 6,800円 |
| 2 | 池田辰夫 | 債権者代位訴訟の構造（第2刷新装版） | 続刊 |
| 3 | 棟居快行 | 人権論の新構成（第2刷新装版） | 8,800円 |
| 4 | 山口浩一郎 | 労災補償の諸問題（増補版） | 8,800円 |
| 5 | 和田仁孝 | 民事紛争交渉過程論（第2刷新装版） | 続刊 |
| 6 | 戸根住夫 | 訴訟と非訟の交錯 | 7,600円 |
| 7 | 神橋一彦 | 行政訴訟と権利論（第2刷新装版） | 8,800円 |
| 8 | 赤坂正浩 | 立憲国家と憲法変遷 | 12,800円 |
| 9 | 山内敏弘 | 立憲平和主義と有事法の展開 | 8,800円 |
| 10 | 井上典之 | 平等保障の解釈 | 近刊 |
| 11 | 岡本詔治 | 隣地通行権の理論と裁判（第2刷新装版） | 9,800円 |
| 12 | 野村美明 | アメリカ裁判管轄権の構造 | 続刊 |
| 13 | 松尾 弘 | 所有権譲渡法の理論 | 近刊 |
| 14 | 小畑 郁 | ヨーロッパ人権条約の構想と展開〈仮題〉 | 続刊 |
| 15 | 岩田 太 | 陪審と死刑 | 10,000円 |
| 16 | 石黒一憲 | 国際倒産 vs.国際課税 | 12,000円 |
| 17 | 中東正文 | 企業結合法制の理論 | 8,800円 |
| 18 | 山田 洋 | ドイツ環境行政法と欧州（第2刷新装版） | 5,800円 |
| 19 | 深川裕佳 | 相殺の担保的機能 | 8,800円 |
| 20 | 徳田和幸 | 複雑訴訟の基礎理論 | 11,000円 |
| 21 | 貝瀬幸雄 | 普遍比較法学の復権 | 5,800円 |
| 22 | 田村精一 | 国際私法及び親族法 | 9,800円 |

信山社

価格は税別

◇学術選書◇

| 23 | 鳥谷部茂 | 非典型担保の法理 | 8,800円 |
| 24 | 並木　茂 | 要件事実論概説 契約法 | 9,800円 |
| 25 | 並木　茂 | 要件事実論概説Ⅱ 時効・物権法・債権法総論他 | 9,600円 |
| 26 | 新田秀樹 | 国民健康保険の保険者 | 6,800円 |
| 27 | 吉田宣之 | 違法性阻却原理としての新目的説 | 8,800円 |
| 28 | 戸部真澄 | 不確実性の法的制御 | 8,800円 |
| 29 | 広瀬善男 | 外交的保護と国家責任の国際法 | 12,000円 |
| 30 | 申　惠丰 | 人権条約の現代的展開 | 5,000円 |
| 31 | 野澤正充 | 民法学と消費者法学の軌跡 | 6,800円 |
| 32 | 半田吉信 | ドイツ新債務法と民法改正 | 8,800円 |
| 33 | 潮見佳男 | 債務不履行の救済法理 | 8,800円 |
| 34 | 椎橋隆幸 | 刑事訴訟法の理論的展開 | 12,000円 |
| 35 | 和田幹彦 | 家制度の廃止 | 12,000円 |
| 36 | 甲斐素直 | 人権論の間隙 | 10,000円 |
| 37 | 安藤仁介 | 国際人権法の構造Ⅰ〈仮題〉 | 続刊 |
| 38 | 安藤仁介 | 国際人権法の構造Ⅱ〈仮題〉 | 続刊 |
| 39 | 岡本詔治 | 通行権裁判の現代的課題 | 8,800円 |
| 40 | 王　冷然 | 適合性原則と私法秩序 | 7,500円 |
| 41 | 吉村徳重 | 民事判決効の理論(上) | 8,800円 |
| 42 | 吉村徳重 | 民事判決効の理論(下) | 9,800円 |
| 43 | 吉村徳重 | 比較民事手続法 | 13,800円 |
| 44 | 吉村徳重 | 民事紛争処理手続の研究 | 近刊 |

信山社

価格は税別

◇学術選書◇

| 45 | 道幸哲也 | 労働組合の変貌と労使関係法 | 8,800円 |
| 46 | 伊奈川秀和 | フランス社会保障法の権利構造 | 13,800円 |
| 47 | 横田光平 | 子ども法の基本構造 | 10,476円 |
| 48 | 鳥谷部茂 | 金融担保の法理 | 近刊 |
| 49 | 三宅雄彦 | 憲法学の倫理的転回 | 8,800円 |
| 50 | 小宮文人 | 雇用終了の法理 | 8,800円 |
| 51 | 山元一 | 現代フランス憲法の理論 | 近刊 |
| 52 | 高野耕一 | 家事調停論(増補版) | 続刊 |
| 53 | 阪本昌成 | 表現権理論 | 続刊 |
| 54 | 阪本昌成 | 立憲主義〈仮題〉 | 続刊 |
| 55 | 山川洋一郎 | 報道の自由 | 9,800円 |
| 56 | 兼平裕子 | 低炭素社会の法政策理論 | 6,800円 |
| 57 | 西土彰一郎 | 放送の自由の基層 | 9,800円 |
| 58 | 木村弘之亮 | 所得支援給付法 | 12,800円 |
| 59 | 畑安次 | 18世紀フランスの憲法思想とその実践 | 9,800円 |
| 60 | 髙橋信隆 | 環境行政法の構造と理論 | 12,000円 |
| 61 | 大和田敢太 | 労働者代表制度と団結権保障 | 9,800円 |
| 64 | 原田久 | 広範囲応答型の官僚制 | 5,200円 |
| 65 | 森本正崇 | 武器輸出三原則 | 9,800円 |
| 68 | 黒澤満 | 核軍縮と世界平和 | 8,800円 |
| 2010 | 高瀬弘文 | 戦後日本の経済外交 | 8,800円 |
| 2011 | 高一 | 北朝鮮外交と東北アジア:1970-1973 | 7,800円 |

信山社

価格は税別